미국의 최우수 학교

블루리본 스쿨

주삼환 · 이석열 · 정일화

학지사

머리말

인간은 교육을 통해서만이 인간다운 인간이 될 수 있다. 그렇다면 교육을 많이 받은 사람이 교육을 덜 받은 사람보다 더 훌륭한 사람이 되는가? 이 질문에 선뜻 그렇다고 답하기 어려운 사람이 교육자다. 이러한 점에서 교육학자들은 교육에 많은 회의를 느끼지 않을 수 없다. 일류 대학을 나오고 박사학위를 받으면 좋은 사람, 훌륭한 사람이 되는가? 이에 대해 떳떳한 대답도 못하면서도 우리는 교육에 매달릴 수밖에 없다.

현대는 지식정보사회라고 한다. 그런데 지식과 정보는 어디서 만들어 내는가? 논밭에서 만들어 낼 것인가, 아니면 연기 나는 공장에서 만들어 낼 것인가? 지식과 정보는 결국 교육을 통해서 만들어 내야 한다. 이제 지식정보사회를 넘어 문화의 사회에 접어들어 지식경제, 지식기반을 넘어 문화경제(culturenomics), 문화기반사회를 지향하고 있다. 그런데 이 '문화'는 더욱 '교육'에서 만들어 내야 한다. 이래저래 교육을 강조하지 않을 수 없다. 교육은 정치, 경제, 사회, 문화 모든 것의 기초이고 기반이다. 그런데 교육이 눈에 잘 보이지 않고 결과가 늦게 나타나기 때문에 우리나라의 일부 정책 입안자들은 눈에 보이고 결과가 빨리 나타나는 경제, 산업, 건설에만 집착하는 듯하여 안타깝다.

교육에 열심인 것은 좋으나 방향과 철학이 올바르고, 방법이 알맞아야 한다. 무조건 어린이를 다그치고, 맹목적으로 열심히 하라고만 해서는 안 된다. 또한 교사들을 몰아친다고 잘 가르치는 것은 아니다. 학생들과 교사들이 배우고 가르치는 데 열정을 쏟을 수 있는 동기 부여와 환경 조성이 중요하다. 학교 간에 서로 장점을 공유하며, 각각의 특성을 살려 자율적으로 선의의 경쟁을 할 수 있어야 한다. 그런데 모든 학교를 다 평준화할 수 있다는 나라가 있으니, 바로 대한민국이다. 학교는 이미 서열화되어 있고 차이가 나 있다. 국민의 눈과 귀만 가렸을 뿐인데, 수능점수를 공개하면 학교가 서열화된다고 주장하는 나라가 대한민국이다. 밝힐 것은 밝혀 잘하는 학교는 더 잘할 수 있게, 부족한 학교는 부족한 것을 보충하여 잘하는 학교가 될 수 있게 해야 한다.

더 좋은 교육환경을 찾아 미국으로 조기유학을 보내고 싶어 하는 학부모들이 늘어나고 있다. 미국 학교라고 다 좋은 학교는 아니다. 우리나라보다 훨씬 더 가난하고, 열악하고, 위험한 학교도 많다. 이 책에 소개하는 학교는 어려운 여건하에서 교장, 교직원, 학부모와 지역사회가 똘똘 뭉쳐 극적으로 높은 성적을 올려 최근 3년간 내셔널 블루리본 최우수상을 받은 학교들이다. 내셔널 블루리본 학교로 선정되면 교장과 교사 및 학생대표가 백악관에 초청받아 대통령과 만찬을 함께하고 푸른 기장과 상금을 받는다. 선정된 학교와 지역사회는 온통 축제 분위기에 싸이고, 학교는 가속이 붙어 더욱 발전하게 된다.

어떻게 해야 내셔널 블루리본 학교로 뽑히는가? 제일 중요한 요소는 지도자인 '교장'이다. 미국의 교장과 교직원은 한 학교로만 임용된다. 학교교육의 책임자는 교장이다. 학교를 어디로 어떻게 향해해 나갈 것인가는 전적으로 교장에게 달려 있다. 모든 것은 그대로인 채 지도자인 교장만 바뀌어서 교장을 중심으로 뭉쳐 성공을 이루어 낸 학교가 대부분이다.

다음으로 교직원의 단결이다. 이들은 협동하여 성공을 이루어 내는 데 보람을 느낀다. 특히, 어려운 여건에서 목표를 이루어 낼 때 더욱 그렇다. 교직원은 보람과 재미 때문에 사는지 모른다. 좋은 환경과 편한 생활에서 얻는 기쁨보다 어려운 여건을 극복하고 성취하였을 때의 희열이 더 크다. 이는 허즈버그의 동기위생이론과도 통하는 이야기다. 그래서 이 책은 교육지도자와 교직원에게 많은 도움을 줄 것이다. 이들의 시야를 넓히고 생각이 바뀌길 기대하며 이 책을 엮는다.

또한 이 책은 학부모의 시야를 넓히는 데도 도움이 될 것이다. 미국은 부자 나라이고 돈이 많아 좋은 학교만 있을 것이라고 막연하게 생각하는 학부모의 생각을 바르게 잡아줄 것으로 기대한다. 내셔널 블루리본 학교로 뽑힌 학교는 좋은 학교로 바뀐 학교들이다. 나쁜 학교, 맘에 안 드는 학교를 버리고 떠날 생각을 할 것인가, 아니면 학교 개선과 학교 발전에 적극적으로 참여할 것인가? 학부모와 지역사회가 자신들의 학교를 남의 학교로 만들지 말고 내 학교로 만들어야 한다.

교육학, 교직과목을 지도하는 교수들이 미래의 교사인 학생들의 교육관, 세계관, 학생관, 그리고 교직관의 형성에 도움을 주는 교재로 활용하기를 기대한다. 또는 부교재로 읽도록 권장할 수도 있다. 교사들은 이 책을 통해 이곳저곳의 다양한 차이를 이해하고, 미국의 성공한 학교에서 쏟는 교사들의 열정과 아이디어를 타산지석으로 삼는 기회를 갖기 바란다.

여기 선정된 학교들은 미국 연방교육부 홈페이지(www.ed.gov)에서 소개한 2004, 2005, 2006년의 '내셔널 블루리본 학교들(National Blue Ribbon Schools)'이다. 저자들이 모두 미국 사정에 정통하지 못하기 때문에 오류가 있을 것으로 생각되어 걱정된다. 오류가 지적되고, 발견되는 대로 다음 개정판에서 바로잡을 것을 기약하며 우선 출판하고자 한다.

2009. 4.
저자를 대표하여 주삼환

차 례

제1부　　미국의 학교교육

제2부   최우수 초등학교

제3부   최우수 중 · 고등학교

미국의 학교교육

교사들이 함께 배우고, 함께 계획하며, 함께 반성하고,
함께 일할 때, 학교는 성공한다.

성공한 학교의 상징:
블루리본 스쿨

미국은 최근 낙제학생방지 및 블루리본 학교 프로그램과 연계하여 모든 학생의 학업성취를 향상시키기 위해 노력하고 있다. 미국에서 성공한 학교의 상징인 블루리본 학교 프로그램은 무엇이고, 블루리본 학교의 선정 기준은 무엇인지 살펴본다.[1]

블루리본 학교 프로그램

1982년 미국 로널드 레이건(Ronald Reagan) 행정부의 터렐 벨(Terrel Bell) 교육부 장관이 만든 우수학교 표창 제도가 처음에는 중등학교에만 수여하다가 초등학교를 포함시켜 확대되었다. 부시 행정부에 들어서 블루리본 학교는 2001년 제정된 낙제학생방지법(NCLB)과 맞물려 국가의 전폭적인 지원을 받게 되었다.

이는 주 교육구와 학교의 책무성 기준을 높여서 초 · 중등학교의 학업성취를 향상시키고, 학부모에게는 자녀가 다닐 학교를 선택할 권리를 좀 더 자유롭게 하였다.

　블루리본 학교 심사를 신청할 수 있는 학교는 개교한 지 5년이 지난 학교이어야 한다. 블루리본 학교로 선정된 학교는 최소한 5년이 경과되어야 다시 선정될 수 있으며, 한 번 블루리본 학교로 선정되면, 학교의 교장과 교사 대표 및 학생 대표들이 백악관에 초청되어 대통령과 함께 축하의 시간을 갖는다.

　블루리본 학교로 선정되려면 블루리본 학교 선정 기준에 합당해야 하고, 신청서를 제출하여 심사를 통과해야 한다. 이 과정을 좀 더 상세하게 살펴보면 다음과 같다. 학교는 우선 자체평가를 실시한다. 이 평가는 교사, 학생, 학부모 및 지역사회 대표들이 자신들의 학교의 강점 및 약점 요소, 기회 요소, 그리고 위험 요소인 SWOT(strength, weakness, opportunities, threats) 분석을 통해 학교의 장단점과 미래를 위한 전략적 계획을 개발하는 과정이다. 그 다음으로 학교는 국가 교육목표를 성취하기 위한 학교 개선에 관한 정보가 게재된 지원 신청서를 평가위원회에 제출한다. 평가위원회는 경험이 풍부한 교육자들을 해당 학교로

오하이오 주(Ohio State) 해밀턴(Hamilton)에 소재한 해밀턴 고등학교(Hamilton High School)에서 초당적 법안인 NCLB에 서명하는 부시 대통령. 해밀턴 고등학교는 해당 교육구의 유일한 고등학교다.[2]

파견하여 관찰한 보고서를 참고하여 가장 전도유망한 학교를 뽑는다. 평가위원회가 보고서 검토를 마치고 미국 연방정부 교육부 장관에게 해당 선정 학교를 추천하면, 교육부 장관이 최종으로 블루리본 학교를 발표한다. 블루리본 학교 선정 기준은 국가 중점 시책에 따라서 특별한 강조 사항이 매년 바뀐다.

1982년 블루리본 학교가 도입되어 2006년 선정에 이르기까지, 대략 5,600개 학교가 선정되었고, 이 가운데 400개 학교는 2회 이상 중복 수상하였다. 이 상에 응모할 자격이 있는 K-12[3] 관련 학교는 공립학교, 차터스쿨(charter school), 사립학교, 가톨릭계 학교 등으로 전국에 133,000여 개 학교가 있다. 5,200개 블루리본 학교는 전국에 소재한 이들 133,000여 개 학교의 약 3.9%에 해당한다. 최근에는 매년 300여 개의 학교가 이 상을 받는다.

여러 차례 블루리본 학교로 선정된 대표적인 몇 학교를 소개하면, 루이지애나 주의 배턴루즈(Baton Rouge)에 있는 가톨릭 고등학교(Catholic High School, 8~12학년)는 '88~'89, '92~'93, '97~'98, '03~'04학년도에, 캘리포니아 주의 힐스보로(Hillsborough)에 있는 크로커 중학교(Crocker Middle School, 6~8학년)는 '88~'89, '92~'93, '97~'98, '03~'04학년도에, 사우스캐롤라이나 주에 있는 스파르탄버그(Spartanburg)에 소재한 스파르탄버그 고등학교(10~12학년)는 '82~'83, '88~'89, '94~'95, '04~'05학년도에, 일리노이 주의 링컨셔(Lincolnshire)에 있는 스티븐슨 고등학교(Stevenson High School, 9~12학년)는 '86~'87, '90~'91, '97~'98, '01~'02학년도에, 일리노이 주의 문델라인(Mundelein)에 있는 카멜 가톨릭 고등학교(Carmel Catholic High School, 9~12학년)는 '84~'85, '94~'95, '01~'02, '07~'08학년도에, 워싱턴 주의 시애틀에 있는 홀리네임즈 아카데미(Holy Names Academy, 9~12학년)는 '84~'85, '90~'91, '94~'95, '01~'02학년도에 각각 4차례 수상하였다.

연방정부의 인디언 관련 업무 담당 부서이며, 약 48,000여 명의 인디언 원주민들에게 교육 서비스를 제공하는 인디언국(Bureau of Indian Affairs: BIA)과 미국 국방부의 민간대리기구로 군 자녀 및 군속 자녀들의 교육 서비스를 담당하는 국방부교육국(Department of Defense Education Activity: DoDEA)도 블루리본 학교 프로그램에 참여하고 있다.

미국 자유재단(US Freedom Foundation)의 수석 연구원(Senior Education Fellow)인 커크패트릭(David W. Kirkpatrick)은 「블루리본 수상: 학교 혹은 학생 표창하기」[4]라는 글에서 수상 기준이 학생들의 사회경제적 여건을 고려하지 못한다고 하였다. 그는 고소득층 가정과 더 높은 교육을 받은 부모들의 학생들이 자신들의 개인 배경으로 이러한 이점을 갖지 못하는 학생들보다 공부를 더 잘한다는 사실을 밝혔다. 따라서 블루리본 학교 인정이 대개 부유한 배경을 가진 학생들이 있는 학교에 주어지고 있다고 하였다. 그는 이에 대한 증거로 어느 한 해에 펜실베이니아 주에 주어진 수상 학교의 분포를 지적하였는데, 수상한 8개 학교 가운데 단 한 곳만이 주 평균 소득 수준에 근접한 교육구에 소재한 학교이고, 나머지는 이 주에서 가장 부유한 지역의 2개 학교를 포함한 평균 소득 이상의 교육구로 돌아갔다.

커크패트릭은 이에 대한 대안으로 '블루리본 학교' 대신에 '블루리본 학생'을 제안하였는데, 그는 '우수한 학교를 나타내는 좀 더 정확한 지표는 사회경제적 요인을 고려해야 하고, 또한 학생들의 개인 배경에 비추어 볼 때 일반적으로 기대한 것 이상으로 우수하다는 점을 밝혀야 한다.'고 주장하였다.

블루리본 학교 선정 기준

블루리본 학교 선정 기준은 정부가 강조하는 중점 시책에 따라 매년 차이가 있지만 학생들의 학력 증진을 통한 학교 개선이라는 근본적인 방향에는 차이가 없다. 블루리본 학교의 선정 기준에 대해서는 2006년, 2005년, 2004년 블루리본 학교 가운데서 대표적인 학교 사례를 통해 살펴보기로 한다.

2006년 블루리본 학교 – 열악한 환경에서 성공한 학교

블루리본 학교들은 분명한 특징을 공유하고 있다. 이들 학교에서는 항상 '질서'를 느낄 수 있다. 그러면서 '학교가 진정으로 해야 할 일에 시간을 할애'하도록 부단히 노력한다. 복도 곳곳은 학생들의 작품으로 벽화를 이루는 듯하고, 아무 때나 방문해도 환영받는 학부모들은 언제나 기분 좋게 학교를 찾는다. 학생들의 이름만 대면 교직원들은 그 학생이 누구인지 알고 있다. 학교 일과와 교육계획은 교사들이 서로 협의하여 정하고, 교직원 스스로 자기 계발을 할 수 있게 되어 있다. 그리고 교장은 솔선수범하여 학습자와 교직원을 진두지휘하며, 학생들의 요구가 무엇인지 정확히 알기 위해 평가 자료를 분석한 후, 새로운 계획을 추진한다. 교사들은 학생들의 수준에 관계없이, 학생들이 최고 기준에 도달할 수 있을 것이라고 기대하고 가르친다. 모든 블루리본 학교에는 한 가족 구성원이 갖는 일종의 기본적인 유전 체계와 같은 이러한 특징이 공통적으로 있다.

또한 각각의 블루리본 학교는 해당 지역의 상황, 교장의 통솔력, 교직원들에 따라 자신들만의 독특한 특성을 생성한다. 예를 들어, 영어를 배우는 학생들의 요구를 얼마나 잘 충족시키느냐는 다문화 사회인 미국에서 아주 긴박한 문제다. 교육자 중에는 영어를 제대로 못하는 학생들 가운데 절반이 고등학교를 졸업하지 못하게 될 것이고, 그들의 장래 직업과 미래 생활의 전망이 심하게 제약받게 될 것이라고 예상한다. 2006년에 두드러진 성과를 나타낸 블루리본 학교들에서 루스로치(Routh Roach), 아이라하비슨(Ira Harbison), 메이플(Maple) 초등학교와 클라크마그넷(Clark Magnet) 고등학교는 방법은 다르지만 이러한 문제를 해결하여 성공한 학교가 되었다.

텍사스 주 갈런드(Garland)의 루스로치 초등학교는 'additive, late exit'[5] 모델을 사용한다. 이 모델에서 영어를 제대로 못하는 학생들은 초등학교 저학년 때 자신의 모국어인 스페인어로 교과목을 배운다. 일단 학생들이 모국어로 책을 훌륭하게 잘 읽고, 핵심 교과에서 정상 궤도 혹은 그 이상의 수준에 도달하면, 그 다음에 이 학생들은 영어를 사용하여 수업하는 학급으로 이동한다.

캘리포니아 내셔널 시티(National City)에 있는 아이라하비슨 초등학교는 언어(language arts)[6] 프로그램과 수학 수업을 통해 영어 실력을 향상시키는 활동이 학교 전체에 자연스럽게 스며들어 있다. 모든 학생에게 제공되는 주당 세 시간의 문해교육(literacy instruction)[7] 시간에는 영어를 배우는 학생들을 위해 부족한 교수-학습 내용을 보충하도록 특별히 영어 능력 개발(English Language Development: ELD) 과정을 운영한다. 이 외에도 특별보호 프로그램(sheltered instruction)[8]과 특별히 구안된 수업 프로그램을 이용할 수 있다. 교사들은 비영어 원어민 영어 학습자를 가르칠 수 있는 자격을 갖추고 있다.

　시애틀에 있는 메이플 초등학교의 학생들은 대표적으로 17개 이상의 다른 언어를 사용한다. 모든 교사는 언어습득설계지침(Guided Language Acquisition Design: GLAD)[9]을 연수하였다. 메이플 초등학교의 문해교육 프로그램은 작문을 주안점으로 삼는데, 시애틀 문해강화전략(Seattle Literacy Initiative)에 따라 유치원 때부터 줄곧 잡지 등의 서적을 접하게 한다. 이곳의 수업 보조자들은 교실 내에서, 그리고 소집단 수업을 위해 영어를 배우는 학생들 일부를 별도로 모아 학생들을 돕거나 수업 내용을 전달하기도 한다.

　캘리포니아 라크레센터(La Crescenta)에 있는 클라크마그넷 고등학교 교사들은 다문화 교육을 위한 교육구의 자격 요건을 모두 갖추고 있다. 클라크마그넷 고등학교 학생들은 자신들의 모국어를 아주 훌륭히 읽고, 쓸 수 있는 수준으로 학교에 입학한다. 학교가 과학기술에 초점을 맞추고 있는 까닭에 학생 작품 대부분은 언어에 관계없이 학생들이 직접 참여하여 만든다. 클라크마그넷 고등학교는 또한 영어능력개발 과정을 제공하는데, 영어를 배우는 학생들은 그들의 핵심 과목 수업 외에도 이 과정에 참여한다. 학생들이 혼자서도 교과 내용과 관련 자료를 이해할 수 있어야 하며, 학생들이 영어능력개발 시험을 통과해야만 이 과정을 마치게 된다.

　과학기술은 미국의 학교에서 더욱 중요시되고 있다. 클라크마그넷 고등학교는 앞선 디지털 과학기술을 수용하는 체제를 갖추고 있고, 학교의 교육과정은 과학기술에 초점이 맞추어 있다. 필라델피아에 있는 사무엘 힐프리드먼(Samuel Hill-Freedman) 중학교는 학교 컴퓨터 보유 수가 학생 수보다 많을 정도로 풍부한 과학기술적 환경을 갖추고 있다. 그런데 이러한 환경 조성은 소란하게 이루어지는 것이 아니라 조용히 이루어진다. 그리고 교장이 설치 및 관리 등에 상당 수준 직접적으로 관여하고 있다. 힐프리드먼 중학교 학생들은 같은 또래의 다른 중학교 학생들보다도 전반적으로 더 높은 수준의 내용을 배우는 데, 이 또한 눈에 띄지 않게 자연스럽게 이루어지고 있다. 높은 성취를 달성하고자 하는 기대는 모든 학교의 관심인데, 힐프리드먼 중학교는 2006년 우수 학교 가운데 높은 성취 기대를 목표로 하여 달성한 가장 두드러진 사례가 된다.

뉴욕 주의 유티카(Utica)에 있는 유치원생들이 입학하는 왓슨 윌리엄스(Watson Williams) 초등학교 학생들에게는 첫 주에 읽기 자료가 주어지고, 세 가지 시각단어(sight words)[10]를 배우게 된다. 즉각적인 시각단어에 대한 몰입은 학생들로 하여금 학교에서 배부하는 유인물에 잘 적응할 수 있게 하여, 결국에는 학교의 높은 수준에도 잘 따르게 한다. 왓슨윌리엄스 초등학교 교직원들은 학생들이 학교의 높은 기대를 충족시키는 데 필요한 지원을 하기 위해, 평가 자료를 활용하여 학생들의 취약점을 파악한다. 스포츠에서 코치할 때 사용하는 보고서 형식을 차용하여, 학교의 지도자들은 학생의 상습적인 실수 유형을 찾아내고, 학생들이 곤란을 겪는 교과 내용을 가장 잘 가르칠 수 있는 방법을 분석한다.

노스캐롤라이나 주의 스코틀랜드 카운티(Scotland County)에 있는 로렐힐(Laurel Hill) 초등학교는 학교의 전반적인 성취 향상에 영향을 미치고, 그들의 학교가 하나로 통합될 수 있도록 특수교육 학생의 성취에도 주의를 기울인다. 2006년에, 특수교육 학생 가운데 90%가 주 정부의 읽기평가에서 우수한(proficiency) 성적을 거두어 통과하였다. 이 해에 이 학교 전체의 통과율은 91%였다. 학교의 전반적인 개선 노력이 뿌리를 내린 또 다른 곳은 뉴욕의 마운트버넌(Mount Vernon)에 있는 링컨(Lincoln) 초등학교다. 링컨 초등학교 교장은 "학생들을 예술적인 분위기에 젖게 하면, 학문적 성취가 자연스럽게 따를 것입니다."라고 공개적으로 표명한다. 그래서 문해교육을 재즈, 물리, 체육과 연계하는 교과통합형 교육과정(interdisciplinary curriculum)을 구성하여 질적으로 풍부하게 만들었다.

블루리본 학교들의 가장 강력한 특징은 지도력이라 할 수 있다. 2006년 선정된 9개 블루리본 학교 각각의 면면에는 헌신의 도장이 각인되어 있다. 종종 학교 공동체가 자신들의 학교를 변화시킬 때, 거기에는 길을 열고 비전을 제시하는 지도자들이 자리하고 있다. 루이지애나 주의 벨샤세(Belle Chasse)에 있는 벨샤세 초등학교의 경우를 소개한다. 이 학교의 여 교장은 고등학교 사서교사였다. 그녀는 자신의 연구 경험을 활용하여 모범이 되는 수업지도자로 변모하기 위해 노력했다. 그녀가 은퇴하자, 벨샤세 초등학교 교사 두 명이 그녀의 리더십 역할을 인계하였는데, 이들은 전임자가 세운 강력한 배려와 돌봄의 문화, 풍부한 창의력, 학생들과 교사들이 해야 할 일을 확실히 파악하기 위한 끊임없는 노력과 더 훌륭하게 잘할 수 있는 방법을 찾기 위한 도전정신을 계속해서 키워 가고 있다.

2005년 블루리본 학교 – 가난하지만 우수한 학교

2005년에는 우수한 학교경영의 결과는 결국 학생의 학업성취로 나타난다고 보고 블루리본 학교로 표창받은 학교를 우수학교 사례로 선정하였다. 2002년 6월 28일 미국 교육부 장관은 높은 표준과 책무성을 위한 미국의 새로운 교육개혁의 목표를 반영하여 국가적 표창을 할 것이라고 발표하였다. 그것이 바로 낙제학생 방지-블루리본 프로그램이다. 블루리본 프로그램은 ① 학업에서 뛰어나거나, ② 학생의 학업성취에서 극적인 발전을 이룬 학교를 선발하여 표창하는 제도다(미국 교육부, www.ed.gov). 이 두 기준을 충족한 학교 중에서 블루리본 학교를 선발하는데, 각 학교는 각 주(州) 평가체제에서 극적인 향상을 보여야 한다. 불리한 배경의 학생이 적어도 40% 이상이 포함된 학교를 인정하게 된다.

2005년도에 선발된 ① 체이스시티 초등학교(Chase City Elementary School), ② 제시헤이든 초등학교(Jessie Hayden Elementary School), ③ 다이어스버그 고등학교(Dyersburg High School), ④ 하워드허버 중학교(Howard T. Herber Middle School), ⑤ 샘핏 초등학교(Sampit Elementary School), ⑥ 선라이즈 초등학교(Sunrise Elementary School), ⑦ 사우스텍사스 과학고등학교(The Science Academy of South Texas) 등 7개 학교는 극히 빈곤함에도 불구하고 높은 성취(High Poverty, High Achieving)를 보인 학교다. 이들 학교에서 추출한 공통적인 교훈을 압축하면 다음과 같다.

- 높은 표준과 높은 기대, 엄격한 교육과정을 설정하라. 초점을 정하고 그 과정에 집중하라. 그러고 나서 필요한 자원을 찾아라.
- 자료에 눈과 귀를 기울이고, 지나치게 많은 학생 수의 수업에서 높은 수준의 학습을 할 때, 학생 수를 줄이기 위하여 개인지도를 하고 사전 전략을 검토하라.
- 행정은 교사를 위해서 봉사한다는 학교문화를 형성하고, 교사를 정선해서 뽑아라.
- 학업에 곤란을 겪는 학생을 위하여 적시에 집중적인 개입을 하여 도와주어라.
- 특정 내용에 강점이나 약점을 보이는 학생을 위해서는 그 수준을 심화하거나 낮추는 기회를 제공하라.
- 교장이 교실(수업)에서 많은 시간을 보낼 수 있게 하고, 교실에서 일어나는 일과 일어나지 않는 일을 정확히 알 수 있도록 보장하라.
- 4학년까지 정규 학급에서 효과적으로 통합교육을 받을 수 있도록 이중언어 교육을 구성하라.[11]
- 단순한 부모 참여가 아닌 교육 가족으로 일체가 되도록 학교와 가정 간 강력한 양방 의사소통을 확보하라.
- 수업 전, 중, 후, 즉 하루 종일 안전하고 즐거운 학교환경을 제공하라.
- 교육의 가장 중요한 요소는 학생이라는 것과 교사의 가장 중요한 직무는 학생을 위해서 최선을 다하는 것이라는 사실을 잊지 마라(http://www.ed.gov/programs/nclbbrs/2005/profiles/index.html).

2004년 블루리본 학교 – 무엇이 성공하게 만드나

열악한 환경에서도 노력하여 높은 성취를 보인 2004년 블루리본 학교로 선정된 학교들의 우수한 점을 살펴보자. 이들 학교는 최근에 가장 우수한 학교로 간주되는 기준을 기반으로 교육을 하고 있으며, 한 명의 학생이라도 뒤처지게 내버려 두지 않는다.

이 학교들은 강력하고 효과적인 교장들이 학교를 이끈다. 학교의 모든 교직원은 교장을 일컬어, 긍정적인 에너지의 횃불을 들고, 교직원에게 '할 수 있다.'는 자신감을 심어 주고, 격려하고 자극을 주어 "네, 좋습니다. 합시다."라고 말하고 행하도록 이끄는 지도자로 묘사한다. 교사들은 교장에게 동지애를 느끼고, 기꺼이 협력하게 된다고 말한다.

효과적인 블루리본 학교의 특징

- 개별화(differentiated) 교수-학습
- 이질적 집단 편성
- 소집단 학습
- 통계와 기준 중시 교육과정
- 교과목 간 협력학습
- 직무와 관련한 전문적인 능력 개발
- 통합교육
- 다양한 평가 방법
- 상호 존중의 풍토
- 수업 지도성

모든 블루리본 학교에서는 정서적·신체적으로 안전한 환경을 조성하고 있다. 학생들은 서로를 통해서, 그리고 교직원 및 지역사회를 통해서 많은 배움의 기회를 갖는다. 또한 높은 기준에 의해 교수-학습이 이루어진다. 이 학교들은 주(州)의 평가 기준을 출발점으로 삼아 훨씬 더 높은 목표를 설정한다. 교사는 학생의 학습에 초점을 맞추고, 학생의 요구를 충족시키는 방향으로 가르친다. 이질적인 소집단 학습은 이러한 학교들이 취하는 의도적인 교수-학습 유형이며, 문제 해결을 위해 교과목 간 협력적인 접근법과 팀티칭이 일반화되어 있다.

이 학교들은 지역사회와 강력한 동반자 관계를 형성한다. 학교행정가들은 지속적으로 지역사회에 지원을 요청하고, 교수–학습자료 마련과 시설 개선, 그리고 학생과 교사를 위한 다양한 프로그램을 마련하고자 기금을 조성한다.

모든 신임교사는 멘토의 지도를 받고, 교사들은 자율적이며, 책무성을 지니고 있다. 교사의 요구를 반영하여 전문성 개발 프로그램의 우선순위를 정한다. 평가는 표준화 평가뿐만 아니라 교사 혹은 때때로 학생들이 제안한 내용을 반영하기도 한다. 아마도 이 학교들은 목표를 높게 설정하고, 학생들도 부담이 많은 시험에도 잘 대처하고 잘 따르기 때문이다. 또한 블루리본 학교들은 초인지 개발(metacognitive development)[12]을 강조한다. 학생들은 자신들이 배운 것뿐만 아니라 자신들이 어떠한 유형의 학습자인지도 곰곰이 생각한다.

만약 교육이 숲과 같고, 숲을 통과하여 반대편에 있는 평지에 도달할 임무가 학교에 있다면, 한 명의 학생도 낙오자가 없는 블루리본 학교들은 동일한 목표를 공유하고 그들의 학생들이 비슷한 소양을 갖추게 한다. 그들은 숲을 통과하기 위해 단지 다른 길을 택할 뿐이다. 2004년에 선정된 블루리본 학교들의 이론적 지향은 조금씩 다르다. 대체로 이러한 길들은 다음과 같다.

- 아이작딕슨 초등학교(Isaac Dickson Elementary School) – '폭스파이어(Foxfire)' [13] 체험학습
- 매디슨하이츠 초등학교(Madison Heights Elementary School) – 자료 중시 교수–학습
- 캠스 고등학교(CAMS High School) – 수학과 과학 중시
- 벨아일엔터프라이즈 중학교(Belle Isle Enterprise Middle School) – 중핵 지식
- 로저스 초등학교(T. H. Rogers Elementary School) – 통합교육
- 우드로윌슨 초등학교(Woodrow Wilson Elementary) – 예술 연계 교육과정[14]

2004년 블루리본 학교의 선정 기준은 무료 급식과 급식 보조를 받는 학생들의 수, 주 표준화 학력검사에서 높은 성취를 보인 학교 및 학교 규모, 학교급 및 지리

적 위치를 고려하였다. 이들 각 학교의 면모를 간단히 살펴보면 다음과 같다.

- 벨아일엔터프라이즈 중학교(Belle Isle Enterprise Middle School, Oklahoma City, OK): 개교한 지 7년이 된, 벨아일엔터프라이즈 중학교는 철저하게 학문적으로 구성한 프로그램을 마련하고 있다. 적합한 교육환경을 제공하고자 매우 적극적인 노력을 기울인다. 읽기와 수학에서 주 정부의 2014년 목표에 도달하고자 계획을 세워 실천하고 있다.

- 캠스 고등학교(California Academy of Mathematics and Science, Los Angeles, CA): 캠스(CAMS) 고등학교는 공부하기 좋은 환경을 조성하여 다양한 기회를 제공하고 있다. 학교가 적극적으로 교수-학습을 지원하면, 여학생과 열악한 환경에 처한 학생들도 과학과 수학에서 두드러진 성적을 거둘 수 있다고 믿고 있다. 캠스 고등학교 졸업생 가운데 95% 이상이 4년제 대학에 진학한다.

- 아이작딕슨 초등학교(Isaac Dickson Elementary School, Asheville, NC): 광범위한 교육과정을 운영하고 있다. 아이작딕슨 초등학교는 교수-학습활동, 지역사회, 그리고 지역사회뿐만 아니라 국가적인 연계를 확실히 하기 위해 '폭스파이어(Foxfire)' 기구의 원칙을 중시한다.

- 매디슨하이츠 초등학교(Madison Heights Elementary School, Phoenix, AZ): 매디슨하이츠 초등학교 학생들의 절반이 저소득층 가정의 자녀들이며, 학생 이동률이 최고 60%에 이르고 있다. 하지만 높은 성취를 달성하고자 평가에 초점을 맞추어 최선을 다하는 교직원들의 노력으로 이 학교의 3학년 학생들은 읽기와 수학에서 주 정부의 표준화 학력검사에서 평균 이상의 성적을 거두었다.

- 로저스 초등학교(T. H. Rogers Elementary School, Houston, TX): 로저스 초등학교는 뱅가드(Vanguard)라는 프로그램을 통해, 유치원에서 8학년까지의 영재학생들, 예비유치원(pre-kindergarten)에서 8학년까지의 시각장애 학생들, 세 살부터 12학년까지의 중복장애 학생들을 교육하고 있다. 세 집

단의 모든 학생은 매일 여러 단계에서 함께 만나 수업을 받는다.

- 우드로월슨 초등학교(Woodrow Wilson Elementary School, Weehawken, NJ):
예술활동이 풍부한 교육과정을 바탕으로 학생 중심의 철학을 구현하고자 한
다. 따라서 우드로월슨 초등학교의 학생들은 잘해 보려는 의욕이 넘치고 높
은 성취를 거두고 있다. 이 학교의 발전의 원천은 '자신을 잘 알고, 자신의
재능을 사용하는 능력을 지닌, 여러 모로 잘 갖추어진 교육받은 학생'이다.

블루리본 학교: 2004~2006

블루리본 학교는 미국의 약 133,000여 개의 초등학교와 중등학교를 대상으로
심사를 원하는 단위 학교의 지원 신청서를 받고, 학교 방문 실사와 서류심사를
통해 선정한다. 선정된 블루리본 학교 가운데 초등학교가 차지하는 비중은 중등
학교보다 상당히 높은 편이다. 이 책에서 구체적으로 소개할 2004~2006년 사
이에 최우수 학교로 선정된 학교는 다음과 같다.

연도	학교명	주
2004	아이작딕슨 초등학교(Isaac Dickon Elementary School)	North Carolina
	매디슨하이츠 초등학교(Madison Heights Elementary School)	Arizona
	우드로월슨 초등학교(Woodrow Wilson Elementary School)	New Jersey
	로저스 초등학교(T. H. Rogers Elementary School)	Texas
	벨아일엔터프라이즈 중학교(Belle Isle Enterprise Middle School)	Oklahoma
	캠스 고등학교(California Academy of Mathematics and Science: CAMS)	California
2005	체이스시티 초등학교(Chase City Elementary School)	Virginia
	제시헤이든 초등학교(Dr. Jessie Hayden Elementary School)	California
	샘핏 초등학교(Sampit Elementary School)	South Carolina
	선라이즈 초등학교(Sunrise Elementary School)	Texas
	하워드허버 중학교(Howard T. Herver Middle School)	New York
	다이어스버그 고등학교(Dyersburg High School)	Tennessee
	사우스텍사스 과학고등학교(Science Academy of South Texas)	Texas

	벨샤세 초등학교(Belle Chasse Primary School)	Louisiana
	아이라하비슨 초등학교(Ira Harbison Elementary School)	California
	로렐힐 초등학교(Laurel Hill Elementary School)	North Carolina
	링컨 초등학교(Lincoln Elementary School)	New York
2006	메이플 초등학교(Maple Elementary School)	Washington
	루스로치 초등학교(Routh Elementary School)	Texas
	왓슨윌리엄스 초등학교(Wason Williams Elementary School)	New York
	힐프리드먼 중학교(Hill Freedman Millde School)	Pennsylvania
	클락마그넷 고등학교(Clark Magnet High School)	California

다음 장부터 소개할 최우수 학교의 위치를 이해하는 데 참고할 미국의 지도
와 주를 제시하면 다음과 같다.

🌐 미국의 주 이름 및 수도

주 이름	약어	주도	주 이름	약어	주도
Alabama	AL	Montgomery	Nebraska	NE	Lincoln
Alaska	AK	Juneau	Nevada	NV	Carson City
Arizona	AZ	Phoenix	New Hampshire	NH	Concord
Arkansas	AR	Little Rock	New Jersey	NJ	Trenton
California	CA	Sacramento	New Mexico	NM	Santa Fe
Colorado	CO	Denver	New York	NY	Albany
Connecticut	CT	Hartfort	North Carolina	NC	Raleign
Delawave	DE	Dover	North Dakota	ND	Bismarck
Florida	FL	Tallahassee	Ohio	OH	Columbus
Georgia	GA	Atlanta	Oklahoma	OK	Oklahoma City
Hawaii	HI	Honolulu	Oregon	OR	Salem
Idaho	ID	Boise	Pennsylvania	PA	Harrisburg
Illinois	IL	Springfield	Rhode Island	RI	Providence
Indiana	IN	Indianapolis	South Carolina	SC	Columbia
Iowa	IA	Des Moises	South Dakota	SD	Pierre
Kansas	KS	Topeka	Tennessee	TN	Nahville
Kentucky	KY	Frankfort	Texas	TX	Austin
Louisiana	LA	Baton Rouge	Utah	UT	Salt Lake City
Maine	ME	Augusta	Vermont	VT	Montpelier
Maryland	MD	Annapolis	Virginia	VA	Richmond
Massachusetts	MA	Boston	Washington	WA	Olympia
Michigan	MI	Lansing	Washington D.C.	D.C.	미국수도
Minnesota	MN	St. Paul	West Virginia	WV	Charleston
Mississippi	MS	Jackson	Wisconsin	WI	Madison
Missouri	MO	Jefferson City	Wyoming	WY	Cheyenne
Montana	MT	Helena			

미국의 블루리본 학교 사례의 시사점

미국의 블루리본 학교의 사례가 시사하는 점들을 살펴보면 다음과 같다.

첫째, 미국의 우수학교 또는 성공적인 학교, 효과적인 학교, 좋은 학교, 학교 경영 우수학교는 궁극적으로 학생의 성취도에 달려 있다. 즉, 최종적인 결과로 말한다는 것이다. 그러므로 학교의 모든 활동도 학생의 성취에 초점을 맞춘다. 이에 비하여 우리나라에서는 학교의 존재 이유이고 본질인 학생의 성취와 거리가 있는 주변의 문제에 정신을 빼앗기고 분산되는 현실이다. 미국의 블루리본 학교들은 교육과정과 수업, 교사의 능력 개발에 모든 정력을 바치고 있는 것을 알 수 있다. 교장도 여기에 통솔력을 발휘하고 있다. 교장의 통솔력이 중요한 것은 더 이상 강조할 필요도 없다.

둘째, 학생 개개인으로 하여금 그들이 가진 능력을 최대한 발휘하도록 하기 위하여 개별화에 노력하고 있다. 우리나라에서는 정부조차도 이러한 접근에서 매우 거리가 먼 법과 제도, 정책, 집단 갈등 등의 문제에 정신과 에너지를 빼앗기는 실정이다.

셋째, 교직원과 학부모, 지역사회가 한 덩어리로 뭉쳐서 집단으로 협동한다. 물론 여기에 어떤 계기가 있고, 지도력의 변화가 있다는 것도 우수학교의 공통점으로 발견된다. 앞으로 우리나라에서도 이러한 협동의 학교문화를 어떻게 형성할 것인가에 대하여 연구해야 한다. 이렇게 뭉쳐서 사기충천하여 일할 때 교사는 교직의 보람을 느끼고 삶의 의미도 찾으며, 학교와 자기 자신에 대하여도 자부심과 긍지를 갖게 된다. 모든 구성원이 학교에 대하여 주인의식과 책임의식을 갖게 하는 일이 중요하다. 그런 면에서 최근에 우리나라에서 교장공모제나 교원평가제 등을 통해 교장과 교사에 대하여 부정적으로 접근하는 정책을 바꿔야 한다. 교원순환근무제는 주인의식과 책임의식의 고취에 문제가 될 수 있다.

넷째, 여기에 소개된 우수학교들도 여건이 좋은 것만은 아니라는 것이다. 우리는 오히려 우수 학교를 만드는 조건에서 그렇게 불리한 것만은 아니다. 불리하고 빈곤한 지역에서도 해낼 수 있다. 환경도 중요하지만 의지와 동기가 더 중요하다. 하고자 하는 의욕과 동기만 유발되면 우리도 할 수 있다.

앞으로 소개하는 블루리본 학교에 대한 정보, 사진 및 통계 등의 내용은 미국 교육부(www.ed.gov)의 블루리본 학교에 대한 자료를 중심으로, 교육구 홈페이지 및 해당 학교 홈페이지의 내용과 인터넷 백과사전인 위키피디아(Wikipedia)를 참고하고 인용하였다. 미국의 교육과 학교에 대한 상세한 통계는 미국의 세계적인 신용평가기관인 스탠더드 앤드 푸어스(Standard & Poor's)에서 공립학교에 대한 정보를 제공하는 사이트(www.schoolmatters.com/schools.aspx), 공립학교 정보를 알 수 있는 사이트(www.publicschoolreview.com), 학부모에게 이러한 정보와 함께 학교 등급을 매길 수 있게 하고 학교 선택에 도움을 주는 사이트(www.greatschools.net), 미국 교육의 정보를 제공하는 사이트(www.education.com), 미국의 133,000여 학교에 대한 정보를 제공하는 사이트(www. localschooldirectory.com), 그리고 교육과 관련하여 주택 정보를 제공하는 사이트(www.trulia.com/schools) 등을 통해 자세하게 알 수 있다. 블루리본 학교가 어떤 이유에서 성공한 학교가 되었는지를 제2부에서 자세하게 소개한다.

미국의 교육제도와 교원 양성

미국은 20세기에 들어오면서 정치, 경제, 군사, 교육 등 모든 분야에서 선도적인 역할을 수행하고 있다. 그러면서 미국인들은 미국이 국제 경쟁력에서 약화되는 근본 원인을 '교육력'의 약화로 규정하고 교육 분야에 대한 개혁을 추진하고 있다. 여기서는 미국 교육을 이해하기 위해서 미국의 교육제도 전반에 대해 살펴보고자 한다. 현행 미국의 취학 전 교육부터 고능교육에 이르는 학교의 교육제도, 교장 및 교사 양성교육에 대하여 개괄적으로 살펴본다.

미국의 학제

미국은 개인주의적 형식의 보편주의를 특징으로 하는 단선형 학제 형태를 지녔다고 할 수 있다. 구체적인 학제는 유치원 교육과 12년간의 초 · 중등교육으로 이루어지는 전형적인 단선형의 형태를 취하지만 주에 따라 미국 교육의 특징인 분권화, 다양화에 맞추어 다양한 학제를 운영한다.

미국에서 교육에 관한 업무는 연방정부의 관할이 아니다. 철저히 주 정부 고유의 권한이며, 지방분권주의에 입각하여 지방정부에 의해 형성된다. 흔히 K-12라고 불리는 미국 학교제도의 일반적인 구조는 주마다 다르기 때문에 한 마디로 우리처럼 '6-3-3-4제' 라고 말할 수 없다. 획일성을 싫어하고 변화와 혁신을 추구하는 미국은 주마다 교육제도가 다른 다양성을 지니고 있다. 따라서 미국의 교육제도를 일률적으로 논의하기란 쉽지 않다. 다양하면서도 자유민주주의를 기반으로 하는 미국의 교육은 공공성을 중시하기 때문에 교육이 특정 계층의 것이어서는 안 되며, 학교와 지역사회가 함께 상호 작용하는 포괄성과 보편성을 가지고 있다.

[그림 1]에 제시된 것처럼 미국의 학교제도는 유아원 교육을 포함하여 유치원 교육, 초등교육, 중등교육, 그리고 고등교육을 근간으로 하고 있으며, 이 중에서 초 · 중등 12년 교육은 의무교육으로 모든 재정은 주 정부에서 부담하도록 되어 있다. 의무교육인 초 · 중등교육은 그 운영 방식에서 8-4-4제, 6-3-3-4제, 6-6-4제 등의 다양한 학제(school ladder)를 운영한다. 이와 같은 다양한 학교제도

박사후과정
박사과정
박사과정
직업학교
석사과정
석사과정
학사과정
초급학사
과정 및 자격
과정
단과
대학
기술
대학
대학교
고등학교
4년제
고등학교
고등학교
종합중등학교
(8-4)
중학교
(6-3-3)
(6-6)
초등학교
유치원
유치원
유아원
유아원
나이
학년
고등교육
중등교육
초등교육
21
20
19
18
17
16
15
14
13
12
11
10
9
8
7
6
5
4
3
4
3
2
1
12
11
10
9
8
7
6
5
4
3
2
1

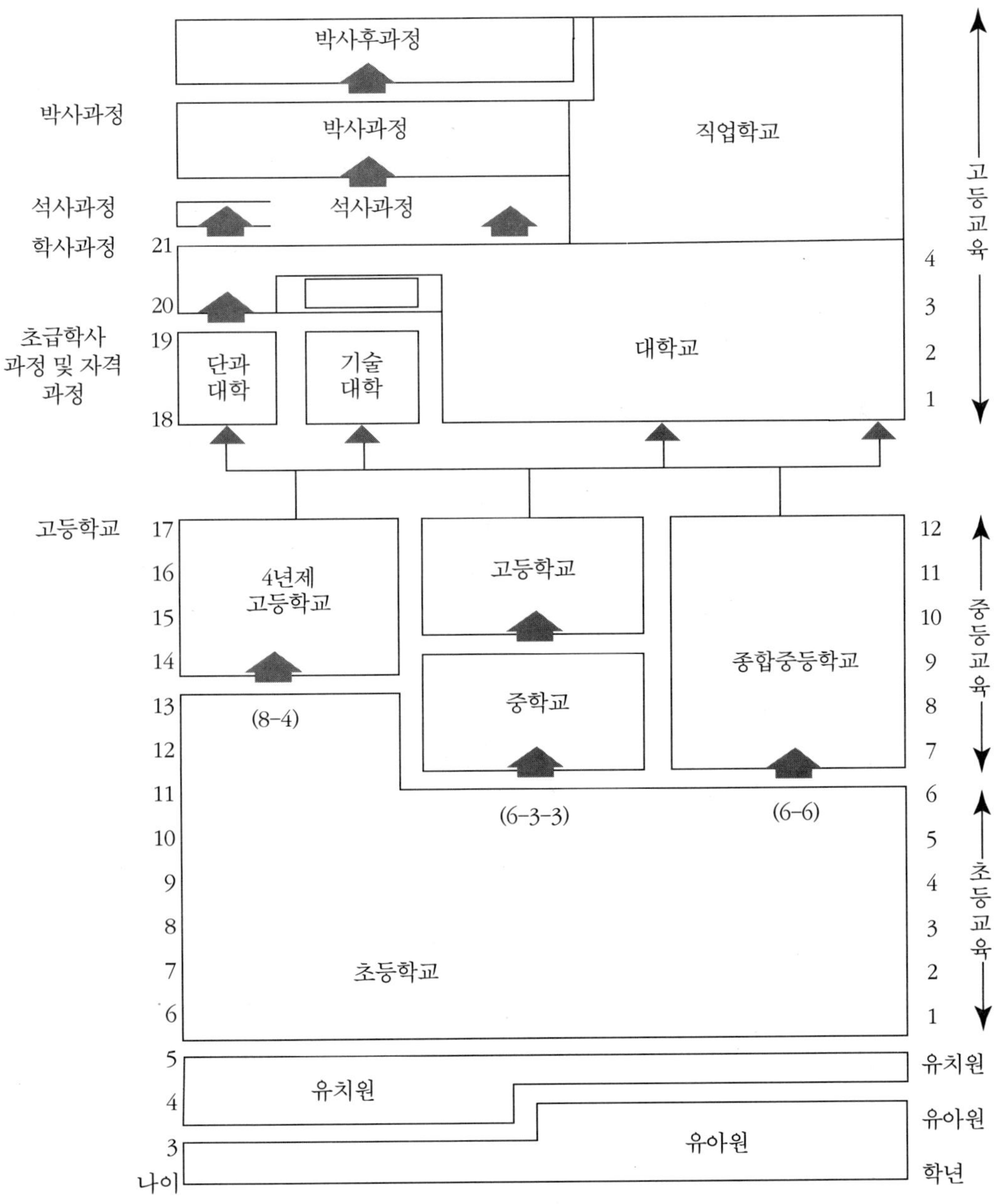

[그림 1] 미국의 학교제도

의 운영 방식에 따라 학교 시설이나 교원 조직 등이 달라지며, 이것이 미국 학교 제도의 특징이라고 할 수 있다. 학교제도도 주에 따라 다양한데, 처음에는 8-4-4제가 주류를 이루었으나 20세기에 접어들면서부터 6-6-4제와 6-2-4-4제가 채택되기 시작하였다. 그리하여 현재는 6-3-3-4제를 채택하는 주가 가장 많으며, 6-2-4-4제와 8-4-4제, 6-6-4제 등이 비슷하게 분포되어 있다. 그 외에도 5-3-4-4제, 4-4-4-4제, 7-5-4제 등도 있다. 미국의 학교교육제도를 보다 구체적으로 살펴보면 다음과 같다.

취학 전 교육

미국의 취학 전 교육은 대개 2~4세를 대상으로 한 유아원(Nursery school)과 4~5세를 대상으로 한 유치원(Kindergarten)으로 이루어지고 있다. 유아원은 정부가 저소득층의 자녀를 위해 공립학교에 대한 재정지원을 확대하면서 저소득층에게도 다른 계층의 자녀들과 동등한 환경 속에서 초등학교 생활을 시작할 수 있는 능력을 개발하기 위해 지원을 강화하였다. 이 프로그램을 'Head Start Program'이라고 하는데, 특히 대도시 슬럼가, 애팔래치아 산맥의 계곡, 인디언 보호 구역, 알래스카 인디언 등의 아동들이 도움을 받게 되었으며, 1972년까지 무려 100만 명 이상의 아동들이 혜택받은 것으로 보고되고 있다(Wynn et al., 1977: 115).

초등교육

미국의 학교교육 단계에서 초등교육과 중등교육은 주마다 그 연한과 교육과정이 다르기 때문에 일률적으로 생각할 수 없다. 전기 중등교육 단계(7~9학년)를 초등교육에 포함하고 있는 경우도 있기 때문이다. 대부분의 주에서는 12년간의 초·중등교육까지가 하나의 일관된 공교육제도 속에서 운영되기 때문에 우리나라처럼 초등, 중등을 꼭 6년씩으로 고정시켜 말할 수도 없다. 미국은 다양한 학제가 학년 중심으로 운영되고 있기 때문에 보통학년 학교(grade school)라고 불린다.

초등교육은 6세부터 12세까지의 6년제, 또는 14세까지의 8년제가 보편적이다. 그러나 경우에 따라서는 4년제 또는 5년제도 있다. 예를 들어, 5년제는 대체로 3년의 중학교와 연결되는데, 이 중학교는 목적상 초등교육 단계에 포함시키는 경우도 있고, 중등교육 단계로 보는 경우도 있다.

초등교육은 모든 주가 의무교육이다. 그러나 의무교육 연한 역시 주에 따라 8년부터 12년까지 다양하다. 대부분의 주에서 의무교육이 만 6세에서 시작하며, 능력과 취학 전 교육의 성과와 관계없이 1학년으로 편성되는 것이 보통이다. 학교 수준보다는 학년이 기준이 되기 때문에 이러한 학제의 차이에 따른 진학 또는 전학상의 혼란은 많지 않다.

한편, 미국 초등교육에서는 새로운 교육 방법을 많이 도입하여 실시한다. 그 대표적인 것으로는 무학년제와 팀티칭(Team Teaching)을 전제로 한 멀티유닛 플랜(Multiunit Plan), 모듈 중심 교수 계획(Modular Scheduling), 개방학교(Open School), 자유학교(Free School), 벽 없는 학교(School without Wall) 등이 있다.

중등교육

미국의 학교교육 단계를 편의상 초등과 중등으로 나누기는 하지만 실제에 있어서 초등교육과 중등교육을 분명히 구분하기는 어렵다. 그것은 앞에서도 언급하였듯이 주에 따라 다양한 교육 연한을 채택하기 때문이다. 예를 들어, 8-4제의 경우 9~12학년의 교육을, 6-3-3제와 6-6제의 경우 7~12학년을, 5-3-4제의 경우에는 6~12학년을, 그리고 4-4-4제의 경우는 5~12학년이 미국의 중등교육에 해당된다. 따라서 중등교육 기관의 명칭도 학제의 종류에 따라 다양하다. 전통적 8-4제의 경우와 6-6제의 경우는 고등학교(High School)라는 이름으로, 6-3-3제에서는 3년제 중학교(Junior High School)와 3년제 고등학교(Senior High School)로 불린다. 그리고 1960년대에 많이 확산되기 시작한 5-3-4제 및 4-4-4제 등에서는 중학교(Middle School)라는 이름으로 초등과 중등의 과도기적 형태의 학교라는 개념을 강조하고 있다(Alexander et al., 1971: 9). 예를 들어, 오하이오 주의 학제를 보면 유치원~5학년이 초등학교, 6~8학년이 중학교,

9~12학년이 고등학교, 그리고 대학이 4년이다. 이는 전통적인 8-4제나 6-6제와 다른 5-3-4제를 채택한 것이다. 우리나라의 초등학교 6학년과 중학교 1, 2학년이 미국의 중학교에 해당되는데, 이는 청소년의 발달 단계로 보아 이 중간학교 제도가 성공적이라는 연구에 근거한 변화라고 할 수 있다(주삼환, 2005: 11).

대학 입학 선발 방식

미국의 대학 입학 선발 방식은 입학시험에 의한 경우와 입학시험을 실시하지 않는 경우로 대별된다. 시험에 의한 경우는 대학 자체의 입학시험을 실시하는 경우와 전문시험기관에서 행하는 시험의 성적을 이용하는 경우로 구분된다. 현재 가장 보편적으로 실시하는 선발 방식은 고교 내신과 전문기관에서 행하는 표준화된 시험이다. 전문기관에서 실시하는 표준화된 시험으로는 진학 적성을 알아보기 위한 우리나라의 대학수학능력시험이라고 할 수 있는 학업적성검사(Scholastic Aptitude Test: SAT), 학력 측정을 위한 미국대학검사(American College Test: ACT), 성취도검사(Achievement Test: ACH) 등이 있다. 시험을 보지 않는 방법은 주로 주립대학의 경우로, 중등학교에서의 이수과목 단위 수와 성적 등을 검토하여 합격 여부를 결정하거나 원칙적으로 해당 주 주민의 경우에는 고등학교 졸업자에게 전면 입학을 허용하는 자유입학(free admission)이 있다.

미국의 교장과 교사 양성

미국은 교수–학습에 중점을 두고 학생의 성취와 성공을 궁극적인 목표로 삼고 있다. 이러한 목표를 달성하기 위해 교사의 직무를 표준화하였다. 직무표준은 최소한의 기준이지 직무의 전부를 의미하지 않는다. 미국은 최소한의 기준을 의미하는 교사 직무표준에 의거하여 교사의 역할을 제대로 수행할 자질을 갖춘 교사를 선발, 양성, 임용 및 평가하는 데 활용하고 있다. 미국의 교장과 교사 양성 제도를 통해 미국 교육을 이해하고, 우리나라 교육이 얻을 수 있는 시사점을 찾기 위해 간략히 살펴보면 다음과 같다.

미국의 교장 양성

'좋은 학교에는 반드시 좋은 교장이 있다.'는 말이 있다. 교장의 통솔력은 성공적인 학교를 이룩하는 데 가장 핵심이라고 할 수 있다. 단위 학교 책임제를 지향하는 요즈음의 경향은 통솔력을 제대로 발휘하고 교장의 역할을 올바르게 수행하여 성공적인 학교를 이룩할 역량을 갖춘 교장을 요구한다. 최근 OECD 회원국은 학교장의 자격제도 및 양성제도에 큰 관심을 보이고 있다. 이러한 공동 관심사는 교장이 어떤 일을 해야 하는가에 대한 교장 직무표준을 비롯하여, 요구되는 직무를 훌륭하게 수행할 수 있도록 교장의 통솔력 함양을 위한 교장 양성 프로그램 개발까지 이어지고 있다.

미국은 교장의 직무표준 확립을 위한 노력을 계속해 오고 있는데, 1994년에 24개 주 교육부 대표들로 구성된 주교육감협의회(Council of Chief State School Officers: CCSSO)와 미국교육행정정책위원회(National Policy Board for Educational Administration: NPBEA)에서 지도성과 질 좋은 교육에 대한 관심을 갖고, 교장이 지녀야 할 전문적 성향과 지식, 직무수행 표준을 통합하기로 결정하였다. 그리고 미국 교육지도자자격주간컨소시엄(Interstate School Leaders Licensure Consortium: ISLLC)을 결성하고 학교행정가를 위한 교장의 직무표준을 개발하여 1996년부터 활용하고 있다. ISLLC에 의해 개발된 교장의 직무표준은 최근 미국의 43개 주에서 교장 양성 프로그램과 교장 자격 시험의 준거로 활용한다.

미국 교육리더십대표자협의회(Educational Leadership Constituent Council: ELCC)에서는 ISLLC에 인턴십을 추가하여 'ELCC 표준'을 제시하였다. 이는 인턴십은 교장 직무표준에 의한 프로그램 과정의 최종적인 단계로 실제적인 현장 실무 경험을 제공하기 위해 운영하는 연수 과정이다. 이 연수 과정을 통하여 ISLLC 직무 영역을 종합적으로 적용하고, 교장으로서의 자질과 능력을 제대로 갖추어 올바른 교장의 역할과 직무를 수행할 수 있게 한다.

미국의 교장 양성은 사범계 대학, 비사범계 대학, 교육구와의 협력 프로그램, 그리고 대학 부설 및 전문 연구 기관에서 교장 양성 목적 등을 고려하여 다양한 형태로 이루어지고 있다. 이 가운데 대학교 또는 대학원 과정과 연계한 교장 자격 과정 이수가 주를 이룬다. 교장 양성은 주마다 다른 기준으로 이루어지고 있으나, 대부분의 주에서 교장 자격으로 교육행정 전공 석사학위 이상을 요구하고 있고, 교장 양성 프로그램 이수를 의무화하고 있다. 교장 자격을 취득하기 위해서는 각 지역 교육청이 정한 기준에 따라 석사학위 또는 박사학위 과정과 같은 대학원 과정이나 리더십 프로그램 등 교장 자격을 얻기 위한 과정을 이수해야 한다. 이러한 과정을 통해서 예비 교장들은 효과적으로 학교를 경영할 수 있는 능력과 통솔력을 갖추게 된다. 예를 들면, 노스텍사스 대학교와 댈러스(Dallas) 독립 교육구는 공동으로 '수업(instruction)'이 전반적인 학교 개선의 기초라는 입장에서 교장 양성 프로그램을 운영하고 있다. 이 양성 프로그램에서는 지도자의 7개의 자질을 다음과 같이 제시하고 있다.

- 학생들에게 동기를 부여하고, 학생들과 결속하는 수업 방법과 강력한 학업 성취 기준을 지지하는 지도자
- 교육과정의 추상적인 면과 실제 현장의 학습 경험을 의미 있게 연결하는 지도자
- 모든 학생이 높은 기준에 도달하고 교직원들이 모든 학생에 대한 높은 기대를 갖게 동기를 부여하는 지원 체계를 창조하고 관리하는 지도자
- 계량적이고 현실적으로 관리할 수 있는 변화의 우선순위를 설정하는 지도자
- 학생들이 더 높은 기준에 도달하게 할 수 있도록, 교직원을 선발하고 육성하며 학교환경을 돌보는 지도자
- 연구 지식을 학교 개선에 실제적으로 적용하는 지도자
- 관리와 수업 목적을 위해 과학기술을 활용하는 지도자

미국은 성공적인 학교를 이룩하기 위해 적격한 교장 후보를 선발하고 양성하기 위해 대단한 노력을 하고 있다. 미국의 교장 양성은 개인적인 차원에서 전문성 개발을 강조할 때도 있었다. 하지만 이제는 연방정부와 주 정부가 적극 나서

교장의 역할을 훌륭하게 할 수 있는 교장 후보 선발과 양성에 힘을 더욱 기울이고 있다.

미국의 교사 양성

미국은 학생의 학업성취를 결정하는 중요한 요인 가운데 하나가 바로 교사라는 최근 연구 결과에 따라 교사 양성과 교사 교육을 더욱 중시한다. 『A Toolkit for Teachers』(USDE, 2004)에서는 테네시 주와 텍사스 주에서 효과적인 교사들에게 배운 학생들은 비효과적인 교사들에게 배운 학생들에 비해 대단한 성과를 거두었다고 밝히고 있다. 테네시 주 연구에서, 효과적인 교사와 함께 3년 동안 지속적으로 공부한 학생들은 비효과적인 교사들과 함께 공부한 학생들보다 수학능력평가에서 50% 더 높은 점수를 얻은 것으로 나타났다.

미국과 영국은 모두 교장의 직무수행뿐만 아니라 교사의 직무수행도 표준화하고 있다. 교사가 알아야 할 지식과 기술, 성향, 직무수행의 수준을 표준화로 분명히 밝히고 있는 것이다. 이런 기준과 요건은 장래의 교사가 노력해야 할 기준이며, 교사양성기관 교육과정의 기준이고, 또한 교사양성기관을 평가하는 평가인정의 기준이다. 우리나라도 이렇게 교사의 직무수행 기준을 설정하고, 이 기준을 통과한 교사를 임용한다면, 최소한의 자격이나 자질을 확보할 수 있을 것이다.

미국은 이런 직무수행을 할 수 있는 교사를 길러 낼 수 있는지 확인하기 위하여 교육대학이나 사범대학, 교직과정과 같은 교사양성기관의 기준도 엄격하게 표준화하여 비영리단체나 준정부기관이 평가인정의 기능을 담당하고 있다. 미국 교원교육평가인정기구(National Council of Teacher Education: NCATE, www.ncate.org)가 그 한 예다. 이 기구가 기관 및 프로그램별로 평가인정하여 양성기관과 프로그램에 공신력을 부여한다. 평가인정은 대개 5~7년의 주기로 이루어진다. 2002년 현재의 교사양성기관 평가의 기준을 보면 다음과 같다.

> I. 교사후보학생과 교사양성기관 단위(학과, 학부, 단과대학 등)의 수행(Candidate Performance) 영역
>
> 기준 1. 지식, 기능, 특성(Knowledge, Skills, and Dispositions)
>
> 기준 2. 평가체제와 단위별 평가(Assessment System and Unit Evaluation)
>
> II. 단위 능력(Unit Capacity) 영역
>
> 기준 3. 현장실습과 임상적 실습(Field Experiences and Clinical Practice)
>
> 기준 4. 다양성(Diversity)
>
> 기준 5. 교수진의 자격, 수행, 능력 개발(Faculty Qualifications, Performance, and Development)
>
> 기준 6. 단위의 최고 의사결정과 자원(Unit Governance and Resources)

각 기준별로 ① 비전의 공유, ② 통합성(Coherence), ③ 교직에 대한 헌신과 특성(Professional Commitment and Dispositions), ④ 다양성에의 노력(Commitment to Diversity), ⑤ 기술공학에의 노력(Commitment to Technology), ⑥ 교사후보학생의 기준에 대한 숙련(Candidate Proficiencies Aligned with Professional and State Standards)의 관점으로 나뉜다. 그리고 여섯 가지 각 표준 내에 지식, 기술, 특성으로 나뉜 평가 항목별로 ① 수용할 수 없는 수준, ② 수용할 수 있는 수준, ③ 계속적인 달성 목표 수준을 기술한다.

그리고 약 20여 개의 교원 양성 프로그램별로 기준을 정하여 평가인정하고 있는데, ① 컴퓨터와 기술, ② 조기교육, ③ 의사소통과 기술, ④ 교육 지도성, ⑤ ESL, ⑥ 영어, ⑦ 초등교육, ⑧ 외국어, ⑨ 보건, ⑩ 수학, ⑪ 중학교, ⑫ 체육, ⑬ 독서, ⑮ 사서, ⑮ 학교심리, ⑮ 사회, ⑮ 특수교육, ⑮ 기술 등의 프로그램이 있다.

미국은 전국초임교사평가협의체(Interstate New Teacher Assessment and Support Consortium: INTASC)가 신임교사를 위한 표준을 개발하여 제시한다. 또

한 교사자격표준위원회(National Board for Professional Teaching Standards: NBPTS)는 교원양성기관이 우수한 교사를 양성할 수 있는 표준을 제공한다. 미국의 교사자격인증은 주 정부별로 다양하게 이루어지는데, 많은 주에서 INTASC 표준에 의해 교사 양성 과정을 인증하고, 인증된 양성 과정 졸업자에게 교사 자격증을 부여한다. 전통적인 미국의 교사 양성 과정은 대부분 4년의 기간이 소요된다. 대안적인 양성 과정으로는 학사학위 이상 소지자를 대상으로 선발한 후, 집중적으로 교수법을 훈련하여 1년 기한의 임시교사 자격증을 부여하고, 교수 능력을 평가한 후 최종 임용 여부를 결정한다.

미국은 낙제학생방지법(NCLB)을 구체화하기 위해 우수 교사의 자격 기준으로 '학위소지자' '자격소지자' '전공 분야 실력자'로 설정하였다. 연방정부는 주 정부가 낙제학생방지법을 활용하여 주별 권한인 교사 양성과 교사자격인증을 더욱 강화하는 기회로 삼을 것을 제안하고 있다. 낙제학생방지법은 우수 교사 채용, 교사 자격 강화, 상위 학위 취득 장려 및 전문적 능력 개발 등의 교수–학습을 위한 관련 프로그램 지원법을 제정하여 교사자질개선기금 프로그램(Improving Teacher Quality State Grants Program)을 운영하고 있다. 이처럼 미국의 교사 양성은 다른 선진국의 경향처럼 시간이 갈수록 그 중요성이 더욱 강화되고 있다.

미국 학교교육의 최근 동향

외국 학교경영의 최근 동향을 파악한다는 일은 쉽지 않다. 미국도 마찬가지로 객관적인 동향을 완전하게 파악하기 어렵기 때문에 필요한 관점에서 주관적인 동향 파악이라도 하지 않을 수 없다. 여기서 최근 동향이라고 하는 것도 우리나라와 비교하여 다른 '동향', 우리나라 학교경영 개선에 도움이 되는 시사점을 찾기 위한 '동향'에 한정될 수밖에 없다. 그러므로 '학교경영'이리기보다는 미국 교육의 큰 동향에 초점을 두고 미국 학교경영의 최근 동향을 살펴보기로 한다.

미국 학교경영에서 우리나라와 다른 최근 동향은 표준화, 결과 지향, 학습에의 초점, 작은 학교와 개별화, 선택과 민영화로 압축할 수 있다. 이를 바탕으로 미국의 최근 동향을 살펴보면 다음과 같다.

첫째 교육과 경영의 표준화다. 단적으로 말해서 국가나 주 정부가 정해 놓은 최저한의 표준은 반드시 통과해야 한다. 그러다 보니 표준은 기초 기술에 초점을 맞추지 않을 수 없다. 미국은 읽기(독서), 쓰기(짓기), 수학, 과학, 시민정신(사회) 등 기초 과목의 학년별로 도달해야 할 국가별 수준, 각 주의 수준을 표준으로 정해 놓고 이 표준을 통과할 것을 요구한다. 매년 4(초), 6(중), 9(고)학년 전 학생이 표준화 학력검사를 보아 그 결과를 주 교육부 홈페이지에 보고서(report card)로 게시한다. 각 교육청과 각 학교의 성적을 국가 수준, 주 수준, 비슷한 지역의 교육청과 비슷한 수준의 학교와 비교할 수 있도록 대비시켜 놓는 것이다. 전체적인 판정은 ① 우수, ② 효과적, ③ 계속 향상, ④ 학력 경고, ⑤ 학력 비상의 5단계로 하고, 연간적정진보(Adequate Yearly Progress: AYP)[1]를 표시하여 전년도와 비교한 발전의 정도를 나타낸다. 몇 년간 표준에 도달하지 못하면 교사와 교장은 책임을 지고 물러나야 하는 압력을 받는다. 또한 몇 년간 계속해서 만족할 만한 성적을 유지하지 못하면 학교경영권을 사립교육 회사에 넘긴다. 그러면 근무하던 모든 교사와 교장, 직원은 직장을 잃게 된다. 표준화에는 무서운 책임이 따른다. 그렇기 때문에 학교경영의 초점을 표준화에 맞추지 않을 수 없다. 오하이오 주에서는 주 정부에서 실시하는 고등학교 졸업시험(OGT)에 통과해야

만 고등학교 졸업장을 취득할 수 있다.

특히, 이와 같은 현상은 부시(George W. Bush) 대통령 행정부가 들어서면서 낙제학생방지법(No Child Left Behind Act)[2] 정책을 채택하고 추진하면서 두드러지고 있다. 미국은 학생의 학업성취와 학력 차이를 개선하기 위한 2001년 낙제학생방지법을 교육개혁의 기점으로 삼았다. 이 법안은 미국 의회에서 압도적으로 통과되어 2002년 8월 부시 대통령이 서명하였다. 이후에 입법 취지와 목적을 실현하기 위해 범정부적으로 초·중등 교육에 지원을 아끼지 않고 있다. 낙제학생방지법은 최소한의 기준은 확실히 지키자는 의미를 지닌다. 과거 미국의 '수월성 추구'를 막연한 최고의 질 추구라고 한다면, '표준화'는 '최저한의 질 보장'이라고 할 수 있다.

둘째, 표준화에 연결되는 것이지만 결과 지향, 산출 중심의 교육과 학교경영에 대한 책무성의 강조를 들 수 있다. 학교경영의 최종 산물은 결과로 말해야 한다. 즉, 학생의 성취로 말하는 것이다. 수행평가는 과정이 아니라 성과에 대한 평가다. 학교경영을 잘했다면 학생 성취도가 높게 나와야 한다. 운동 팀은 그 해의 경기 성적에 따라 선수와 감독의 연봉을 결정한다. 그런데 우리는 과정만 아름다운 것으로 너무 미화시키고 결과는 성적이라고 하면서 배척하게 만드는 경향이 있다. 결과는 냉혹하다. 결과에는 책임이 뒤따른다. 교사와 교장은 결국 결과로 말을 해야 하고, 그 결과에 대한 책임을 져야 한다.

셋째, 경영과 관리보다 학습에 초점을 맞추고 있다. 미국에서도 1960년대에는 교장의 직무를 주로 경영과 관리적 측면으로 보았으나, 현재는 교수-학습의 리더십을 강조한다. 이제는 교수(teaching)보다도 학생의 학습(learning)이 강조된다. 교사가 아무리 열심히 가르쳐도 학생들이 배우지 못하면 아무 소용이 없다. 교사로 하여금 잘 가르치도록 지원하는 것이 행정이고, 행정은 정책을 집행하는 것으로 보아 정책·행정·교수-학습의 관계가 되어 바늘 끝이 학습까

지 미쳐야 침의 효과를 보게 된다. 앞에서 말한 것과 모두 연결되는 내용이지만, 학교경영의 효과는 학생의 학습, 학생의 성취로 나타나야 한다. 우리나라에서 학생의 학습에까지 미치지 못하는 정책이나, 제도, 법, 행정에 매달려 '혁신'을 외치고 있는 것을 보면 안타깝기 그지없다.

넷째, 작은 학교 지향과 개별화를 지향하고 있다. 빌 게이츠도 미국의 공립학교는 더 이상 고쳐서 쓸 수 없는 지경에 이르렀다고 하면서 재단(www.gatesfoundation.org)을 만들어 '작은 학교' 운동을 벌이고 있다. 작은 학교 지향은 결국 학생과의 빈번한 접촉을 통하여 개별적으로 지도하자는 의도다. 학생을 개별적으로 지도하면 학년이 무시되고 장애학생과의 통합교육도 가능하다. 분리와 분업이 아니라 통합의 방향으로 가야 한다.

다섯째, 학교 선택제와 학교경영 민영화의 경향을 강조하지 않을 수 없다. 미국 공립학교는 경쟁력을 잃고 있다고 여기며, 일단 공립학교에 개선의 기회를 준다. 주어진 기간 내에 개선하지 못하면 주 정부는 경영권을 민간회사에 맡긴다. 심지어는 사회주의에 가깝다고 하던 스웨덴에서도 교육주식회사에서 학교를 경영한다. 학부모는 이런 학교를 더 선호하고 점차 늘어나는 경향이다. 스웨덴에서 1992년에 사립학교 수는 80여 개였지만 2005년 말에는 800여 학교로 늘어났다. 이 가운데 45%가 주식회사에서 운영하고 있다. 학교 선택권이 학부모에게 돌아가자 학부모가 주식회사가 운영하는 학교를 더욱 많이 선택하고 있다. 이제는 공립학교도 '학교 마케팅'에 나서고 '교육 리모델링'을 하여 경쟁하지 않을 수 없게 되었다(열린교육마당 2006. 제8호, 안석배 블로그 sbahn.chosun.com). 그런데 우리나라에서는 이런 외국의 동향과 반대로 사립학교의 공립화, 평준화, 획일화의 방향으로 가고 있다.

제2부

최우수 초등학교

당신의 자녀가 만났으면 하는 교사가 되라.

벨샤세 초등학교

(Belle Chasse Primary School, Belle Chasse, Louisiana)

"안전하고, 서로 존중하며, 예절 바르고, 책임감 있게 행동하라."

"모든 아이는 목표를 가지고 있다. 모든 아이는 그들이 도달할 수 있는 가장 높은 목표를 성취할 수 있어야 한다."

"교사가 무엇을 이루려고 하는가? 교사가 어떻게 이루려고 하는가? 학생들은 그들이 배운 지식을 다른 상황에 적용할 수 있는가?"

"우리는 많은 것을 경험했다. 우리는 경험 속에서 우리가 하는 일 중에 무엇이 중요한지를 알고 있다."

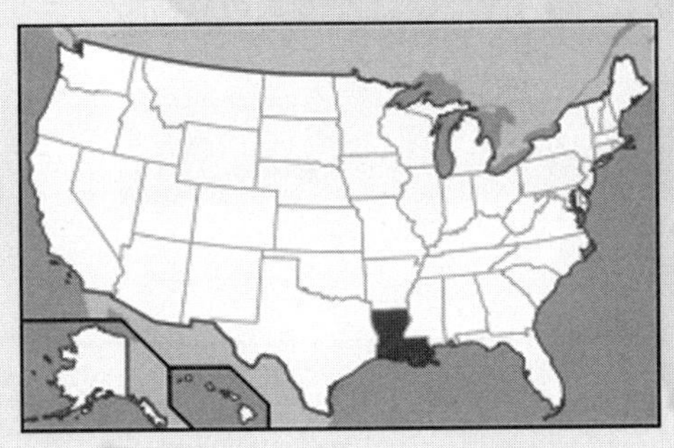

모든 학생을 독립적으로 읽고, 쓰고, 생각하고, 문제를 해결하고, 의사소통할 수 있는 잠재력을 실현할 수 있는 학생으로 기르는 것이 이 학교의 사명이다. 벨샤세 초등학교의 마스코트는 '벨라(Bella)'라는 이름의 펠리컨이며, 유치원부터 4학년까지의 학생들 1,100여 명이 공부하고 있다.

벨샤세 초등학교(BCP)는 루이지애나 주의 벨샤세(Belle Chasse)에 자리 잡고 있다. 미시시피강 어귀에서 북쪽으로 약 96km 정도 떨어져 있는 곳으로, 미시시피 강이 바다로 흘러가면서 형성한 플래크마인즈(Plaquemines) 삼각주 상부에 자리 잡고 있다. 2005년 8월 29일, 허리케인 카트리나(Katrina)가 들이닥쳤을 때, 이 지역(Belle Chasse parish)[1]은 시속 약 240km의 강풍과 엄청난 홍수로 큰 타격을 받았다.

⊕ 학생 1인당 교육비

구 분	교육구	주 평균
1인당 총비용	12,475 달러	9,967 달러
교수-학습	47%	57%
학생-교직원 지원	11%	9%
행정	11%	10%
기타	32%	23%

출처: NCES, 2005-2006

🌐 학교 개황

벨샤세 초등학교		주 평균
학생 수(preK-4학년)	1,090	
백인	69%	51%
흑인	25%	44%
아시안/태평양 섬	3%	1%
히스패닉	2%	2%
인디언/알래스카	1%	〈 1%
무료급식/급식보조	14%	61%
특수교육	10%	
교사당 학생 수	14	16

출처: NCES, 2005-2006

이 학교 공동체의 학생, 교사, 교직원 및 행정가들 가운데 2/3가 보금자리를 잃었고, 플래크마인즈 지역교육구(Plaquemines Parish school district)의 9개 학교 가운데 여섯 곳이 유실되었다. 2005년 10월 17일, 벨샤세 초등학교는 이 지역 초등학교 가운데 유일하게 다시 문을 열었다. 따라서 이 학교는 파괴되어 채 복구되지 못한 이 지역의 많은 학생과 교사를 수용하여 새로운 학교공동체를 이루게 되었고, 블루리본 학교로 선정되었다.

학생들과 교직원, 그리고 그들의 가족[2]을 수용한다는 전제하에, 루이지애나 주 교육부는 그 해 4학년 LEAP 21[3] 능력 테스트를 보류할 것을 학교 측에 제안하였으나 학교 지도자[4]들은 이 제안을 거절하였다. 그들은 지금까지 그들이 적용해 오던 동일한 높은 기준을 그들의 모든 학생에게 적용하기로 했다.[5] 2006년 가을, LEAP 평가 결과가 공개되었을 때, 벨샤세 초등학교 4학년 수학 성적은 주에서 세 번째로 높았

고, 영어는 여섯 번째로 높았다. 그리고 미통과 비율이 4%로 주에서 가장 낮았다. 이 학교는 어떻게 엄청난 위기 속에서 이토록 성공할 수 있었을까?

안전하고, 서로 존중하고 예의 바르며, 책임감 있게 행동하라

1994년, 교육구가 기존의 K-12 학교체제에서 새롭게 학교를 꾸며 보고자 했을 때, 벨샤세 초등학교는 완전히 새로운 학교운영 프로그램을 제시하였다. 행동, 학습과 교수에 대한 '높은 기대'를 새로운 학교 계획의 초석으로 삼고, 이러한 높은 기대에 충족하기 위해 학교 지도자들은 우선 서로를 신뢰하는 환경을 조성하는 데 주력하였다.

신뢰가 쌓이자, 신시아 호일(Cynthia Hoyle) 교장과 교직원들은 학교가 사랑과 명확한 규칙에 의해 강력한 결속력을 지닌 가족 관계가 되기를 원했다. 이 사랑은 수백 가지 방법으로 표현되었는데, 이것은 모든 학생의 이름을 알고 있는 교장에게서 볼 수 있고, 학교 지도자들이 교사들에게 매주 보내는 쪽지에서도 볼 수 있고, 점심시간에 모든 아동의 자리에 냅킨을 놓아 주는 예에서도 볼 수 있고, 기쁠 때나 괴로울 때 학교공동체 구성원들을 돌보고자 하는 학교공동체의 자발적인 의지에서도 엿볼 수 있다.

동시에, 학교의 규칙은 명확하다. 훌륭한 생활 규칙은 벨샤세 초등학교의 독특한 특징이다. 복도에 칠한 파란색과 초록색 선을 따라, 학생은 항상 우측통행을 하고,[6] 그들은 복도와 교실에서 스스로 조용히 한다. 1998년 지역 교육구의 방침을 따라서 모든 학생은 파란색과 초록색 교복을 입는다. 카페테리아[7]에서도 목소리를 낮추고, 선생님 등 어른을 대할 때면 언제나 존칭을 붙이며, 바른 높임말을 사용한

다. 교사들 또한 복장 규정과 행동 규정을 준수해야 한다.

시간이 지나면서, 학교 규칙은 세 가지 간단한 문장, 즉 '안전하고(Be safe)[8], 서로 존중하고 예의 바르며(Be respectful), 책임감 있게 행동하라(Be responsible)'로 요약되었다. 초등학교 1학년도 이 규칙을 암기하여 말할 수 있다. 오늘날, 이 규칙은 갈색 펠리컨으로 형상화되고, 졸업생의 이름을 따서 만든 학교 마스코트 '벨라(Bella)'와 긴밀하게 연결되어 있다. 예를 들어, 학생들이 어떤 시간에 몰입하여 공부를 열심히 하거나 교사 혹은 다른 학생에게 친절한 행동을 하면, 훌륭한 태도와 행동에 대한 보상으로 예쁜 색상의 플라스틱 팔찌인 '벨라밴드'를 착용하게 된다. 이 벨라밴드는 학생들에게 특별 권한을 행사할 자격을 부여한다. 벨라밴드를 이용하여 커다란 초콜릿 바구니를 열 수 있는데, 초콜릿 바구니를 열려고 하던 한 학생이 그날 벨라밴드를 차지 않은 것을 깨닫고는 열지 않은 초콜릿 바구니를 재빨리 제자리에 놓는 것을 볼 수 있었다.

이 학교는 처음 학교 생활의 몇 주 동안 학교 생활 규칙을 가르친다. 주요 담임교사들 외에 미술, 음악, 체육 교사들도 학생들이 벨라의 규칙을 이해할 수 있도록 돕는다. 학교 방문기간 동안에는 보건교사가 3학년을 지도하며 약물의 영향에 관해 토론하도록 하였다. "이것이 안전한 일입니까? 이것이 여러분 자신을 존중하는 일이라고 생각합니까?" 등의 질문으로 토론 내용이 벨라의 규칙과 관련 있는 토론이 될 수 있도록 한다.

퇴직 후 지금은 교육구에서 코치로 지내는 트리시 헤이델(Trish Haydel)과 이 학교의 공동 교장인 쉘리 리츠(Shelley Ritz)는, 교사들이 몇 가지 학생생활 규칙에 관한 문제만 관리하면 되기 때문에 학생들을 가르치는 데 훨씬 많은 시간을 보낼 수 있다고 설명하였다. 대부분의 부모는 학교의 강력한 생활 규칙이 아동을 안전하고 효과적으로 지키고, 동시

에 그것이 아동이 자신의 물건을 잘 간수하고, 다른 이를 존중하는 등 아이들에게 좋은 인성을 가르친다고 생각하기 때문에 학교의 이러한 조치를 지지한다. 교사가 학생의 생활지도에 거의 시간을 보내지 않는다는 것을 교실 관찰을 통해 확인할 수 있었다.

손바닥 모양의 학교

학교의 건물은 손바닥처럼 생겼다. 학교행정 중심부에서 4개의 복도가 뻗어 있고, 각각의 복도는 학년에 맞게 배치되어 있다. 학생 수가 계속 증가해서 3, 4학년 일부를 수용하기 위해 운동장을 가로질러 몇 개의 이동식 교실(modular classrooms)[9]이 설치되어 있다. 일반 교실은 물론이고 이동식 교실의 복도도 학생들의 시, 수학 공식, 우화에 나오는 캐릭터 그림 등 학생들의 작품을 전시하는 공간으로 활용한다.

매일 아침 학생은 방송시설을 이용하여 TV 쇼를 시청한다. 학생 아나운서는 날씨와 학교 소식을 보도하고, 학생들이 거둔 성과를 축하하며, 학생 전체에게 학교의 모토를 암송하게 하고, 미국 국가(Star Spangled Banner)를 함께 부르게 하는 등 다짐의 시간을 갖는다. 학교 방문기간 동안에 학생들은 다가올 주 LEAP시험을 준비하기 위해 자신들이 쓴 랩음악을 암기하며, 아침 시간을 마무리한다.

1학년 영어시간에는 학생들이 네 가지 역할을 번갈아 가면서 수행한다. 한 집단은 선생님과 공부하고, 다른 집단은 개별적으로 책을 읽으면서 컴퓨터를 사용하고, 또 다른 집단은 조용하게 책을 읽고, 마지막 집단은 보조교사와 함께 학습한다. 교사 집단에 속한 학생들은 동일한 방식으로 교사의 관심을 받고, 교사는 학생들에게 그들이 주장한 바를 어떻게 알아냈는지 설명하도록 보충질문을 하며 토론을 마무리한다. 교사는 과제를 열심히 하거나 소란을 피우지 않으면 보상으로 전체 학급이 '벨라 포인트(Bella Points)'를 받게 될 것이라고 학생들에게 약속을 하며, 학생이 해야 할 과업시간에 맞춰 알람을 설정한다. 학생들은 소소하지만 다양한 방식으로 서로에 대한 관심을 표현한다. 가령, 역할을 바꾸어 서로를 배려하거나, 다른 학생들이 발표할 때 끼어들지 않게 주의한다.

3학년 영어시간에는, 교사가 학급에게 책을 큰소리로 읽어 주며, 종종 학생들이 스스로 문장을 완성할 수 있도록 유도한다. "좋은 독자는 항상……"이라고 교사가 질문하면, 학생들은 "질문을 한다!"라고 대답한다. 학생들과 교사는 이렇게 묻고 대답하기를 여러 번 반복한다. 또한 교사는 학생들이 얼마나 이해하였는지를 확인하기 위해 읽기를 중단하고 특정한 질문을 하기도 한다. 영어를 공부하는 4학년 학생들은 큰 집단을 만들어 브레인스토밍을 통해 한 편의 에세이, 예를 들어 '만일 내가 일주일 동안 벨샤세 초등학교의 교장이라면'에 대한 개요를 발표한다. 학생들은 다른 학생들의 제안에 대해 활발하게 응답하고, 긍정적인 피드백을 제공하기도 하며, 이미 배웠던 것과 그 제안들을 연계하기도 한다. 교사가 접속사를 사용하는 경우와 사용하지 않는 경우의 예를 보여 주며, 접속사에 대한 짧은 토론을 이끈 후, 학생들은 그들에게 가장 도움이 되는 다양한 방식으로 학급 구성원들이 작성한 개요를 자유롭게 사용하여 개별적으로 초고를 작성한다.

교사는 특정한 방식으로 학생들이 글을 쓰도록 하기보다 학생들에게 그들의 브레인스토밍이나 글쓰기 과정에 대해서 질문을 한다. 교사는 교실을 돌면서 학생에게 처음 쓴 두 단락을 읽어 달라고 하며, 교사가 학생들의 글을 읽기 전에 학생들이 스스로 글을 점검하게 한다. 똑같은 문제가 몇몇 학생의 글에서 나타나는 경우, 교사는 잠시 전체 학생에게 요점을 명백하게 설명하여 이해할 수 있게 한다.

지역사회의 지원

벨샤세 초등학교는 다행히도 매우 강력한 지역공동체의 지원을 받고 있다. 벨샤세에 화학공장이 있는 쉐브런(Chevron)사는 학교의 컴퓨터 기기를 업그레이드하는 데 수천 달러를 기부하였다. 교실마다 적어도 세 대의 컴퓨터가 있고, 컴퓨터와 연결된 전자 화이트보드가 있다. 학교에는 이동식 노트북 컴퓨터 실습실도 있고, 세 곳의 컴퓨터 실습실에는 25대의 컴퓨터와 다양한 수업용 소프트웨어가 완벽하게 구비되어 있다. 지난 10년 동안, 벨샤세 초등학교의 사친회(PTO)[10]는 학교발전기금으로 25만 달러 이상을 모금하였다. 몇 년 전에는 500여 명의 지역 자원봉사자들이 5일 동안 노력해서 학생들이 자유롭게 놀기에 충분한 학교 운동장을 합성 목재 구조로 새롭게 꾸며 주었다. 약 14만m²에 달하는 운동장의 또 다른 한곳에는 공연무대와 탈의실을 완벽하게 갖춘 다목적 건물이 건설 중이다.

이에 대한 보답으로 벨샤세 초등학교는 지역사회와 긴밀한 관계를 유지하고 있다. 학부모는 학교모임 때 아기방(baby sitting)을 항상 이용할 수 있다. 학생들은 규칙적으로 가정학습 지원을 받고, 필요하다면 저녁식사도 제공받는다. 몇몇

학부모가 자녀의 공부를 도울 수 있는 방법에 관해 도움을 요청하면, 교사들은 현장학습(field trips)을 조직하여 학부모와 함께 지역도서관 등 공부에 도움이 되는 현장을 방문한다. 학부모는 매주 화요일 자녀들의 학교 생활에 관한 피드백을 받는 것을 당연하게 생각하고 있고, 저학년 학생들의 학부모는 매일 자

녀의 학교 생활에 관한 안내를 받는다. 또한 학부모들은 교사들의 전화번호와 전자우편 주소를 알고 있다. 장애자녀를 둔 어느 학부모가 "모든 아이는 목표를 갖고 있습니다. 그리고 모든 아이는 그들이 도달할 수 있는 가장 높은 수준에 다다를 수 있어야 합니다."라고 말하자, 몇몇 학부모가 이에 동의하였다. 한 학부모는 벨샤세 초등학교를 '학부모 개방방침(open parent policy)'을 표방하는 학교라고 말한다. 학교에 매우 적극적인 사친회는 "선생님들이 우리 아이들을 가르치는 데 도움이 되기 위해 우리가 할 수 있는 일이 무엇입니까?"라고 물으며, 필요한 기금을 모금한다. 모금액의 일부는 학생들의 미술, 음악, 그리고 체육 등의 계발활동에 쓰인다.[11] 이 기금은 또한 추가적인 지원이 필요한 학생들에게 개인 교사를 연결해 주는 데 쓰이고, 오후 6시까지 운영되는 방과후 학교 프로그램에도 쓰인다. 학교는 지역사회활동에도 참여한다. 매년 열리는 오렌지 축제와 도움을 필요로 하는 개발도상국 학생들을 위한 모금 마련 활동에도 참여한다. 학생들에게 친절과 보답을 가르치는 일은 이 학교의 '타고난 유전자(DNA)' 가운데 일부다. "다섯 살짜리 아이라도 사회에 무엇인가를 보답할 수 있습니다."라고 헤이델 공동교장은 말한다.

신뢰를 기초로 하는 지역공동체

벨샤세 초등학교를 한 가족으로 만들려는 초기에, 호일 교장은 '양육 시스템(nurturing systems)'이라는 신뢰를 구축하는 일을 아주 중요시하였다. 그녀와 교직원들은 학교를 개교할 때 아직 제대로 마무리를 하지 못한 새 학교를 닦고 정리하는 일부터 결속력을 강력하게 다지는 일까지 많은 일을 하였다. 하지만 진정으로 그들을 함께하도록 한 것은 허리케인 카트리나(Katrina)에 따른 역경을 극복하는 과정을 통해서다. 한 교직원은 "우리는 서로를 진정으로 신뢰할 만큼 아주

가까워졌습니다. 우리는 진정 한가족과 같습니다."라고 말했다.

사서교사였던 신시아 호일은 벨샤세 초등학교의 교장에 취임한 후 자신이 원하는 교장이 되기 위해 빠르고 철저하게 수업경험을 쌓았다. 그녀가 교장으로 지명을 받은 다음 날, 근처 제퍼슨 지역(Jefferson parish)에서 근무하는 한 교장에 관한 '그림자 연구(job shadow)' [12]를 하기로 했다. 이와 같이 신시아 호일은 평소에 존경했던 교장의 아이디어와 실제 업무를 본받아 그것들을 자신의 것으로 만들었다. 그녀는 다양한 학습 기회를 만들어 동료들에게 제공하였으며, 하버드 대학교에서 개발한 교장 아카데미를 모델로 하여 뉴올리언즈 학교 리더십센터를 공동으로 설립하였다.

그녀는 학교를 제대로 원만하게 운영하여 학교가 발전하도록 열심히 노력하는 것이 자신의 책임이라고 말하며 정기적으로 교실을 방문하여 학생들이 무슨 활동을 하는지 확인했다. 그녀가 지속적인 전문성을 개발하면서 갖게 된 통찰력(epiphany)은 '학생들이 무엇을 열심히 하고 있지?'를 물을 수 있도록 그녀 자신을 이끌어 주었다.

나중에 플래크마인즈 지역 중앙 부처와 벨샤세 초등학교 운영위원회의 강력한 지원으로, 그녀는 교장 능력 개발 학습 과정을 운영하는 학교 리더십센터 프로그램에 참여할 루이지애나의 7명의 교장 가운데 한 명이 되었다. 이 프로그램은 미국 교육부가 인준한 것으로, 교장들에게 교실에서 '살펴볼 일(what to look for)'과 전문성 개발에서 익힌 것을 실제로 할 수 있도록 그들이 찾은 것들을 활용하는 방법을 행정가들에게 연수시킨다. 이것은 신시아 호일에게, 자신이 아는 것을 동료 교장들에게 제대로 제공할 수 있는 확실한 방법이었다.

벨샤세 초등학교는 완벽한 지원을 해 주는 중앙 부서가 있고, 학교

운영위원회와도 긴밀한 관계를 형성한다. 중앙 부서와 학교운영위원회는 그녀를 보조하는 코치들과 다른 전문가들을 영입하겠다는 제안을 수용하였다. 그리고 좋은 수업이 어떤 수업인지를 증명하는 방법을 배우고 있던 벨샤세 초등학교 수석 교수단(primary faculty)도 이 제안을 지지하여, 학교 전반에 영향을 미치게 되었다. 게다가 주말은 물론이고 언제나 벨샤세 초등학교는 교육구의 관계자들과 연락이 가능하다. 교육감과 부교육감은 매일 적어도 한 곳의 학교를 방문하는 것을 목표로 하여 정기적으로 학교를 방문한다.

　장학협의회(learning Walks)[13]는 '교사가 무엇을 이루려고 하는가?' '교사가 어떻게 이루려고 하는가?' ' 학생은 지식을 다른 상황에 적용할 수 있을 것인가?'라는 세 가지 질문에 철저하게 초점을 맞추었다. 교사든 행정가든, 관찰자

🌐 2007～2008학년도 BCP의 조기 일과 종료일

일자	종료	내용
10월 15일(월)	12 : 30	교직원 전문성 개발
10월 16일(화)	12 : 30	교직원 전문성 개발
10월 17일(수)	12 : 30	교직원 전문성 개발
12월 19일(수)	12 : 30	교직원 전문성 개발
12월 20일(목)	12 : 30	교직원 전문성 개발
12월 21일(금)	12 : 30	교직원 전문성 개발
3월 10일(월)	14 : 15	주 평가
3월 11일(화)	14 : 15	주 평가
3월 12일(수)	14 : 15	주 평가
3월 13일(목)	14 : 15	주 평가
3월 14일(금)	14 : 15	주 평가
4월 1일(화)	12 : 30	학부모/교사 회의
5월 26일(월)	12 : 30	교직원 전문성 개발
5월 27일(화)	12 : 30	교직원 전문성 개발
5월 28일(수)	12 : 30	교직원 전문성 개발

들은 일화적인 감상을 기록하는 것 외에도 공식적인 체크리스트를 이용하였다. 토론의 기초 자료로 쓰이는 이러한 정기적인 관찰은 매주 학년 단위 모임에서 교육과정 전문가에 의해 주도된다. 허리케인 카트리나가 플래크마인즈 지역을 휩쓸었을 때, 벨샤세 초등학교 장학협의회를 폭넓게 사용하였고, 오늘날 훨씬 더 정기적으로 장학협의회를 계속하고 있다.

벨샤세 초등학교는 교직원의 전문성 신장에 지대한 관심을 갖고 있다. 연초 학교교육 계획에 교직원 전문성 개발의 날을 지정하여 미리 학생과 학부모에게 공고하고 일정에 차질이 없도록 한 후, 전문성 신장을 위한 시간을 갖고 있다. 그날은 일과를 일찍 종료하며, 점심식사는 제공하지만 탁아 프로그램인 아기방 운영은 하지 않는다.

허리케인 카트리나

허리케인 카트리나에 의해 벨샤세 초등학교 학생들과 교직원들은 카운티 전역에 흩어졌다. 7주 후에 다시 학교 문을 열었을 때, 첫 번째 과제는 학교를 깨끗히 하는 일이었다. 이 지역의 모든 학교가 문을 닫았기 때문에 벨샤세 초등학교는 새롭고, 훨씬 더 큰 학교공동체를 이룩하는 방법을 신속하게 준비해야 했다.

650명 대신에 1,200명 가까운 학생들이 벨샤세 초등학교에 입학하기 위해 돌아왔다. 8명의 교사들이 충원되었고, 무료급식이나 급식보조를 받는 학생들의 비율이 54%에서 72%로 급격하게 증가하였다.

신시아 호일 교장은 "우리는 우리의 기본 생각, 즉 '신뢰'로 되돌아갔습니다."라고 말했다. 행정가들과 교직원들은 늘 그랬던 것처럼 새로운

학생들을 따뜻하게 맞이하여 규칙을 가르쳤다. 새로운 교사들 일부는 처음에 약
간 겉돌았지만, 곧 이 학교가 가족과 같다는 것을 깨달았다. 주 정부와 교육구의
지원으로 벨샤세 초등학교의 모든 교사는 협력교사(co-teacher)가 되는 방법을
배웠고, 새로운 모델에 적합한 교수법을 받아들였다.

신시아 호일 교장은 자발적으로 비디오를 촬영해 주는 교사들을 추가하여 장
학협의회를 재차 시작하였다. 이 장학협의회는 교사 간에 서로를 단절시키는 벽
을 허물었다. 교사들은 비디오 촬영에 대해 신경을 쓰는 듯했지만, 그들은 동료
교사들이 가르치는 방법을 꼼꼼하게 살피면 수업에 대한 영감과 새로운 아이디
어를 찾을 수 있다고 생각했다. 그리고 실패에서도 성공할 때처럼 배울 것이 많
다고 말했다. 이러한 탐구 방법은 오직 신뢰가 조성된 환경에서만 가능하다.

공동 교장인 헤이델과 리츠가 전직 벨샤세 초등학교 교사였기 때문에 그들이
2007년 1월에 학교의 책임자가 되었을 때는 강한 신뢰 수준을 유지할 수 있었
다. 헤이델은 preK-2[14] 학생들을 맡고, 리츠는 3~4학년을 책임지고 있다. 그
들은 서로의 능력을 칭찬하며, 서로가 의논하고 의지하는 것을 아주 소중하게
여긴다.

교육과정 전문가와 특수교육 전문가
(intervention specialists)[15] 등 학교의 다
른 지도자들과 함께, 리츠와 헤이델 교
장은 학생 데이터를 분석하였다. 그리고
다른 교사들의 수업 모델 사례가 될 수
있는 우수한 교사들과 맞춤형 전문성 개
발을 통해 능력을 향상시킬 수 있는, 훌
륭하지만 아직은 충분하지 않은 교사들
을 유심히 살펴보았다. 교육구는 다양한
전문성 개발 기회를 제공하고, 벨샤세
초등학교는 자체적으로 전문성 신장을
유도하고 있다.

실시간 데이터

벨샤세 초등학교는 루이지애나 교육부에서 제공하는 예비측정 프로그램(pilot assessment program) 대상 학교다. 공동 교장 헤이델은 이것에 대해 '학생들 각 자의 개별직인 요구에 부합하는 최직 모델을 만들기 위한 목직'이라고 밀한다. 학년 초에 치르는 읽기시험으로 읽기에 곤란을 겪는 학생을 선별한다. 선별위원 회는 학습위기에 놓여 있다고 판단된 학생들의 자료를 분석하고 어떤 처방을 할 지를 검토하여 개별 학생에 대한 계획을 세운다. 이 과정에서 학생의 부모와 긴 밀한 대화를 나눈다. 학습위기에 처한 학생들은 대개 소집단 수업, 개인지도, 그 리고 언어, 문해교육 프로그램 수업을 받는다. 적어도 일주일에 한 번, 학생들이 무엇을 배웠고, 어느 부분을 어려워하는지에 관한 실시간 정보를 얻기 위해 종 합적인 자료를 수집한다.

주간 교육과정협의회에서는 업무적인 일이나 절차상의 문제로 시간을 보내 는 경우가 거의 없다. "우리는 전자우편으로 업무를 처리합니다."라고 한 교사 가 설명했다. 그들이 직접 대면하는 시간을 학생들의 학업성취 등의 통계와 교 수–학습전략에 관해 토의하는 데 집중한다. 그들은 학년 동료교사들이 제공한 비디오를 시청하고, 수업 자료, 연구 결과, 아이디어와 수업 전개 과정을 공유하

며, 제대로 된 수업과 마음에 들지 않는 수업을 분석한다. 학교 방문기 간 동안에, 4학년 교사는 학생들이 배열을 할 수 있게 곱셈을 가르치며, 능숙하게 그날의 수업을 어떻게 시 작하는지를 설명했다. 그러나 그녀 의 학생들은 손 하나 까딱하고 싶어 하지 않는 분위기였다. 또 다른 4학 년 교사는 몇몇 학생들에게 탑을 세 우게 하기는커녕 간단한 줄도 만들

게 할 수 없었다. 두 교사는 수업방식을 지필방식으로 바꾸었는데, 이들은 나머지 다른 4학년 교사들과 대안에 관하여 토론했다. 한 달에 두 번씩, 교사들은 읽기와 쓰기를 할 때 가장 잘된 수업에 초점을 맞추어 소집단으로 학습조직을 이루어 모임을 갖는다.

　현재 유치원 11학급, 1학년 11학급, 2학년 10학급, 3학년 10학급, 4학년 11학급으로 구성된 벨샤세 초등학교는 강한 결속력을 지닌 한가족으로 다시 부각되고 있다.[16] 3학년 교사는 "새로운 학생들과 교사들도 우린 가족입니다."라고 말한다. 또 다른 교사는 "우리는 많은 것을 경험했습니다. 우리가 하는 일은 경험에서 우러나기 때문에 무엇이 중요한지 알고 있습니다."라고 말한다. 허리케인 카트리나가 이 지역 전체를 할퀴고 지나갔지만, 벨샤세 초등학교 교사들과 행정가들은 카트리나를 한층 더 성숙하게 한 축복과 같은 존재라고 생각한다. 허리케인을 통해 단련된 생활이 현재의 관계를 강화시켜 새로운 관계를 만들었고, 진심으로 힘을 모아 어려움을 헤쳐 온 사람들은 끈끈한 동료가 되었다. 헤이델 교장과 리츠 교장은, 벨샤세 초등학교가 블루리본의 영예를 안은 것은 '새로운' 사람들을 결속하게 한 후에 가능했다고 언급한다.

🌐 **벨샤세 초등학교 주 표준화 학력검사(LEAP 21)[17] 결과(%)[18]**

4학년 영어	2002	2003	2004	2005	2006	2007	2008
전체	78	90	88	88	78	83	87
저소득층	73	85	88	73			
장애학생	25	46	61	64			
주 평균	57	59	60	64	64		69
4학년 수학	2002	2003	2004	2005	2006	2007	2008
전체	85	92	87	88	80	83	87
저소득층	81	88	82	84			
장애학생	52	77	67	82			
주 평균	50	58	53	61	62		67

출처: LA Dept. of Education, 2002~2008.

아이라하비슨 초등학교

(Ira Harbison Elementary School, National City, California)

"모두가 잘하는 학교!"

"여기 있는 사람은 누구든지 아이들을 위해 존재한다."

"아이라하비슨에는 여러분의 자녀가 절대로 만나지 않기를 바라는 교사가 단 한 명도 없습니다."

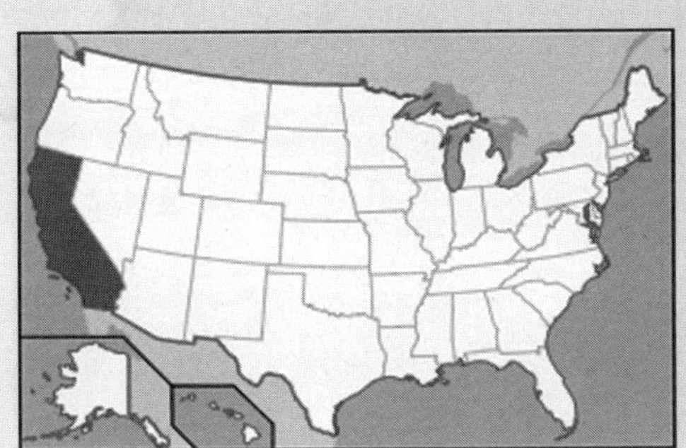

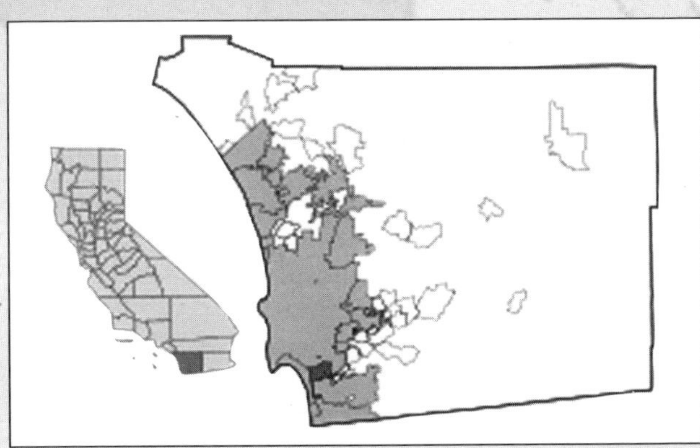

아이라하비슨 초등학교[1] 공동체는 모든 학생의 우수한 성취를 위해 헌신한다. 교양 있고, 책임감 있으며, 다양성을 자랑스럽게 여기는 것이 이 학교 공동의 목표다. 이 목표를 달성하기 위해 학생 모두가 글을 읽고, 쓰고, 이해하는 능력을 개발하며, 자기주도적 학습자가 되고, 지구촌 사회에서 적극적으로 기여하는 성공적인 시민이 된다. 이것이 아이라하비슨 초등학교 공동체의 사명이다.

아이라하비슨 초등학교는 2006년 NCLB 블루리본 학교로 선정된 전국의 250개 학교 가운데 한 곳이다. 이 학교는 2007년 Title I[2] 학업성취학교상(Academy Achieving School Award)을 수상하였으며, 캘리포니아 우수학교(California Distinguished School)의 영예를 지속하고 있다.

🌏 학생 1인당 교육비

구 분	교육구	주 평균
1인당 총비용	8,405 달러	10,805 달러
교수-학습	64%	61%
학생-교직원 지원	7%	7%
행정	12%	15%
기타	16%	18%

출처: NCES, 2005~2006.

🌐 학교 개황

아이라하비슨 초등학교		주 평균
학생 수(K-6학년)	593	
히스패닉	61%	48%
필리피노	26%	3%
백인	5%	29%
흑인	5%	8%
태평양 섬	2%	〈 1%
아시안	2%	8%
인디언/알래스카	<1%	<1%
영어 학습자/무응답	<1%	3%
무료급식/급식보조	85%	51%
영어 학습자	48%	25%
특수교육	11%	
교사당 학생 수	23	20
2005~2006학년도 학생 이동률	17.31%	

출처: CA Dept. of Education, 2006~2007.

미국과 멕시코의 국경에서 19km 정도 떨어진 곳에 위치한 아이라하비슨 초등학교는 학교에 대한 자부심을 가지고 있는 끈끈하고 다양한 지역사회의 한 부분이다. 많은 부모와 조부모, 그리고 학교 교직원이 바로 이 학교의 학생들이었다.

매일 부모들이 자녀들을 학교에 데려다 주는 등굣길은 푸른색과 흰색의 교복을 입은 학생들로 붐빈다. 학생들은 학교 정문에서 줄지어 들어오고 비벌리 헤이즈(Beverly Hayes) 교장은 학생들의 이름을 부르며 학생들과 그들의 부모를 맞이한다. 학생 개개인에게 갖는 교장과 학부모의 관심 때문에, 학생들은 자신들이 사람들에게 지지받고 있고, 자신들에게 관심을 갖고 있는 사람들이 많다는 것을 깨닫는다. 이런 학교의 교육에 따라 아이라하비슨 초등학교의 학생들은 굉장히 예의바르다. 방문객이 교실을 방문하여 교실 뒤에 서 있으면 학생이 바로 의자를 가져다주며 "앉으실래요?"라고 권한다.

　비록 학교 건물은 반세기가 더 지나서 낡았지만, 학교 교정은 깨끗이 잘 정돈되어 있다. 학교 규모가 커짐에 따라 학교 관리자는 임시교실을 보충하였고, 곳곳에 화단이나 운동장 등도 만들었다. 그리고 학생들의 작품으로 교실 벽면이나 창문을 장식하여 보기 좋게 꾸몄다. 따뜻한 날씨에는 대부분의 교실이 문을 열어 놓기 좋게 지어졌고, 방문객이 학교의 어느 교실을 들어가도 환영받는 느낌을 받을 만큼 분위기가 좋다.

　수업이 끝나면 교사들은 학생들을 교문 앞까지 데리고 나가서 마중나온 부모와 인사한다. 한 명의 학생도 신원이 확인되지 않은 어른에게는 맡기지 않는다. 부모들은 모든 학생이 안전하게 귀가할 때까지 보살피는 학교의 안전시스템을 잘 알고 있으며, 안전을 책임지는 학교를 감사하게 생각한다.

집중학습법

비록 아이라하비슨 초등학교의 45% 정도가 스페인어나 타갈로그어를 모국어

로 하는 영어 학습자 학생들로 이루어져 있지만, 학생들은 시험에서 캘리포니아 주의 평균을 넘는 결과를 낸다. 이러한 성공적인 교육의 중요 요소는 바로 집중적인 영어교육 수업이다. 영어능력 향상 활동을 국어, 수학 과목 수업에 포함시켰다. 매년 학기 초에, 영어 학습자들은 캘리포니아 영어능력개발시험(California English Language Development Test: CELDT)을 치른다. 교사들은 이 시험의 결과를 활용하여 영어능력 개발 수업(English Language Development: ELD)에 대한 적절한 대처를 한다.

2개 국어의 교육 대신에 아이라하비슨 초등학교에서는 보충적으로 영어를 공부하는 학생들에게 1～3학년까지는 3시간, 4～6학년까지는 적어도 2시간의 문해교육을 실시하고 있다. 교사들은 학교가 정한 교직원 연수일에 비벌리 헤이즈 교장이 일컫는 '집중학습법(Focused Approach)' 전략에 대해 교육받는다. 정규 수업 교사들이 영어능력 개발 수업을 시연하면, 국어 전문가, 자료를 제공하는 보조교사, 그리고 몇몇 수업 보조교사는 곁에서 추가적인 수업 지원을 한다. 교육구에서 채택한 영어능력 개발 교과서 이외에 교사들은 특별히 고안된 아카데미 교수법(Specially Designed Academic Instruction in English: SDAIE)이나 몰입교육 방법으로 구조화된 수업보장 관찰교수법(Sheltered Instruction Observation Protocol: SIOP)을 사용한다.

학교의 모든 교사는 영어 학습자 언어능력 개발(CLAD)[3] 인증을 받았다. 이것은 교사 모두 영어 학습자를 위해 특별하게 수업할 수 있는 전문성을 갖추고 있다는 의미다. 교사들은 영어수업 학습자들이 새로운 수업자료를 가지고 집단토의를 하거나 수업 전에 중요 단어를 공부할 수 있도록 지도한다. 각 반에 마련된 '관심란(focus wall)'에는 공부할 내용과 관련된 학년 수준의 기준뿐만이 아니라 학생들이 공부하

는 각각의 지문에 대한 단어 자료나 관련 자료를 게시한다.

하루 네 시간씩 근무하는 수업 보조교사는 문해에 어려움이 있는 학생들에게 추가 지원을 해 주고 있으며, 지속적으로 어려움을 겪는 학생들은 언어 및 다른 전문가들의 특별지도를 받는다. 이 지역의 모든 학교는 교육구의 영어능력 개발 담당팀과 긴밀한 접촉을 하는 전문교사가 있다.

교사들은 짝지어 읽기, 비계 설정(scaffolding) 수업[4], 전면투입식(front-loading) 수업,[5] 그리고 개별화 수업을 위해 실생활에서 가져오는 여러 가지 전략을 사용한다. 언어 전문가는 영어를 가르칠 때 그들이 할 수 있는 일이면 무엇이든지 학생들의 생활과 그 단어를 연결시키려고 노력하고, 학생들의 어휘를 확장시키기 위해 '실체, 실물'을 가져와서 설명한다. 만약 눈이라는 단어를 배우면, 눈을 경험하지 못한 학생들을 위해 실제 눈을 가져와서 학생들이 눈이라는 단어를 배우는 데 도움이 될 수 있도록 만져 보게 한다.

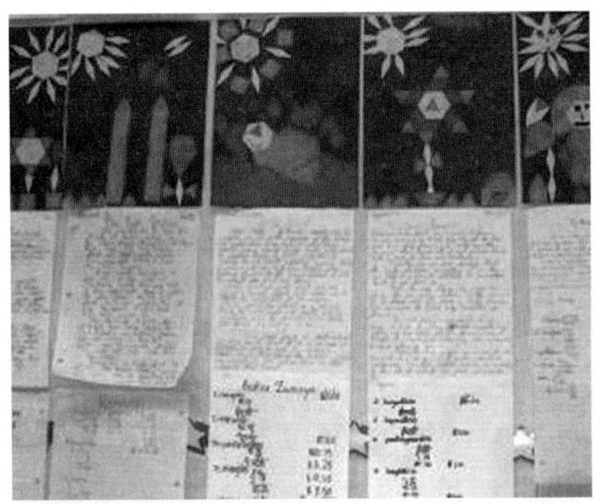

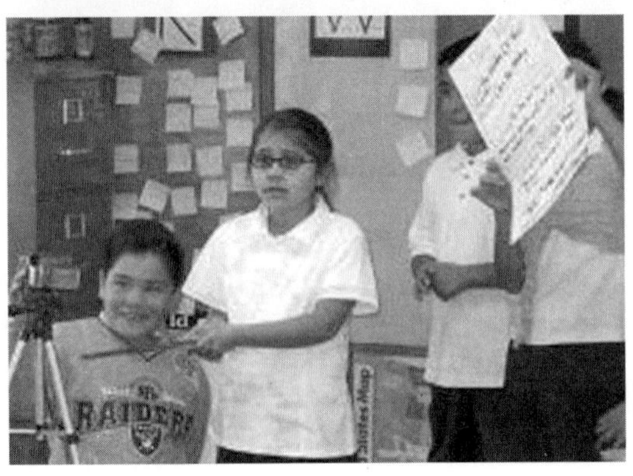

교사의 높은 기대와 기준 중시

모든 교사는 캘리포니아 주의 수업 기준에 맞춘다. 그러나 자신의 계획표를 스스로 만들고 교사들이 보기에 적당하다고 생각되는 교육과정을 보충한다. 교장은 주의 교육과정 기준에는 있지만 정규 교과서에 기술되지 않는 내용을 가르치는 교사를 도와주기 위해 추가자료를 지원한다. 각 학년에서는 학생들이 교육구의 언어 및 수학 시험에 준비할 수 있도록 교육구가 개발한 진도지침을 사용한다. 왜냐하면 이러한 진도지침은 교육구 전역에 적용되기 때문에 학생들이 기초학력 결손 없이 좀 더 쉽게 교육구의 다른 학교로 옮길 수 있기 때문이다.

모든 학년의 학생은 자신의 수준에 맞는 읽기 집단이나 수학 소집단에서 지도 받는다. 교사들은 학생들을 독려하고 즉각적인 피드백을 하기 위해 수학, 국어, 과학 등의 과목에서 여러 소프트웨어 프로그램을 사용한다.

무엇이 교육과정을 그렇게 효과적으로 만드는가 하는 질문에 교사들은 "우리가 그것을 만들어 실행하는 거죠. 우리는 교육과정을 재미있게 만들어 학생들의 관심이 유지되게 해요. 우리는 유연한 시스템을 가지고 있어요. 그래서 만약에 아직 가르치기에 적절하지 않다고 생각 되면 좀 더 기다리죠."라고 말한다. 이러한 유동적인 접근은 적중했다. 왜냐하면 교사들은 자신뿐만 아니라 학생들에게도 지속적으로 높은 기대와 기준을 가지고 있기 때문이다. 교사들은 모든 학생에게 다가가는 가장 좋은 방법을 찾기 위해 열심히 노력한다. 이에 대해 교장은 교사들이 현재에 만족하지 않고 그들이 할 수 있는 더 많은, 더 좋은 방법을 항상 찾고 있다고 말한다. 한 학생은 자신의 교사에 대해서 학생들이 모든 잠재력을 발휘할 수 있게 만들고, 학생들이 최선을 다 할 수 있도록 노력을 멈추지 않는다고 말한다. 이 학교의 구호는 바로 '모두가 잘하는 학교!'다.

아이라하비슨 초등학교는 2002년에는 Title I 달성 학교 표창을, 2003년에는

‘성공학교(Beating the Odds)’ 표창을, 2004년에는 캘리포니아의 우수학교로 지정되었고, 2007년에는 Title I 학업성취 학교 표창을 받았다. 학생들의 캘리포니아 표준화 학력검사(California Standards Test: CST)와 캘리포니아 학업성취검사(California Achievement Test: CAT) 결과는 점차 증가하는 추세며, 모든 성적에서 하위집단은 연간적정진보(AYP)[6]의 기대치를 능가하였다. 아이라하비슨 초등학교의 학업성취지수(Ira Harbison's Academic Performance Index: API)는 785점으로 2005년의 775점보다 향상된 점수다. 이러한 성장은 다른 유사 학교들과 비교할 때 상위 10% 안에 드는 수치다.

교직원 전문성 개발과 협력

학교의 전폭적인 지지를 바탕으로 아이라하비슨 초등학교의 교사들은 활발한 교과연구회 활동을 한다. 매주 목요일에는 수업을 일찍 끝내고, 교사들은 교과연구 시간을 갖는다. 이러한 날들 가운데 5일은 교육구 수준의 전문성을 개발하는 시간으로, 6일은 학교 차원의 전문성 개발 시간으로, 10일은 교사들 간 단합 시간으로, 그리고 16일은 교사 스스로 자신의 교과에 대해 기획하는 시간으로 사용된다.

학교 차원의 전문성 개발 시간에는 교사연수를 위해 연수 주제와 관련하여 다른 학교의 협조를 얻어 강사를 초빙할 수 있다. 연수 주제는 학생들이 필요로 하는 것과 관련하여 교사들이 선택한다. 교사들은 자신들이 주제를 선택하기 때문에 전문성을 개발할 수 있는 충분한 기회를 가질 수 있다고 말한다. 그리고 몇몇 교사들은 독서 스터디에 참여한다. 또한 학교는 교사들이 전문성을 개발하는 시간을 제공하기 위해 지원한다. 이것이 바로 수당이 지급되는 주말 워크숍이다.

10시간의 교사 단합 시간에는 같은 학년끼리 또는 다른 학년과 협의를 한다. 교사들은 이 시간에 학생들의

학업과 평가자료를 검토하고 개별 학생의 필요를 충족시키기 위한 적절한 강의 계획을 세운다. 가끔 교장은 교사들이 협력하여 특별한 프로젝트를 만들고 연수에 참여할 수 있는 더 많은 시간을 갖도록 도와주기 위하여 교사를 대체할 외부강사를 고용하기도 한다.

아이라하비슨 초등학교의 교사들은 그들이 한가족과 같으며, 학생들에게 초점을 맞춘 이곳에서 일하는 것이 즐겁다고 말한다. 그들은 문제가 발생할 때면 언제든지 서로에게 털어놓는다. 한 교사는 "우리는 서로를 일으켜 세워 주는 힘이 됩니다. 만약에 내가 더 나은 교수전략에 대한 아이디어가 필요하면, 나는 탁월한 많은 동료들에게 의지할 수 있습니다."라고 말한다.

교사들은 필요한 경우에 학교의 의사결정 과정에 참여한다. 교장은 매주 목요일 오후에 교사들과 상담하고, 교사들의 의견을 듣는다. 한 교사가 "언어와 수학에 많은 결손 부분이 있습니다. 그래서 우리는 주 기준에 맞춰 가르치기 위해 다른 부교재가 필요합니다."라고 말하면, 교장은 교사의 요청에 따라 보충교재를 제공한다. 교사들이 신임교사를 면접하고 채용하는 데 참여하는 것도 모두가 함께 좋은 분위기에서 일했으면 하는 또 다른 이유다.

신임교사들은 캘리포니아 초임교사 지원 및 평가 프로그램(California Beginning Teacher Support and Assessment Program: BTSA)을 통해 후원자(Support

Provider)[7]를 지명받는다. 후원자는 멘토로 활동하며, 매일 도움과 지원을 제공한다. 한 신임교사는 이 과정을 통하여 첫 해 교수활동에서 받을 수 있는 좌절감을 크게 낮출 수 있다고 하였다.

교사들은 앞으로 교장이 바뀐다고 하더라도 그들의 성공을 유지할 수 있다는 자신감을 가지고 있었다. 교장은 자신이 떠나더라도 교사들의 동기 부여가 계속될 수 있는 강한 조직을 만들었다. 그리고 선후배 교사들 간에 끈끈한 신뢰의 네트워크를 형성하였다.

교장의 통솔력

헤이즈 교장은 솔선수범하면서 학교를 이끌고 교직원들을 전문가로 대우한다. 교장은 '여기 있는 사람은 누구든지 학생을 위해 존재한다.' 는 강한 신념을 유지할 수 있게 하고, 학생들의 성취를 도와주기 위해 어떻게 해야 하는지를 제시한다. 연수강사 초빙, 워크숍 참여, 자료 구입 또는 협력 등의 문제와 방법에서 교사들은 전문성을 개발하기 위한 최선의 방법을 자유롭게 선택할 수 있다. 교장은 교사가 원하는 자료나 시간 등과 같은 모든 추가적인 지원을 하는 데 최선을 다하며, 교사들이 참여하는 전문성 개발 프로그램에 함께한다. 또한 꾸준히 수업을 지원하고, 교사들에게 전문성 개발 기회를 지속적으로 제공한다. 교실 안팎에서 항상 분주하고, '학생들과 교사를 위한 모든 것을 잘 알고 있다.' 고 강조한다.

평 가

다른 학교에 자녀를 보내 본 경험이 있는 어느 부모는 자녀가 아이라하비슨 초등학교에서 치르는 시험으로 인해 느끼는 스트레스는 미미하다고 말한다. 왜냐하면 교사들이 학교 생활을 통해 자연스럽게 학생들에게 자신감을 심어 주어 시험 보는 것을 두려워하지 않도록 해 주기 때문이다.

매년 봄 2~6학년이 치르는 표준화 학력검사 이외에도 언어와 수학 과목의 교육구 평가는 모든 학년에서 1년에 3회 치른다. 아이라하비슨 초등학교의 대다수 교사는 '결과(results)' 트레이닝에 참여하여 수업에 관한 자료를 분석하는 능력이 향상되어 있다. 교사들은 학생들에게 맞는 수업을 위해 시험 결과를 활용하여 집단을 조직하고, 학생의 성취를 최고로 높여 줄 수 있는 가장 효과적인 수업전략을 세우기 위해 학년별 모임을 갖는다. 또한 모든 주와 교육구 평가 결과를 확인할 수 있고, 많은 유용한 방법으로 학생들의 결과를 조직화할 수 있는 자료 관리 연수도 받는다.

영어 학습자들은 캘리포니아 영어능력 개발 시험을 보거나 앨리설 유니언 교육구(Alisal Union School District)가 학생들의 영어 학습 측면에 초점을 맞추어 개발한 영어능력시험(ADEPT)을 볼 수도 있다.

개별화 수업

학생들이 주 기준에 도달할 수 있게 하기 위하여 교사들은 한 반 내에서 유동적인 집단을 만드는 데 평가자료를 사용한다. 만약 학생이 충분한 성장을 보이지 못하면 특별 소집단을 구성한다. 아이라하비슨 초등학교에서는 4~6학년 학생을 대상으로 중증 장애가 아닌 학습장애와 같은 경미하거나 보통의 장애가 있는 학생들을 위해 특별교실을 열고 있다.

이 소집단 수업에서 학생들은 개별 학생의 진도에 맞추어 구성된 중핵 교육과정 프로그램을 배운다. 또한 특별교실 및 중증장애 교실에서 보통의 장애와

중증의 장애를 가진 학생들은 기능적인 능력을 배우게 된다. 이 교실에는 12명의 학생들이 있고, 3명의 특수교육 전문가들이 교사를 보조하며 학생들을 개별적으로 지도하고 있다.

아이라하비슨 초등학교에는 4~5학년 합반과 5~6학년 합반이 있다. 두 집단의 학생들은 동일하거나 비슷한 학습방법과 학습능력에 따라 나뉜다. 5~6학년 합반에서는 5학년 학생들이 하루에 2번 다른 교실로 이동하여 전문 보조교사에게 수업을 받으며, 정규 담당교사는 6학년 학생지도에 전념한다. 몇 주 후에는 이와 반대로 5학년 학생들이 자신의 담당교사와 수업을 하고, 6학년 학생들은 다른 전문 보조교사에게 언어 수업을 듣는다.

4~5학년 합반수업은 정규 6학년 교실 중에 하나인 'GATE 교실'에서 이루어진다. 이 프로그램은 동기 유발, 지도성, 학문적 성과를 얻을 수 있도록 학생들에게 심화학습 경험을 제공하기 위해 고안되었다. 한 학생은 "우리는 다른 사람들보다 뛰어나지 않아요. 단지 우리는 조금 더 배우는 것이 좋을 뿐이에요."라고 말했다. 학생들에게 진도지침서에 제시된 범위 안에서 향상된 심화과제가 제공되어, 학생들은 문제 해결력, 창의적 사고력, 논리적 사고력 등을 개발할 기회를 갖는다.

과학기술

아이라하비슨 초등학교 각각의 교실에는 적어도 5대의 컴퓨터가 있다. 이 컴퓨터에는 읽기, 쓰기, 수학, 과학에 관한 교육용 소프트웨어가 설치되어 있다. 이는 교사들이 학급 전체와 개별 학생들의 장단점을 분석하여 지도하는 데 도움을 준다. 게다가 실습실에는 각 반이 정규 수업시간에 사용할 수 있는 32대의 컴퓨터를 갖추고 있다. 또한 컴퓨터 정보통신 전문가인 6명의 교사들이 수업을 지원한다. 교사들 가운데 몇몇은 상호 작용이 가능한 전자화이트보드를 사용하기도 하며, 다른 몇몇 교사들은 수행과제를 자신들의 교육과정에 접목시키기 위해 캠코더를 사용하기도 한다. 예를 들면, 3학년 수업에서 학생들이 글의 요지에 관해 토론하는 모습을 캠코더에 담아 사용하고 있다.

학부모와 지역사회의 참여

교사들은 학부모와의 만남을 통해 학부모와 친숙해지며, 학생들의 요구가 무엇인지 토론할 수 있는 훌륭한 의사소통체제를 갖추고 있다. 학부모는 언제든지 교실을 방문할 수 있고, 월별로 학교에서 실시하는 지역사회 행사 등에 특별 초대를 받는다. 학교 체험의 밤, 방과후 가족 수학교실, 방과후 가족 과학교실, 학부모교실, 학교 개방의 날 등의 프로그램은 학부모로 하여금 자녀들의 교육에 관한 정보를 얻고 참여할 수 있게 해 준다. 적극적인 몇몇 학부모 조직은 여러 면에서 학교를 지원한다. 이중언어 공동체연대(Bilingual Community Liaison)는 학부모센터를 조직하고 학부모 자원봉사자를 관리한다.

교사들은 학교교육 외에도 학생들이 지역사회 안에서 제공되는 다양한 기회를 가질 수 있도록 노력한다. 많은 학생이 평생 내셔널 시티(National City)[8]에 산다고 할지라도 버치아쿠아리움(Birch Aquarium)[9]과 출라비스타 자연환경보존센터(Chula Vista Conservation Center)[10] 같은 곳을 한 번도 방문할 수 없다고 한 교사는 지적한다. 따라서 현장체험학습은 이런 곳이나 지역의 다른 명소를 방문할 수 있도록 계획한다. 고학년들은 '캠프 마스톤(Camp Marston)'[11]과 '안자-보레고 사막 환경 캠프(Anza-

Borrego Desert Environmental Camp)' [12]에서 각각 교육활동에 참여한다. 해군과 파트너십을 체결하여, 5학년 학생들은 해군 장병들과 5일 동안의 스타베이스 아틀란티스(Starbase-Atlantis)라고 불리는 과학 프로그램에 참여한다.

공립도서관에서는 기금을 조성하여 모든 학생에게 무료로 제공되는 종합적인 방과후 학교 프로그램을 제공한다. 오후 2시 45분부터 6시까지 제공되는 이 프로그램에는 과제 지도, 스포츠, 단어 맞추기, 댄스 등의 활동이 있다. 학부모들은 방과후에 학생들이 안전하고 활동적으로 시간을 잘 보낼 수 있는 이 프로그램을 매우 반긴다.

아이라하비슨 초등학교는 모범학생 표창식에서 학생들의 성취와 인성 함양을 축하한다. 각 교실은 매달 다른 인성 특성을 목표로 내세운다. 예를 들어, 12월과 1월은 정직, 2월은 친절, 3월은 협력을 목표로 세운다. 학생이 교실에서 목표한 인성 특성을 나타내면 교사는 이에 대해 간단한 내용을 적어 주어 학부모의 서명을 받아오도록 한다. 되돌아온 서명지는 상자 안에 모으고, 나중에 각 반의 최우수 학생에게는 인증서, 선물카드, 연필, 명예의 깃발 등을 준다. 이러한 제도에 찬성하는 한 학부모는 "나는 나의 자녀가 착하다는 것을 알고 있지만, 선생님께서 우리 아이가 그날 특별히 정직하다고 인정하는 쪽지를 보내 주실 때면 정말 기분이 좋습니다."라고 말한다.

모범학생 표창식에는 학부모를 초대한다. 초대받은 대부분의 학부모가 참석하며, 수상하는 학생들을 사진 찍고 때로는 꽃다발을 선물하기도 한다. 교사들은 아이라하비슨 초등학교에서 일하고 싶어 할 뿐만 아니라, 다른 지역 학교의 학부모도 자녀가 아이라하비슨 초등학교에 다니길 희망한다. 한 학부모는 "아이라하비슨에는 여러분의 자녀가 절대로 만나지 않기를 바라는 교사가 단 한 명도 없습니다."라고 말한다.

🌐 아이라하비슨 초등학교 주 표준화 학력검사(CST)[13] 결과(%)[14]

6학년 영어	2002	2003	2004	2005	2006	2007	2008
전체	28	33	37	46	45	45	57
저소득층	28	33	37	46	45		56
영어 비원어민(ESL)	4	0	16	24	23		40
주 평균							47
6학년 수학	**2002**	**2003**	**2004**	**2005**	**2006**	**2007**	**2008**
전체	40	36	39	53	49	48	50
저소득층	40	36	39	53	49		50
영어 비원어민(ESL)	16	4	16	27	38		36
주 평균							44

출처: CA Dept. of Education, 2007~2008.

로렐힐 초등학교

(Laurel Hill Elementary School, Scotland County, North Carolina)

"교장에게 가장 중요한 일은 모든 교실에서 무엇이 어떻게 진행되고 있는지 아는 것이다."

"아이 하나를 키우려면 마을 전체가 필요하다."

"한 학생이 문제가 있다고 분류되더라도, 학교는 그를 차별하지 않고 동등하게 대한다."

"내가 할 수 있는 한 최고이고 싶다. 그래서 나는 항상 교실에서 최선을 다한다."

"변화는 하룻밤에 이루어진 것이 아니다. 때때로 한 가지를 바꾸어도 여전히 별 성과가 없다. 다만, 이것은 그저 변화를 필요로 하는 다른 어떤 것의 문을 연 것과 같을 뿐이다."

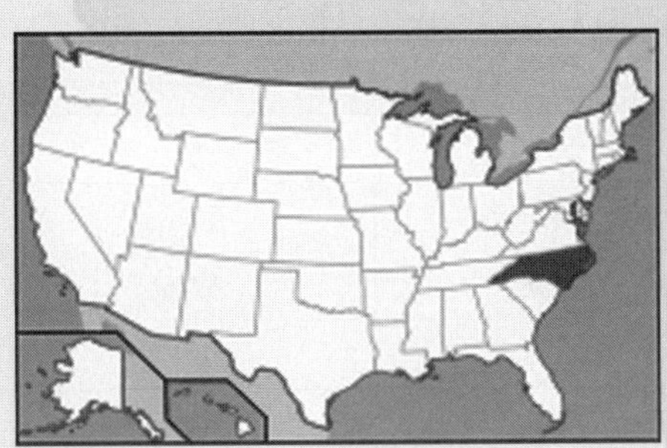

　　로렐힐 초등학교의 사명은 민주주의 이상을 증진하기 위해 다른 문화와 국적을 통합하는 것이다. 로렐힐 초등학교의 학생 하나하나는 현재와 미래 사회를 대비하여 성공할 수 있다는 자신감을 개발할 기회를 가진다.

🌏 학생 1인당 교육비

구분	교육구	주 평균
1인당 총비용	8,655 달러	7,951 달러
교수-학습	63%	61%
학생-교직원 지원	9%	10%
행정	11%	11%
기타	17%	18%

출처: NCES, 2005~2006.

🌏 학교 개황

로렐힐 초등학교		주 평균
학생 수(preK-5학년)	593	
백인	59%	57%
흑인	20%	32%
인디언/알래스카	19%	1%
아시안/태평양 섬	1%	2%
히스패닉	<1%	8%
무료급식/급식보조	72%	46%
특수교육	17%	
영어 학습자	3%	
학생 이동률	14%	
교사당 학생 수	13	15

출처: NCES, 2005~2006.

매일 아침 7시 30분, 신디 굿맨(Cindy Goodman) 교장과 빌리 하디(Billy Hardy) 교감은 각각 미리 약속한 복도 한곳에 서서 학생들 이름을 친근하게 부르며 학생들을 활기차게 맞이한다. 로럴힐 초등학교 학생들은 아침식사를 하기 위해서 또는 교실로 가기 위해서 리코더로 클래식 음악을 불며 활기 있게 복도를 오간다. 종종 학부모들은 자신들의 자녀와 함께 오는데, 7시 30분부터 8시까지는 미리 약속하지 않아도 교실에서 교사와 면담이 가능하기 때문이다.

노스캐롤라이나(North Carolina)의 스캇 카운티(Scot County)에 자리 잡은 75년 역사를 가진 로럴힐 초등학교는 한때 번창하였으며, 여전히 학교와 밀접하게 지내는 이 지역사회에서 주민 대대로 이어오는 생활의 근간이다. 그러나 최근 심각하게 산업이 쇠퇴하고 고용이 줄어들어, 주에서도 가장 열악한 지역으로 손꼽힌다. 뛰어난 학업성취, 우수한 교사, 깨끗한 교실과 잘 꾸며진 운동장은 이 지역사회가 갖는 자부심의 원천이며, 모든 학생의 더 나은 미래를 위해 투자하는 교육구의 노력도 엿볼 수 있다.

통합-변화와 성공의 촉매제

교사와 학부모는 학교의 성공을 굿맨 교장에게 믿고 맡긴다. 5년 전 부임한 굿맨 교장은 교직원들과 학생들에게 거는 높은 기대와 자신의 전략적 사고, 교수-학습에 관한 기술, 그리고 지칠 줄 모르는 열정을 학교에 쏟기 시작했다. 굿맨 교장은 특수교육을 받는 학생들의 학업성취를 높이고자 하는 도전과 교직원들의 긍정적 태도에 대한 믿음을 로럴힐 초등학교 성공의 핵심으로 보았다.

4년 전만 해도 학습장애가 있는 학생들에게는 일반 교육과정을 제대로 적용하지 못하였었다. 학습장애 학생들은 또

래 친구들과 어울리지 못한 채, 대부분의 학교 생활을 독립된 교실에서(self-contained classrooms) 보낼 수밖에 없었다. 그런데 낙제학생방지법(NCLB)에서 필수적으로 요구하는 학생성취에 관한 보고서 때문에 로렐힐 초등학교 특수교육 학생들의 학업성취 격차에 초점을 맞추게 되었다. 실제로 학교는 연간적정진보(AYP) 비교평가에서 기준을 통과하지 못했다. 이것은 장애학생을 가르치는 더욱 효과적인 방법을 강구하도록 교직원들을 자극하는 계기가 되었다. 메릴린 프렌드(Marilyn Friend) 박사가 개발한 비디오인 〈단짝의 힘(power of two)〉의 영향을 받아, 교직원들은 통합교육이 특수아동에게 옳은 교육방법이고, 마찬가지로 일반 아동도 통합교육을 통해 도움을 얻을 것이라고 확신하게 되었다. 그리고 마침내 2006년에 로렐힐 초등학교 특수교육 학생들의 90%가 주 정부의 읽기시험에서 우수한 성적을 거두었다. 이것은 그동안 그렇게 갈구하였지만 쉽게 얻을 수 없었던 '승전보'였다.

교사들이 학교를 통합학교로 새롭게 변모시키고자 결심하면서, 교사의 역할과 과제, 학년 단위 계획 수립의 보장, 블록타임제[1] 수업 도입, 그리고 실제적인 평가와 수업 실기 등 변화의 과정을 수년간 겪어왔다. 한 교사는 "이러한 모든 변화는 하룻밤에 이루어진 것이 아닙니다. 시행착오를 통해 깨닫고 배웠습니다. 때때로 한 가지를 바꾸어도 여전히 별 성과가 없었습니다. 하지만 그것은 변화를 필요로 하는 다른 어떤 것의 문을 연 것과 같았습니다."라며 회상했다.

교사들은 변화가 가능하도록 지원을 받아냈고, 필요한 자원을 찾아내어 변화를 안내하는 교장의 역할이 중요하다고 언급하였다. 예를 들어, 교장은 핵심 중요 과목을 가르칠 우수한 시간제 교사를 채용하기 위해 주도면밀하게 Title I과 교육구의 기금을 활용했다. 이를 통해 더 많은 노력을 들여야 하는 수업 집단의 학급 규모를 효과적으로 줄여, 교사들은 한 시간에 14~18명의 학생들과 수업을 할 수 있었다. 이것은 이 카운티(county)[2]의 평균보다도 약 6명 정도 적다. 교사들은 교사당 학생 수가 적으면 다양한 관심이 필요한 학생들의 수준에 맞게 개별적인 수업이 가능하다고 말한다.

경험 많고 우수한 교사들은 학교의 중요한 자산인데, 이 학교 교직원 절반 이상이 10년 이상의 경력자다. 5명은 미국 교육부 인증 자격을 가지고 있다. 이 외에도 더 많은 교직원이 교육부 인증 과정에 있거나 학교행정가 과정을 밟고 있다. 굿맨 교장은 학년의 요구에 부합하는 우수한 교사를 적극적으로 채용하여 장점과 성격을 세심하게 살펴서 담임교사 혹은 특수교육 협력교사로 배치한다. 모든 교실에서 무엇이 어떻게 진행되고 있는지 아는 것은 교장으로서 가장 중요한 일이다. 굿맨 교장과 빌 하디 교감은 매일 예고 없이 교실을 방문한다. 교장과 교감의 방문은 아주 일상적인 일이다. 만일 교장이 한 교실을 들르지 않고 지나치면, 학생들은 바로 교장이 어디에 있는지, 어디에 가셨는지 물어본다. 교장과 교감의 교실 방문은 성취 수준을 높이는 데 도움이 된다. 한 교사는 "나는 굿맨 교장이 교실에 들를 때, 내가 할 수 있는 한 최고이고 싶다. 그래서 나는 항상 교실에서 최선을 다한다."라고 말한다.

능력과 수준에 맞춘 블록타임제 수업

로렐힐 초등학교는 주 정부와 온라인 교육과정, 진도지침 및 평가 등을 교육구에서 제정한 기준에 따른다. 학년 단위 기획 부서는 모든 교사가 동시에 동일한 기준으로 가르칠 수 있도록 매주 교육과정과 수업 목표를 철저하게 확인한다. 방문객이나 학교행정가가 참관하는 동안 교사와 학생들이 무엇을 가르치고 배우는지 알 수 있게 주간 목표와 매일 학급 계획표가 교실 밖에 게시된다. 학교의 모든 시계를 위성시계에 맞추어 놓아 교사들이 블록타임제 수업을 정확히 지킬 수 있게 하며, 알람 시보에 따라 교사들은 수업에 전념하여 정해진 진도를 지도할 수 있다.

학교는 교사들이 좋아하는 과목에 창

의적인 열정을 쏟을 수 있게 길을 열어 준다. 3, 4, 5학년 교사들은 모든 교과를 가르치기보다 교과 전담교사를 선정하여 읽기, 수학, 과학, 사회 수업을 준비하고 진행한다. 한 교사는 "나는 이 학년을 가르치라고 태어난 것 같아요. 특히 읽기를 가르치는 일이 적성에 맞아요. 이 학교에서는 읽기를 가르치는 데 전념할 수 있습니다."라며 기쁘게 말한다. 모든 중요 교과를 준비하고 가르치는 일에서 자유로워진 교사들은 '장점을 살리는 일'이 수업 준비를 더욱 충실하게 하고, 담당교과를 더 연구하게 하여 더 많은 다양한 전략을 수업에 적용하고, 학년 단위로 다른 교사들과 자신이 가장 잘할 수 있는 것을 공유한다고 말한다.

　학생들은 중요 과목 수업을 하기 위해 블록타임제 수업으로 이동한다. 그들의 집단 과제는 학습 수준에 따라 부과되는데, 지속적으로 다른 내용을 다른 수준에서 부과받는다. 로렐힐 초등학교는 팀티칭 교수–학습방법을 사용한다. 담임교사들과 특수교육 교사들은 기본적으로 주어진 교실환경에서 모든 학생의 수업에 대한 책임을 함께 진다. 낮은 학업성취를 보이는 학생을 담당한 교사는 특수교육을 담당하는 동료 교사와 팀티칭을 한다. 한 조를 이루어 팀티칭을 하면 더 많은 것을 배우고 이룰 수 있다고 참여한 교사들은 말한다. 교사들은 자신의 수업에 자신감을 가지면서 그들의 '교수방법과 프로그램'을 더욱 풍부하게 할 수 있다. 팀티칭은 아주 성공적이어서 이제 교사들은 일반 또래 아이들과 함께 특수교육 학생을 가르치는 일을 자청하여 더 높은 목표를 성취하고자 노력한다.

　누가 무엇을 가르치는가 하는 특기과목 외에도, 각 학년 교사들은 또한 누구를 가르칠지에 관하여 계획을 세운다. 말하자면, 어느 교사가 어떤 학습자 집단을 맡는 것이 적절한지를 협의하여 결정한다. 이런 임무는 고정적인 것이 아니고, 교사들은 상급, 중급, 하급 집단의 수업을 번갈아 지도한다. 학교 전체적으로 수학과 독서 전담교사는 교육과정 운영에 필요한 자료와 수업 전략을 제공하며, 모든 학년 교사들을 지원한다.

특별한 수업이라고 할 수 있는 도서실, 미술, 음악, 컴퓨터, 그리고 체육 수업 계획은 학년 단위 담당 교사들이 매주 한 시간씩 세 번, 그리고 한 번은 연속하여 80분 동안 함께 협의하여 세운다. 모든 학년의 교사들은 학년 수준 계획이 반드시 필요하다고 생각한다. 계획을 세우는 동안 각 학년 교사들은 교육과정과 진도지침을 점검하고, 학생들이 어떻게 생활하고 있는지를 토의하며, 다른 학습 처방이 필요한 학생들에게 적합한 수업전략을 적용하는 방법에 관해 깊이 있게 의논한다. 목표는 모든 학생이 함께 성취할 수 있는 방법을 찾는 것이다.

교사들은 가르쳐야 하는 교육과정의 목표와 핵심 내용에 관해 동료 전문가의 도움을 받는다. 사서교사는 학생들이 기본 지식을 갖출 수 있게 여러 수준의 소설, 비소설 자료를 교실에 마련한다. 교과 전담교사는 학년 기준에 따라 음악, 미술, 컴퓨터, 과학 수업을 한다. 그리고 학생들의 여러 가지 학습방식과 독서 수준을 지도할 수 있도록 '학습장애아 지도교육'을 요청하여 받는다.

체육 수업은 '학생들에게 다양한 활동을 통해 신체적·정신적·사회적으로 성장할 기회를 제공한다.'는 본연의 목표에 충실히 한다. 학생들은 40분의 수업시간 동안 끊임없이 움직이며 활동한다. 양동이를 넘어뜨리지 않고 될 수 있는 대로 높이 쌓는 것으로 수업을 시작하고, 이어서 에어로빅을 한다. 그 주의 댄스인 섀그(Shag)[3]를 하며, 발을 맞추는 연습을 한 후에, 하키 혹은 야구게임으로 수업을 마친다. 로렐힐 초등학교의 체육수업에는 '통과의례'가 있다. 모든 4학년 학생은 학교의 체육교사와 자원봉사단에게 수영교습을 받고 수영시험에 통과해야 한다.

활동적인 미술 및 과학수업

모든 교사는 학생들의 필수적인 학습능력을 길러 주기 위해 교육과정 운영에 최선을 다한다. 교사들은 주어진 주제에 관해 학생들이 자신들의 생각을 글로 표현할 수 있게 도와준다. 모든 교사는 협력하여 매일 45분의 '독서토론' 시간을 갖고 수준별 소집단에게 유창성, 이해력 및 배경 지식을 가르친다.

어느 한 반을 살펴보면, 학생들은 교사가 이러한 문해교육 관점에서 만든 카드를 사용하여 절과 연, 의인법, 두운법의 관점에서 시에 관해 토의한다. 학생들이 시를 함께 읽은 후에, 교사는 쉽게 접할 수 있는 일상어 또는 일상적인 사물을 이용하여 학생들이 시의 내용을 이해하도록 돕는다. 모든 수업은 학생들의 선험 지식에 대한 새로운 개념을 이끌어 내는 기본적인 질문으로 시작한다. 예를 들어, 독서집단을 위한 기본적인 질문은 "훌륭한 독자는 이 글에서 인과관계를 어떻게 밝혀낼 수 있는가?" 하는 것이다. 이 교사는 학생들이 피부에 와 닿아 쉽게 알 수 있는 한 가지 예를 들었다. 교사가 "로렐힐에 눈이 25cm 쌓였을 때, 무슨 일이 있었나요?"라고 묻자, 학생들은 "눈사람을 만들었어요." "학교에 오지 않았어요." "엄마하고 눈싸움했어요."라고 대답했다. 교사는 학생들의 대답을 일일이 받아 준다. 또한 학생들이 그들의 생각을 확장하여 인과관계를 보여 주는 문장을 완성하도록 격려한다. 어떤 학생이 머뭇거리자 교사는 "선생님이 이것을 제대로 충분하게 설명하지 못했어요."라고 말하면서 재빠르게 칠판에 원인-결과의 예를 설명하는 그림을 그리고 그 학생이 이해할 수 있게 더 많은 도움을 주었다. 곧바로 그 학생은 "일단 익숙해지면 정말 쉽네요."라고 말했다. 20분간의 활동이 끝나자, 학생들은 구체적이고 실제적인 경험에서 벗어나 교재에서 "문장에 있는 '때문에'를 찾

아라." 같은 단서를 사용하여 인과관계를 찾아낸다. 수업의 흐름은 부드럽게 시작하여 학생들이 제대로 알 수 있는 알맞은 속도로 진행한다.

어느 날 오전 유치원 수업시간에, 아이들은 파닉스 송(phonics song)[4]에 맞추어 춤을 추며 알파벳이 쓰인 주머니를 전달하는 놀이를 했다. 알파벳이 어떻게 소리 나는지를 배우고 나서, 자신의 생각을 표현하는 시간에 '누구' '무엇' '언제'라는 단어를 사용하여 쉽게 질문했다. 2학년 읽기시간에, 교사는 학생들이 그들의 경험과 단어를 연결지을 수 있도록 지도하면서 제목, 작가, 삽화를 식별하게 하였고, 등장인물, 무대, 줄거리에 관해 이야기를 나누었다. 학생들은 통찰력과 어휘력을 강화하기 위해 tic-tac-toe[5] 게임을 했다. 몇몇 학생들은 3학년 어휘 목록에 도전하기도 했다.

교사들은 활동에 변화를 자주 준다. 측정 단위를 배우는 수업에서, 교사들은 그림이나 책을 비롯하여 길이, 무게, 부피 등의 다양한 단위를 보여 주는 물건을 사용한다. 교사는 표준화 학력검사를 대비하여 학생들이 알아야 하는 것을 정리해 주고, 학생들은 중요 측정단위와 도구를 잘 기억할 수 있게 작은 수첩에 정리한다.

수학 교사와 특수교육 교사가 함께 가르치는 또 다른 수학 수업에서, 학생들은 프로젝션을 사용하여 구구단 8단을 암송했다. 교사는 "여러분이 이것을 보고, 듣고, 말함으로써 배울 수 있는 많은 방법이 있어요."라고 언급하였다. 긴

나눗셈 연습문제지를 풀기 시작했을 때, 두 명의 교사 중 한 교사가 "Don't forget Do Monkeys Smell Bad Really."라고 말했다. 이 말은 학생들이 나누고 (divide), 곱하고(multiply), 빼서(subtract) 구하게 되는(bring down) 나머지 (remainder)에 적용된다. 교사는 모든 학생이 수학 연산 과정을 기억하도록 이러한 비법을 설명해 준다.

3학년 독서 수업에서, 학생들은 자신들의 공책에 과제를 적으면서 수업을 시작한다. 그리고 '제시하고 응답하기'를 하면서 축약어에 관한 쓰기연습 시간을 갖는다. 한 모둠의 학생이 'Let's'와 같은 축약어를 제시하면, 상대 모둠은 'Let us!'라고 대답한다.

이 연습에 이어서, 다음 단계인 중국에 대해 배우는 순서로 재빨리 이동한다. 그들은 상반되는 의견을 포함하여 중국에 관한 사실을 알기 위해 KWFL[6]을 사용했다. KWFL 방식 질문에 고무된 학생들은 자신 있게 말한다. "우리는 중국에서 쌀을 많이 먹는 것을 알았어요." 또 다른 학생이 덧붙인다. "네, 젓가락도 사용해요." 학생들은 그들이 KWFL 격자표(grid)에 적은 몇 가지 사실을 증명하기 위해 교실에 있는 세계지도와 지구본 중국 관련 자료를 사용한다. 학생들에게 중국에 관한 이야기를 적게 한 후 교사는 학생들이 'who, what, when, why, how'를 사용하여 더 자세한 내용을 찾아볼 수 있도록 한다.

교사들은 학생들이 흥미를 갖고 수업에 적극적으로 참여할 수 있게 다양한 독서전략과 수업기술을 사용한다. 학

생들은 테이프로 들려주는 중국에 관한 이야기에서 더욱 많은 것을 배운다. 그들은 이야기의 제목과 배경에 관해 토의하면서 중국 이야기에 관한 단서를 찾기 위해 테이프를 이용한다. 교사들은 학생들이 이야기가 무엇에 관한 내용인지 더 많이 알도록 하기 위해 '책 속의 그림을

보며 줄거리를 파악'하게 했다. 실제로 이 이야기는 사람들을 돕고, 자원봉사를 하는 내용이었는데, 학생들에게 이야기가 무엇에 관한 것인지 미리 생각해 보도록 했다. 수업을 20분 남겨 놓고서, 어느 한 모둠 학생들은 과제를 부여받고 조별 장소로 가서 몇몇은 단어를 갖고 독립적으로 활동을 하고, 다른 아이들은 학급담임이나 특수교육 교사와 함께 발음하는 방법을 공부했다.

학생들이 어떻게 하고 있는지를 알기

로렐힐 초등학교에서 학생 평가는 모두에게 매우 중요한 일이다. 교육감, 교장, 교감 그리고 교육과정 전문가 등 교육구와 학교 지도자들은 표준화 학력검사에서 거둔 학생들의 성적을 분석하여 장단점을 정확하게 밝힌다. 교육구의 표준화 학력검사는 교육구의 교육과정에 부합하며, 6~9주 정도면 교사들은 시험 분석 자료를 받는다. 이를 가지고 학생들을 소집단 수업으로 배치할지, 다음 단계로 진급시킬지를 결정한다. 교사들은 교육구 평가에서 문항분석을 한다. 학생들이 무슨 내용을 잘 모르는지, 그래서 다시 가르쳐야 할 것이 무엇인지를 결정하기 위해 날마다 연구한다. 한 교사는 "평가는 우리의 로드맵입니다. 이 로드맵은 언제 뒤돌아봐야 하며, 언제 앞으로 향해야 하는지를 우리에게 알려 줍니다. 그래서 로드맵을 따라가는 우리는 가르치는 일 분 일 초가 중요하다는 것을 알고 있습니다."라고 말한다.

학년 단위 교사 모임은 '아이디어 공유하기'에 관해 말하였는데, 자신들은 자유롭게 토론하여 얻는 아이디어, 전략, 자료들이 풍부하다고 하였다. 이것은 교사들이 동 학년의 모든 학생을 알고 있기 때문이다. 교사들은 학생을 가르치는 책임을 함께 지고 있기 때문에, 어려운 경우에도 서로 격려하고 도울 수 있었다. 그들은 단 한 명의 학생도 포기하지 않을 것이다. 학생을 가르칠 방법을 찾는 일이라면 아무리 힘들더라도 어디든 찾아가겠다고 교사들은 말한다.

학생들이 뒤처지면 학교는 재빨리 대처한다. 매년 로렐힐 초등학교 학생들의 10%가 학업문제와 사회적 문제로 학생 서비스 관리부를 찾는다. 이 조직은 학교행정가, 진로상담 교사, 사회복지사, 경력이 풍부한 교사 2인, 특수교사, 학교 간호사로 구성되는데, 학생들의 부모와 함께 학습에 필요한 사항에 관해 토의하고, 필요하다면 문제 해결을 위해 지역사회의 도움을 받는다. 교육구의 '21세기 기금' 덕택으로, 학교에서는 개인지도와 학습 개발 프로그램을 통해 저명 학자의 강의와 지도, 가정학습 지원, 그리고 체계적인 스포츠 참여와 운동 기회를 제공한다. 학부모들은 학교가 학생들이 필요로 하는 지원과 자원을 가정까지 연결해 주기 위해 매우 노력한다고 말한다.

일상적인 일과 수업 구조의 중요성

학생들은 혼자서 공부하는 방법, 부모와 함께 공부하는 방법, 그리고 소집단에서 공부하는 방법을 알고 있다. 모든 수업에서 학생들은 여러 다른 수업환경에서도 수업의 맥을 끊지 않고 이동한다. 모든 학년에서 교사들은 학업성취에 대한 높은 기대치의 중요성, 학생의 잘못된 행동에 대한 결과 예측, 그리고 일관성 있는 일상적 학급활동에 대해 이야기한다.

로렐힐 초등학교 교사들은 학생들이 수업에 집중하도록 하는 수업전문가다. 학생들이 한 시간에 여러 모둠을 옮겨 다니며 활동하지만, 교사들은 아주 능숙

하게 이동을 지시하며 질서를 유지한다. 손뼉 한 번은 '일어서', 손뼉 두 번은 '의자에 얌전하게 앉아', 손뼉 세 번은 '원으로 이동'을 의미한다. 학생들은 옷을 단정하게 입고, 아주 조용하게 복도를 다닌다. 학생들은 학교에서 제공한 가방에 학습도구를 넣고, 수업시간표를 보고 교실을 이동한다. 학생들의 책상에는 연필과 종이가 담겨 있는 바구니가 있다. 이것은 수업시간을 아끼기 위한 배려다. 만일 이

처럼 하지 않는다면 학생들은 학습용 도구를 찾기 위해 더듬거리느라 시간을 낭비할 것이다. 연습장은 학생들이 잘 활용할 수 있도록 꾸며져 있다.

교사들은 체계적으로 지도하고 철저하게 생활지도를 하여 학생들이 학교 생활을 성공적으로 잘할 수 있도록 한다. 학교 전체가 일관성 있는 생활지도방법을 공유한다. 그리고 교사마다 색깔로 구분되는 차트에 품행을 기록한다. 한 학생도 그저 쉽게 내버려 두지 않는다. 그러나 몇몇 학생들은 '잘못된 행동'으로 몇 분 동안 수업에 참여하지 못하는 벌을 받기도 한다. 학교에서는 학부모를 자주 부르고, 교장과 교사들은 학생의 가족과 함께 학생의 문제행동을 해결하기 위해 노력한다.

요약 – 성공의 문화

로렐힐 초등학교에서 모든 학생의 성공은 높은 기대, 협동적인 수업, 일관성 있는 생활지도, 상호 존중, 그리고 교직원에 대한 권한 부여로 이루어진다. 학부모는 '기준을 높여 학생들의 실력을 향상시킨' 교장, 학생과 함께 열심히 노력하는 교사를 매우 칭찬한다. 학교는 '학생 하나를 키우려면 마을 전체가 필요하다.'[7]는 생각을 마음에 새기고 있다. 한 부모는 교사를 '가족'이라고 말했다. 또 다른 부모는 "한 학생이 문제가 있다고 분류되더라도, 학교는 그를 차별하지 않고 동등하게 대해 줍니다."라고 말했다. 어느 아버지는 학교의 규칙과 학생들이 규칙을 지키면 받게 되는 보상을 긍정적으로 생각한다고 말했다. 또 다른 학부모는 '공부 외에도 배울 것이 많은 학교'라고 하며, 학생들이 혼자서도 배울 수 있고, 그들이 자신의 책임을 다할 수 있게 되어 감사하다고 하였다.

교사들은 자신들이 가르치는 데 전념할 수 있게 하고, 모든 학생에 대한 높은 기대를 설정할 수 있게 된 것이 굿맨 교장의 공로라고 인정한다. 자발적으로 열심히 노력할 자질을 갖춘 교사들을 선발하여, 그들의 능력을 소신껏 발휘할 수 있게 자율권을 부여하는 교장을 칭찬하면서, 교사들은 교장이 주도한 변화가 학교문화를 바꾸었고, 학생들의 학업성취를 획기적으로 향상시켰다고 말한다.

🌐 로렐힐 초등학교 주 표준화 학력검사(EOG)[8] 결과(%)[9]

5학년 영어	2003	2004	2005	2006	2007
전체	78	95	99	91	95
저소득층	74	92	98	89	95
주 평균					89
5학년 수학	2003	2004	2005	2006	2007
전체	82	91	96	73	86
저소득층	77	89	95	71	83
주 평균					67

출처: NCDPI, 2003~2007.

링컨 초등학교

(Lincoln Elementary School, Mount Vernon, New York)

"복도는 또 하나의 학습센터다."

"학생들을 예술적인 분위기에 젖게 하면, 학문적 성취가 자연스럽게 따를 것이다."

"평가가 교수-학습을 촉진한다."

"모든 아이가 우리의 아이들이다."

"한 학생이 기준에 도달하지 못한다면, 그 이유에 대한 근거가 문서로 제시되어야 한다."

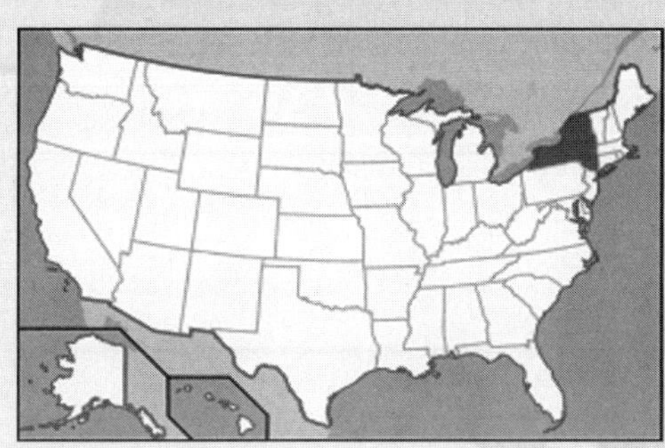

링컨 초등학교는 모든 학생의 발전을 위한 협동적이며 창의적인 활동을 목표로 삼고 있다. 800여 명의 학생과 39명의 교사, 그리고 전문적으로 교사 활동을 지원하는 직원들이 있다. 링컨 초등학교는 자체 홈페이지를 운영하지 않는다. 대신에, 마운트 버넌(Mount Vernon) 교육구 홈페이지(www.mtvernoncsd.org)에서 해당 교육구 소속의 다른 학교들처럼 링컨 초등학교에 관한 자세한 정보를 책무성 보고서와 종합안내 보고서를 통해 볼 수 있다.[1] 교육구 홈페이지에서 링컨 초등학교 소개 장면으로 들어가 보면 교장 인사말을 통해 학교에 대한 간략한 소개와 월중행사 정도를 알 수 있다.

🌐 학생 1인당 교육비

구 분	교육구	주 평균
1인당 총비용	15,753 달러	15,815 달러
교수-학습	70%	65%
학생-교직원 지원	7%	8%
행정	11%	10%
기타	12%	17%

출처: NCES, 2005~2006.

🌐 학교 개황

링컨 초등학교		주 평균
학생 수(K-6학년)	744	
흑인	50%	20%
히스패닉	25%	20%
백인	23%	53%
아시안/태평양 섬	2%	7%
무료급식/급식보조	57%	44%
영어 학습자	28%	
교사당 학생 수	14	13

출처: NCES, 2005~2006.

마운트 버넌은 뉴욕 시에서 20마일 정도 떨어져 있는 허드슨(Hudson) 강변에 위치한 작은 도시다. 브롱크스(Bronx)와 용커스(Yonkers)에 접하고 있으며, 인구는 약 68,000명이다. 링컨은 이곳 교육구의 11개 초등학교 가운데 가장 크며, 이 교육구에는 중학교 두 곳과 고등학교 한 곳이 있다.

링컨 초등학교는 도시와 교외의 분위기를 느낄 수 있는, 분주하지만 가로수가 잘 가꾸어진 복합적인 용도 지역에 자리 잡고 있다. 학교 정문 입구에는 미국 교육부(United States Department of Education: USDOE)가 선정한 '블루리본 학교' 수상 학교임을 자랑스럽게 알리는 현수막이 걸려 있다. 또한 방문단이 편안하게 느낄 수 있도록, 명랑하고, 친절한 여성 안전요원이 능숙하게 맞이하는데, 그녀는 21년 동안이나 이 학교에서 학교 안전요원으로 근무하고 있다.

이 학교는 뉴욕 주가 실시한 영어(ELA)[2], 수학, 과학 그리고 사회에 대한 표준화 학력검사에서 모든 초등학교 중에서 앞서 있다. 2002년부터 시험에 응시한 학생 가운데 최소한 96%가 3급, 4급의 점수를 얻었다. 종종 수학, 과학, 사회에서 응시한 학생들 100%가 목표를 달성하기도 했다. 2005~2006학년도에도 응시생 100%가 목표를 성취하였다.[3] 많은 도시 학교가 골치를 썩고 있는 성취도의 차이는 학생들 가운데 28%가 영어에 미숙하고, 57%가 무료급식 또는 급식 보조를 받고 있는 이 학교에서는 거의 존재하지 않는다는 것을 의미한다.

2002년도 이전의 링컨 초등학교 학생들도 표준화 학력검사에서 좋은 성과를 거두었으나 지금과 같은 수준에는 미치지 못했다. 교장과 교직원들은 이전의 주 시험인 학습력 강화 계발활동 프로그램(Port Enrichment Program: PEP)[4] 시험에서 별로 효과적이지 않았다는 것을 인정했다. 학교 책무성을 강화하려는 움직임과 낙제학생방지법(NCLB)이 표준화 학력검사와 맞물리면서 학교 지도자들은 자극을 받아 교육과정을 개정하게 되었다.

지금은 모든 학생이 꾸준히 높은 점수를 얻고 있다.

　열악한 환경에서 어떻게 이런 성공을 이룰 수 있는가에 대한 대답의 일부를 복도 벽에 게시된, 말 그대로 학교의 구석구석에 있는 학생 작품에서 엿볼 수 있다. 학교에는 우수 작품만을 전시하고 있는 게 아니라, 지적 정도가 적절하게 반영된 모든 학년의 학생 작품을 상낭히 예술석으로 선시하고 있었다. 알바노(Albano) 교장은 "복도는 또 하나의 학습센터입니다."라고 말한다. 전시 작품의 질적 수준은 모든 학생에게 거는 기대를 강조하고, 학교의 목표와 사명을 공유하려는 의미를 전달한다. 전시 작품에는 낙서, 구멍, 찢긴 곳 등 훼손된 곳이 없는데, 이를 통해 학생들이 서로를 존중하여, 그들의 작품도 무척 소중하게 생각하고 있다는 것을 알 수 있다. 학교행정실 입구에는 학생이 만든 작은 모형 점토 입상들이 대규모로 전시되어 있다. 학생 창의성에 관한 크고 작은 규모의 작품이 '열린교실'에 전시된다. '풍성한 작품(print-rich)'이라는 용어에서 이 학교가 이런 환경을 갖추게 된 배경을 찾을 수 있다.

핵심 실천 사례

　시험 성적으로 측정된 학생들의 성공 원인을 질문하자, 학부모와 학교 지도자들, 신임교사와 경력교사 모두 예외 없이 '조지 알바노(George Albano) 교장'이

라고 대답한다. 모두 교장을 교사와 교과내용에 관해 격의 없이 토의하는 진정한 수업지도자이고, 교직원에게는 멘토가 되며, 모든 학생의 성취에 책임을 다하는 행정가라고 설명한다. 알바노 교장은 벽에 있는 모든 학생 작품을 읽고, 교실에 있는 해당 작품의 학생을 불러와 방문자에게 자신의 작품을 읽거나 설명하게 한다. 알바노 교장은 "학생들을 예술적인 분위기에 젖게 하면, 학문적 성취가 자연스럽게 따를 것이다."라고 말하며, 시험을 치르는 일과 예술성 함양이 적절하게 어울리도록 모든 일을 신중하게 처리한다. 그리고 그는 모두가 규율을 잘 지키고, 서로를 존중하는 환경이 조성되도록 일을 계획하고 실천한다.

교육에 대한 알바노 교장의 접근법(whole-school approach)에서 몇 가지 주요 사례를 살필 수 있다. 첫째로 학교의 평가 프로그램에는 종합형성평가와 표준화된 평가가 있다. 학교의 모든 관련 당사자들은 시험 결과를 협의한 후에, 의사결정, 교수–학습 방침과 프로그램, 자원과 비용, 교육과정, 그리고 학습과 관련한 지원 서비스 등을 추진한다. 교육과정의 전체적인 틀은 모든 교과 영역에서 주의 기준에 부합하도록 짜인다. 교과내용을 분석하여 읽기, 쓰기, 예술을 통합하고, 모든 교실에서 이루어지는 공식, 비공식적인 수업장학을 통해, 가장 훌륭한 수업 사례의 적용을 발굴한다. 이와 같이 인식에 대한 깊은 이해를 도모할 수 있도록 학교행정가와 교사 간에 의사소통이 활발하게 이루어진다. 교직원의 능력이 최대로 발휘될 수 있도록 교직원을 검증하고, 선발하여, 능력을 신장시킨다. 교장은 '적용할 수 있는 최고의 실례'를 공유하기 위해 교직원들의 전문적인 지식과 기술을 활용한다. 학생들은 학교가 공식적으로 중요하게 다루는 교육의 일부인 지도력과 사회공동체 인식을 개발할 수 있는 풍부한 기회를 갖는다.

이러한 접근방식은 알바노 교장

이 링컨 초등학교로 부임한 1980년부터 시작하여 오랫동안 이루어졌다. 이 무렵 마운트 버넌 교육구는 통합 등의 구조 개혁을 위해 시민위원회(Office of Civil Rights)[5]의 관리를 받았다. 지금처럼 학생 작품을 전시하기 이전에는 주 기금 10만 달러로 학교에 문화적으로 적절한 자료들을 구입하였고, 교실과 복도의 벽에 유화와 복제품을 걸어 놓았다. 이것은 학생들에게 다양한 역할모델을 제공하고 지역사회를 위해서 그들이 공헌해야 하는 인식도를 높이고자 하는 의도였다. 그런 다음 알바노 교장은 다양한 개인 배경의 학생 인적 구성에 더욱 의욕을 발휘하였다. 그리고 모든 학생에게 거는 교장의 높은 기대를 실천할 수 있는 유능한 교육자를 유치하고 능력을 발휘하도록 도와주었다.

이 교육자들 가운데 교감과 자원지원팀(resource team)은 주목할 만하다. 자원지원팀은 두 명의 독서 전문가와 한 명의 제2언어 영어(English as a Second Language: ESL) 전문가로 구성된다. 이들은 끊임없이 자신들의 능력을 신장하여 교직원과 공유하고자 하는 의욕이 넘치고 경험 많은 교직원들이다. 자원지원팀은 학년 간에, 그리고 교과내용 영역 간에 전달하고자 하는 내용이 일치하도록 도움을 준다. 이 팀은 교사들을 개인지도하고, 조언 및 지시를 하고, 교내의 교사전문성 개발 워크숍 프로그램을 구성하여 운영한다. 또한 교사들이 의욕을 갖고 전문성을 갖추도록 교실 내에서 도움을 준다. 교장과 교감은 규칙적으로 공식적 · 비공식적인 참관을 한다.

이 학교의 교직원 이직률은 낮다. 한 교사는 42년간의 교직생활을 이 학교에서 마무리하였다. 이 교사는 자신이 가르친 학생을 이 학교의 교사로 맞이하기도 했다. 은퇴한 또 다른 교사는 현재 유치원 학급에서 보조과학교사로 일하며, 학교 전반의 과학 수업 준비물에 관한 조언을 하고 있다. 링컨 초등학교에는 '오늘의 훌륭한 시민'이라는 제도가 있어, 선행학생들을 발표하고 표창한다. 최근 학생들은 학교 합창단 노래 테이프를 직접 만들어 판매한 8,000달러를 자선단체에 기부했다. 많은 학생이 외적인 보상에 상관없이 자발적으로 참여한다. 예를 들어, 미래교사를 꿈꾸는 학생 자원봉사자 중에서 4학년 학생들은 교실에서 1학년을 가르치면서 자신들의 여가시간을 후배 학생들의 공부를 도와주는 데 할애하고 있다. 학생들의 훌륭한 행동은 '오늘의 훌륭한 시민'으로 선정되어 상을 받는다. 그리고 학생들의 우수한 학업성취 성과가 지역에 알려지고 기금이 조성된다. 예를 들어, 코네티컷(Connecticut)에 거주하는 한 기부자는 학교 체스클럽에 수년 동안 거액을 기부하고 있다. 이 기금은 체스에 관심이 있는 모든 학생을 위해 체스 전문가를 초빙하는 데 사용된다.

학부모들은 연간 계획에 따른 매월 회의와 아동 학습모임 등과 같이 자녀들의 학습 진전을 체계적으로 알려 주는 가정통신 시스템에 고마워하고 있다. 3개 국어로 쓰이는 월간 뉴스레터는 학생들의 학교 생활에 관한 정보를 제공한다. 어느 적극적인 학부모회(PTA)는 기금을 모으고, 스포츠와 독서, 체스, 외국어 클럽과 같은 방과후 학교활동을 조직하여 운영하는 데 참여하기도 한다. 또한 학부모들은 종종 자발적으로 학급담임을 돕기도 하는데, 학교는 이러한 학부모의 참여를 늘 환영한다.

학교지도자팀 가운데 한 명은, 학교는 교사들에게 높은 수준의 책무성을 요구하지만, 또한 교사들이 한 일에 대해서는 인정과 지원을 해 준다고 말한다. 알바노 교장은 교사들이 가르치는 데 필요한 모든 것을 확실하게 지원해 주고, 학교행정 지원팀은 학년 첫 날에 이미 모든 자료와 지원체제를 마련해 놓고 있다. 건물의 각 층마다 복사기가 마련되어 있어서 교사들이 쉽게 접근할 수 있도록 한 것이 그 한 예다.

핵심 실천 사례에 대한 지원

링컨 초등학교는 균형잡힌 읽기, 쓰기 능력 배양 지도 프로그램을 위해 두 가지 영어(English Language Arts) 프로그램을 운영한다. 모든 교실에는 학생 수준에 맞고 모든 학생이 즐길 수 있는 책과 다양한 문화에 관한 시집, 그리고 보충학습 교재들이 갖추어진 학급문고가 있다. 학교의 독서지도 전문가들은 문해교육 프로그램을 수행할 때, 교사들을 위해 수준별 독서지도를 지원한다. 학교 도서관은 학교의 중심부에 넓게 자리하고 있고, 학생 중심의 여러 가지 활동과 컴퓨터 실습이 이루어진다. 도서관에는 교사와 학생을 위해 다양한 멋진 전시공간과 '이야기 코너'가 있다.

독서지도 전문가들은 학생들을 소집단으로 선별하여 필요한 프로그램[6]을 지원한다. 교육구는 교사들이 가르치기에 아주 힘든 학생들과 독서에 어려움을 겪는 학생들을 지도할 수 있도록 집중적이고, 단기간의 일대일 지도형식으로 교사들에게 연수 기회를 제공한다. 링컨 초등학교의 1학년 담당교사들은 학생들에게 읽기, 철자법 및 쓰기를 가르치기 위해 멀티 응용교수 프로그램(multi-sensory program)을 사용한다.

학교행정가들과 교직원들은 학생들이 독서습관이 몸에 배어, 독서를 즐길 수 있도록 하기 위해 아주 열심히 노력한다. 일 년 내내, 월간 독서장려 표어를 학교 곳곳에서 볼 수 있다. 예를 들어, 12월에는 '독서는 자신에게 줄 수 있는 선물', 그리고 2월에는 '독서는 우리가 하는 모든 일의 중심이다.'와 같이 독서의 중요성을 강조하고, 독서를 권장하는 표어를 걸어 놓는다.

교육과정에서 문해교육의 예를 들면, 유명한 작가들을 기리기 위해 특별한 날에 음악교사와 1학년 교사가 협동하여 1학년 학생들이 세우스

(Seuss) 박사가 지은 '초록 달걀과 햄(Green Eggs and Ham)'이라는 재즈풍의 노래를 부르도록 가르친다. 또 5학년 두 개 학급에는 가설을 설정하고, 자료를 모으고, 관찰한 내용을 수집하여 달걀과 빙초산(green vinegar)이 결합할 때와 달걀과 자연수(green water)가 결합할 때의 차이에 관해 결론을 도출해 내도록 한다.

예술을 통해 통합적으로 읽고, 쓰기를 교육하기 위한 학교 차원의 인센티브 제도로 '스타서치(Star Search)'가 있다. '스타서치'의 일부를 소개하면, 학생들은 반드시 책을 읽을 줄 알아야 할 뿐만 아니라 그들이 좋아하는 책의 등장인물에 관한 원작 노래를 쓰거나, 책의 줄거리를 좋아하는 노래에 맞춰 가사로 옮기는 것이다. 이 인센티브 제도의 목적에 맞게 과제를 잘 수행한 학생들은 음악경연대회에 참가하여 공연을 할 수 있다. 지금까지 450명의 학생들이 과제를 훌륭하게 완수하였고, 이 가운데 80명의 학생들이 공연에 자원했다. 또한 이 학생들은 인기 있는 텔레비전 쇼 프로그램에서 주최한 '제1회 링컨 초등학교 인기짱 경연대회'에 자발적으로 참가하여 경쟁하였다.

과학과 수학은 교과 영역을 빈번하게 넘나들면서 다양한 경험을 할 수 있는 중심 교과라 할 수 있다. 로켓에 관한 5학년 프로젝트 수업에서, 지도교사는 속도에 관한 이론을 설명하기 위해 공의 반동을 시범보이기 위해 체육교사가 진행하는 수업시간을 이용하기도 한다. 또 링컨 초등학교 2학년 정도가 되면 이미 종속변인과 독립변인 간의 차이를 알고 있다. 그들은 공기 팽창에 대해 측정한 것을 기초로, 풍선이 얼마나 멀리 날아갈 것인가에 관해 세운 가설을 실험용 로켓풍선을 이용하여 검증한다. 학교 수업은 읽기, 쓰기 수업을 연속해서 90분 동안 할 수 있게 짜인다. 학년 단위로 교사들과 코치들이 교수-학습과 교육과정 운영의 문제점에 관해 토의하도록 주간 계획을 세운다. 보조교

사는 수업의 맥이 끊기는 것을 최소화하여 담당교사가 수업에 최대한 몰입할 수 있도록 학생을 선별·지도하는 임무를 수행한다.

링컨 초등학교에서 '평가가 교수-학습을 촉진한다.'는 것에 지도력팀 위원들은 의견 일치를 보인다. 교사들은 학생들의 학습 진보 상태를 모니터하기 위해 한 달도 기다리지 못한다. 교사들은 학생들을 지도한 결과와 학생들이 성취한 향상 정도를 알 수 있도록, 교장에게 매달 학생들이 읽기와 쓰기를 한 포트폴리오를 제출한다. 3학년부터 6학년까지 치르는 공식적인 뉴욕 주의 표준화 학력검사 외에도, 비교적 형식에 구애받지 않는 평가방법으로 포트폴리오, 프로그램 평가, 진단고사, 교사들과 학생들이 함께 사용하는 특별히 고안된 지침서 등을 활용하고 있다. 담임교사와 전문가들은 개별 학생의 프로파일을 분석하여 '학습 위기'에 처한 학생들을 파악하여 면담한다. 학생들은 빈번하게 이루어지는 교사와의 면담과 매주 가정으로 발송되어 학부모나 보모의 서명을 받아야 하는 시험 결과 자료로 자신들의 성적과 향상 정도를 알 수 있다.

링컨 초등학교에서는 소집단 수업, 개별 수업뿐만 아니라, 모델 수업, 전체 집단 수업, 직접교수법 등 다양한 교수-학습방법이 활용되고 있다. 학생의 능력과 관심, 선택 등 여러 상황을 적절하게 고려하여 유연하게 학습 조직을 잘 구성하고, 협동적으로 훌륭하게 이끌고 있다. 교사들은 학생들이 무엇을 성취해야 하는지를 알 수 있도록 영어(English Language Arts) 기준과 특별히 연계한 지침서를 제작하여 활용하고 있다. 학교의 강력한 멘토링 프로그램이 신임교사와 경력 교사 모두에게 제공된다. 이 프로그램을 통해 학교행정가들은 교사들이 도움을 받는다고 믿는다.

결 론

알바노 교장은 건전한 교육체제는 어떤 모습이어야 하고, 조직이 아주 효율적으로 기능하기 위해서 어떤 일을 해야 하는지를 잘 이해하여 학교를 발전시키고 있다. 링컨 초등학교의 주요 성공 요인은, 주의 기준과 연계하여 교수-학습의 지침이 되는 핵심평가 요소를 바탕으로 구성한 철저한 교육과정, 높은 자질을 갖추고 성취 의욕이 강한 교직원들, 강력하지만 지원적인 현장 장학, 그리고 학교 운영에 적극적으로 참여할 자격을 부여받은 학부모와 학생이다.

가르치는 일을 정말로 원하는 교사들을 채용할 줄 아는 알바노 교장은 그들의 잠재력을 발견하고 재능을 잘 발휘할 수 있도록 해 준다. 알바노 교장은 학생들의 높은 학업성취 결과를 이용하여 교육 프로그램을 더욱 향상시키고 지원하기 위한 더 많은 자원과 인재를 유치한다. 예를 들어, 이 학교의 과학교육 프로그램의 지도자는 그의 자녀가 링컨 초등학교에 다니고 있었을 때 실업자가 된 전직 미국항공우주국(NASA) 엔지니어였다. 알바노 교장은 그를 초빙하여 보조교사로 일하게 하였고, 그런 다음 포드햄(Fordham) 대학의 석사학위 프로그램에서 일을 하게 했다.

알바노 교장은 텔레비전 방송, 신문과 잡지는 물론이고 국내·외의 학술대회에서 링컨 초등학교의 성공을 널리 알린다. 학교를 방문하는 수많은 교육자와 터놓고 얘기하고 활용할 수 있는 적절한 실제적 사례와 값진 정보를 공유한다. 링컨 초등학교 성공 사례에 관한 안내서에는 주의 평가기준에 맞추어 학생의 성취 수준을 향상시켰던 이 학교의 가장 효과적인 전략이 자세하게 열거되어 있다.

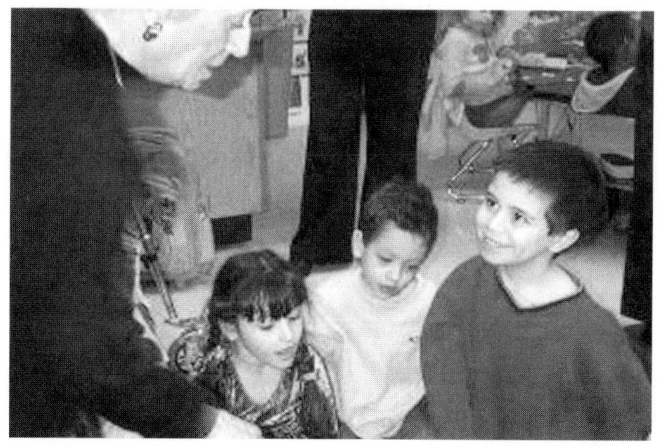

표　링컨 초등학교 주 표준화 학력검사(NYSA)[7] 결과(%)[8]

4학년 영어(ELA)	2003	2004	2005	2006	2007	2008
전체	97	99	96	100	98	96
저소득층	94	100	95			
주 평균				68		71
4학년 수학	2003	2004	2005	2006	2007	2008
전체	97	100	100	99	99	99
저소득층	100	100	100			
주 평균				78		84

출처: NYSED, 2003~2008.

메이플 초등학교

(Maple Elementary School, Seattle, Washington)

"모든 아이가 우리의 아이다."

"한 학생이 기준에 도달하지 못한다면, 그 이유에 대한 근거가 문서로 제시되어야 한다."

"우리는 아이들을 개별적으로 보기 위해 서로 협력한다."

"우리는 동료와 함께 서로 도우며 난관을 헤쳐 간다."

"모든 학년에서 쓰기 과정에 가장 중점을 둔다."

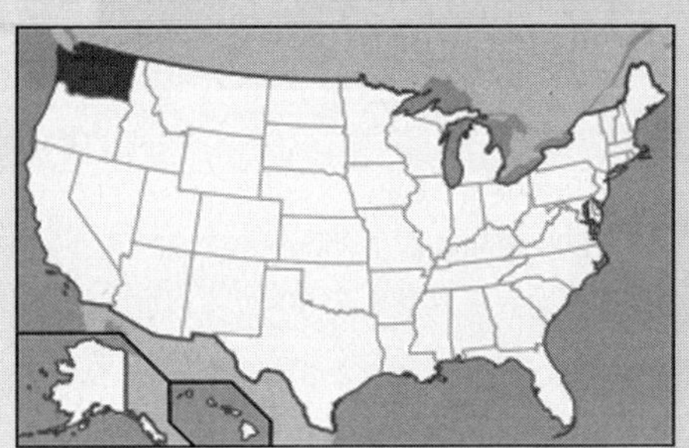

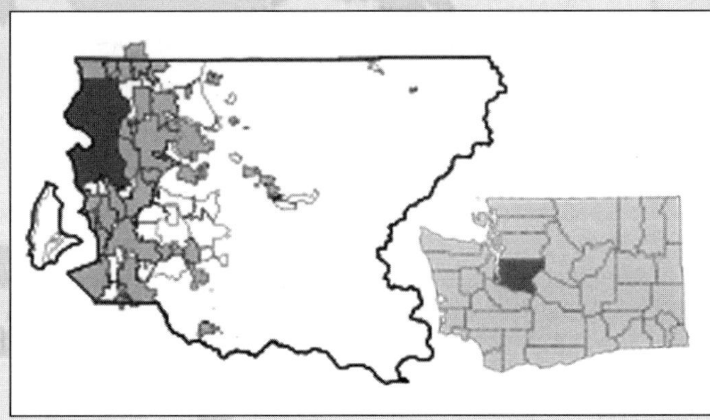

메이플 초등학교[1]는 미국에 있는 모든 인종의 사람들이 미국을 건설하여 위대한 나라로 만든다는 신념을 갖고 있다. 'MAPLE', 즉 동기화된 성취자(Motivated Achievers), 실천(Perform), 학습(Learn), 우수성(Excel)이 메이플 초등학교의 핵심 비전이다.

메이플 초등학교의 교직원, 학부모, 자원봉사자들은 학생들에게 각자 다양한 학습환경에서 적극적이고 의미 있는 교육을 받을 수 있는 기회를 제공한다. 메이플 초등학교의 사명은 모든 학생이 평생학습자가 되도록 최고의 잠재력과 능력을 갖추게 하는 것이다.

시애틀 공립학교 교육구에 속한 69개 초등학교 가운데 한 곳인 메이플 초등학교는 시애틀의 비콘힐(Beacon Hill)에 자리 잡고 있다. 근처 보잉항공사의 야적

🌍 학생 1인당 교육비

구 분	교육구	주 평균
1인당 총비용	9,140 달러	9,754 달러
교수-학습	57%	59%
학생-교직원 지원	13%	8%
행정	11%	12%
기타	19%	21%

출처: NCES, 2005~2006.

🌏 학교 개황

	메이플 초등학교	주 평균
학생 수(K-5학년)	424	
아시안	63%	8%
히스패닉	17%	14%
흑인	12%	6%
백인	8%	68%
인디언	1%	3%
무료급식/급식보조	60%	37%
특수교육	9%	13%
교사당 학생 수	14	13

출처: WA OSPI, 2006~2007.

장과 고속도로, 그리고 열차운행에서 발생하는 소음 때문에 메이플 초등학교 학생들과 방문객들은 이곳이 물류의 관문이며 전 세계 사람들이 방문하는 도시라는 것을 쉽게 알게 된다.

다양성 중시

40%에 가까운 학생이 영어를 거의 못하는 채로 학교 생활을 시작하여 이중언어 교육을 받는다. 학생들의 다양한 언어적 배경에는 광동어[2], 중국어, 중국 표준어, 타갈로그어[3], 일노카노어[4], 스페인어, 사모아어, 아랍어, 펀잡어[5], 베트남어, 토이시안어[6], 캄보디아어, 라오스어, 에티오피아 공용어, 오로모어[7] 그리고 소말리아어와 같은 17개 이상의 언어가 망라되어 있다. 이 학교는 다양한 배경의 교직원들과 학생들을 자랑스럽게 여기며, 이 학교의 강점이라고 생각한다.

다양성의 흔적은 학교 곳곳에서 분명히 볼 수 있다. 학교 현관을 들어서자, 시애틀, 홍콩, 서울 그리고 런던과 같은 세계 여러 나라의 시각을 알려 주는 시계들이 방문객을 제일 처음 맞는다. 학교 도서관에는 영어를 비롯하여 100개 이상의 언어로 여러 문화를 소개하는 책들이 소장되어 있다. 복도와 벽을 장식하는 학생 작품 프로젝트 또한 다양한 문화를 보여 주는데, 한 전시장에는 베트남 샐러드에서 스파게티에 이르기까지 학생들이 그들의 가정에서 좋아하는 음식이 진열되어 있다.

팻 헌터(Pat Hunter) 교장의 지도로, 교사들은 학생들에게 과제를 여러 언어로 내는가 하면 다양한 민족 특유의 음식을 준비하여 매년 모든 학생과 가족을 저녁식사에 초대하는 등 여러 방법으로 다양한 문화를 접하게 한다. 다양성을 존중하는 메이플 초등학교의 강력한 신념은 다음과 같다. "우리는 미국이 모든 인종의 힘으로 이루어졌다는 것을 알고 있다. 우리는 모든 인종이 미국을 위대한 나라로 만든다는 것을 알고 있다."

학습하는 과정에서 이중언어를 사용하는 학생을 돕기 위해 몇 가지 수업전략을 영어와 통합하여 운영하고 있다. 모든 교사는 모든 과목에서 듣기, 말하기, 읽기, 쓰기 기능을 통합하는 언어습득 설계지침(Guided Language Acquisition

Design: GLAD)[8] 연수를 받는다. 또한 모든 과목에서 학생들이 유치원부터 시작하여 K-5까지 신문, 잡지 등을 접하게 하는 시애틀 문해교육전략(Seattle Literacy Initiative strategies)을 활용한다. 이 외에도, 이중언어 수업 도우미는 수업 내용을 학생들이 이해할 수 있도록 도와주고, 영어를 배우는 교실 안에서 소집단 활동이 필요한 학생들을 선별하여 지도한다.

메이플 방식

메이플 초등학교 학생의 약 2/3가 무료급식 또는 급식보조의 혜택을 받는다. 하지만 이 학교는 이 교육구의 69개 초등학교 가운데 학업성취도가 11위다. 자율과 높은 기대의 문화가 메이플 초등학교 전체에 퍼져 있고, 교사와 교직원 모두가 기꺼이 받아들인다. 학교 커뮤니티는 '메이플 방식'에 따라 운영된다. 메이플 방식에 따라 우수한 성과를 거두는 학생들에게는 메이플 메달이 수여된다. 이들은 전체 학생의 모범이 되며, 행사 때 맨 앞에 서고, 모든 학생이 볼 수 있도록 복도에 그들의 사진이 전시되는 등의 특권을 갖는다. 메이플 선서는 학생들에 대한 기대를 종합하고 있다.

> **메이플 학생으로서**
>
> 나는 다른 학생들의 학습을 도울 뿐만 아니라 나의 학습에도 책임을 진다.
>
> 나는 나 자신과 모든 사람을 존경한다.
>
> 나는 자랑스럽게 성취하기 위해 열심히 노력할 것을 약속한다.
>
> 나는 문제 해결방법과 훌륭하게 선택하는 방법을 알고 있다.
>
> 나는 항상 최선을 다하며, 절대로 포기하지 않는다.
>
> 나는 나의 밝은 미래를 위해 옳은 일을 하도록 노력한다.

교직원은 학생들의 긍정적인 역할모델이 되기 위해 열심히 노력한다. 한 학부모는 "교장을 비롯한 모든 선생님은 아이들을 위해 모든 시간과 에너지를 쏟고 있습니다. 그들은 열정적입니다. 학생들을 가르치는 것은 그들에게 직업 이상의 것입니다."라고 말한다. 학생들이 자신의 친구들이 공부하는 데 도움을 주는 것처럼 교사들도 모든 학생이 성공하도록 학년을 불문하고 동료 교사와 함께 책임을 다하고 있다. 교사들은 담당 학년의 학생들에게 전달하는 교육과정이 다른 학년의 학생에게 도움이 된다면, 다른 학년의 교사들에게도 기꺼이 공개한다.

'모든 아이가 우리의 아이들이다.'라는 말은 이 학교의 교사들이 가지고 있는 확고한 태도다. 이러한 책임감의 공유는 학교 비전에 나타나 있다. "메이플 초등학교 커뮤니티의 학부모, 교직원, 자원봉사자 그리고 학생들은 학생들 각자에게 복합적인 다양한 학습환경에서 긍정적이며 의미 있는 교육을 받을 기회를 제공할 책임이 있다."

열린 개념의 커뮤니티

메이플 초등학교는 '열린 마음'의 학교다. 의사소통을 막는 벽은 거의 없다. 학교를 찾는 방문객들은 바로 옆 가까이에 다른 모둠의 학생이 있더라도 아주 넓은 장소 한가운데서 말하는 교사의 목소리에도, 학생들이 귀를 잘 기울이고 있는 것을 보고 깜짝 놀란다. 모든 학교 건물마다 내부 벽이 없는 교실 세 곳이 있는데, 방문객은 이 교실을 통해 모든 수업을 동시에 볼 수 있다. 교사들은 공개수업 교실이 교사들 간의 협력에 도움을 준다고 한다. 같은 학년의 다른 교사들의 수업활동을 볼 수 있어 아이디어와 자료를 공유할 수 있기 때문이다. 대화의 걸림돌이 될 수 있는 벽이 없고 문이 열려 있기 때문에 자유롭게 대화가 가능

하다. 같은 학년 교사들도 함께 일할 수 있는 공동의 시간을 매일 갖는다. 학교 건물은 전반적으로 협동과 공유의 정신을 잘 실현할 수 있게 구조화되어 있다.

교사들이 기꺼이 공개수업을 하는 이유는 모든 학생의 성공을 위해 책임을 다한다는 강한 공동체 의식 때문이다. 일찌감치 학생들도 학교에서 선생님들과 친구들을 존중해야 하고, 그들의 과업에 충실해야 한다는 것을 배운다. 상급 학년 학생들에게는 교칙을 준수하라고 요구할 필요가 거의 없다. 왜냐하면 일찍이 학생들의 몸에 이미 배어 있기 때문이다.

주의 기준과 일치하는 교육과정

메이플 초등학교 교직원들은 2000년에 학교의 전반적인 변혁을 시도하였다. 학생의 학습에 관한 워싱턴 표준화 학력검사(Washington Assessment of Student Learning: WASL)[9]에 맞추어 기초, 기본 학습 내용을 가르치는 데 중점을 두었다. 첫해에 학교는 수학 수업에 초점을 맞추어서 학교 평균을 21% 정도 향상시키는 성과를 거두었다. 학교 홈페이지에 매일 수학게임(Everyday Mathematics Games) 사이트를 링크하여 학생들에게 수학에 대한 흥미를 증진시키고 능력을 향상시키는 한 가지 방법으로 사용하고 있다.[10] 이듬해에는 쓰기능력에 초점을 맞추는 전략으로 학생들이 더 유창하게 쓸 수 있게 하였다. 결과적으로 쓰기 영역에서 주의 기준에 부합하는 학생들의 비율이 일 년 만에 12%가 향상되었다. 다음으로 학교는 읽기 영역에 초점을 맞추어 읽기 유창성과 이해력을 향상시키는 읽기 프로그램을 사용하였는데, 그 결과 읽기 점수가 15% 정도 올랐다. 주의 기준에 맞춘 메이플 초등학교의 계획적인 접근방법은 학생들의 학습을 향상시키는 성공적인 전략임이 증명되었다. 수업자료는 수업에 실제적으로 적용된 사례를 통해 철저하게 검증한 뒤 채택한다.[11] 쓰기는 메이플 초등학교 교육과정의 기초다. 유치원 때부터 학생들은 매일 모든 과목에서 쓰기를 한다. 쓰기 수업은 연구에서 입증한 프로그램에 입각하여 진행된다. 읽기자료로는 교사가 만든 자료뿐만 아니라 다양한 서적도 활용된다.

과학 수업에서 학생들은 탐구학습을 통해 직접 체험할 수 있도록 과학실험 도구를 사용한다. 수학 수업에는 복수의 교재와 다양한 도구가 사용된다. 교사들은 수업 목적 달성을 위해 기록 카메라와 컴퓨터실 등과 같은 과학기술을 폭넓게 활용한다. 예를 들어, 4학년 한 교사가 기록 카메라에 담긴 학생 작품의 예를 보여 주며 같은 값의 분수에 관해 학생들과 토의한다. 옆반에서는 교사가 칠판에 그림을 그려 같은 값의 분수를 설명할 때, 학생들은 칠판 옆 바닥에 모여 있다. 또 다른 반에는, 학생들이 같은 값의 다양한 분수를 설명하기 위해 종이로 만든 자료를 활용한다. "우리는 우리 방식대로 주의 기준을 가르치도록 허용받았다. 열린 공간은 동료 교사들이 학생들을 어떻게 가르치고 있는지를 알 수 있게 한다. 우리는 다른 교사들을 통해 아이디어를 얻을 수 있다.”라고 한 교사는 말한다.

교육과정 전반에 걸쳐 강조되는 '쓰기'

오전 9시 40분, 1학년 수업시간에 교사가 학생들에게 주말 생활에 관해 글을 쓰라고 하자 학생들은 즉시 글을 쓰기 시작한다. 근처에서 끊임없이 들리는 중얼거리는 소리에도 아랑곳하지 않고, 교사가 교실을 둘러보며 칭찬을 하고, 글쓰기에 관한 조언을 하는 동안에 학생들은 과제를 한다. 과학, 사회, 수학 그리고 단어들이 변화무쌍한 언어와 색깔로 교실 벽에 게시되어 있다. 교사가 형용사에 관해 직접 설명하려는 무렵에, 대부분의 학생은 단순히 '선생님이 우리에게 하라고 말씀하신…….' 것을 뛰어넘어 글을 쓴 이유를 방문객에게 설명한다.

이른 아침에, 학교 방문단이 학교 지도자팀을 만난 도서실은 공간이 꽤 넓다. 벽면에 둘러 선 책장의 빼곡한 책들이 음향을 흡수하고 있었다. 학생들은 짝을 이루거나 개별적으로 책장을 살피고 있다. 많은 책이 소설책이지만 전기와 역사 책들도 있다. 한 여학생은 기후에 관한 책장을 넘기고 있고, 어떤 학생은 파충류에 관한 책을 보고 있다. 책을 읽는 모습이 진지하다. 또 다른 학생은 열린 개념

의 도서실과 건물 복도 경계에 자리한 120cm 정도 높이의 책장 꼭대기에 꽂힌 25권 정도의 책 가운데 한 권을 집으려 한다. 작문 과제는 이 책들과 연관을 맺고 있다. 이 책들이 들려주는 이야기와 이 책들이 알리는 역사가 이 건물에서 생활하는 학생들의 얼굴에 비친다.

오후에, 한 1학년 교사가 수학 수업을 한다. 이 수업 후반에 학생들은 직접 동전 더하기 연습을 한다. 그런데 이 수업은 학생들과 함께

숫자 세기에 관한 이야기를 읽는 것으로 시작한다. 이 이야기는 돈의 가치와 동전의 양의 차이를 알려 준다. 이야기에 등장하는 주인공은 2다임이 1쿼터보다 자신의 재산을 더 불려 준다고 생각하여 2다임과 1쿼터를 잘못 바꾸려 한다.[12] 교사는 단순히 학생들에게 이 거래가 왜 잘못인지를 말하기보다 학생들로 하여금 주인공의 생각을 추론하여 주인공이 앞으로 할 행동을 예측하도록 한다. 그리고는 학생들에게 왜 그런 생각을 하는지 설명하도록 한다. 이때 고등기능 사고기술(higher order thinking skills)[13]이 효과를 거두고 있었다.

　다음 면담 내용은 메이플 초등학교 1학년 교실의 대표적 사례를 나타낸다. "쓰기는 교육과정의 기초이며 교과 내용 전반에 걸쳐 강조됩니다."라고 교장은 말한다. 교사들도 이에 동의한다. 유치원 교사들은 "쓰기는 모든 교과의 기초를 이루는 일이어서, 학생들은 쓰기를 많이 한다."라고 말한다. 한 5학년 교사는 "우리는 수학과 과학에서도 매일 쓰기를 한다."라고 말한다. 무엇 때문에 메이플 초등학교가 성공하느냐는 질문을 받은 2학년 교사의 말이 흥미롭다. "모든 학년에서 쓰기 과정에 가장 중점을 둔다."

　학교는 전체적으로 풍부한 문해교육 환경을 갖추고 있다. 교실 수업에서 학생들을 나무라는 등의 위축시키는 모습은 볼 수 없다. 이 학교는 형식에 구애받지 않는다. 두 가지 프로그램이 교육과정 전반에서 이루어지도록 교사의 능력을 뒷받침한다. 이것은 읽기와 쓰기를 촉진하기 위한 언어습득 설계지침(Guided Language Acquisition Design: GLAD)과 국가도시연맹(National Urban Alliance: NUA)[14]의 시애틀 문해교육 강화 전략이다. GLAD의 웹사이트(www.projectglad.com)에 따르면, GLAD는 전문성 개발 모델이며, 지역 교육구의 지침과 교육과정에 근거하여 핵심적으로 교육과정에 접근할 수 있게 교사연수 기준과 연결되어 있다. 교사들은 GLAD를 총체적 접근법(holistic approach)이라고 말하면서 "문해교육은 모든

것과 통합되어야 한다."라고 강조하는 GLAD를 높게 평가하고 있다.

국가도시연맹의 웹사이트(www.nuatc.org/projects/seattle/seattle.html)는 교사들과 학교가 교육구의 기준을 수업전략으로 바꾸어 주는 72시간 직무연수를 다음과 같이 설명하고 있다.

- 모든 학생을 읽기 기준에 부합하도록 한다.
- 각 학교에서 공통적인 문해교육이 중점적으로 이루어지기 위한 지원체제를 마련한다.
- 읽기 학습과 이해한 내용을 말하고 작문하는 능력을 촉진하여 교과 전반에 걸쳐 학습능력을 향상시킨다.

교사들은 그들이 교과내용 영역과 학년 수준을 망라하여 쓰기전략을 이행할 수 있게 하는 GLAD와 NUA의 권한 부여를 지적하였고, 교장은 쓰기와 풍부한 기고와 출판 경험을 학교 전체에게 심어 주고자 하는 학교의 노력을 자랑하였다. 교장은 이러한 노력에는 지속적인 반성과 지원이 따라야 한다는 것을 알고 있다. 교사들은 그들이 원하는 만큼 학교 내에서 GLAD에 의한 실제적인 효과를 거둘 수 있도록 전문가를 관련 교직원 연구모임에 참석시켜 GLAD의 전략에 관해서 논의한다. 그리고 추후 지도를 위해 전문가를 지속적으로 초빙한다.

계속적인 학습과정의 시험

'무엇이 학교를 효과적으로 만드는가?'라는 질문에, 교장과 대부분의 교사는 성공의 핵심은 학생 개개인에 대한 관심이라는 데 동의한다. 한 교사는 "우리가 학생 하나하나를 바라보는 방식이라고 생각합니다. 우리는 어떤 학생이 기준에 도달하지 못하여 우리의 도움을 필요로 하는지를 알고 있습니다."라고 말한다. 그리고 "우리는 학생들의 상태를 조기에 파악하고, 그들과 함께 과제를 해결해 갑니다. 우리는 학생들이 옆길로 새도록 내버려 두지 않습니다."라고 덧붙였다.

이 학교에서는 향상된 학생이나 어려움을 겪는 학생이나 똑같이 개별화 수업을 하고, 재교육을 위해 학생의 진보 상황을 지속적으로 시험을 쳐서 확인하는 학습 과정을 중시한다. 이 과정의 중심에는 학습지원팀(Student Intervention Team: SIT)이 있다. 매주 금요일, 학습지원팀은 한두 학생의 사회적·감성적·인지적 과정을 알아보는 시험을 치른다. 이 팀은 교장, 전문상담사, 특정 분야 전문가, 관련 교사들과 두 명의 학부모로 구성된다. 학습지원팀 운영은 체계적이다. 학습지원팀은 학생의 표준화된 시험 점수, 학생의 과업, 학급 내의 과제, 교사가 기록한 학생의 학습진보 과정에 관한 평가 등의 자료를 검토하는 일로 시작한다. 이러한 자료는 학습지원팀이 학생의 실체를 제대로 바라보게 하는 자료가 된다. 그런 다음에 '학생의 약점과 장점이 무엇인가?'를 파악하는 규범적 평가를 만든다. 마지막으로, 동원 가능한 학교의 자원을 고려하여 학생의 학습을 지원하기 위한 조처를 취한다.

학습지원팀 운영은 공식적이어서 부모를 포함하여 학교 교직원이라면 누구나 학생의 문제를 조회할 수 있다. 이 학교에서 학생의 문제를 조회하는 일은 주저할 일이 아니다. 결석하는 학생의 이유가 형편없는 수업 때문에 어려움을 겪고 있다는 곤란한 사항도 있을 수 있다. 하지만 교장은 "전문가가 밝힌 이유라면 공개하는 것은 마땅한 일이다. 한 학생이 기준에 도달하지 못한다면, 그 이유에 대한 근거가 문서로 있어야 한다."라고 말한다.

사실, 독단적인 교수보다는 협동을 장려하는 학교문화는 개별 학생의 요구를 확인하여 학생의 요구에 부합하는 조처를 취하는 것을 받아들인다. 메이플 초등학교에서는 가장 능숙한 교사라도, 다시 가르치고 다시 전략을 짜는 일은 실제로 가르치는 과정에서 필수적이라는 생각이 학교 전체에 퍼져 있다. 어떤 3학년 교사는 "당신이 교육과정을 가르쳤다고 해서 학생들이

그것을 배운 것은 아니기 때문입니다."라고 말한다.

새로 집단을 조직하고, 새로 가르치며, 혹은 새롭게 무엇인가를 보강하고자 하는 결정은 항상 학습지원팀에서 나오는 것은 아니다. 사실 대부분의 수업적인 변화는 교육과정에 근거한 평가와 교육구 평가자료를 지속적으로 분석하는 교사팀에서 나온다. 이 학교에서 '계발하다'와 '강화하다(enrich)'라는 용어는 사소하지 않다. "우리는 단지 부족한 수준의 학생에게만 초점을 맞추지 않습니다."라고 3학년 교사는 말한다. 수업적인 차별성은 기준에 빨리 도달하는 학생들이 더 좋은 성과를 거두도록 수업을 재조정하는 것도 포함된다. '수업의 미세조정(instructional tweaking)' 역시 작은 일이 아니다. 학습지원팀의 장점은 청각장애를 가진 학생이 시험에 응시하는 것과 관련한 공식적인 개입과 지원을 다루는 반면, 학년 직원회의는 수학 시간에 학생들을 적합한 집단으로 나누는 것과 같은 좀 더 세밀하고, 좀 더 빈번한 변화를 조정하는 차원이다. 무엇보다도 중요한 것은 작은 일도 공동의 책임으로 여기며, 지속적으로 개선하고자 하는 노력이 메이플 초등학교 성공의 토대라는 것이다.

무엇인가를 개선하고자 할 때, 개선을 가능하게 하는 것은 계획을 세우는 것이 아니라 실천이다. 계획은 줄기차게 세우지만 실효성이 없는 화려한 제안은 학생들에게 도움이 되지 않는다. 다행히도 메이플 초등학교에는 풍성한 결실이 있

었다. 학년 수준에서 이루어지는 변화든, 좀 더 공식적인 학습지원팀에서 이루어지는 변화든, 메이플 초등학교는 개선을 위해 문제를 진단하여 해결방안을 찾아 실행할 수 있는 체계와 자원이 갖추어져 있다. 학생들의 요구를 충족시키기 위해 핵심적 역량을 가진 수업 지원자들과 영어 학습 전문가를 부단히 재조직하고 재배치한다. 개울의 돌을 지나 흘

러가는 물처럼 메이플 초등학교의 교직원들은 학생들의 변화 요구에 역동적으로 대처한다. 메이플 초등학교는 IDEA[15]와의 연계, Title I, 지역사회기금 그리고 학교발전기금 등을 통해 많은 재정을 수업지원단에 투자한다.

처음부터 교수–학습과 관련한 대처 과정이 믿을 만하게 진행된 것은 아니다. 같은 학년과 다른 학년 간에 의사소통이 없는 경우도 있고, 학습지원팀의 조처에 대해 거의 확인하지 않은 적도 있다. 메이플 초등학교가 강력한 의사소통체제를 갖추지 않고는, 무에서 유를 창조하듯 학습지원팀 운영을 성공적으로 만들어 내지 못하였을 것이다. 교장은 다른 학교를 벤치마킹하고 학습지원팀을 도입하기로 결정한 뒤 이 학교에 적합한 과정을 학습지원팀과 전문 상담자가 처음 개발해 지속적으로 반복, 조정하여 적용하고 있다.

교사들은 "우리는 학생을 개별적으로 보기 위해 서로 협력합니다." 혹은 "우리는 동료와 함께 서로 도우며 난관을 헤쳐갑니다."라고 말한다. 이 학교에는 확실히 학습지원팀과 같은 기술적이며 남다른 학교 문화적인 요소가 어우러져 있다. 교장에게 다른 학교가 메이플 초등학교의 어느 사례를 따르도록 권하겠는가 하고 묻자, "만일 어떤 학교가 우리 학교를 따르고자 한다면, 우선 자신을 살피는 일이 필요하고, 적용할 수 있는 일이 무엇인지를 알아야 합니다. 단지 교육과정을 차용해서 우리 학교가 거두는 성과를 기대할 수는 없습니다."라는 대답이 돌아왔다. 메이플 초등학교의 다음 목표에 관하여 교장은 "우리는 학습지원팀이 확인하여 밝힌 문제점을 추후 어떻게 개선할 것인가에 중점을 두고 있습니다."라고 말한다. 작지만 지속적으로 차례차례 일을 하는 과정을 밟는다면, 다음 목표도 분명히 실현될 것이다.

🌐 메이플 초등학교 주 표준화 학력검사(WASL)[16] 결과(%)[17]

4학년 영어(독해)	2002	2003	2004	2005	2006	2007
전체	59	59	78	87	91	93
저소득 층	50	56	73	84	93	64
영어 비원어민(ESL)	38	39	37	81	80	
주 평균						76
4학년 수학	2002	2003	2004	2005	2006	2007
전체	63	53	78	79	82	75
저소득 층	50	47	75	73	79	72
영어 비원어민(ESL)	38	26	26	78	67	
주 평균						58

출처: WA OSPI, 2002~2007.

루스로치 초등학교

(Routh Roach Elementary School, Garland, Texas)

"우리 모두는 하나이며, 모든 학생에 대한 책임을 함께 공유한다."

"만일 학생이 할 수 있다고 교사가 믿으면, 학생은 할 수 있다."

"이 활동이 이 교실에 있는 나의 학생들에게 어떻게 도움을 줄 것인가?"

"배우는 내용이 무엇에 관한 것인지를 학생들이 이해하는 데 도움을 주는가?"

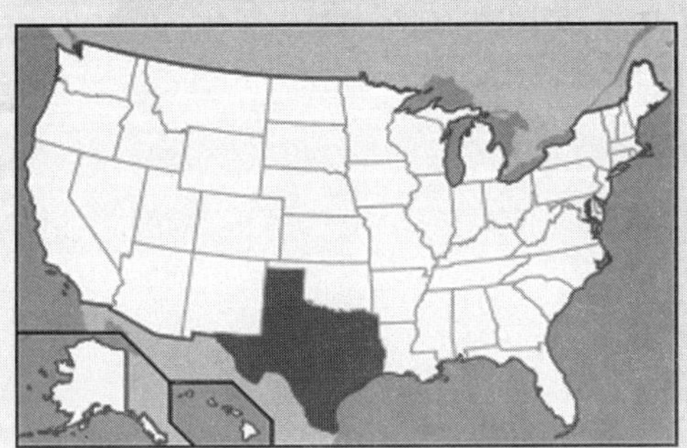

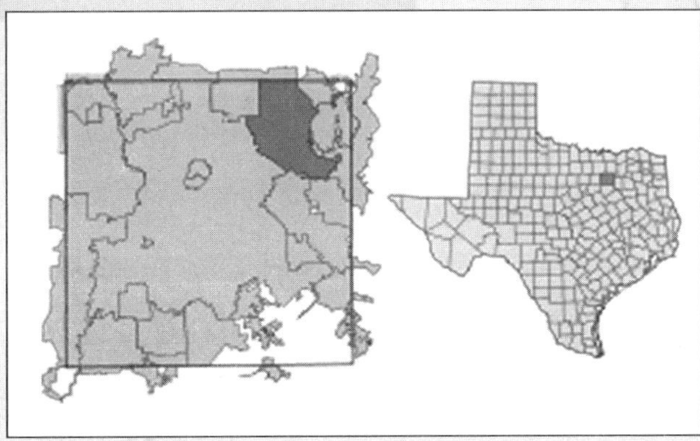

루스로치 초등학교 교직원은 모든 학생이 각자에게 필요한 독특한 욕구를 지니고 있기 때문에 학년 전반에 걸쳐 고등기술을 습득해야 한다는 사실을 인정한다. 루스로치 초등학교에서는 일정 단계의 행동이나 학습에 필요한 발달상의 준비성, 흥미와 관심, 그리고 학습 분석의 차별화가 수업 계획의 기초가 된다. 학생들은 자신의 학문적 성장을 위한 책임을 다하도록 배운다. 루스로치 초등학교에서 상호 존중은 서로 간에 의사소통을 통해 이루어지며, 학교 생활의 안정감을 향상시킨다. 이 학교 교직원들은 모든 학생의 성공을 위해 가르치면서, 교사로서의 지속적 성장에 대한 기대를 자연스럽게 유지한다. 학교의 철학으로 창조되고 학부모의 지원으로 형성되는 학교 분위기는 학생들이 성공할 수 있도록 만들어 준다.

🌏 학생 1인당 교육비

구 분	교육구	주 평균
1인당 총비용	6,490 달러	8,818 달러
교수-학습	62%	60%
학생-교직원 지원	10%	7%
행정	10%	12%
기타	18%	21%

출처: NCES, 2005~2006.

🌐 학교 개황

루스로치 초등학교		주 평균
학생 수(preK-5학년)	360	
히스패닉	59%	46%
백인	22%	36%
흑인	18%	14%
아시안/태평양	1%	3%
무료급식/급식보조	69%	47%
특수교육	10%	11%
영재교육	1%	8%
영어 학습자	47%	
교사당 학생 수	13	15

출처: TX Education Agency, 2006~2007.

　　루스로치 초등학교는 2003~2004년, 2005~2006년 텍사스 주 우수모범학교 표창을 받았다. 텍사스 주는 지식과 기술에 대한 평가점수로 매년 학교의 순위를 정하고 있다. 또한 2006~2007년 전국의 학교 가운데 단지 250개 학교만 수상한 블루리본 학교 가운데 한 곳으로 선정되었다.

스페인어로 가르치는 조지 워싱턴에 관한 역사 수업

　　역사 수업이 시작되자 15명의 2학년 학생들은 교실 바닥에 앉아 큰 소리로 읽어 주는 교사에게 모든 눈과 귀를 집중한다. 교사는 스페인어로 조지 워싱턴(George Washington)에 관한 책을 읽고 있다. 곧이어 교사가 학생들에게 질문을 하자, 서로 대답하겠다고 여기저기에서 손을 든다. 교사가 읽기를 마치면, 학생들은 질문에 답하기 위해 4명씩 조를 짜서 함께 토의한다. "왜 조지 워싱턴이 중요하지?" 학생들은 교재에서 배운 내용에 대해 의견을 나눈다. 교사와 보조교사는 교실 이곳저곳을 옮겨 다니며 학생들의 대화 내용에 귀를 기울인다. 몇몇 조는 오려 낸 커다란 모자 모양에 빈칸을 채워 가며, 스페인어로 자신들이 생각하는 답을 적기 시작한다. 학생들이 자신들의 말로 읽고 쓰는 가운데 공부에 더욱 흥미를 갖는다는 사실을 분명히 알 수 있다.

루스로치 초등학교는 스페인 풍으로 지어진 벽돌집에 개인 테라스가 있고, 잔디밭이 깔끔하게 잘 관리된 주택가에 인접한 텍사스 갈런드(Texas Garland)의 눈에 띄지 않는 조용한 곳에 자리하고 있다. 학생들의 대부분을 꽤 먼 곳에서 유치해 오며, 학생 가운데 절반 정도가 영어에 미숙한 학생들인데, 이들은 교사들에게 특별 교육을 받는다.

학교 일과는 일찍 시작된다. 새 건물 입구에는 '텍사스 우수학교' '최우수 학교 선정' 그리고 '2005~2006년 USDE[1] 블루리본 학교'와 같은 홍보성 현수막이 걸려 있다. 학생들은 아침을 먹기 위해 일찍 등교하며, 8시 수업 시작종이 울릴 때까지 자습시간을 갖는다.

환한 미소를 지으며 유쾌하게 루스로치 초등학교의 자넷 오닐(Jeanette O'Neal) 교장이 학생들을 맞이한다. 오닐 교장은 스페인어를 사용하는 학생들이 이중언어를 사용하는 그들의 지역사회에서 성공할 수 있도록 최선을 다한다. 입학생 중 상당수를 차지하는 스페인어 사용 학생들을 교육하기 위해 '모국어 중심 영

어 전이 이중언어(additive, late-exit-bilingual)' [2] 위주의 교수방법을 사용한다. 이러한 방법으로 현재 당장 영어를 잘하지 못하는 학생 가운데 50%의 학생들이 고등학교를 중도 탈락할 것이라는 비관적 생각을 불식하기 위해 오닐 교장은 노력하고 있다.

영어 전이 이중언어

오닐 교장과 교직원들은, 루스로치 초등학교에서는 스페인어로 학생들을 가르치는 프로그램을 통해 학생들이 스페인어를 잘 이해하고, 주요 교과에서 일정 수준 이상에 도달할 때까지 스페인어를 교육해야 한다고 확신한다. 이 학교는 스페인어로 공부를 잘하면 자연히 영어도 잘하게 될 것이라고 생각한다. 스페인어를 사용하여 영어에 서툰 학생들이 영어 때문에 다른 공부를 소홀히 하는 경우가 없도록 하겠다는 입장이다.

오닐 교장과 교직원들은 '영어 전이 이중언어 프로그램(additive bilingual program)' [3]을 이용하여 학생들이 자신들의 원어를 배우는 조기 문해교육(literacy instruction)이 이루어진다면, 학습이 영어로 옮겨진 뒤에도 성취가 지속

되거나 증가한다고 주장한다. 오닐 교장과 교직원들은 학생들의 원어가 교수-학습 언어가 되는 학습환경을 조성하며, 이러한 환경을 바탕으로 저학년의 조기 문해교육과 다른 수없이 많은 학습 과정에서 학생의 원어 사용과 문화가 장려되고 개발된다.

일단 이렇게 학생들의 원어인 스페인어를 사용하여 실력이 갖추어지면, 학생들은 영어 수업으로 영역을 옮겨 영어를 사용하여 발성, 읽기와 철자 쓰기를 익힌다. 학생들이 영어 수업을 받는 동안에도 학생들은 스페인어로 높은 수준의 교과내용을 배운다. 루스로치 초등학교에서 영어 전이 수업[4]은 적어도 3년 동안의 스페인어로 수업을 한 후에 이루어진다. 학생들이 입학한 시기에 따라 차이가 있지만, 영어 전이 수업은 3, 4학년 또는 5학년에서 이루어진다. 이러한 영어 전이 이중언어는 학생들의 자아효능감을 높여 주며, 지적 유연성을 증가시켜 주고, 학생이 제2언어를 배울 때 높은 숙달의 정도와 깊은 관련이 있다. 높은 학업성취를 나타내는 루스로치 초등학교의 부가적인 이중언어 환경에서 다음과 같은 네 가지 특징을 찾을 수 있다.

언어(language arts) 블록타임제 수업[5]

수업을 비롯한 모든 학교 생활은 모든 학생의 학업을 극대화하는 데 초점을 맞

춘다. 대부분의 교실에서 영어 또는 스페인어를 공부하기 위해 120분 블록타임 수업으로 하루 수업이 시작된다. 학년에 관계없이 모든 교실에서 언어 수업 등 핵심과목 수업에는 교사가 주도하는 일련의 소집단 활동, 교사가 안내하는 후속적인 연습과 학생의 자기주도적 활동 등과 같은 동일한 구조를 사용한다. 배운

것을 확고하게 하고 학생의 새로운 능력을 강화하며 최신의 기능을 연습하는 등의 자기주도적 활동 가운데 일부는 컴퓨터를 통해 이루어진다.

　예를 들면, 이중언어를 공부하는 3학년 교실의 한 교사가 교탁에서 5～7명 정도의 학생들과 함께 어울려 명사와 동사를 깨닫도록 가르친다. 이 학생들은 과제를 끝마치면 그들 책상으로 돌아와서 배운 것을 자기주도적으로 연습한다. 다른 학생들은 교실에 있는 5대의 컴퓨터를 이용하여 매일 받아보는 'Success Maker'라는 형성평가 문제지를 푼다. 그리고 한 조는 학교 사서의 지도로 '가속 독서자 프로그램(Accelerated Reader Program)에 참여하기 위해 도서실에 머문다. 학생들이 권장도서를 읽고 관련 퀴즈를 성공적으로 해결하면 포인트를 얻는다. 학생들은 이 포인트로 도서나 다른 물건을 구입할 수 있다. 매일 같이 이와 같은 네 가지 활동을 서로 돌아가며 한다. 학생들은 이를 통해 과제를 수행하면서 자신에게 동기를 부여하는 자기관리 능력을 기르게 된다. 읽기 수업, 매일 과제(daily reinforcement)[6]와 '가속 독서자(accelerated reader)' 등의 활동은 스페인어로 이루어진다.

　오닐 교장은 교직원들과 학생들이 자신들의 과업에 초점을 맞추어 시간을 충실하게 보내기를 바란다. 교장의 철학에 따라 1분이라도 수업시간을 헛되이 보내지 않도록 지속적인 관심을 쏟으며 교사들도 이에 동조한다. "나는 학생들의 시간을 1분이라도 허비할 수 없습니다."라고 한 교사는 말한다. 교사들은 매일 스스로에게 묻는다. "이 활동이 교실에 있는 나의 학생들에게 어떻게 도움을 줄 것인가?" 만일 학생들에게 도움을 주지 못한다면, 교사들은 그 활동을 할 필요가 없다. 한 교사는 '이 질문을 우리 자신에게 하여 많은 실패를 면하게 했다.'고 말한다. 그래서 교사들은 오늘도 이 질문을 되풀이한다.

　음악시간에도 역시 수업의 맥이 끊이

지 않는다. 한 음악교사는 학생들이 교실에 들어오자마자 음악을 듣고 따라 부르며 율동을 하게 한다. 학생들이 4명씩 조를 짜서 손을 잡고, 길어지는 '양동이'의 숫자를 바꿔 가며 가사를 반복하여 부르는 'Draw a Bucket of Water'라는 노래를 배운다. 이 과정에서 학생들은 영어 어법을 연습하고, 음악교사는 수학과 연계하여 노래의 각 소절 마지막에 얼마나 많은 양동이가 남게 되는지를 말할 수 있도록 하는 등의 수학적 기능을 확인한다.

모든 교과 수업은 기초적인 질문으로 시작한다. 예를 들면, '배우는 내용이 무엇에 관한 것인지를 학생들이 이해하는 데 도움을 주는가?' 그리고 '이것이 어떻게 학생들의 생활에 유용할 수 있겠는가?'와 같은 질문이다. 교사들은 수업의 도입 단계에서 이를 확인할 수 있다. 어느 4학년 교실에서, 교사는 자기 집 부엌에 관한 불평을 가장하여 수학 수업을 시작한다. 학생들을 그녀 주위에 모이게 하고, 그녀는 "우리 집 부엌 벽지가 아주 오래되어 싫증이 나서 벽지를 바꾸려고 합니다. 내가 새 벽지를 사러 가기 전에 얼마를 사야 하는지를 알아야 하는데 어떻게 해야 하나요?"라고 말하자, 학생들은 면적을 헤아리고 셈을 하느라 분주하다.

모든 학생에게 적용되는 동일한 교육과정

학생들의 원어와 배우는 언어 수업에 관계없이 모든 학생에게 동일한 교육과정이 적용된다. 1학년 정규 스페인어 수업시간은 1학년 이중언어를 사용하는 영어 수업과 아주 비슷하다. 한 곳에서는 스페인어 교재를 사용하여 스페인어로 수업하고, 다른 한곳에서는 영어로 쓰인 교재를 사용하여 영어 수업을 한다는 차이 외에는 거의 같다.

　1학년 어느 교실의 최근 읽기 블록타임제 수업은 음절에 관해 직접적으로 가르치는 것으로 시작한다. 칠판에 쓰인 여러 음절을 가리키며 교사가 묻는다. "이 음절을 포함하는 단어에는 무엇이 있다고 생각합니까?" 수업은 빠른 속도로 진행되지만 모든 학생이 잘 호응하며 참여한다. 학생들은 'tri' 음절에는 'triple'을, 'cra' 음절에는 'cradle'을 말한다. 학생들은 계속해서 손을 들어, 칠판에 적힌 음절에 관한 더 많은 단어를 대답한다. 때때로 교사는 단어의 의미를 묻고, 단어에 얼마나 많은 음절이 포함되는지를 묻는다.

　옆 반의 이중언어 수업시간에 교사는 동일한 과정과 시간을 적용한다. 학생들은 수준에 따라 한 조에 최대 6명씩 3개 조로 나뉜다. 음절에 관하여 20분 동안 토의한 후에, 교사는 방식을 바꾼다. 칠판에 문장을 적고, 크게 읽은 다음 학생들에게 주어와 형용사를 구분하라고 질문한다. 학생들은 모두 흥미 있게 연습하는 듯이 보이고, 열심히 대답한다. 교사의 직접적인 설명과 학생들의 반응이 끝나면, 교사는 변화를 주어 재빨리 음절 및 주어와 형용사 연습을 위해 연습지를 프로젝션 위에 올려놓는다. 학생들은 확실하게 이해하였다고 자신할 때까지 연습문제를 풀어 본다. 읽기 블록타임 수업은 계속된다. 첫 번째 조가 자신들의 자리에서 연습과제를 마무리하는 동안에, 다른 조는 교실 컴퓨터에 앉아 독립적으로 공부를 한다. 학생들이 자신감 있게 아주 즐겁게 읽을 때, 교사는 학생들 각

자가 이해하고 유창하게 읽는지를 확인한다.

두 교실 모두에서 학생들은 잘 이해하고 읽도록 배우며, 읽기능력과 개념에 관한 올바른 기초를 갖추게 된다. 그들은 큰소리로 읽고 질문하며, 나아가 더 추상적인 수준으로 사고한다. 두 교실 모두 동일한 교육과정과 동일한 진도지침을 따르고, 동일한 내용과 동일한 수업방법을 사용한다. 이렇게 루스로치 초등학교 교사들은 적절한 반복과 일관성 있는 가르침으로 텍사스 주 학년 수준의 기준과 교육과정에 그들의 교수-학습 내용을 일치시킨다. 저학년 때 배운 개념을 매년 수준을 높여서 복잡하고 고등의 능력을 다듬는 데 적합하도록 다른 차원으로 제시한다. 영어로 말하는 교실과 스페인어로 말하는 교실 두 곳 모두 이처럼 활동이 이루어지기 때문에 고학년 때 스페인어에서 영어로 옮겨가는 학생들도 교육내용을 거의 하나도 빠뜨리지 않는다. 모든 학생의 기초는 똑같게 된다.

강력한 학생 지원체제

루스로치 초등학교 교사들은 계획을 세워 가르치고, 학생의 학습 과정을 평가하기 위해 자신이 속한 교육구의 온라인 교육과정을 폭넓게 이용한다. 루스로치 초등학교 교사 일부가 이 교육과정 개발에 부분적으로 참여하기 때문에 루스로치 초등학교가 이 온라인 교육과정을 애용하는 것은 당연한 일이고, 적용 또한 자연스럽게 이루어진다. 모든 교재는 주의 기준에 부합하고 영어와 스

페인어를 사용하여 가르치는 것이 가능하다. 영어와 스페인어를 동시에 사용하는, 즉 이중언어를 사용하는 수업과 영어를 사용하는 수업은 동일한 교육과정에 의해 교수-학습이 이루어지며 평가기준과 내용도 동일하다. 하지만 오직 스페인어만을 사용하는 수업은 동일한 기준이 적용되지 않는다.

학생들에게 공통으로 전달하려는 내용과 수업 과정에서의 접근방법 등에서 체계적으로 일관성을 유지하는 일은 교직원들 공동의 노력으로 개발되고 세밀하게 다듬어진다. 각 학년 대표들로 구성된 학교혁신위원회는 모든 학년에 적용되는 교수-학습방법론과 전략을 토의하고 합의를 이끌어 낸다. 따라서 수학 수업에서 수준별 재편성과 순차 수업은 모든 학년에서 동일하게 이루어진다.

교내의 형성평가 학습지인 'Success Maker'와 주 차원의 평가 등이 학생들의 학업성취를 도와준다. 학생 개별적으로 자신의 진도에 맞추어 풀 수 있는 읽기 능력 향상을 위한 'Success Maker'와 학생의 수학 과목에 관한 자료가 3주마다 학생들에게 제공된다. 이러한 형성평가는 철저하게 분석되고 교사와 학생 모두 이 결과에 관심을 갖는다. 교사와 표준화 학력검사에 나올 듯한 내용과 자료를 계획적으로 학생들에게 전달하고, 학생들에게 시험을 잘 볼 수 있도록 뚜렷한 전략을 알려 준다. 시험이 주의 기준을 반영하고 있다는 전제하에, 루스로치 초등학교 교사들은 자신들이 학생들에게 해 주는 일들을 '시험을 위한 가르침'이 아니라 '기준을 위한 가르침'이라고 생각한다.

많은 학생이 담임교사가 가르치는 보충학습 프로그램에 참여할 수 있는 혜택을 받을 수 있다. 영어 원어민 학생이나 스페인어를 말하는 학생 모두 배운 것을 완전히 자기 것으로 만들 수 있도록 이런 부가적인 기회를 이용할 수 있다. 교사들은 특히 교육구의 평가시험에 통과하지 못할 위험성이 있는 학생들에게는 이 프로그램에 참여하도록 강하게 권유한다. 이 프로그램은 학생들에게 일주일에 세 번씩, 하루 60분의 보충학습 기회를 제공한다. 이 프로그램은 처음에는 호응을 얻지 못했으나 프로그램 시행 후 첫 번째 시험에서 프로그램에 참여한 학생들의 성적이 향상되는 결과를 보이자, 학부모들이 이를 반기고 있다. 교사들은 프로그램에 참여하는 학생들을 효율적으로 가르치기 위해 분반을 하므로 담당 학급의 학생들을 가르치지 않게

되는 경우도 있다. 이것은 '우리 모두는 하나'며, 모든 학생에 대한 책임을 함께 공유하고 있다는 교직원의 정서를 반영한다.

높은 기대

이 학교는 학생들과 교직원들에 대한 높은 기대를 바탕으로 발전하고 있다. 학교행정가, 교사, 수업 보조교사는 "우리는 학생들이 과제를 할 수 있고, 잘할 수 있다고 믿습니다."라는 말을 자주한다. 4학년 담당교사는 스페인 학생들은 영어를 사용하는 친구들과 마찬가지로 그들이 수업 내용을 이해하지 못하면 '완전히 낙오된 존재'가 될 수 있다고 설명한다. 하지만 그들의 모국어로 수업에 몰입하게 되면, 그들은 매우 분명하게 목적을 깨달아 수업을 잘 소화할 수 있다. "만일 학생이 할 수 있다고 여러분이 믿으면, 학생은 할 수 있습니다."라고 이 교사는 말한다.

반지름, 원둘레, 각도를 배우는 4학년 수학 수업에서 단 한 명도 '낙오된' 학생이 없다. 스페인어로 진행되는 이 수업은 꽤 속도감이 있고, 교사와 학생들은 많은 질문과 대답을 서로 주고받는다. 모든 것에는 의미가 있다. 학생들은 조별로 활동 장소에서 질문에 답하거나 컴퓨터 화면의 지시를 따르면서 새로 배운 지식 등을 사용하여 진지하게 공부한다. 칠판에는 질문이 표시된 몇 개의 교차점과 교차선이 있는 도형이 그려져 있다. 반지름, 원둘레, 각도의 위치와 이름을 재빨리 말하며, 수학적 개념을 익히고 조별 점수를 얻는다. 분주하지만 의미 있는 활동은 학습에 대한 학생들의 관심을 높인다.

모든 ESL[7] 수업은 영어로 이루어지기 때문에 ESL 교사들은 학생의 모국어를 말할 수 없을 수도 있지만, 모든 이중언어 교사들은 학생의 모국어에 능통해야 한다. ESL

수업 외에도, 이중언어 학생들은 미술, 음악, 체육시간에 영어로 수업을 받는다. 오닐 교장에 따르면, 약간의 스페인어를 사용하면서 영어로 특별 과목을 가르치는 일은 ESL 학생들이 수업 부담을 덜 받는 상황에서 영어 능력과 단어를 확장하기 위한 자연스러운 방법이다. 오닐 교장과 교직원들은 모든 수업에서 ESL 학생들이 실용 영어를 접할 수 있는 특별한 기회가 될 수 있도록 열심히 노력하고 있다.

루스로치 초등학교는 모두가 협력한다. 이중언어 학생들이 그들의 모국어로 글을 해독할 수 있도록 하기 위해 이 학교의 도서실에는 스페인어로 쓰인 많은 책이 소장되어 있다. 사서교사는 "나는 도서를 대출하는 것 이상의 일을 합니다. 나는 학생들이 책을 가까이 하게 하여 독서를 즐기게 합니다."라고 말한다. 우수 독서 프로그램은 학생들의 독서 수준을 파악하여 학생들에게 맞는 독서 단계를 안내해 준다. 사서교사는 학생들이 자신들의 수준에 맞는 독서 단계에 있는지, 학생들이 필요로 하는 모든 자료가 도서실에 있는지를 확인한다. 또한 모든 학생 개인의 도서대출 내용을 기록하여 교사들과 함께 공유한다. 도서실은 유용하게 활용되고 있고, 학생들은 자신의 독서 단계를 알고 있어 아주 즐겁게 곧장 자신이 원하는 책장을 향한다.

교사들은 심지어 복도에서나, 점심시간이나, 교사 휴게실에서의 일상적인 대화 내용도 학생들의 성공을 도울 수 있는 방법에 관한 것이다. 한 예로, 교사 식당에서 나눈 어느 대화는 화산에 관해 대단한 관심을 갖고 있는 한 학생에게 초점이 맞추어져 있다. 교사들은 식사하면서, 이 학생의 특기와 관심을 신장시킬 수 있는 이용 가능한 자료에 관해 대화를 나눈다.

이 학교 모든 교직원은 학생 개개인의 성공을 위해 노력한다. 루스로치 초

등학교에서 이것은 학생들이 학업 목표를 성공적으로 달성할 때까지, 학생들의 모국어로 학생들을 가르친다는 것을 의미한다. 루스로치 초등학교에서는 일단 모국어를 사용한 수업에서 기초 실력이 확실하게 갖추어지면, 영어로 진행하는 수업에서도 더 높은 수준의 학업을 성취할 수 있을 것이라고 확신한다.

🌏 **루스로치 초등학교 주 표준화 학력검사(TAKS)[8] 결과(%)[9]**

5학년 영어(독해)	2003	2004	2005	2006	2007	2008
전체	88	97	98	90	98	93
저소득층	82	94	96	88		89
주 평균						83
5학년 수학	2003	2004	2005	2006	2007	2008
전체	98	97	100	100	98	98
저소득층	81	94	100	100		96
주 평균						83

출처: TX Education Agency, 2003~2008.

왓슨윌리엄스 초등학교
(Watson Williams Elementary School, Utica, New York)

"성취의 문화가 있다."

"성취를 위한 잘못된 활동을 하지 않는 데 주의를 기울인다. 단지 학생들이 움직이는 것이 배운다는 것을 의미하지 않기 때문이다."

"우리가 통제할 수 없는 것에 관해서가 아니고, 오히려 우리가 통제할 수 있는 것에 관해 '집중' 한다."

"학생들이 이미 알고 있고, 필수적이지 않은 것까지 가르칠 시간은 없다.

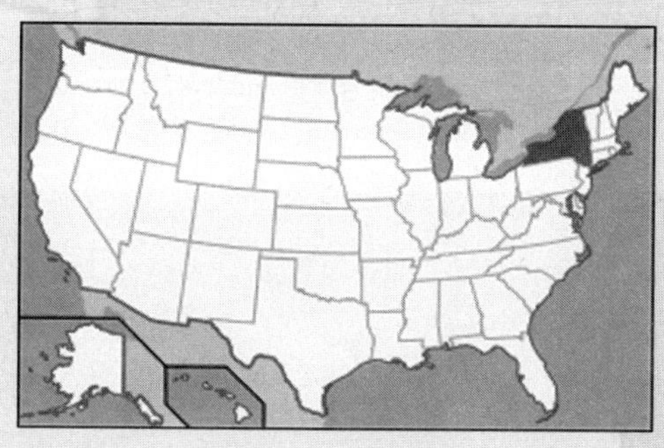

왓슨윌리엄스 초등학교[1]의 학교 생활은 뉴욕 주의 학습 기준에 맞추어 이루어진다. 잘 짜인 교육과정을 따르고, 높은 수준과 다중지능 및 상상력이 풍부한 수업으로 학생들에게 접근한다. 왓슨윌리엄스 초등학교의 교육은 학생들과 함께 하며, 사회발전에 기여하는 구성원이 되는 데 필요한 잠재력을 계발하기 위해 교실 밖에서도 학생들의 잠재적인 능력을 주시한다.

미국 북동부 지역의 여러 철강산업 도시들처럼 유티카 시는 지난 수십 년 동안 생산활동이 위축되어 경제적 어려움에 처해 있다. 긴축재정으로 공공 서비스가 축소되어 유티카 시에 소재한 학교들까지 곤란을 겪고 있다. 노동집약적 산업 도시인 유티카 시는 생산기반시설이 노후하여 인구가 줄어들고 있는데, 1960년에 10만 명 이상이었던 인구는 현재 59,000여 명으로 추산된다. 최근에는 이 도시의 전체 인구 가운데 10%를 차지하는 보스니안계의 유입으로 인구 감소가 멈추었다. 이 도시의 인구 구성은 흑인 54%, 백인 21%, 히스패닉 18%다.

1992년에 설립된 왓슨윌리엄스 초등학교는 유티카 시의 최신식 초등학교 건물 아홉 곳을 이용하고 있다. 이 공연예술 마그넷 학교(Magnet School)[2]에는 교실 크기의 무용실, 일층 계단 모퉁이에 마련된 두 곳의 작은 원형극장, 학생활동을 위한 공간과 두 곳의 공학실습실이 있다. 이 단출한 이층의 콘크리트 구조물

🌐 학생 1인당 교육비

구 분	교육구	주 평균
1인당 총비용	12,388 달러	15,815 달러
교수-학습	67%	65%
학생-교직원 지원	10%	8%
행정	7%	10%
기타	16%	17%

출처: NCES, 2005~2006.

🌐 학교 개황

왓슨윌리엄스 초등학교		주 평균
학생 수(K-5학년)	448	
흑인	54%	20%
백인	21%	53%
히스패닉	18%	20%
아시안/태평양 섬	7%	7%
무료급식/급식보조	96%	44%
영어 학습자	11%	
학생 이동률(2004~2005)	22%	
교사당 학생 수	12	13

출처: NCES, 2005~2006.

은 늘어서 있는 소규모 복합 거주지역의 거리 맞은편에 있다. 교사들은 건물 옆 도로 건너편 주차장에 주차하는데, 학교가 도시 중심부에 있는 관계로 주변이 복잡하여 학생이 등하교할 때 버스나 승용차가 주차할 곳이 마땅치 않다. 학교에서 약 2.5km 이상 떨어져 사는 학생들만 학교버스를 이용할 수 있다. 따라서 많은 학생이 걸어서 통학하거나 학부모가 태워 주어야 한다. 학교는 인근에 최근 철거 후 빈 터로 남아 있는 곳을 주차 공간으로 확보하기를 바라고 있으며, 주변의 잦은 폭력사고 때문에 단 한곳인 학교 출입문은 항상 잠가 놓은 상태다.

안전하고 배려하는 환경 조성하기

학교 건물 내부 공간은 청결하게 가꾸어져 있고, 학생들의 작품이 벽면에 전시되어 있다. 학생들이 학교의 낯선 손님에게 공손하게 인사하고, 복도를 지나가면서 무엇인가를 생각하며 걷는 모습을 볼 수 있다. 교사의 안내에 따라 어린 학생들 몇 학급이 정렬하여 이동하기 위해 복도 계단 주변에 모여 있다. 헨리 프라스카(Henry Frasca) 교장은 학교의 한정된 시간을 활용하기 위해 학생들이 계단을 오를 때 적어도 한 명의 교사는 학생들에게 수학공식을 외우도록 시킨다고 말한다.

이 학교의 어떤 교실에서든 학생들과 지내는 학교 관계자를 보면 외견상으로도 학생들에 대한 대단한 관심과 배려의 마음을 가지고 지도한다는 것을 분명하게 느낄 수 있다. 교장은 이 학교 학생들의 학교 밖 생활은 거칠고 바람직하지만은 않다고 말한다. 그러나 교사들은 학생들을 다루는 방법을 알고 있다. 학교 안에서 교사들과 학교행정가들은 학생들을 깊이 배려하는 마음으로 안전하고 지원적인 환경을 제공한다. 보편적이지만 강력한 관리기술로 교사들은 학생들의 생활규율과 학급관리에 많은 시간을 들이지 않아도 된다. "더 얘기하고 싶은가요?" 한 3학년 교사가 허락받지 않고 얘기하는 어떤 학생에게 존중하는 태도로 물었다. 하지만 우리가 관찰한 교실에서는 이런 훈계조차도 거의 필요 없다. 대신에 학생들은 교사에게 계속적인 칭찬을 듣고 존중을 받으며 활동한다. 학생들은 학생들 서로에게, 그리고 교사들에게 존경의 태도로 보답을 한다. 학생이 새로 전학을 오면, 다른 학생들이 그에게 학교의 기대와 목표가 무엇인지를 설명해 준다. 교장은 특별한 어려움을 겪는 학생에게 관심을 기울이거나 지도하고 교정하는 데 시간을 보낼 수 있다. 이렇게 하지 않으면, 이런 학생은 곧 좌절하여 수업을 따라가지 못할 수도 있기 때문이다.

안전에 대한 학교의 관심은 학교 내의 일과는 물론이고 학교의 경계를 벗어나서까지 이어진다. 학교가 끝나는 시간에는 학생들이 싸우거나 학부모 간의 갈등이 종종 발생하기 때문이다. 특수교육을 받는 학생들과 멀리 사는 학생들이 먼저 학교버스를 탄다. 그런 다음에 일부 학생들은 학교 정문 앞의 많은 학생과 떨어져 다른 건물 문을 통해 무리를 지어 하교한다.

높은 기대 수준을 전달하기

지원적인 환경은 학문적으로 매우 높은 기대를 갖게 한다. 한 교사는 "성취의 문화가 있다."라고 말한다. "학생들이 조용한 것으로는 충분하지 않아요." "학생들은 배우러 학교에 왔고, 왓슨윌리엄스 초등학교의 기대에 적응해야 합니다." 이 메시지는 교사들과 행정가들의 관심을 담고 있다. 그들은 학문적 성취와 학생 각자의 개인적 배경을 알고 있다. 학교는 학생 각자의 다른 욕구를 인정한다. 그리고 매년 학생들이 바뀌기 때문에 교직원들이 하는 일도 매년 다르다. 프라스카 교장은 왓슨윌리엄스 초등학교 학생들은 교사들이 알고 있는 것보다 더 다양한 경험을 하고 학교에 온다는 것을 교사들이 기억해야 한다고 강조한다. 그는 교사들이 학생들을 이해할 방법을 적극적으로 찾고, 교사의 지도가 학생들의 다양한 요구에 실제적으로 적합해야 한다고 말한다. 이전에 지도한 학생들에게 효과적이었던 수업이 현재 바로 앞에 있는 학생들에게도 반드시 효과적인 것은 아니다. 교사들은 학생의 학습 상황을 지속적으로 관찰하여 그들의 수업방식에 반영한다.

학습은 학생들의 '일'이며, 학생들이 뛰어난 성취를 하기 위해 필요한 지원을 해야 한다고 교사들은 말한다. 한 교사는 "우리는 학생들이 그 '일'을 하지 않게 내버려 두지 않습니다."라고 말한다. 학생들은 유치원 때부터 시기적으로 의미 있는 과제를 합리적인 분량만큼 해야 한다고 덧붙인다. 이 학생들은 도시 근교의 다른 학교에 다니는 또래 학생들보다 덜 유리할 수 있다.[3] 그들은 발달 학령기보다 평균 1.5년 늦게 유치원에 입학하는 경우도 있다. 하지만 그들은 훌륭한 학습자이고 적절한 관심과 지도를 하면 뛰어난 성취가 가능할 것이다. 한 유치원 교사는 높은 기대가 무엇이며, 그 결과에 대해 다음과 같이 말한다.

우리는 아이들이 여기에 온 첫 주 동안에 읽을 자료를 제공합니다. 아이들이 처음에는 물론 엉터리지만, 이 일들이 나중에 소리를 제대로 내는 데 도움이 된다는 것을 알지 못합니다. 몇 주가 지나면서 아이들은 연결을 시작하고, 그것들이 무엇인지 깨닫기 시작합니다. 그러면 우리는 바로 아이들이 여기에 온 첫 주에 제공받은 세 가지 시각단어(sight words)[4]를 줍니다. 아이들은 그 글자들이 무엇인지 알지도 못합니다. 쓰기가 무엇인지도 모릅니다. 왼쪽에서 오른쪽으로 읽는지, 오른쪽에서 왼쪽으로 읽는지, 위에서 아래로 읽는지도 모릅니다. 아이들은 뭐가 뭔지 도무지 알지 못합니다. 나는 이것이 우리의 높은 기대를 진정으로 대표할 수 있는 예라고 생각합니다. 이것을 시작할 무렵에는 어려움이 많았고, 옳은 일로 보이지 않았습니다. 그러나 몇 년이 지난 지금은 효과가 있다는 것을 알 수 있습니다. 왜냐하면 우리는 학생들이 글을 익숙하게 읽을 수 있도록 만들었기 때문입니다. 정말로 높은 기대는 모두에게 최고의 결과를 가져옵니다.

세심한 배려와 지원을 바탕으로 한 높은 기대는 지속적으로 철저히 등급으로 관리된다. 한 4학년 교사는 "모든 학생은 올해 주 과학시험에서 '4점'을 받을 것입니다."라고 진지하게 말한다. 그는 사실기록 기반 질문(Document Based Questions: DBQ)에 관한 사회과 수업을 소개한다. "나는 DBQ를 좋아해요, 아주 쉽기 때문이죠."라고 말하며, 서술 DBQ 에세이 반응 쓰기를 가지고 학생과 상호 작용 하는 예를 보여 준다. 이것은 학생들이 집단적으로 한 가지 주어진 반응을 쓰기보다는 그들이 애써 얻으려 노력할 필요가 있는 것이 무엇인지에 대해 집중하도록 하는 아주 훌륭한 예다. 그는 또한 교육받은 성인들이 표현하여 전달하고자 하는 최종 원고에 도달하기까지 그들이 쓴 초고와 수정한 원고를 증빙 자료로 제시한다.

지침 원칙은 극도의 절제다. 불필요한 프로그램을 학교에 도입하지 않는다. 대신에 현재의 학생들이 무엇을 어떻게 배우고 있는지에 기초하여 지속적이고, 제한적이되 집중적인 혁신을 한다. 프라스카 교장은 "우리는 성취를 위한 잘못된 활동을 하지 않는 데 주의를 기울입니다. 단지 학생들이 움직이는 것이 배운다는 것을 의미하지 않기 때문입니다."라고 말한다. 변화와 학습은 시간이 걸리고, 작은 진보에서 비롯된다는 것이 왓슨윌리엄스 학교의 또 다른 원칙이다. 학생들이 학교에 도착하기 전에 갖는 간단한 일과 회의에서, 교사들은 과제를 점검하고, 학생들이 무엇을 성취하였는지를 얘기한다. 그리고 학생들의 학습을 향상시키기 위해 그들의 수업방법을 변화시키는 데 필요한 계획을 세운다. 이 학교에는 강력한 교사 효능감과 권한 부여가 있다. 만일 교사들이 적절한 주제를 제대로 가르치고 학생들이 주의를 기울이면 학생들의 성적이 오를 것이라고 교사들은 확신한다. 프라스카 교장은 "우리가 통제할 수 없는 것에 관해서가 아니고, 오히려 우리가 통제할 수 있는 것에 관해 '집중'합니다."라고 말한다.

자료 연구 및 지속적인 적용

프라스카 교장은 "요술 지팡이는 없다."라고 말한다. 이 말은 어느 한 가지 때문에 학교가 성공하는 것은 아니라는 것이다. 학교의 성공은 분명하고 상상력이 넘치는 생각, 노력과 지속적인 적용의 결과다. 교직원들은 학생들과 관련한 통계와 평가를 연구하며, 학생들이 통일된 높은 기준을 성취하는 데 도움을 주기 위해 교수방법과 교수 내용을 계속해서 연마한다.

왓슨윌리엄스 초등학교 교사들은 그들이 표준화 학력검사를 위해 가르친다는 데 주저하지 않았다. 왜냐하면 표준화 학력검사는 뉴욕 주의 기준에 기초하는 것으로, 그 기준에 근거하여 학생들이 무엇을 배워야 할지를 토의하기 때문이다. 왓슨윌리엄스 초등학교 교직원은 학생들이 알아야 할 필수요소가 무엇인지를 결정하기 위해 표준화 학력검사를 체계적으로 연구한다. 해당 교육구는 뉴욕 주의 기준에 부합하도록 영어(English language arts: ELA)와 수학 교과서를 선택하고 학생들이 무엇을 배워야 하는지를 알기 위해 모의 표준화 학력검사를 실시한다. 학교는 주에서 학생들의 성적을 공식적으로 통고받기 훨씬 전에, 교직원들이 시험 결과에 관련하여 어떤 일을 해야 할지 미리 파악하기 위해 표준화 학력검사에 응시한 학생들의 점수를 확인한다. 마지막으로 교직원들은 모든 학생이 하루에 30분씩 하는 수학과 영어 컴퓨터 보조수업에서 얻은 자료를 사용한다.

미식 프로축구에서 의도하지 않았지만 결과적으로는 큰 점수를 얻은 플레이에서 패턴을 찾아, 하나의 구조화된 경기 운영방식으로 재현하고자 하는 수정된 전략을 코치가 사용하는 것처럼 교사들은 학생 개개인과 집단의 반응에서 패턴을 찾기 위해 학생의 학습 태도와 학업 과정을 분석한다. 다음 도표는 표준화 학력검사가 어떻게 분석되는가를 보여 준다. 항목마다 어느 학생 그룹이 주의 경쟁상대와 비교하여 어느 정도 성취를 하고 있는지 알 수 있다. 왓슨윌리엄스 초등학교 학생들 점수가 그 지역의 다른 학생들보다 두드러지게 낮은 항목들은 철저하게 분석된다. 다음 도표 중 사각형으로 표시된 부분은 분석된 점수의 예다. 학생들의 반응에서 학생들은 어떤 일반적인 유형 때문에 적절하게 학습하지 못했는가? 어떤 질문방식 때문에 질문 내용을 제대로 이해하지 못하였는가? 어떤 학생들이 주로 잘못 이해하였는가? 학생들이 놓친 개념을 이해하도록 교수법을 어떻게 바꿀 필요가 있는가? 교사들은 그들의 교수법을 논의하고 수정한 다음 결과에 미친 정도를 평가하여 확인한다. 프라스카 교장은 이것을 '진단, 처방, 그리고 더 나은 진단을 위해 사용되는 평가'의 부분이라고 말한다. 이 설명은 부

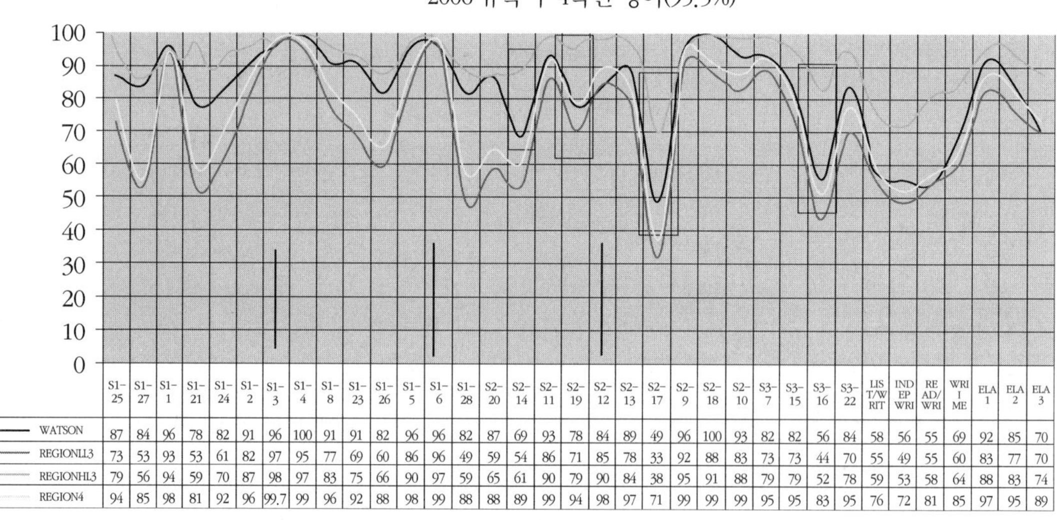

	S1–25	S1–27	S1–1	S1–21	S1–24	S1–2	S1–3	S1–4	S1–8	S1–23	S1–26	S1–5	S1–6	S1–28	S2–20	S2–14	S2–11	S2–19	S2–12	S2–13	S2–17	S2–9	S2–18	S2–10	S3–7	S3–15	S3–16	S3–22	LIST/WRIT	INDEP WRI	READ/WRI	WRIIME	ELA1	ELA2	ELA3
WATSON	87	84	96	78	82	91	96	100	91	91	82	96	96	82	87	69	93	78	84	89	49	96	100	93	82	82	56	84	58	56	55	69	92	85	70
REGIONLL3	73	53	93	53	61	82	97	95	77	69	60	86	96	49	59	54	86	71	85	78	33	92	88	83	73	73	44	70	55	49	55	60	83	77	70
REGIONHL3	79	56	94	59	70	87	98	97	83	75	66	90	97	59	65	61	90	79	90	84	38	95	91	88	79	79	52	78	59	53	58	64	88	83	74
REGION4	94	85	98	81	92	96	99.7	99	96	92	88	98	99	88	88	89	99	94	98	97	71	99	99	99	95	95	83	95	76	72	81	85	97	95	89

문항 분석 비교

적절하지만 '산만' 하게 느껴지기도 한다. 교사들이 어떤 것을 시도할 때 '불편한 일' 일 수도 있고, 의도하였던 학습이 일어나지 않을 수도 있다. 그러나 이러한 시도는 필수적인 학습의 부분이고 실수라고 여기지 않는다.

개선점을 확인하기 위한 표준화 학력검사 분석

표준화 학력검사에 대한 빈번하고 세세한 분석은 학생들이 필요로 하는 지식과 기술에 대한 정보를 교사들에게 알려 준다. 교사들은 모든 주제에 적용되는 핵심어휘를 확인하여 매일매일의 교육과정에 통합시킨다. 예를 들면, 유치원 학생들은 학습 예정인 수학 개념의 이해를 위한 준비 단계로 원둘레에 앉는다. 교사들은 필수 과학 용어를 확인하고 학년 수준에 맞는 목표를 숙달하도록 과제를 제시한다. 예를 들면, 유치원 학생들은 꽃, 짝, 중력, 잎, 낙하, 뿌리 그리고 줄기의 용어를 익혀야 한다. 주 기준에 부합하는 빈번한 평가를 통해, 교사들은 어떤 학생이 집중적인 지도가 필요한 '꿔다 놓은 보릿자루(수업방관자)'인지를 확인한다. 약간의 노력을 기울인다면 그들도 표준화 학력검사에서 낙오하지 않을 것을 교사들은 확신하고 있다. 빈번한 평가는 학생들이 이미 확실히 알고 있다면 새로운 내용으로 이동해야 한다는 것을 교사들에게 알려 준다. "우리는 학생들이 이미 알고 있고, 필수적이지 않은 것까지 가르칠 시간은 없다."라고 프라스카 교장은 말한다.

이러한 세세한 사항에 대한 관심은 교장의 통솔력으로 이루어진다. 이 교장은 소속 교육구와 지역의 다른 교장들을 위해서도 통계분석에 관한 워크숍을 열고 있다. 교장은 학생들이 등교하기 전 매일 아침 15분 동안 교사들이 수업 개선을 위해 데이터와 데이터 해석방법을 논의하는 시간을 가질 수 있게 학교 일과를 조정한다. 동 학년 모임은 월요일부터 목요일까지 이루어진다. 금요일에는 다른 학년 간 주제 영역 토론을 위한 교사모임을 갖는다. 이것이 왓슨윌리엄스 초등학교의 특징인 통합교육과정을 가능하게 한다. 이런 과정을 통해 교사들은 실제 수업 사례에 관한 교사의 신념보다 자료에 근거하여 수업 변화를 결정한다. 15분 동안의 회합은 수학 직무연수 중 전문성 개발을 위한 결정에서 비롯되었다. 그리고 이제는 전문성 개발을 위한 뛰어난 한 가지 방법으로 활용되고 있다.

학교 차원의 우선통합원칙

학교 차원에서 주도하는 세 가지 주요 원칙에 따라 교실 수업을 지원한다. 모든 학생은 이른바 '예술 융입(融入)' 교육과정에 참여한다. 매년 공연예술 교사들은 다음 해에 있을 예술 프로그램을 계획하기 위해 교과교사들과 협의를 한다. 면밀한 계획을 통하여, 각 과목 영역에서 추출한 관련 개념과 단어를 공연예술 프로그램에 통합하여 수업 전반에 고르게 연계시킨다. 예를 들면, 과학을 공부하는 학생들이 마찰을 이해하는 데 어려움을 겪고 있으면 마찰에 관한 실험과 토론이 무용 수업에 통합된다. 2006～2007학년도 동안, 이 프로그램은 초등학교 학력경진방안대회(Finding Avenues to Boost Learning in Elementary School: FABLES)에서 수상하였다. 각 학년은 학력경진방안을 근거로 연극을 공연하고, 다른 학년들의 공연을 관람한다. 이 연극은 또한 인성교육을 포함한다. 두 번째로 학교 차원에서 우선하는 원칙은 컴퓨터 보조수업(computer-assisted instruction: CAI)이다. 이 학교의 모든 학생은 매일 30분의 컴퓨터 보조수업을 받는다. 컴퓨터 보조수업은 수학과 영어에 초점을 맞추고, 왓슨윌리엄스 초등학교 전 학년에 걸쳐 단일한 교육과정으로 구성되며, 수업 프로그램과 완전하게 통합되어 있다. 이것은 어려움을 겪으며 애쓰는 학생들을 위한 맞춤 컴퓨터 보조수업 과정뿐만 아니라 학생들의 진보에 관한 정보에 접근할 수 있는 방법을 교사들에게 제공한다. 수업지도교사(instructional leaders)[5]는 날마다 요약된 정보를 받아 관찰과 기획을 하는 데 사용한다.

학습지원 서비스(Academic Intervention Services: AIS) 또한 교수-학습 프로그램에 자연스럽게 통합되어 있다. 학습지원 서비스 교사진이 어떤 학급과 활동을 할 때, 학생들이 어느 수준에서 어떤 주제를 배우든지 그 반의 모든 학생은 집단으로 나뉘어 소집단 수업을 받는다. 모든 학생은 최소한 30분의 소집단 수업을 받고, 더 많은 지도가 필요한 학생은 점심시간 혹은 방과후를 이용한다. 학생들은 어른들의 개별적인 관심을 좋아한다. 학습이 벌이 아니라면 학생들은 교사들과 함께 점심을 먹으며 보내는 시간을 좋아한다. 교과담임과 학습지원 서비스 독서전문가들은 '마치 하루 종일 아이들과 혼연일체가 되어 지내는 것처럼' 함께 활동한다. 학습지원 서비스 교사들은 학급담임과 대화할 시간이 마련되어 있으며, 각 학생에 대한 학교복지 정보는 학습지원 서비스 전문가들이 무슨 일을 해야 할지를 결정하는 데 도움을 준다. 서비스 시작이 매 학년도 첫 주를 넘기지 않기 위해 학년 첫날 모든 학생은 학습지원 서비스를 위한 조에 편성되며, 이후에 필요에 따라 재편성된다. 학습지원 서비스는 교정치료도 아니고, 어떤 학생이라도 이 기간에 새로운 교육과정에 관한 수업을 받는 것도 아니다.

진정한 교수-학습

　탁월한 젊은 교직원들은 협동학습, 소집단, 전체 집단, 직접교수법(direct instruction)과 같은 다양한 방법을 사용한다. 모든 것은 실제 생활과 체험학습에 초점을 둔다. 예를 들면, 학생들은 손으로 직접 계산하거나 도형 및 모형을 사용한다. 이 학교는 돈의 사용과 학습의 실제적인 통합을 이루기 위해 왓슨 웨이지스(Watson Wages)라는 새로운 체제를 실험하고 있다. 유치원 학생들에게 페니(penny)를 주고 니켈(nickel)로 교환하는 등의 실험을 하였다. 유치원 학생들이 계산은 하지만 동전의 실제 가치를 깨닫지 못한다는 것을 교사들은 알고 있다.

　지속적으로 심도 있게 읽기를 하는 학생들은 훌륭하게 읽고, 쓸 수 있다는 것을 연구 결과로 분명하게 알 수 있다. 왓슨윌리엄스 초등학교의 교직원들은 교과서가 학생들에게 훌륭한 읽기자료를 충분하게 제공하지 않는다는 결론을 내려, 표준화 학력검사에 포함된 읽기 유형을 분석하여 '하이라이트(Highlights)'와 '크리켓(Cricket)'과 같은 아동 잡지에서 표준화 학력검사 기준에 부합하는 수업자료를 찾아 축적하고 있다. 학교는 읽기와 관련 연습 자료를 세트로 구입할 수도 있지만, 선정 과정과 자료 축적을 위한 토론에서 얻는 경험은 전문성 개발을 체득할 수 있는 또 다른 기회를 제공하기 때문에 이 방법을 택하였다. 예를 들면, 교사들이 스스로 고안하여 학생들에게 더 나은 질문을 한다. 토론은 이야기와 교육과정이 완전하게 통합될 수 있게 이끈다. K-2[6] 학생들을 위해 학교는 매일 아이들이 자신들에게 맞는 K-2책을 골라 읽을 수 있도록 지역의 협력교육 서비스(Board of Cooperative Education Services: BOCES) 사서를 임용하였다. 모든 학생은 이제 하루에 각기 다른 4종류의 문학책을 읽는다. 이것을 합치면 대략 매 학년 1천 건의 좋은 읽기와 쓰기를 하는 것과 같다. 이는 지식과 기술에서 장기간의 증가를 가져온다. 따라서 읽기는 그저 소비활동으로 보아서는 안 된다. 읽기는 학생들을 변화시킨다.

계획 세우기와 지도력

왓슨윌리엄스 초등학교에는 두툼한 학교 계획서가 있다. 이것은 각 학년이 교육과정에서 이루어야 하는 모든 것을 담고 있으며, 교사들의 교수-학습 계획에서 강력한 도구가 된다. 전 계획은 매년 검토되어 학습에 효과적이지 않은 것은 삭제된다. 교사들이 강의할 것을 바꾸기로 결심한다면 그들은 새로운 항목을 추가한다. 계획에 포함된 새로운 주제와 가르칠 내용은 굵은 글씨로 표시한다. 왜냐하면 계획은 수년 동안 다듬어져야 하기 때문에 새로운 자료를 잘 다룰 수 있어야 한다. 프라스카 교장은 '계획은 생생하게 숨 쉬는 문서'라고 말한다. 계획을 세울 때는 유연성이 있어야 하고 적절하지 않은 계획을 발견하면 판단의 기준을 변경해야 한다. 계획은 교사들이 새로운 지도방법이 수업에 잘 스며들도록 실천하기에 앞서 완벽하게 세워야 한다. 또한 세운 계획을 한 해에 완벽하고 효과적으로 이행할 수 없을 수도 있다는 것도 받아들여야 한다.

수업시간을 최대화하고자 하는 유연한 구조에 대한 생각이 학교에 충만하다. 창조적인 일과 계획 세우기, 학생들을 교사들에게 배당할 때 교실 역동성에 대한 관심, 그리고 지속적인 재그룹화는 학생의 학습에 초점을 맞추어 유연한 학교 구조를 관리하기 위한 것이다. 시간을 쓸모 있게 가장 잘 사용할 수 있는가에 대한 세심한 관심이 밀접하게 연관을 맺어야 한다. 교실에서는 출석과 같은 문제에 시간을 거의 보내지 않는다. 학습지원 서비스가 학년 첫 주에 시작되고, 교사들과 학생들은 점심을 먹으며 함께 활동을 하고, 교사모임이 주도면밀하게 이루어지는 것은 몇 가지 예다. 이러한 면 뒤에는 구조적으로 도움을 주고, 교직원들이 위험을 감수하며 결정을 할 때 지원해 주고, '이런 경우에 느끼는 점은 무엇인가……, 그리고 이 데이터가 무엇을 나타내는가?'와 같은 질문을 끊임없이 교직원들에게 해 주는 교장이 있다. 교장은 성공을 위해 왓슨윌리엄스 초등학교의 모든 교직원이 혼연일체가 되어 헌신하는 것이 중요하다고 강조한다. 그는 전 공동체의 지도력 배양을 추구하고 교사 지도력을 강조하여 학교를 그들의 일터로 삼아 학교를 빛내는 데 노력을 쏟을 사람을 채용하고 있다. 신임교사는 대개 정규직 혹은 오랜 기간 기간제 경험을 하고, 학교의 가치와 일하는 방식을 존중하여 헌신할 수 있는 사람 가운데서 선발한다.

결 론

왓슨윌리엄스 초등학교 학생들의 성공과 교직원들이 학교에서 함께 만들어가는 문화는 모든 학생의 학습 요구에 유일하게 집중된 관심을 대변한다. 학교는 외부에서 들여 온 프로그램이 아니라, 잘 실행되고 지속적으로 검토되어 정교화된 훌륭한 수업과 조직 운영 사례에 관한 여러 가지 기본적 원리를 중시한다. 또한 재정적으로 곤란을 겪으며 지역사회와의 갈등을 해결해야 하는 복잡한 상황에서 예의바르고, 상호 지원과 학습을 이루기 위해 그들이 통제할 수 있는 것에 집중하는 젊고, 열심히 노력하는 교직원들의 헌신을 믿는다.

🌐 왓슨윌리엄스 초등학교 주 표준화 학력검사(NYSA) 결과(%)[7]

4학년 영어	2002	2003	2004	2005	2006	2007	2008
전체	59	62	49	95	76	89	88
저소득층	60	61	47	94			
특수교육	67	40	33	88			
주 평균							71
4학년 수학	2002	2003	2004	2005	2006	2007	2008
전체	86	85	84	100	97	96	92
저소득층	90	81	84	100			
특수교육	82	100	84	100			
주 평균							84

출처: NYSED, 2002~2008.

체이스시티 초등학교

(Chase City Elementary School, Chase City, Virginia)

"열심히 노력! 우리 학교 교사들은 모든 학생을 아인슈타인이라 생각하고, 모든 학생이 똑똑하다고 생각하고 가르친다."

"우리 학교는 한 학생도 포기하려 하지 않는다."

"음악을 살리자."

"사람들은 즐거울 때 잘 배우고 일도 잘할 수 있다."

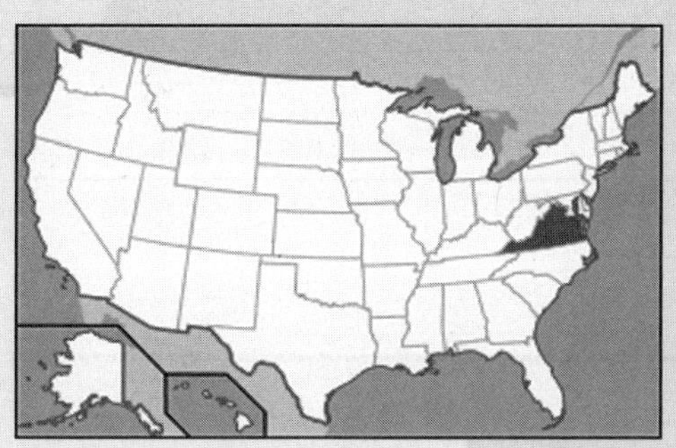

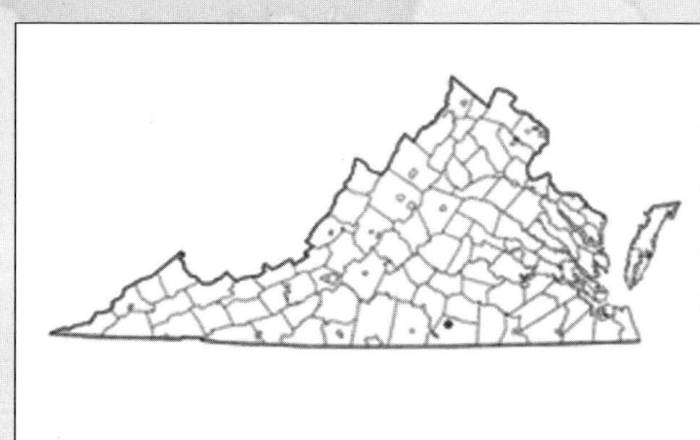

체이스시티 초등학교는 '불리한 경제적·문화적·교육적·사회적 장벽에도 불구하고 515명 K-5학년 학생들에게 교육기회를 제공' 하는 것을 사명으로 정하고 있다. 이 사명은 성공하였고, 지난 4년간 뛰어난 학업성취를 이룩하였다.

이 학교는 미국 버지니아 주의 시골 지역에 소재하고 있다. 이 지역은 경제 상황이 더 축소되거나 소규모 기업이 다른 곳으로 이주해 나가는 상황에 대처하며 고통을 겪고 있는 실정이다. 이 지역은 성인의 38%가 겨우 기초 글자를 읽는 수준이다.

이 학교는 2000년도 주 교육부 성취도 평가기준에서 평가인정을 받고, 2003~

🌐 학생 1인당 교육비

구 분	교육구	주 평균
1인당 총비용	7,790 달러	9,192 달러
교수-학습	64%	61%
학생-교직원 지원	11%	10%
행정	7%	9%
기타	18%	19%

출처: NCES, 2005~2006.

🌐 학교 개황

체이스시티 초등학교		주 평균
학생 수(preK-5학년)	530	
흑인	52%	27%
백인	46%	59%
히스패닉	1%	8%
아시안/태평양 섬	〈 1%	5%
무료급식/급식보조	67%	31%
특수교육	15%	
교사당 학생 수	13	13

출처: NCES, 2005~2006.

2004학년도 낙제학생방지법(NCLB)으로 정해진 연간적정진보(AYP) 기준도 충족시켰다.[1] 체이스시티 초등학교는 주 교육부의 5학년 독서과목 시험에서 2000년 71%에서 2004년 92%, 5학년 수학과목에서 2000년 56%에서 2004년 91%로 크게 향상하는 모습을 보였다. 이러한 향상을 구체적으로 보면, 5학년 흑인 학생의 독서점수는 2000년 63%에서 2004년 87%로 향상되었고, 수학도 43%에서 85%로 평균 98% 향상되었다. 백인 5학년 학생은 같은 기간에 독서 78%에서 98%로, 수학 68%에서 98%로 향상되었다.

이러한 극적인 학업성취의 향상은 학교와 지역사회의 밀접한 연계와 부분적으로는 고향에서 성장한 교직원의 노력으로 보고 있다. 교장도 이 지역, 이 학교의 학생이었고, 교사였으며, 많은 교사도 이 지역 출신이다. 현재 이 학교 학생들은 흑인 52%, 백인 47%로 균형을 유지하고 있다.

모든 학생을 아인슈타인으로 생각하라

교장은 학교의 성공 비결을 '열심히 노력! 우리 학교 교사들은 모든 학생을 아인슈타인이라 생각하고, 모든 학생이 똑똑하다고 생각하고 가르친다.' 는 슬로

건에 있다고 여긴다. 다른 요인은 3년 전에 독서지도 전문가를 초청하여 교사연수를 한 뒤 교사들이 독서 지도방법을 바꾸고, 1년간 플로리다 학교 교사를 멘토로 초청하여 지도를 받은 효과에 따른 것이라고 한다. 교사들이 자신감을 잃을 때, 교장은 "만일 잘못된다면 그건 교사의 책임이 아니라 교장인 내 책임이다. 그러므로 새로운 방법으로 계속하시오. 실패는 내 책임이오. 우린 결코 과거의 방법으로 되돌아가지 않을 것이오."라고 격려하며 교사들에게 힘을 실어 주었다. 가난한 지역의 학생들에게 맞는 독서 지도방법이 조금씩 효과를 보이자 교사들과 학생들은 자신감이 붙어 더욱 열심히 하게 되었다.

성공 비결은 시험을 두려워하지 않는 것

학교의 성공 비결의 하나는 학생, 교사, 직원, 부모 및 지역사회인 모두가 주 교육부의 시험에 관심을 갖고 잘 할 수 있도록 정확하게 초점을 맞춘 것이다. 모두가 관심을 집중하면 안 되는 일이 없고, 원래부터 못하는 사람은 없다. 예를 들면, 시험 전날 부모들로 하여금 자녀들을 충분히 재우도록 하고, 교사들도 학생들로 하여금 오답지를 먼저 쓰레기통에 버리도록 하며, 키워드와 정보가 눈에 띄게 동그라미를 치도록 하는 시험전략을 세워 최선을 다하도록 가르친다. 시험에 대한 보상을 해 주고, 주 교육부 시험 후에는 전교생이 '비밀의 모험(Secret Adventure)'이라고 이름을 붙인 현장체험 여행을 가도록 프로그램을 세웠다. 이 현장체험 여행의 행선지는 박물관이나 공원에서 즐거운 하루를 보내고, 최종 행선지는 놀랍게도 리무진 버스를 타고 흰 테이블보가 깔린 그럴싸한 레스토랑의 테이블에 둘러앉게 되는데, 이것은 이 학교 문화가 되었다.

시험을 치르기 전에 교장은 교실에 들어가 재미난 책을 읽어 주기도 한다. 학부모에게 도움을 청하기도 하고, 시험시간도 수학을 먼저 배정하고, 복습 주간을 설정하기도 하는 등 세심한 배려를 하여 주 교육부의 모델이 되었다.

강력한 수업 지원

교장과 학교지도자팀의 수업지원뿐만 아니라 교사들이 학생들 하나하나의 학업성취를 검토하는 노력을 기울인다. 이 학교에서는 지역교육청이 제공하는 3개의 벤치마킹 시험을 치르고, 그 결과에 따라 보충학습을 한다.

교사의 수업을 도와주기 위해 수업지원교사(Instructional Support Teacher: IST)를 두는데, 많은 교사가 이를 존중하고 따른다. 수업지원교사는 교사들이 모든 학생을 도와줄 수 있도록 하기 위해 수업에 참여한다. 그리고 컴퓨터실이 중요한 역할을 한다. 컴퓨터실은 학생들이 일주일에 한 번 들르는 곳이 아니라 매일 공부하고, 특히 개별 학생의 수준에서 출발하여 성장 속도에 따라 지원해 주는 개별화 수업을 가능하게 한다.

또 하나는 방과후 '강화시간(Power Hour)' 인데, 이 시간에는 학년 수준에 미달하는 학생들을 특별 지도한다. 또 방과후 과학클럽을 운영하여 5학년 과학 수업을 복습한다.

모든 학생이 특별하다

학생의 학습과 주 교육부 시험에서의 성공에 학교상담사는 중요한 역할을 한다. 상담사는 열정을 가지고 모든 학생이 특별한 보살핌을 받는다고 느끼게 한다. 교장은 "상담사는 학생들의 강점을 팔(sell) 줄 안다."라고 말한다. 학교 안의 생활뿐 아니라 학생들의 잠자리, 가족을 위한 음식, 교직원을 위한 운동까지 보살펴 준다. 추수감사절에는 학생들이 파티 준비를 하도록 가르쳐 학생들을 위한 특별한 이

벤트도 열고 있다. 물론 학교상담사는 교장의 적극적인 지원과 배려의 덕으로 돌린다. "나는 우리 학교의 순수성과 진실성에 매료되었어요. 우리 학교는 한 명의 학생도 포기하려 하지 않아요. 단 한 명도 도움의 밖으로 내보내지 않아요. 청소부까지도 기꺼이 학생들을 돕고자 해요. 학생들은 학교에서 안전함과 포근함을 느끼고, 자기들의 욕구가 충족될 수 있다는 것을 알고 있어요. 물론 규칙과 넘지 말아야 할 경계선을 알고 행동해요. 학생에 대한 높은 기대가 학생들로 하여금 그렇게 행동하도록 하고, 또 주위의 역할모델에서 학업윤리를 발견하는 것 같아요."라고 카운슬러는 말한다.

주 교육부 시험이 있는 해에는 학생들로 하여금 달성하고자 하는 성적의 목표를 과목별로 분홍색 종이에 쓰도록 지도하고, 학생들을 만날 때마다 학생과 카운슬러는 이 비밀의 목표 약속을 의미하는 손을 흔들어 인사한다. 학생과 학교상담사는 끈끈하게 한 덩어리가 되고, 학생들은 모두가 자신이 이 학교에서 특별한 존재로 대접받고 있다고 느낀다.

교사들은 학생들의 특성을 축하해 주고 강점을 격려하고, 강점을 만들어 낸다. 학교 성공의 비결은 협동적 접근이라고 이 학교 교사들은 말한다. 학생들도 서로 도우면서 배운다.

부족한 자원의 현명한 활용

이 학교는 1950년대에 지은 낡은 건물이지만, 유지 및 관리를 잘하여 자부심을 가지고 있다. 자원이 부족하기 때문에 열심히 일하고 절약하며, 검소하고 현명한 소비의 태도가 모두에게 배어 있다. 한 달에 한 번씩 교사와 행정가들은 인근 음식점을 빌려 음식을 마련하고, 종업원이 되어 학생과 학부모를 초대한다. 음식을 판 이익금의 10%를 1년간 모은 1,500 달러를 학생 학습지원 프로그램에 쓴다. 이는 단지 돈의 문제가 아니라 그 정신과 이 과정에서의 기쁨과 일체감의 형성에 더 가치를 둔다.

또 하나의 작은 성공은 50달러의 기부금으로 씨앗과 연장을 사서 이웃의 땅을 빌려 학생과 교사들이 채소와 화초를 가꿔 이웃과 수확을 나눈다는 것이다. 그래서 이 학교의 광고와 상징이 '씨앗 + 연장 + 재료 = 50달러; 열심히 노력 + 알고자 하는 탐구적인 학생 = 학생의 학습; 행복한 이웃 + 지역사회 우의 = 귀중한 보석!'이 되었다고 한다.

성공은 성공을 낳고……

체이스시티 초등학교는 2001년에 피어슨러닝(Pearson Learning)[2]과 미국초등교장회(NAESP), 포드햄 대학교(Fordham University)가 뽑은 '미국의 변화하는 학교(National Change School)' 여섯 곳 중 하나였고, 28명의 교직원이 뉴욕 링컨센터 시상식에 초대받아 2,500달러의 상금을 받았다. 체이스시티 초등학교는 이때의 즐겁고 아름다웠던 추억을 간직하고 있으며, 무엇보다도 인정받았다는 것에 자긍심을 가지고 있다.

다음 해에는 '음악을 살리자(Save the Music)'라는 상을 받았는데, 시골 지역의 학교가 받은 것은 미국 역사상 최초였다. 세계 최고의 멀티미디어 그룹인 MTV와 뉴욕 시에 본사를 둔 케이블방송국 VH1이 학교를 직접 방문하여 시상식을 여는 화려한 이벤트를 가졌다. 상금 2,500달러를 받아 악기 40점을 사고, 또 지역사회의 기부금을 받아 악기를 수리하고, 뉴욕에서 현 음악 교사도 채용하였다. 그 음악교사가 이 학교에서 '즐거운 소음을 일으키고 있다.'며 교장은 즐겁게 이야기한다. 음악 교사는 방과후에 밴드를 지도하고, 기타클럽과 작곡클럽을 지도한다.

그 후 교사들이 음악 연수를 받아 이제는 매일 아침, 체조를 위한 음악에서 모차르트 음악까지 연주하며 하루 일과를 시작한다. 이 학교의 음악은 학생들의 학습 동기를 유발하는 데 도움이 되고, 옛날처럼 정적이 감도는 학교가 아니라 활기가 넘치는 학교가 될 수 있게 하였다.

　학기가 끝나는 날에는 전 교직원이 줄을 서서 하교하는 학생들을 위하여 무도복을 입고 춤을 추면서 열심히 노력한 학생과 학부모들의 명예를 기리고 환송하며 내년에 다시 만날 것을 약속하는 의식을 갖는다. 교장의 강력한 통솔력과 학교의 성취에 대한 축하의식의 장면이 머릿속에 연상된다. "사람들은 즐거울 때 잘 배우고 일도 잘할 수 있다."

🌏 체이스시티 초등학교 주 표준화 학력검사(SOL)[3] 결과(%)[4]

5학년 영어 읽기	2001	2002	2003	2004	2005	2006	2007
응시자 비율	85	86	99	100	100	100	100
전체 학생	77	77	89	92	87	90	94
저소득층	해당 없음	68	89	89			94
흑인	68	66	83	87			95
백인	82	90	94	98			93
주 평균	82	77	82	85			87
5학년 수학	2001	2002	2003	2004	2005	2006	2007
응시자 비율	85	87	99	100	100	100	100
전체 학생	74	89	79	89	91	94	100
저소득층	해당 없음	80	73	88			100
흑인	64	85	61	85			100
백인	80	94	94	98			100
주 평균	72	71	75	78			87

출처: VA Dept. of Education, 2001~2007.

제시헤이든 초등학교

(Jessie Hayden Elementary School, Midway City, California)

"학생들이 영어를 잘하지 못하기 때문에 교육구 관내 어떤 교사들은 학생들을 가르칠 수 없다고 하지만, 우리 학교 교사들은 학생들을 믿고 교육과정만을 철저히 가르친다."

"경쟁심이 아니라 우리는 모든 학생이 성공하길 진심으로 바란다."

"최고의 자원은 우리 자신이다."

"너무나 많이 인내하고, 너무나 많은 전략을 세우고 실천한다. 만일 학생이 어떤 일을 잘하지 못하면 몇 번이고 해보게 하여 성공하게 하고 만다."

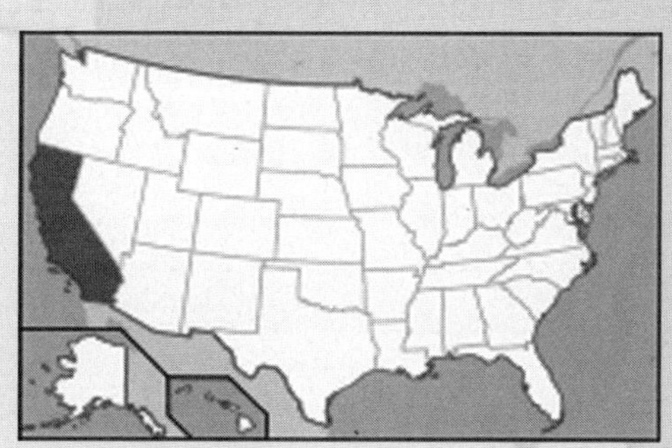

제시헤이든 초등학교는 학생들 각각의 자기존중감과 자아가치감 개발을 중요하게 여긴다. 높은 학업성취뿐만 아니라 긍정적인 개인의 성장을 이끌어 내는 안전한 학교환경을 제공하고자 노력한다. 제시헤이든 초등학교의 사명은 변화하는 세상에서 학생들이 평생학습자가 되고, 사회에 기여하는 성실한 시민으로 성장하는 데 필요한 능력을 신장시키는 것이다.

이 초등학교의 성장은 표준화된 평가로 이루어졌으며, 지난 5년 동안 주와 교육구의 평균을 상회하였다. 이 학교의 학업성취수행점수(Academic Performance Index: API)는 1999년 이후로 180점 상승하였다. 학교는 지역사회와 특히 학부모들이 학생들을 교육하는 데 중요한 협력자라고 굳게 믿는다. 학생들이 학교 밖에서도 학교와 지역사회 프로그램을 경험할 수 있도록 계획하여, 완벽한 지역사회 학교로 큰 명성을 쌓고 있다.

🌏 학생 1인당 교육비

구 분	교육구	주 평균
1인당 총비용	7,516 달러	10,805 달러
교수-학습	68%	61%
학생-교직원 지원	6%	7%
행정	12%	15%
기타	14%	18%

출처: NCES, 2005~2006.

🌐 학교 개황[1)]

제시헤이든 초등학교		주 평균
학생 수(preK–5학년)	722	
아시안	61%	8%
히스패닉	29%	48%
무응답	6%	3%
백인	3%	29%
필리피노	<1%	3%
흑인	<1%	8%
인디언/알래스카	<1%	<1%
태평양 섬	<1%	<1%
무료급식/급식보조	68	51
영어 학습자	74%	25%
특수교육	3%	
학생 이동률	3%	

출처: CA Dept. of Education, 2006~2007.

　미국 캘리포니아 주 오렌지카운티에 소재한 노스캘리포니아 시는 미국 내에서 베트남 인구가 가장 많이 거주하는 지역이다. 현재 유치원에서 5학년까지 수용하고 있는 제시헤이든 초등학교 690명 학생 중 약 60%가 베트남인이고, 30%가 히스패닉계이고, 3%가 백인계다. 2/3의 학생이 영어를 제2외국어로 공부하는 학생이고, 거의 같은 숫자의 학생이 무료급식이나 급식보조를 받는 가난한 지역이다.

　이런 어려움에도 불구하고, 제시헤이든 초등학교는 미국 캘리포니아 표준화 학력검사와 보고체제(California's Standardized Testing and Reporting: STAR)가 측정한 바에 따르면, 학업성취도 성장에서 지속적으로 초과 달성하고 있다. 캘리포니아 주의 학업성적지표는 앞에서 말한 STAR의 결과로 보면 독서와 수학에서 각 학교에 200점에서 1,000점 범위로 채점이 이루어진다. 캘리포니아 주 모든 학교가 도달하고자 하는 목표 학업성취 수행점수(API)가 800점인데, 가난한 지역인 제시헤이든 초등학교는 2004년에 813점, 2005년에 831점을 받아 주

내 비슷한 수준의 학교에서 상위 10위 안에 들어갔다.

높은 기대와 기준에의 초점

제시헤이든 초등학교 성공의 열쇠는 교사와 학생의 성공에 내한 높은 기대라고 볼 수 있다. 린다 리드(Linda Reed) 교장은 "우리 학생들은 영어를 잘하지 못하기 때문에 우리 교육구 관내 어떤 교사들은 학생들을 가르칠 수 없다고 한다."라고 말한다. 린드 교장은 "그러나 우리 학교 교사들은 학생들을 믿고 교육과정만을 철저히 가르친다." 제시헤이든 표준 독서자료를 선정하고 또 학부모와 교사, 교육과정 전문가로 구성된 교육위원회에 이를 추천하기도 한다.

유치원생은 매일 90분의 독서시간을 갖고, 1〜2학년은 매일 150분의 언어(language arts) 시간을 갖는다. 초급 학년은 읽기와 쓰기(writing to read), 컴퓨터실 수업에서 매일 30분을 보낸다.

학생들은 연습을 위해서 가정에서의 '작은 책'이라는 이름의 독서지도를 받고, 또 가속 독서자(Accelerated Reader) 컴퓨터 프로그램에 스스로 참여한다. 상급 학년은 독서와 단어 연습, 작문과 언어를 강조하는 하우톤 미플린 독서 프로그램(Houghton Mifflin Reading Program)을 활용한다. 수학 수업은 캘리포니아주 기준과 밀접하게 관련된 하코트 브레이스 수학 프로그램(Harcourt Brace math programs)을 통해서 이루어진다.

웨스트민스터 교육구는 베크만과학재단(Beckman@Science Foundation)의 기증을 받아 과학 문맹퇴치를 달성하기 위하여 학생들의 자연적 호기심을 자극, 유지, 유발하기 위한 과학실험 컨소시엄을 설립하였다. 교사들은 전폭적인 지원을 받아 손쉽게 과학실험 도구를 사용할 수 있고, 수업방법

과 학생 평가방법의 훈련을 포함하여 교재의 공급과 보충을 받을 수 있다. 컨소시엄을 통하여 교사들은 편리하게 기술을 습득하고 탐구적 과학연구를 다른 과학영역에 전이시킬 수 있다는 시사를 받을 수 있다. 학생들은 세계적인 유명 예술가가 지도하는 '예술 마스터(art masters)'에 참여하고, 교사들도 이 프로그램에 따라 광범위한 훈련을 받을 수 있다.

교육과정 보충과 영어능력 개발

제시헤이든 초등학교 교사들은 교육과정에 정해진 것을 충실히 따르면서도 그 이상으로 기준을 설정한 뒤 '교육과정을 더 생생하게' 그리고 '더 충실하게' 보충하는 길을 찾는다. 예를 들면, '교사들은 표준화 학력검사에 책임을 지므로' 과학 수업을 캘리포니아 주 기준에 맞추고 과학 도구를 보충하기 위한 교재와 교구를 구입한다. 그리고 교사 제작 연습지, 인터넷을 통하여 확보한 정보, 워크북, 컴퓨터 연습실, 도서실, 어학실습실(writing to read lab)을 통하여 교육과정을 보충한다.

대부분의 제시헤이든 초등학교 학생들은 영어를 제2외국어로 공부하기(English Language Learners: ELL) 때문에 학교에서는 영어능력 개발에 초점을 맞춘 프로그램을 운영하고 있다. 이 학교 모든 교직원은 새로 들어온 학생을 위하여 '영어진입 프로그램'의 훈련을 받고 영어에 어려움을 겪는 4학년과 5학년 학생들의 정규 수업 중 일부 시간을 활용해 언어 프로그램을 지도한다. 그리고 이 학생들은 어학실습실에서 컴퓨터를 사용하는데, 이 어학실은 정규 컴퓨터실과는 다른 별도의 컴퓨터실인 셈이다. 또 제시헤이든 초등학교의 모든 교사는 학교에서 가르치기 전에 반드시 캘리포니아 언어습득

개발(California Language Acquisition and Development: CLAD) 자격증을 취득해야
한다.

ELL 수업은 낮은 수준의 학생과 상급 수준의 학생을 구별하여 소집단 수업, 어학센터 중심 활동, Title I 교사에 의한 수업에 따라 개별화 수업을 한다. 유치원에서 2학년까지의 학생 대 교사의 비율은 캘리포니아 주 학급 규모 축소 프로그램 운동의 결과로 20∶1이다. ELL 학생들이 특별히 과학에 흥미를 느끼는 것을 발견하고 목재, 곤충, 바위, 식물과 같은 쉽게 접할 수 있는 자료를 가지고 수업을 진행한다. 이 학교는 앞서 말한 베크만과학재단과 지역사회 기관의 협조, 두 인근 교육구의 협조로 여러 가지 지원과 전문적 능력개발 훈련이 이루어진다.

상급 학년과 초급 학년 학생들끼리의 돕기 프로그램인 '상/하급생 짝꿍' 제도를 활용하는데 과학, 독서, 작문을 연습하도록 규칙적으로 만나게 한다. 또 학생과 학부모가 교육자와 함께하는 '지역사회 과학의 밤'을 운영한다. 이를 통하여 과학 연구가 어떻게 비판적 사고와 문제 해결력과 독서, 작문의 능력을 촉진하는지 학부모가 쉽게 경험할 수 있도록 한다.

높은 기대와 계획

각 학년별 동 학년 팀은 '높은 기대와 계획'을 활용한다. 학년 말까지 각 교육과정 영역별로 학생들이 도달해야 할 것을 전망하고, 그때까지 달성할 교육과정 목표와 기준을 보장하기 위한 계획을 세운다. 동 학년 교사들은 학년 말까지 도달해야 하는 기준에 맞춰 진도를 유지할 수 있도록 자주 의사소통을 한다. 인접 학년의 교사들도 다음 학년의 기대에 맞추기 위하여 학생들을 미리 준비시키고자 역시 서로 간에 긴밀하게 의사소통을 한다. 현재 진행되는 프로그램 평가는 항상 원탁에서 이루어지는데, 여기서 지도자 교사는 문제 해결 회의를 하고, 개선이 필요한 분야를 확인하며, 서로 성공감을 나눈다.

교사들은 방과후 개인지도를 위하여 정규 소집단 지도를 한다. 추가지도를 필요로 하는 학생들은 담임교사가 지도하는 개인지도 프로그램에 참여한다. 다른

특별지도 프로그램에는 독서 교사와 Title I 교사의 지도를 받는 소규모 개별화 수업과 여름학교, 대안적 교육과정 활용, 특수기술에 목표를 둔 컴퓨터 프로그램, 또래 개인지도, 다른 학년 짝꿍 개인지도 프로그램 등이 있다. 종합적인 과제 프로그램에 따라 학부모를 학생의 학습에 참여시킨다. 제시헤이든 초등학교는 미드웨이시터(Midway City) 지역사회센터, 지역경찰청, 파출소, 웨스트민스터 지역사회협동체, 각종 소년·소녀 클럽과 아주 긴밀한 협동관계를 형성한다. 그리고 특별 프로젝트로 1학년과 2학년은 지역사회센터에서 노인들에게 무료 개인지도를 받을 수 있고, 또 거기서 가족 스스로 자녀를 지도할 수도 있다.

　　교육구에서는 주의 기준에 의거하여 한 학년 기간을 4개로 나누어 구체적인 목표를 제시하고, 교사와 학생들에게 학습에 대한 기대 사항을 확인시킨다. 그래서 학생들이 보다 높은 기대를 가지고 계획을 세우고, 자기들이 받은 과제를 기록하게 한다. 그리고 학생들이 해야 할 과제를 완성하였는지를 확인할 수 있도록 학부모의 서명을 받는다.

기술공학의 활용

　　제시헤이든 초등학교에는 컴퓨터실 외에 모든 교실에 최소한 5대의 컴퓨터를 설치하도록 하고, 대부분의 교실은 자주 사용하는 스마트 칠판과 비디오 시설을 갖추고 있다. 그리고 교사들은 캘리포니아 주 표준화 학력검사와 아주 밀접하게 개발된 문제은행 문제를 활용하여 학생들의 학습 수준을 평가할 수 있는 소프트웨어 프로그램에 쉽게 접근할 수 있다. 이 소프트웨어는 어느 기준에 학생들이 숙달되어 있고 어느 기준에 해당하는 내용을 다시 가르쳐야 하는지 교사들이 알 수 있도록 문항분석을 하여 교사들에게 알려 준다. 학생들의 성취도 향상은 인터넷, 스마트 칠판, 교실 컴퓨터 활용 등과 교사의 집중적인 전문성 개발을 위한 공학을 통합해 주는 교육기술공학 때문이기도 하다.

개별화 수업

웨스트민스터 교육구는 수업 계획을 위하여 매년 5일씩 동 학년 회의 시간을 갖는다. 각 학년 교사들은 각각 다른 날 동 학년 회의를 한다. 학생성취촉진교사(Student Achievement Teacher: SAT)는 특별 프로그램과 보충 조력을 요하는 학생들의 반편성 방법에 대해 협의하기 위하여 각 동 학년 팀을 모두 만나게 된다. 이 동 학년 회의 기간 동안 교사들은 주 표준화 학력검사에 해당하는 주 성취도 평가자료(STAR)와 교육구 4학기 벤치마크 평가자료, 교육과정 근거 평가자료, 그리고 학생평가를 위한 다른 평가자료를 활용한다. 학급 교사에 의한 방과후 개인지도를 위하여 소집단을 편성하고, 어학능력 개발을 위한 보충 조력을 해준다. 한 학급 내에서도 다시 소집단으로 나누어 지도하고, 어떤 학년에서는 교과별로 학급편성을 다시 하기도 한다.

교사들은 교육과정 목표와 성취 결과의 차이 정도와 이 차이를 메우기 위한

전략에 대하여 협의한다. 교사들은 학생을 가르치는 데 필요한 교사 자신의 전략을 평가하기 위하여 계획협의회 연수를 활용한다. 한 교사는 여러 자료에 의해 "나 자신을 평가할 수 있는 계기가 되었다."라고 말한다. 그는 "만일 대부분의 학생이 평가 결과가 나쁘다면 문제는 순전히 나에게 있는 것이다. 그러나 만일 겨우 몇 학생만 잘못한다면 나는 그 학생들만 집중 지도하면 될 것이다. 학생에 관한 자료를 보면 어떤 학생을 더 도와줘야 하고, 또 어떤 학생을 더 뒷받침해 주어야 할 필요가 있는지 알 수 있다."라고 말한다.

담임교사들은 자신의 교실에서 방과후 지도를 해 주고, 매주 3, 4회 집중적인 특별지도를 해 준다. 6~8명으로 구성된 우열반 편성과 같은 동질 집단은 '사전 지도, 재지도 모델(pre-teach, re-teach model)'을 통해 많은 이익을 볼 수 있다. 이 모델은 따라 읽기, 나눠 읽기, 지도에 의한 읽기 등을 강조한다. 독서능력 향상을 위한 여러 가지 교육과정 활용의 기회는 학생들이 과학일지를 쓰고, 수학사전을 편찬하고, 사회과학 연구를 수행할 때 일어난다. 어떤 교사들은 일과 외 시

간에 학생지도를 위하여 시간을 보내는 데 반대하고 있지만, 자신에게도 이익이 되고 학생들의 괄목할 만한 성장을 목격할 수 있기 때문에 기쁜 마음으로 기꺼이 하고 있다고 말한다.

교사들의 의사소통과 협동

제시헤이든 초등학교의 교사들은 학생 교육이라는 공동의 목표를 가지고 함께 일하는 데 대단한 자부심을 가지고 있다. 한 교사가 "경쟁심이 아니라 우리는 모든 학생이 성공하길 진심으로 바란다. 최고의 자원은 우리 자신이라는 것을 우리 교사들이 알고 있기 때문에 교사들 상호 간의 빈번한 의사소통과 협동으로 모든 일을 할 수 있다."라고 말한다.

교사들은 수업 시작 전, 점심시간 중, 방과후 등의 시간을 이용하여 매일, 그리고 매주 동 학년 회의를 한다. "교사들은 각 학년에서 개인으로 만나는 게 아니라 동 학년 대 동 학년으로 협동적으로 만난다."라고 교장은 말한다. 학생들이 다음 학년으로 진급할 때 학생들의 강점에 관한 평가 정보를 다음 학년 교사에게 전달해 준다.

교사들이 자주 서로 의사소통을 하기 때문에 같은 학년의 모든 학급이 항상 교육과정상 똑같이 진도를 나갈 수 있다. 교사들은 서로 진도를 맞추기 위하여 자주 이야기를 나눈다. 한 교사는 "우리는 서로 어떻게 하고 있는지 알기 위해 노력한다."라고 말한다. 동 학년에서 모든 학생에게 일관되게 교육과정을 제공하기 때문에 교사들이 서로의 기록을 비교하고, 수업 계획을 더욱 잘 세우고, 서로가 지원하고 도와주는 '교사들의 공동체'를 창조하는 계기가 된다. 학생들도 동 학년 교사들이 협동하여 같은 일을 하고 있다는 것을 잘 알기 때문에, "우리 진도가 뒤떨어졌나요?"라고 묻기도 한다. 그리고 학부모들도 자진해서 다른 학급에서 자원봉사를 하기도 한다. 그리고 2일간의 '특별공개수업'에서 동 학년에서 가르친 교육과정을 검토한다.

제시헤이든 초등학교 교직원들은 학생들을 위해서 좋고 옳은 일이라고 생각하면 헌신적으로 봉사한다. 한 학부모는 자기 자녀의 교사에 대하여 이렇게 말한다. "너무나 많이 인내하고, 너무나 많은 전략을 세우고 실천한다. 만일 아이들이 어떤 일을 잘하지 못하면 몇 번이고 해 보게 하여 성공하게 만든다." 교사들이 사용하는 수업전략을 보면 생활주변학습, 역사적 모의학습, 극화학습, 연설과 웅변, 이야기 나누기, 노래, 연기 및 팀티칭이 있다. 교사들은 또한 상호 교환교수, 도표 조직화, 상·하 학년 짝꿍 돕기, 소집단 수업방법을 활용하기도 한다. 그리고 모든 학년에서 작문과 워드를 가르친다.

행정 지원

교장, 교감, 비서 등의 직원이 포함된 학교행정가들은 매우 긍정적인 학교공동체를 형성한다. 학교행정가들은 교사들이 필요한 자료를 쉽게 얻을 수 있도록 해 주고, 필요한 도움을 준다. 교사들은 행정가들을 매우 쉽고 편하게 만날 수 있고, 헌신적이며, 열심히 일하는 모습을 쉽게 볼 수 있다. 그래서 교사들은 자신들이 중요한 존재고, 가치 있고 또 지원받고 있다는 느낌을 받는다. 매주 화요일 열리는 직원회의에서 대부분의 문제는 투표로 결정이 난다. '직원회의는 시간이 많이 소요된다. 그러나 교사들의 말을 모두 경청하게 된다.'고 한 교사는 말한다. 5일간의 학년도 운영계획을 세우면서 동 학년 교사들은 학생들의 평가자료를 검토하고, 진도를 검토하고, 학생들의 특별지도를 결정한다.

제시헤이든 초등학교는 4년간 'Title I 달성학교'로 인정을 받았고, 타 교육구 학교의 동 학년 교사들이 자주 방문하고 있다.

교원의 전문능력 개발

이 교육구에서는 교직원에게 많은 학습 기회를 제공한다. 매년 3일간의 필수 능력 개발 기간 외에도 교사 능력 개발을 위하여 매주 일과를 변경할 수 있는 날이나 또는 수업부담 없는 날을 정하기도 한다. 교사들은 또한 매주 수요일 오후에 관심 있는 워크숍에 참석하거나 다른 교사와 함께 협의회 시간을 갖는다. 또 자신의 선택에 따라 전문능력 개발을 위한 세미나나 학회에 참석할 수 있다. 웨스트민스터 교육구에 있는 '웨스트오렌지카운티 전문능력개발센터(West Orange County Professional Development Center)'는 수업 실제를 개선하고 학생성취도 향상 전략을 개발하기 위하여 상호 협의할 수 있는 기회를 제공하는 좋은 기관이다.

1학년과 4학년 동 학년 팀은 교육구 기술공학 프로그램에 참여한 적이 있다. 여기서는 교사들에게 기술공학의 수업 활용방법과 주 기준에 맞춘 교육과정 편성에 관한 내용을 제공한다. 교육구에서는 수학과 과학 수업뿐만 아니라 다른 교과까지 기술공학을 활용하도록 확대하는 목표를 갖고 있다. 그 일환으로 전 학년 교사에게 스마트 칠판 사용법을 훈련시켰다.

신임교사 지원 및 평가 프로그램(Beginning Teacher Support and Assessment; BTSA), 신임교사 워크숍, 웨스트민스터 교육구 직원 연수, 웨스트오렌지카운티 전문능력개발센터, 오렌지카운티 교육부, 캘리포니아 대학교 얼바인 캠퍼스(Uiversicity of Californial, Irvine: UCI) 교사센터와 같은 지원기관은 학생지도 영역에 관한 지식을 얻는 데 도움을 받을 수 있는 좋은 기관들이다. 교사들은 자신이 선택한 능력 개발 기회를 자신의 관심 영역에 초점을 맞춰 결정한다.

가정과 학교 간의 의사소통

가정과 학교 간의 의사소통 방법은 아주 다양하다. 학교방문의 밤 행사, 연 2회 학부모와 교사 상담, 연 4회 성적통지표, 시험과 과제에 관한 학부모 확인 서명, 월간 학교소식지, 의사소통 확인표, 특수교육 학생을 위한 공식적인 보고서, 문제학생을 교실에서 내보낼 때 학부모와의 접촉과 같은 다양한 채널을 활용하고 있다.

제시헤이든 초등학교에서는 다언어 사용의 지역적 특성 때문에 베트남어, 스페인어, 영어 등의 언어로 통신을 한다. 학교는 또한 2명의 시간제 통역사를 채용하고 있다. 1명은 스페인어 사용자고 다른 1명은 베트남어 사용자다. 학부모와 교사가 상담을 할 때, 학교는 학부모에게 통역사가 필요한지 물어본다.

학부모들은 규칙적으로 자진해서 수업 참관을 하고 현장학습에 참여한다. 매년 학교는 '학교방문의 밤'을 열어 학부모에게 그 학년도에 학생들이 학습해야 하는 정보를 제공한다. 유치원 오리엔테이션에서는 가정에서 원생의 학습을 도와주는 데 필요한 아이디어를 제공한다. 학생에 대한 학교 오리엔테이션에서는 학부모가 학생과 함께 활용할 수 있는 풍부한 자료가 들어있는 배낭을 제공한다.

교육구에서는 '교육구 학부모 학교' '학부모 교육의 밤', 교육구 특수 프로그램 담당관(District Prevention Intervention Coordinator)이 제공하는 '행동관리를 위한 긍정적 전략(Positive Strategies for Managing Behavior)'과 같은 특별회의를 지원하기도 한다.

제시헤이든 초등학교의 활동적인 학부모회는 학교발전기금 조성을 위하여 노력할 뿐만 아니라 학생을 위하여 크리스마스에 필요한 선물 바구니를 마련하기도 하고, 전 학년을 위한 앨범(yearbook)을 만들기도 한다. 또한 학교에서 인기 있는 가족 이벤트를 개최하기도 한다. 가족영화 상영의 밤에서는 학부모회가 마련하여 파는 저가의 팝콘과 음료를 즐기며 학교에서 가족과 함께 영화를 감상하기도 한다. 학부모들은 학교에 오면 환영받고 있다는 느낌을 받고, 학생들에 대한 학교의 높은 기대와 학생의 욕구를 충족시켜 주려는 교직원들의 헌신에 대하여 깊이 감사하는 마음을 갖게 된다고 한다.

학부모들은 자신들의 요구에 대한 교직원들의 반응과 조치에 대하여 만족해한다. 학교가 학부모에게 제공해 주어야 할 다른 자료가 더 있는지, 학교가 변화시켜야 할 어떤 것이 있는지에 대해 질문지를 통해서 확인한다. 이처럼 질문지를 학부모에게 제공하는 것에 학부모들은 만족해한다. 학교는 영어를 모르는 학부모를 위한 영어학습 프로그램도 제공한다.

제시헤이든 초등학교는 매우 성공적이고, 학부모와 학생, 지역사회의 요구와 상황에 맞게 잘 대응하고 탄력적으로 운영된다.

🌏 제시헤이든 초등학교의 주 표준화 학력검사(CST) 결과(%)[2]

5학년 영어	2001	2002	2003	2004	2005	2006	2007	2008
전체	37	41	50	53	48	59	59	46
저소득층	25	41	43	48				42
주 평균	28	31	36	40				48
5학년 수학	2001	2002	2003	2004	2005	2006	2007	2008
전체		46	60	59	59	72	66	58
저소득층		48	61	56				53
주 평균		29	35	38				51

출처: CA Dept. of Education, 2001～2008.

샘핏 초등학교

(Sampit Elementary School, Georgetown, South Carolina)

"학습이 핵심이다."

"교사들은 우리 학생들을 매우 자랑스럽게 여긴다."

"할 수 있다는 정신, 열심히 하면 반드시 대가는 온다. 더 이상 변명은 없다."

"이 학교는 책을 읽으며 복도를 걸어다니는 학생을 볼 수 있는 유일한 학교일 것이다."

"교사 이상의 헌신을 한다."

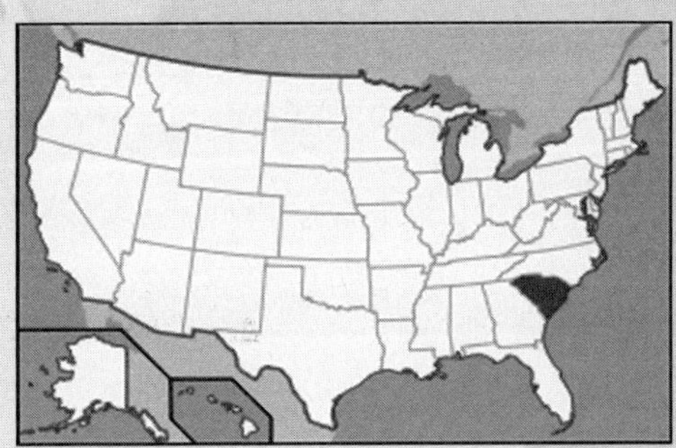

샘핏 초등학교[1]의 사명은 적합한 학습환경을 제공하여 학생들이 지닌 특성을 개발하고, 가정, 학교 및 지역사회가 협력하여 학생들이 시민으로서 책임을 다할 수 있게 하는 것이다. 대부분의 축제기간에도 샘핏 초등학교에서는 "학습이 핵심이다." "학생은 학습을 위해서 최선을 다한다."라고 강조한다. 샘핏 초등학교의 교사들은 "모든 학생이 학습할 수 있다."라고 믿는다. 교사들은 학생들이 발전하는 데 도움을 줄 수 있다고 자신감에 차 있다. 학부모들은 "선생님이 우리 자녀를 매우 자랑스럽게 여긴다."라고 말한다.

사우스캐롤라이나(South Carolina)의 금빛 해안선으로부터 약 19.2km 떨어진 시골 지역의 샘핏 초등학교 학생들이 매일 아침 따뜻한 아침식사를 먹기 위해 식

🌏 학생 1인당 교육비

구분	교육구	주 평균
1인당 총비용	8,730 달러	8,295 달러
교수-학습	57%	57%
학생-교직원 지원	13%	14%
행정	12%	10%
기타	18%	19%

출처: NCES, 2005~2006.

🌏 학교 개황

샘핏 초등학교		주 평균
학생 수(preK–5학년)	380	
흑인	69%	40%
백인	29%	54%
히스패닉	2%	4%
무료급식/급식보조	87%	52%
특수교육	22%	
교사당 학생 수	12	15

출처: NCES, 2005~2006.

당에 앉아 있다. 극소수의 학생을 제외하고 모든 학생에게는 무료 아침식사 프로그램(Universal Breakfast Program) 때문에 따뜻한 아침이 제공된다.

1990년대 미국 연방흑백통합법에 따라 사우스캐롤라이나 주 조지타운(Georgetown, SC)에서 교육구 구역선이 재획정됨에 따라 이전에 작은 흑인학교였던 샘핏 초등학교는 매우 큰 통합학교로 다시 태어났다. 2000년도에 연방 재정 지원을 받아 푸른 잔디밭과 운동장으로 둘러싸인 멋진 단층 벽돌건물의 새 학교가 되었다. 새 교육구가 정해지기 전의 샘핏 초등학교 교장이었던 모데스트 루–스콧 교장은 새롭게 탄생한 샘핏 초등학교의 교장직을 맡기로 했다.

새 학교 첫해에 샘핏 초등학교는 극복해야 할 많은 어려움에 직면했다. 루–스콧 교장과 교직원들은 건물을 새로 짓는 등 정비해야 할 일이 많았다. 또한 반 이상의 교사가 신임교사였기 때문에 그들을 훈련시켜야 할 뿐만 아니라, 이 교사들은 그해에 처음으로 도입된 사우스캐롤라이나의 새로운 표준화 학력검사(Palmetto Achievement Challenge Test: PACT)를 준비해야 했다. 그해 봄, 학생들의 점수는

평균 이하였지만 이후 샘핏 초등학교는 높은 학업성취를 하는 '전환과 학습센터(Center for Transformation and Learning)'의 주춧돌을 놓게 되었다. 루-스콧 교장은 '할 수 있다.' '열심히 하면 반드시 대가는 온다.' '더 이상 변명은 없다.'는 문화를 심었다.

독서교육은 학교의 중심무대

매일 아침 학생 방송팀이 학교 소식과 미국 국가 방송을 마치면 루-스콧 교장은 '100권 읽기 도전(100 Book Challenge)'에서 오늘의 우승자를 발표한다. 학생들은 색깔이 있는 올림픽 메달과 똑같이 독서에 할애한 시간이 표시된 메달을 수여 받는다. 독서 메달을 받은 학생들은 대단한 자부심을 갖는다.

학교의 핵심 독서 프로그램인 '하코트 트로피(Harcourt Trophy)', '100권 읽기 도전 프로그램'에 추가하여 매일 학교에서 30분, 집에서 30분 독서를 해야 한다. 그러면 학생들은 15분 독서에 상표를 하나씩 받게 된다. 독서의 수준을 나타내주고 즉각적인 보상을 해 주는 독서 프로그램은 학생들의 관심을 끌기에 충분하다. 많은 학생이 700개의 선(1선당 15분)을 기록하고 있다. 각 교실은 책들로 가득 차고, 학생들은 신발을 벗고 카페트에 엎드려 열심히 책을 읽는다.

'100권 읽기 도전 프로그램'에서 사용되는 책은 미국독서출판사(American Reading Company)가 발행하고 공급하는 책인데, 1년에 몇 번씩 수준별로 바꿔 각 학급에 보급된다. 내년에는 '유아-유치원 100권 읽기 도전 프로그램'을 실행할 예정이다.

음악실에서는 대부분의 학생이 '애니(Annie)' 노래를 연습하고, 뮤지컬을 배우는 샘핏 초등학교 학생들이 인근 고등학생과 함께 협연 연습을 한다. 이 가운데 몇 명의 학생이 책으로 가득 찬 몇 단의 책꽂이가 있는 곳에서 조용히 책을 읽고 있다. 비슷한 책꽂이가 컴퓨터실에도 줄지어 있고, 학생들은 약간의 시간만 나도 '100권 읽기 도전'의 단계를 밟기 위하여 책을 읽고 있다.

샘핏 초등학교의 모든 교실에는 각각 6대의 컴퓨터가 설치되어 있다. 그리고 이 외에 컴퓨터실 두 곳이 있다. 유치원부터 독서와 수학의 개념 교육을 하기 위해서 컴퓨터 프로그램이 전 학년에 걸쳐 활용되고 있다. 학생들은 플라토학습 소프트웨어(Plato Learning Achieve Now software)를 활용한다.

대부분 교실의 의자는 흔들의자로 되어 있는데, 학생들은 책을 들고 이 흔들의자에 앉게 된다. "이 학교는 아마 여러분이 책을 읽으며 복도를 걸어다니는 학생을 볼 수 있는 유일한 학교일 것이다." 한 교사는 "학생들은 단지 메달을 받기 위해서 독서를 하는 게 아니라 진정으로 독서에 재미를 느끼고 자부심을 갖기 때문에 독서를 한다."라고 말한다.

학생들이 독서에 도전하는 동안 책이 어려워서 포기하지 않도록 하기 위하여 모든 책의 수준을 표시하는 번호를 부여하였다. 이렇게 하면 학생들이 방향감을 찾을 수 있으며, 교사들은 이 프로그램을 매우 긍정적으로 여기고 있다.

학생들이 독서 내용을 얼마나 이해하는가를 교사들이 어떻게 확인하는지에 대하여 루–스콧 교장은 "학생들이 우선 자기 독서 수준에 맞는 책을 읽는 것을 볼 수 있다."고 설명한다. 학급 대부분의 학생이 독서를 하는 동안 교사는 학생들을 한 명씩 개별적으로 도와주며 읽는 것을 듣기도 하고, 책의 독서 수준과 관련된 학생 개인별 독서 표시표를 확인하면서 읽어 나갈 책의 순서를 지도한다.

학생들은 많은 학생 앞에서 자신

이 읽은 책에 대한 지식을 발표할 기회를 갖는다. 교사들은 학생들에게 "이 책에 대해서 말해 봐. 모든 걸 다 말하려고 하지 말고 의미 있는 몇 구절만 말해. 네가 읽은 책을 요약하는 거야. 그리고 네가 이 책을 좋아하는 이유를 말해 봐."라고 말한다. 학생들은 문장에 주의를 기울이며 책의 소제목별로 나누어 설명하기도 하고, 교사의 질문에 좀 더 구체적으로 보충 설명을 일일이 열거하기도 한다. 그리고 다른 학생들에게 이 책을 권하는 이유를 설명하기도 한다. 교사는 학생의 발표에 대한 보충과 함께 발표를 끝내면 박수를 이끌어 낸다.

샘핏 초등학교는 가속 독서 프로그램(Accelerated Reading Program)에 참여하는 학생들이 독서자료를 선택하는 데 도움을 줄 수 있도록 모든 독서 프로그램을 컴퓨터화하였다. 학생들은 책을 다 읽으면 컴퓨터를 통해서 자신의 이해 정도를 확인할 수 있고 자신의 발전 정도를 측정할 수 있다.

4학년과 5학년 학생들에게 성공적으로 실험 적용하였던 음성기반 프로그램인 독서 프로젝트를 가을 신학기에는 전교에 도입할 예정이다. 그리고 학생들이 독서에 대한 소비자로서는 물론이고 생산자로서 독서에 접근할 수 있도록 교사들은 워크숍에 참여하여 연수를 받는다.

독서를 하다 학생들이 어려운 단어를 만나면 그 부분을 손가락으로 가리고 이해하려는 시도를 하기도 한다. 교사의 질문에 대답하기 위하여, "우리가 할 수

있는 한 요약을 해요. 우린 3학년이기 때문에 이제는 어떻게 하는지를 알아요."라고 한 학생은 말한다. '100권 읽기 도전 프로그램'을 위한 책에 관하여 학생과 상담을 하던 한 교사는 "이건 너의 실력을 기르기 위하여 꼭 알아야 하는 전략이야. 단지 단어만 알아서는 안 돼."라고 학생에게 조언한다.

전교적인 수학 열풍

이 학교에서 수학은 많은 학생이 가장 좋아하는 과목이다. 한 교사는 "수학은 아주 활기 띤 과목이다. 돈을 지불하거나 계산서에도 쓸 수 있다. 교사들은 학부모들보다 쉬운 방법으로 수학을 가르치는 방법을 알고 있다."라고 말한다. 수업에서 '수학 게임' '수학 놀이' '수학 공격'과 같이 수학을 정복하는 방법을 교사들이 사용한다고 한 학생은 소개한다. "만일 제가 첫 번째 시도에서 맞히지 못하면 선생님은 한 번 더 시도하도록 허용합니다." "편안히 해. 넌 할 수 있어."라고 교사가 격려한다며 이 학생은 덧붙인다. 더하기나 구구단 학습방법으로는 노래를 이용한다.

이 학교 학생들이 수학에 열중하는 이유는 이 교육구 관내에서 학교 전체에 '매일 수학' 시간을 교육과정에 적용하는 유일한 학교이기 때문이다. 4년 전 광범한 교원능력 개발 연수와 함께 채택된 이 '매일 수학'은 대부분의 교사에게 호응을 얻고 있다. 교사들은 수학 성적이 향상되려면 매일 실천해야 한다고 지적한다.

헌신적인 교직원

"우리 교사들은 학생들의 영웅이다. 교사들은 학생들의 영감을 불러일으키고 학생들을 휘어잡는다."라고 루-스콧 교장은 말한다. 성공적인 학교의 가장 중요한 요인으로, 교장은 교사들을 비전과 결합시키고, 교사와 교사 사이, 학교행정가와 교사, 모든 교직원과 학생 사이에 신뢰와 인간관계성의 확립을 이야기한다. 이러한 결합과 연결을 확립하기 위하여 몇 년 전 루-스콧 교장은 한 대의 버스와 기사를 채용하여 교사들로 하여금 현장체험 학습을 하도록 하였다. 대부분 더러운 길이었지만 학생들이 사는 마을길을 답사한 것이 교사들이 학생들에 대하여 눈을 뜨는 계기가 되고 '하루 종일 학교에서 같이 보내야 할 아이들'이 어떤 상태인지 이해하고 돕는 계기가 되었다고 교장은 말한다. 루-스콧 교장은 학교를 학생들의 안식처가 될 수 있도록 만들었다. 그리고 급식실 직원에서 청소 직원에 이르기까지 모든 교직원에게 모든 학생을 알고 학생에게 눈을 뜨고 집중하도록 하였다.

"우리는 부족한 경험을 극복해야 합니다." 샘핏 초등학교 교사들은 "교사 이상의 헌신을 합니다. 학생들을 따뜻하게 보살펴 주는 역할까지 기꺼이 합니다." 라고 한 교사는 말한다. 루–스콧 교장은 '따뜻한 가슴'으로 교사들의 마음을 먼저 알아 주고, 그 교사들로 하여금 다른 교사들의 모델이 되도록 노력한다. 루–스콧 교장의 통솔력 발휘의 증거로 샘핏 초등학교 교사들의 전출률이 설립 첫해 28%에서 이제는 10%로 계속 떨어지고 있음을 들 수 있다.

교사들은 학생들과 함께 점심식사를 하며 인간관계를 맺는다. 학교의 특성을 강화하고, 학생들이 존경하는 행동모델이 된다. 일과 중에는 학생들과 네트워크를 가질 시간을 별로 갖지 못한다. 루–스콧 교장은 모든 교사에게 수업 후 하교 버스에 오를 때 학생들을 배웅하도록 하고 서로 접촉할 수 있는 시간으로 이용하도록 하였다. 그래서 교사들의 버스 당번은 학생과 친교의 시간이 되며, 학생들이 버스에 오르는 시간이 서로 인사를 나누는 시간이 된다. 담임교사들이 학생들과 자유롭게 인사를 나누고 네트워크를 형성하고 학생들이 안전하게 버스나 차에 오르는지 확인할 수 있도록 담임이 아닌 교사들은 버스나 차에 타는 학생들의 이름을 하나하나 체크해 준다.

높은 수준의 자질을 갖춘 교사

샘핏 초등학교에서 단지 두 명의 교사만 '높은 수준의 자질'을 갖추지 못했는데, 이 두 명의 교사는 학년을 서로 바꿔 지도하기 때문이다. 현재 이들은 교차한 학년의 자격증을 따기 위한 교육을 받고 있다.[2] 사우스캐롤라이나 주는 노조를 결성하지 않은 주이고, 인근 교육구만큼 교사의 보수가 높지 못하다. 미국 국가교사자격증 소지 교사는 7,500 달러를 주 교육부에서, 2,500 달러를 지역 교육구로부터 지급받아 연간 총 만 달러의 부가급을 10년 동안 받는다. 샘핏 초등학교는 세 명의 교사가 국가교사자격증을 소지하고 있고, 다른 교사들도 추가로 자격증을 따기 위하여 노력 중이다. 한편, 전문적 성장을 위하여 공부하는 교직원을 위해 교육구에서 등록금을 보상해 준다.

샘핏 초등학교 교사들은 여러 가지 방법으로 '높은 수준의 자질'을 갖추기 위해서 노력하고 있다. 동 학년 계획협의회와 매주 수요일 전문능력 개발 연수회에서는 수업 이외의 잡담은 거의 없다. 모든 교실에는 해당 주간에 학습해야 할 기준이 주의 기준과 함께 게시된다. 각 단원의 학습 계획은 모두 통일된 형식을 갖추고 있는데, 여기에는 단원, 전략과 활동, 기준, 평가 등이 포함된다. 수업이 끝날 무렵에 교사들은 각 학생들을 둘러보며 학습 내용과 작품을 확인하고 컴퓨터 작업을 위한 성적 시스템에 입력할 자료를 기록한다. 수업 중 학생들과 교사들 간의 빈번한 토의는 학생들이 지식체계를 확립하게 하는 데 큰 도움을 준다.

사우스캐롤라이나 주에서 신임교사는 '전문적 교수 평가력 개발 조력 프로그램(Assisting Developing Evaluating Professional Teaching: ADEPT)'에 등록하여 연수를 받게 되어 있다. ADEPT 2년째에는 세 명의 교사로 구성된 팀에 배정되어 서로 수업 관찰을 받고 수업 개선을 위한 계속적인 피드백을 받는다. 이 팀에는 교장, 교감 등 학교행정가와 교육구 대표, 그리고 외부 학교의 교사가 포함된다. 샘핏 초등학교에는 현재 다섯 명의 신임교사가 있는데 수업 멘토와 '짝꿍교사'가 배정되어 있다. 교사의 전문능력 개발 전략의 한 부분으로 1년에 1회 교외 학회나 세미나 참석이 허용되어 있고, 또 '올해의 교사(Teacher of the Year)'로 뽑힌 교사는 다른 주에서 열리는 전국학회나 세미나에 참석하는 혜택을 받는다.

협동의 시간과 기회의 제공

샘핏 초등학교 성공의 가장 중요한 열쇠는 학교 주간 계획의 재구조화다. 학교 주간 계획에는 전반적인 학교 계획과 전문성 개발이 포함되어 있다. 매주 수요일은 12시 30분에 수업을 마치고 교사들은 함께 수업 계획을 세우기 위해 회의를 하고, 아이디어를 서로 나누며 전문능력 개발에 참여한다.

3년 전 선도교사들(lead teachers)은 공동으로 수업을 계획하는 시간이 필요하다고 건의했다. 루-스콧 교장은 수요일 오후 반나절 시간을 할애하는 학사 일정 변경에 대해 교사들과 학부모들의 의견을 조사하였다. 단지 소수의 학부모와 교사들만이 회의적인 반응을 보였다. 교장은 수요일에 방과후 프로그램을 운영하기 위하여 학부모들과 협력하여 전략을 검토했다. 그 결과, 오늘날 교사들은 "수요일 동 학년이 함께 계획하는 시간 없이는 아무것도 할 수 없다."라고 할 만큼 수요일 계획과 전문능력 개발의 시간을 가장 필수적인 시간으로 여기고 있다. "예전에는 교사들이 단지 복도에서 만나 얘기하는 시간밖에 없었다. 그런데 지금은 효과적인 교수전략을 공유하고, 실험하고, 토의할 수 있는 시간을 갖게 되었다."라고 교장은 말한다. 샘핏 초등학교 교사들은 공동의 시간이 아주 유용하다는 데 의견을 같이하고 있다.

샘핏 초등학교는 Title I의 재정 지원을 받는 교육과정 전문가를 채용하고 있다. 이 전문가는 현지 자문을 통하여 새로운 교육과정 개발을 계획하거나 교육구 훈련을 통하여 교직원 능력 개발을 계획하는 일을 한다. 상담사는 수업전략의 모델을 개발하고, 수업 관찰을 하고, 수업 상담사와 교사들이 함께 반성하고 협의할 수 있는 시간을 갖는다. 그리고 새로운 수업전략이 어떻게 운영하고 있는지 서로 의견을 나누고, 학생 학습의 향상 증거에 대하여 토의한다. 교육과정 전문가와 교장도 수업 관찰을 하고, 매주 수요일 오후 전문능력 개발의 주제와 활동을 결정하는 일을 한다. 한 교사는 몇 년 전에 교장이 자신의 교실에 들어와 수업 관찰을 하기 시작할 때 '얼마나 어려웠는지' 모른다면서 그 시절을 회상하였다.

교사들은 매주 수요일 오후의 계획과 연수에 더하여 매일 45분의 수업 계획 시간을 갖는다. 1주일에 두 번은 동 학년 회의 시간으로 삼는다. 교사들이 계획 시간을 가질 수 있도록 학생들은 미술, 음악, 체육과 같은 특별 과목을 매일 교대로 배운다. 이 계획 시간 동안 진도표에 따라 주간 수업 계획을 세우고 시험에서 학생들이 틀린 항목을 점검하는 일을 한다.

한 교사는 "우리는 매일 45분의 수업 계획 시간에 단지 다른 사람의 것을 베끼는 데 그치는 것이 아니다."라고 말한다. 4학년 계획 시간에는 수학시험에서 학생들이 틀린 문항 세 학급 분량을 검토한다. 그리고 학생들이 틀린 문항을 기초로 교사들은 동 학년 공동의 과제를 준비한다. 만일 한 학급에서 단지 한 명의 학생이라도 한 문항에 틀린다면 교사들은 그 항목을 과제에 포함시키도록 합의한다. "우리 학생들이 그 개념을 확실히 알고 있다는 확신을 가질 필요가 있다."

세 명의 4학년 교사 가운데 한 사람인 선도교사는 교장의 지도자팀의 구성원이 된다. 이 선도교사는 동 학년 회의에서 토론을 주관하고, 기록을 하고, 다음 주의 과제를 준비하기 위하여 분담하고 조직하는 역할을 한다. 그리고 교장에게 제출할 동 학년 공동수업 계획서를 완성한다. 뿐만 아니라 교사들은 수업 관련 사항을 토의한다. 예를 들면, "나는 한 학생에게 세 자리 수 더하기를 가르칠 교수전략이 필요해. 이 학생은 ○○○식으로 더하기를 하는 거야. 난 어떻게 이 학생을 가르쳐야 할까?" 하는 식의 토의다. 그러면 서로 조언을 해 주고, 다음 날 확인할 것을 약속하고, 다음 주 목표를 설정하는 것으로 회의를 마치게 되는데, 이런 경우 다음 주 일정을 기록한다.

전문성과 특수교과 전문가

음악, 미술, 체육과 같은 예체능 특수교과 전문가들은 수업 계획 시간이 교사들에게 얼마나 중요한 시간인지 잘 알고 있다. 이들 특수교과 전문가들은 매주 화요일 3학년, 4학년, 5학년 교실에서 주 표준화 학력검사(PACT) 전략에 초점을 맞추어 학생들로 하여금 패턴을 파악할 수 있도록 도와주고, 똑같은 문제라도 다른 방법으로 생각할 수 있도록 도와주고, 브레인스토밍을 하고, 기록하도록 도와준다.

정규 체육 수업 시간 외에 1주일에 하루 각 학년

학생들은 '조기운동' 시간을 갖는다. 그 결과 다른 수업에서의 불량행동을 고칠수 있었다고 한다. 체육교사들은 공을 던지고 받는 체육기술을 가르칠 뿐만 아니라 학생들로 하여금 어려운 일에 도전하는 법을 가르친다. 또한 학생들을 학교에 적응하도록 가르친다.

샘핏 초등학교의 주 표준화 학력검사 점수의 향상

사우스캐롤라이나 주 정부가 주 평가기준을 개정할 때 전반적으로 주의 기준을 상향 조정하였다. 미국 전체 평가인 NAEP 점수에 근접하도록 주의 기준을 상향 설정한 몇 안 되는 주 중의 하나다. 이렇게 주의 기준을 상향 조정해 놓음으로써 사우스캐롤라이나 주에서 '기본'은 다른 많은 주의 '우수'에 상응하는 실력이라고 루-스콧 교장은 말한다. 이러한 평가와 측정에 의해 샘핏 초등학교는 지속적이고 현저한 향상을 이루어 내고 있다.

매년 사우스캐롤라이나 주에서는 낙제학생방지법((NCLB) 목표를 벤치마킹하기 위하여 기준을 높여 가고 있다. 2012년까지 사우스캐롤라이나 주의 모든 학생은 주 정부가 정한 '기초학력' 이상을 달성해야 한다. 뿐만 아니라, 매년 주기준점수는 '연간적정진보(AYP)' 공식에 따라 점점 더 큰 비중을 갖게 된다. 이런 목표를 달성하기 위하여 루-스콧 교장은 '자료 근거 의사결정(Data Driven Decision-Making: DDDM)' 과정을 밟고자 한다.

제1단계로 첫해에는 각 학년 계획과 수업의 로드맵을 작성하기 위하여 교사들은 전년도 평가 결과를 활용한다. STAR(Renaissance Learning), Edutest(Plato Learning/Achieve Now), MAP(Measures of Academic Progress), 그리고 표준화학력검사인 PACT와 같은 축적된 평가 결과로 학생들에 관한 자료를 수집한다. 수집된 자료를 가지고 교사들은 신학년도 첫 30~45일간에 도달해야 할 각 학생별 목표를 설정한다.

교사들은 학교 전체의 연간 향상 목표에 합의를 하고, 교사 개인별 목표를 설정한다. 그리고 교장이 교사평가에 활용할 구체적인 향상 영역을 확인한다. 교장과 교육과정 전문가는 이 목표에 기초하여 영어, 수학, 과학, 사회 교과별 도달 목표를 종합하여 요약서를 작성하고, 교직원 능력 개발 계획을 수립하기 위한 기초로 삼는다.

제2단계로 제1학기 말에 교사들은 해당 학년 수준에 미달한 학생들을 구별하고, 필요한 자원과 시간을 포함한 특별지도 방법을 결정하며, 학생의 성적 향상을 측정할 수 있는 방법도 결정한다. 2~5학년 학생들은 해당 학년 수준에 도달하기 위해 교사와 개별적으로 만나 MAP 평가의 목표를 설정한다.

제3단계로 1학기 말과 학년 말에 교사들은 교장과 교육과정 전문가와 회합을 갖는다. 여기서 학생별, 학년별 학생의 표준화 학력검사 점수와 학급 성적(출석률, 교사의 의견, 학부모와의 상담)에 대하여 협의한다. 특히 누가 해당 학년 수준에 미달하였는지 확인한다. 이 자료는 학급의 목표 설정에 쓰이는데, 교사는 이를 바탕으로 학생별 목표를 설정한다. 교사들이 단지 컴퓨터에 찍혀 나온 인쇄 자료에 의존하지 않고 교사들 자신이 자료를 만들어 냄으로써 더 의미 있게 분석할 수 있다.

개별 학생에의 초점

루-스콧 교장에 따르면 학교 성공의 또 다른 중요 요인은 16명 이하의 소규모 학급을 유지한 것이다. 그는 Title I에 의한 재정 지원에 감사하였다. 소규모 학급에서 교사들은 각 학생의 욕구에 초점을 맞출 수 있어서 샘핏 초등학교에는 심각한 문제행동을 가진 학생이 없다고 한다.

교사나 '자격을 갖춘 개인 지도자'가 소규모 집단으로 지도하는 집중 지도집단(focus group) 시간에는 독서와 수학을 수준별로 구성하여 지도한다. 각 교사는 하루에 적어도 40분은 자격을 갖춘 개인지도자의 도움을 받아 수업을 한다. 교사들은 집중 지도집단 시간에 자기 학생을 다른 교실에 보내기보다는 자기 교실에서 자격을 갖춘 보조교사와 짝을 이루어 수업하는 것을 더 좋아한다고 교장은 설명한다. 이렇게 되면 학생들이 교실을 이동하는 데 시간을 낭비할 필요가 없다.

교사들의 말에 따르면, 샘핏 초등학교 성공의 큰 이유 가운데 하나는 학생들에 대한 높은 기대 수준이다. 학교행정가들은 교사에 대하여 높은 기대 수준을 설정하고, 교사는 또 자기 학생에 대하여 높은 기대를 하고, 학생 스스로도 높은 기대를 한다.

충분한 급식 프로그램

늦게까지 일하는 학부모의 일정에 맞추기 위하여 학교에 머물러 있어야 하는 학생의 방과후 프로그램을 운영하기 위해 점심 급식을 한다. 여름에는 학생들에게 아침과 점심 두 끼의 식사를 제공한다. 해변, 동물원, 기타 인근 관심 지역을 방문하는 현장학습 프로그램도 제공한다.

학기 중에 샘핏 초등학교와 협력관계를 형성하는 친척이나 사업가들은 '점심짝(lunch buddies)'을 맺어 점심시간에 학교에 와서 점심을 함께 먹는다. 이 지역 전기회사인 산티 쿠퍼(Santee Cooper)는 샘핏 초등학교의 큰 후원자다. '성적 향상 협력 프로그램(High Performance Partnership)'에 의하여 산티 쿠퍼사는 학교 조경, 기념품과 상품 및 상금, 특별한 점심 초청, 현장학습과 같은 명목으로 학교 재정을 후원한다. 특히 이 회사의 자원봉사자들은 학생들의 역할모델과 멘토의 역할을 한다.

성공 축하의식

샘핏 초등학교는 축하의식을 통하여 자부심을 나타낸다. 앞에서 말한 '100권 읽기 도전' 프로그램의 수상자를 매일 발표하는 외에 많은 종류의 축하의식과 시상식을 연다. 매월 시행하는 축하의식에는 생일축하의식, 이달의 우수 학생, 정신충전의 날(Spirit Day), 100권 읽기 도전 파티 등이 있다. 그리고 격월마다 '최고 샘핏 작가상(Super Sampit Writer)'을 수여한다. 9개월에 한 번씩 슈퍼샘핏 시상일(Super Sampit Awards Day)과 하이파이브 달성식(High Five Achievers)도
갖는다. 학년 말에는 학생 작가상을 수여하고, 필요에 따라 학교발전기금 모금
축하의식을 갖는다. 가난하지만 한마음으로 뭉쳐 달성한 이 학교의 발전상은 다
음 표가 증명해 준다.

🌐 샘핏 초등학교 5학년 주 표준화 학력검사(PACT) 결과(%)[3]

전체	2002	2003	2004	2005	2006	2007	2007주 평균
영어(ELA)	64	70	90	93	98	95	77
수학	74	70	84	88	82	83	78
응시율	96	96	100	100	100	100	

출처: SC Dept. of Education, 2002~2007.

선라이즈 초등학교
(Sunrise Elementary School, Amarillo, Texas)

"내 눈을 통해서 사물을 볼 수 있어요."

"이 학생들은 우리의 아이들이고 또 우리의 문제이므로 우리가 그 문제를 풀어야 한다."

"학생들의 성공을 위해서라면 어떤 희생이 따르더라도 우리는 기꺼이 그 일을 할 것이다."

"교직은 8시 출근해서 오후 4시에 퇴근하는 직업이 아니다."

"선라이즈 초등학교, 이것은 나의 직장이 아니라 바로 나의 사랑이다."

"우리 학교는 학생들과 학부모, 조부모까지 진실로 성심성의껏 보살펴 주고 있다."

"교사들은 실패를 두려워하지 않는다."

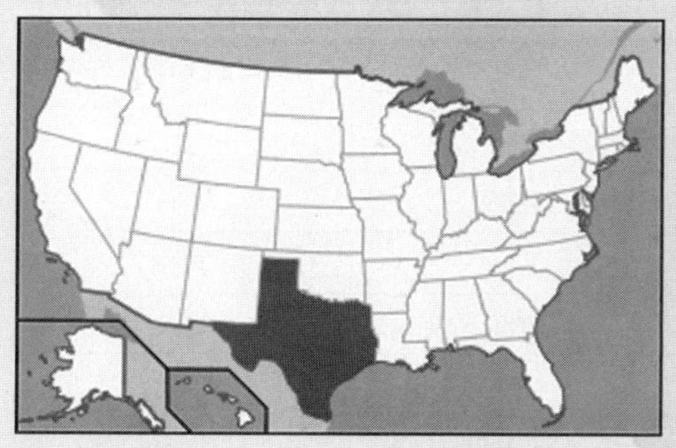

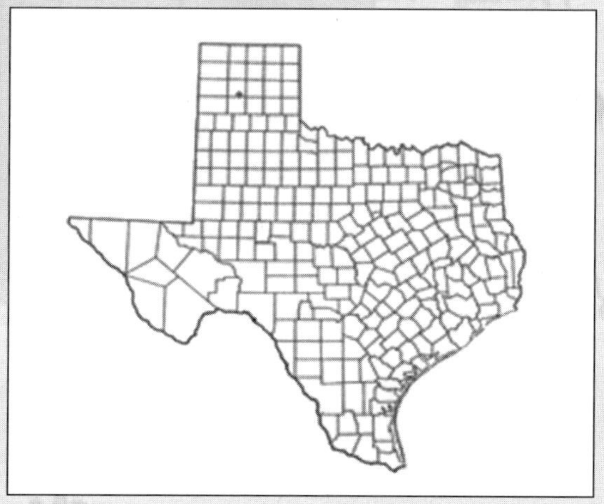

선라이즈 초등학교는 열악한 학교 배경과 지역환경을 탓하지 않는다. 교사들은 부족한 학생들을 있는 그대로 받아들이지만, 학생들에게 높은 기대를 한다. '할 수 있다.' 는 정신은 이 학교 곳곳에 스며 있다. 교직원들의 열의와 헌신은 이 학교 성공의 핵심이다. 선라이즈 초등학교 교직원들은 344명 전교생의 이름은 물론이고, 개인 배경까지 속속들이 알고 있다. 학생을 위해 옳은 일이라면

🌍 학생 1인당 교육비

구 분	교육구	주 평균
1인당 총비용	7,157 달러	8,818 달러
교수-학습	64%	60%
학생-교직원 지원	11%	7%
학교 지도자	9%	12%
기타	17%	21%

출처: NCES, 2005～2006.

🌍 학교 개황

선라이즈 초등학교		주 평균
학생 수(preK-5학년)	344	
히스패닉	78%	46%
백인	17%	36%
흑인	4%	14%
아시안/태평양 섬	〈 1%	3%
인디언	〈 1%	〈 1%
무료급식/급식보조	88%	47%
특수교육	10%	11%
영재교육	4%	8%
영어 학습자	17%	
교사당 학생 수	14	15

출처: TX Education Agency, 2006～2007.

교직원 모두가 함께 나서는 학교다. 선라이즈 초등학교 교직원들은 '교사 이상의 교사'로, '직장 이상의 직장'에서 학생들과 더불어 즐겁고 알차게 생활하고 있다.

학교 위치는 트레일러 자동차 주택 공원과 빈집처럼 보이는 동네에 근접해 있지만, 미국 텍사스 주 애머릴로(Amarillo)에 있는 학교 정문은 다른 학교와 다르게 잠겨 있지 않다. 이 학교에는 금속탐지기도 설치되어 있지 않고, 자료실 담당 직원도 없다. 안으로 들어가면 유리창은 깨끗하고, 마루는 잘 닦여 있고, 담장은 말끔하게 페인트칠 되어 있다. 여기저기 게시판은 학생들의 쓰기 작품, 과학 프로젝트 작품, 수학 작품으로 가득 차 있다. 학생들의 화장실은 반짝반짝 윤이 난다. 이중언어 교실에서 독서연습을 하는 속삭이는 듯한 소리만이 들릴 뿐이다. 음악실로 교사를 따라 학생들이 조용히 복도를 지나가는 것이 보인다. 슐츠(Mrs. Rosemary Schultz) 교장과 비(Ms. Enevoldsen Bea) 교감[1]은 항상 이 교실 저 교실로 옮겨 다니며, 학생들에게 포옹과 칭찬을 배달하고 나누어 준다.

선라이즈 초등학교는 전통적인 지역사회 학교다. 학부모와 가족은 항상 학교의 환영을 받고 학교를 편안하게 생각하며, 방과후 학생들을 기다리며 가족처럼 교직원들과 환담을 나눈다. 학생들이 하교할 때는 웃음 띤 얼굴로 복도를 나가며 손에 든 작품을 번쩍 들어 교사와 직원들에게 보여 준다.

모든 교직원은 이 학교에 근무하는 것을 자랑으로 여긴다. 수리할 것이 보이면 즉시 달려가는 교감은 '연장통 소녀'라는 별명을 부끄러운 듯 인정한다. 유리창 틈에 실리콘 코팅이 필요하면 지체 없이 교감이 처리한다. 페인트칠이 필요한 곳이 발견되면 교감은 서슴없이 이 일을 한다. 이 블루리본 학교를 방문하기 바로 전날 보건실 침대가 부서졌다. 300달러를 들여 침대를 고치는 대신, 교감은 철물점에 가서 몇 달러를 주고 산 연장으로 손

수 고쳤다.

'할 수 있다.'는 태도는 벽돌과 시멘트 작업을 넘어 모든 학생의 성공을 위하여 서로 나누어 책임을 지는 분위기를 만들어 냈다. 전문직에서 건물 관리인에 이르기까지 전 교직원은 달성해야 할 공동의 비전과 모든 학생에 대한 공동의 책임, 공동의 전문성을 갖고 노력한다.

공통의 비전

선라이즈 초등학교는 약 80%의 학생이 히스패닉계이고, 36%의 학생이 편부모 또는 조부모와 지내는 열악한 환경의 가난한 학교다. 미국의 다른 학교와 달리 이 학교에서는 학교 버스를 타고 오는 학생도 거의 없고, 대부분 몇 블록 안에 가까이 살고 있다. 많은 학생은 방과후나 주말에 동생을 보살펴야 하는 실정이다. 약 87%의 학생이 무료급식이나 급식보조를 받고 있으며, 8명의 학부모는 현재 범죄에 대한 처벌로 사회봉사를 하고 있다. 하지만 선라이즈 초등학교 교직원은 결코 가난한 학부모나 학생의 가정환경을 비난하지 않는다.

그렇다고 학생들을 무조건 용서하지도 않는다. 교사들은 학생들을 있는 그대로 받아들이고, 모든 학생에게 높은 기대를 한다. 슐츠 교장은 "이 학생들은 우리의 아이들이고, 또 우리의 문제이므로 우리가 그 문제를 풀어야 한다."라고 말한다. 한 학부모는 "우리가 가난하다는 것을 알지만 우리 아이들이 학교 안에 있는 동안 만큼은 결코 가난하다는 것을 모른다."라고 말한다.

선라이즈 초등학교 학생들은 성공하기를 열망하고 목표를 달성하기 위하여 열심히 공부한다. 특수교육을 받는 2학년 학생은 오랜 노력 끝에 3개의 문장을 완성하는 과제를 최근에 달성했다. 이 학생을 담당했던 특수교사는 학생이 달성한 우수한 성과에 대하여 매우 자랑스러워 하였다. 이 학생은 학교 사무실에서 교장과 교감의 축하를 받았다.

모든 학생을 위한 공동의 책임

슐츠 교장에서 급식 직원에 이르기까지 모든 교직원은 344명 모든 학생을 단지 이름이나 얼굴뿐만 아니라 학부모와 그 가족, 가정생활까지 알고 있다. 이 학

교 두 학생의 아버지가 학생의 동생이 태어날 때쯤 이라크로 파병되는 것을 알고 학교의 전 직원이 가정을 방문한 적이 있다. 교직원들은 태어난 아기를 마치 자신들의 아이인 것처럼 여기고 있다. 어머니가 감사 인사를 하기 위해 아기를 데리고 학교를 방문했을 때 모두가 몰려들어 아이에게 키스 세례를 퍼부은 일이 있다.

선라이즈 초등학교 교사들은 정규 수업 이상으로 도움을 필요로 하는 학생들을 위해서 주 2일에서 4일까지 방과후 개인지도를 제공한다. 오후 3시 학교가 끝나면 간식을 먹은 후 45분간 모든 학년의 학생들은 자신의 교실에서 읽기 개인지도를 받는다. 그 후에도 많은 교사가 집중적인 읽기지도나 수학지도를 필요로 하는 소집단의 6~8학년 학생을 개인지도하기 위해 1시간 더 학교에 머무른다. 한 5학년 교사는 "이것이 나의 직분이라고 생각하기 때문에 개인지도에 참여한다. 나는 돈을 바라고 하는 게 아니라 정규 수업 중에는 이렇게 개인지도를 할 수 없기 때문에 이 일을 한다. 이거야말로 나의 직분이라고 생각한다."라고 말한다. 유치원생은 매일 75분 동안 과외로 개인지도를 받을 수 있다. 교사들은 "학생들의 성공을 위해서라면 어떤 희생이 따르더라도 우리는 기꺼이 그 일을 할 것이다. 교직은 8시 출근해서 오후 4시에 퇴근하는 직업이 아니다." "선라이즈 초등학교, 이것은 나의 직장이 아니라 바로 나의 사랑이다."라고 말한다.

학생들의 학문적 욕구를 충족시키기 위한 부가적인 교사의 노력은 대단하다. 학년 수준에 도달한 정상적인 학생들이 개인지도나 집단지도를 받고자 방과후에 학교에 남고자 할 때에는 부가적인 개인지도가 필요하지 않아도 학교에서는 '방과후 독서클럽'을 만들어 준다. 학교상담사와 교장, 유치원 교사, 다른 직원들은 학교가 끝난 다음에도 '함께 즐겁게 책읽기'의 학생집단을 후원하여 학생들의 어휘 확장과 문장 이해력을 증진시킨다.

정규 수업 외의 추가적 지원을 모든 학생이 받을 수 있다. 학생지도와 관련된 모든 교직원은 필요할 때면 어느 때나 '특별지도팀(Intervention Assistance Team: IAT)' 회의를 소집할 수 있다. 학년 교사, 상담사, 특수교육 교사, 교장, 그리고 학생의 안녕과 관련된 직원은 모두 함께 문제를 검토하고, 해결책을 모색하고, 모든 자원인사를 활용하기 위한 행동 계획을 수립한다. 학생의 문제가 학업문제든, 행동문제든, 아니면 학생의 가정생활과 관련되든 필요할 때 팀을 구성하여 가능한 해결책을 수립하여 실천으로 옮긴다.

특수교육 이상의 교육

선라이즈 초등학교는 특수교육을 필요로 하는 학생의 특별한 요구를 충족시키고, 통합학급으로의 빠른 전이를 위하여 특수교육 프로그램을 개발하였다. "우리는 학생의 현재 상태에서 출발하여 강점을 키워 내려고 한다. 모든 학생은 특별지도의 요구가 있다고 믿는다."라고 2학년 교사는 설명한다. 선라이즈 초등학교 특수교사의 목표는 특수학생으로 하여금 4학년 수준에 도달하도록 지도하는 것이다. 특수교육이 필요한 학생을 위한 서비스는 '장애를 가진 학생을 위한 반나절 취학 전 프로그램'에서 시작한다. 여러 가지 지원과 함께 정규 학급에서 배울 수 있는 유아원과 유치원 원아들은 동 학년 수준의 정규 학급에서 다시 반나절을 보낸다. 1학년부터 3학년까지의 특수교육 학생들은 소집단 수업을 받고 일부 학생은 약간 변형된 정규 학급에서 특수교육 서비스를 받는다. 모든 특수교육 학생은 4학년과 5학년까지는 정규 학급으로 옮겨 가게 된다. 이 경우 쓰기나 과학에서 기초적인 도움을 주는 특수교사에게 필요한 지원을 받는다.

영어교수의 발판

많은 학생이 영어를 모른 채 선라이즈 초등학교에 들어오기 때문에 유아원과 유치원 원아, 1~3학년 학생들은 이중언어 교육을 받는다. 유치원까지는 기본적으로 스페인어로 수업이 이루어진다. 영어는 돌려 읽기, 그림책, 노래와 같은 방법으로 구어체를 배운다. 유치원 때 입학하지 않고, 1학년에 입학하는 학생들은 자기 나라 언어로 읽기를 하면 되고, 영어로는 기본적인 이해력만 갖추면 된다. 이와 같이 1학년까지 스페인어로 수업을 계속하다가 2학년이 되면서 점차 영어로 완전히 전환한다. 이중언어 지도를 받아야 하는 3학년 학생들의 수업은 최소한의 스페인어 지원으로 완벽하게 영어를 사용하게 하여 모든 학생이 4학년에서는 정규 통합학급에서 수업을 받을 준비가 되도록 한다. 이러한 언어 지도의 어려움은 학교의 연간적정진보(AYP) 목표 달성에 불리하게 작용한다. 이중언어 지도 학생은 4학년에서는 더 이상 이중언어 학생으로 간주되지도 않고 영어 사용 학생과 동등하게 학력고사를 봐야 하기 때문이다. 3학년까지의 전이 방침이 학생들에게 최선이라고 교사들은 말한다.

학생 개개인을 위한 요구 충족

교사진은 오랫동안 하나의 팀으로 일하고 있기 때문에 학생들의 이익을 위하여 함께 일하는 것을 쑥스럽게 느끼지 않는다. 만일 학생들이 어떤 분야에서 잘하지 못하면 교사들은 서로 문제 해결을 위한 전략에 대하여 협의하여 학생들이 따라올 수 있을 때까지 학생들을 공동지도(co-teach)하기로 결정한다. 교사들은 현재의 자기 반 학생뿐만 아니라 모든 학생이 자기 책임이라고 믿고 있다. 예를 들면, 이중언어를 공부하는 한 2학년 학생이 읽기에서 유치원 수준이라면 오전 동안은 유치원에서 공부하고 오후에는 2학년에 와서 공부한다. 또 방과후 프로그램에서는 부가적인 개인지도를 받게 된다. 반대로 한 학생이 동학년 학생들보다 읽기에서 앞서 가고 있다면 하루 중 일정기간을 동학년보다 높은 학년에서 공부하게 하여 학업성취를 향상시키도록 격려해 준다.

공동책임의식은 학생들의 가족에게까지 확대된다. 최근에 히스패닉계 어머니들이 자기 자녀들의 숙제를 집에서 도와줄 수 있도록 학교에서 학부모를 대상으로 영어를 가르쳐 주기를 교장에게 건의하였다. 이미 교육구 지역 서비스센터와 다른 자원인사들에 의해 제2외국어로서의 영어 학습을 지원하고 있었으므로 어머니들도 항상 환영을 받으며 편안한 마음으로 학교에서 공부할 수 있게 되었다. 연세가 지긋한 원로교사는 "우리 학교는 학생들과 학부모, 조부모까지 진실로 성심성의껏 보살펴 주고 있다."라고 말한다.

교사들은 학생들의 학습을 돕는 데 학부모들을 참여시키기 위하여 노력한다. 5학년 학생들은 '주말이나 공휴일, 방학 중에도' 매일 20분 이상 학부모 앞에서 큰 소리로 책을 읽는다고 말한다. 이러한 독서 의무를 이행하였다는 학부모 서명을 받으면 학기 말에 상품을 받을 수 있다.

여름방학 중에는 공부를 못하고 오히려 배운 것을 잊기 쉽다는 것을 교직원들이 잘 알기 때문에 선라이즈 초등학교는 독립적으로 여름학교 프로그램을 만들어 운영하고 있다. Title I의 재정지원을 받아 선라이즈 초등학교 학생을 위한 여름학교를 열고 3개의 2~3주 프로그램을 개설하였다. 영어를 제2외국어로 사용하는 학생들은 필수로 참석하도록 하고 수업은 읽기와 영어능력 개발에 초점을 맞추고 있다.

공동의 전문가 의식

선라이즈 초등학교의 직무윤리는 아주 강하다. 독서클럽은 학생들과 교사 모

두에게 인기가 높고 교사들은 실패를 두려워하지 않는다. 교직원은 자신들이 배운 것도 재충전할 필요가 있다는 것을 잘 알기 때문에 여름 기간에 한두 번은 성인학습 공동체에 참여하고, 또 학기 중에도 매달 모임을 갖는다.

독서클럽의 형식으로 교직원들은 정해진 주제에 따라 전문도서를 읽고 토론한다. 최근에 읽은 도서에는 '성공적인 학급' '독서를 어렵게 하는 문제' '가르치는 에너지' '수준 이상의 책' '수학 교수를 위한 질문(Good Questions for Math Teaching)' 등이 있다. 한 5학년 교사는 "슐츠 교장은 우리가 가르쳐야 하는 것을 깨닫게 해 준다. 나는 오랜 시간이 걸리는 어려운 개념은 학년 초에 가르친다."라고 설명한다.

책의 주요 개념과 이 개념을 학교에서 어떻게 적용하고 또 자신이 실제 어떻게 수업할 것인가에 대해 토의하면, 질 높은 수업에 대한 신념과 학생의 요구에 대한 반응을 통해서 자신과 다른 사람의 주장과 신념을 알 수 있고, 또 이해할 수 있게 된다. 교사들은 세미나나 워크숍에 참석함으로써 서로 학습할 수 있게 되고, 회합에서 배운 것을 서로 발표하게 된다.

최고를 위한 추진

　표준화 학력검사를 치르고 난 후 학교에서는 이에 대한 행동 계획을 수립하기 위하여 공식적인 평가점수가 올 때까지 기다리지 않는다. 학생들의 전반적인 수학점수가 비록 '나쁘지 않더라도' 교사들은 수학 교육과정이 학생들의 욕구 수준을 충족시켜 주지 못했다고 판단한다. "학생들은 수학에서 완전히 발휘하지 못한 잠재력이 남아 있기 때문에 우리는 이 능력을 개발하기 위하여 더욱더 열심히 노력하지 않으면 안 된다."라고 슐츠 교장은 말한다.

　선라이즈 초등학교는 새로 개발된 수학 교육과정을 적용하기 시작한 첫해를 맞고 있다. 교사들은 새 수학 교육과정을 매년 1개 학년씩 적용해 나가는 프로젝트를 시작하고 있다. 또한 새 수학 교육과정의 약점으로 생각되는 부분을 보완하기 위한 자료를 찾기 위하여 지속적인 노력을 하고 있다. 새 교육과정을 학생들에게 효과적으로 적용하기 위해 수정 작업을 할 때에는 모든 교사의 참여와 도움으로 함께 노력한다. 이미 교육과정을 수정한 교사들은 아직 마치지 못

한 교사들을 도와주고 또 자기들이 어려움을 겪었던 부분에 대하여 멘토를 해 준다.

선라이즈 초등학교는 공통의 비전을 갖고, 모든 학생을 위하여 공동의 책임을 진다. 공동의 전문가 의식을 갖고, 학생을 위하여 옳은 일이라면 어떠한 어려움도 무릅쓰고 모두가 함께 일하는 아주 독특한 학교다. 교육적 의미가 있다는 판단으로 하루 중 일부 시간을 자신의 반 이외의 다른 반 학생을 맡아 가르치는 교사들이다. 더 시간이 필요하고 개별지도가 필요한 학생들을 위해서 규칙적으로 방과후에 남아 기꺼이 지도하는 교사들이다. 성인 학습자로서 즐거이 배우고자 하는 사람들이 선라이즈 초등학교의 교사들이다.

이것이 이 학교를 특별한 학교로 만드는가? 교사들은 그렇게 생각하지 않는다. 교사들은 단지 학생을 위해서 옳은 일을 하고 있을 뿐이라고 말한다.

🌐 선라이즈 초등학교 5학년 학생들의 텍사스 주 표준화 학력검사(TAKS) 결과(%)[2]

과목	2003	2004	2005	2007	2007년 주 평균	2008	2008년 주 평균
영어 독해	93	100	100	100	89	100	83
수학	100	100	100	100	91	98	83

출처: TX Education Agency, 2003~2008.

아이작딕슨 초등학교

(Isaac Dickson Elementary School, Asheville, North Carolina)

"학생, 교직원 그리고 학부모 사이에 관계의 질보다 학교에서 더 중요한 것은 없다."

"학생들은 무엇인가를 함으로써 가장 잘 배운다."

"한 번에 한 학생의 모든 진로를 살핀다."

"우리는 어떤 학생이든 포기하지 않는다. 우리는 계획과 방법을 얻기 위해 함께 일하고,

서로 다른 학습방법에 대해 존중과 지원을 아끼지 않는다."

"저는 제 딸의 담임과 매일 이야기를 나눕니다."

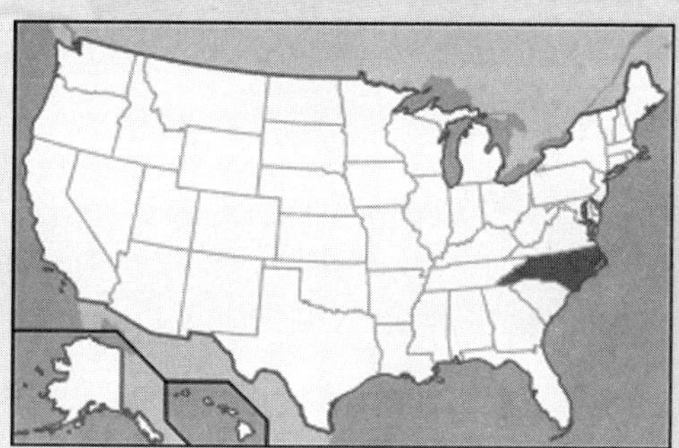

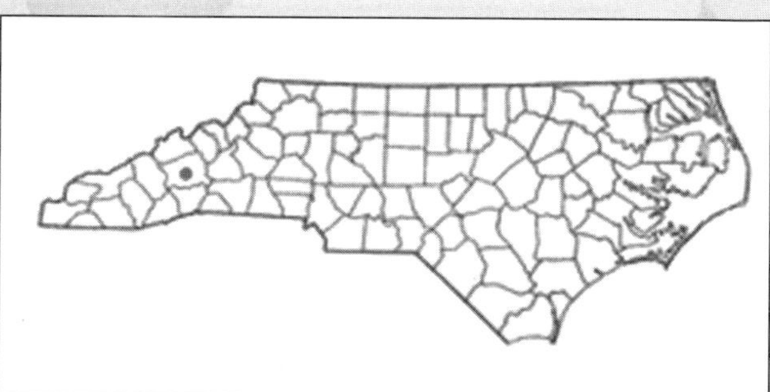

학생, 교직원 그리고 학부모 사이에 관계의 질보다 학교에서 더 중요한 것은 없다.[1]

아이작딕슨 초등학교[2] 교장은 강력한 환경교육 옹호자다. 그는 지난 6년 동안 새로운 축구경기장뿐만 아니라 자연관찰 산책로, 연못, 습지, 야외공연장 등 학습경관을 멋지게 조성하고 있다. 교장의 통솔력으로 아이작딕슨 초등학교는 현장체험 교수-학습을 유지하면서 우수한 학업성취를 지속하고 있다. 교장의 학교비전은 모든 학생이 관심과 배려 속에서 상호 존중하며 배울 수 있는 학교를 만드는 것이다.

🌐 학생 1인당 교육비

구 분	교육구	주 평균
1인당 총비용	10,690 달러	7,951 달러
교수-학습	61%	61%
학생-교직원 지원	10%	10%
행정	14%	11%
기타	15%	18%

출처: NCES, 2005~2006.

🌐 학교 개황

아이작딕슨 초등학교		주 평균
학생 수(K-5학년)	412	
백인	63%	57%
흑인	28%	32%
아시안/태평양 섬	5%	2%
히스패닉	4%	8%
인디언/알래스카	〈 1%	1%
무료급식/급식보조	33%	43%
특수교육	10%	
교사당 학생 수	15.9	

출처: NCES, 2005~2006.

약 7만 제곱미터에 달하는 아이작딕슨 초등학교의 교정은 노스캐롤라이나 주의 애슈빌(Asheville) 시내에서 반 마일 정도 떨어져 있다. 원래는 들판과 습지였는데, 공동체 구성원과 협력자들의 도움으로 오늘날 놀이터뿐만 아니라 연못과 습지지역, 조류보호지역, 그리고 안전한 정원과 수많은 사철식물 화원과 채소밭을 포함하는 자연보호지까지 만들었다. 학교는 주변환경에 많은 노력을 기울인다. 이는 매우 현실적인 의미로 보다 더 큰 세상이 바로 학교의 교육과정이기 때문이다.

1989년 아이작딕슨 초등학교는 헌신적인 부모들과 교사들에 의해 애슈빌 대안학교로 설립되었다. 그들은 "학생들은 무엇인가를 함으로써 가장 잘 배운다."라고 하는 학교의 비전에 대해서 후원 형태로 지속적인 협력을 하고 있다. 학교 설립 당시부터 교사였던 앨리다 우즈(Alida Woods)는 2002년에 교장이 되었다. 우즈 교장의 말에 따르면, 학교는 평생학습 공동체 내에서 다양하게 교육하고, 친절한 분위기를 조성하며, 학생들로 하여금 학습 잠재력을 일깨우도록 독려하고 추구하는 곳이다.

지역사회에 바탕을 둔 교육과정

아이작딕슨 초등학교[3]는 조지아(Georgia) 북동부의 교육 및 문해 비영리기구인 폭스파이어(Foxfire)협회의 원칙에 기초하고 있다. '수업 과제와 주변 지역사회, 그리고 지역사회를 넘어 세계와 연결을 분명히 하는 것'이 바로 폭스파이어 교육원칙의 핵심이다. 아이작딕슨 초등학교에서는 이런 철학에 따라 자연, 지역사회, 노스캐롤라이나 주의 해변과 같이 교정에서 멀리 떨어진 곳에까지 학생들의 현장학습이 이루어지고 있다.

예를 들어, 아이작딕슨 초등학교에 다니는 4학년 학생들에게 "지역정부는 어떻지?"라고 질문을 하면, 학생들은 그 질문에 대해 활기차게 논의를 한다. 노스캐롤라이나 애슈빌 대학교(University of North Carolina Asheville: UNCA)와 함께 공동작업을 하면서, 학생들은 '우리 지역사회에서 가장 중요한 쟁점 세 가지는 무엇일까? 그리고 공무원들은 도덕적 용기와 시민을 위한 책무성을 어떻게 보여 주는가?'와 같은 지역구 의원들과 시의회 의원들에게 질문할 목록도 만든다. 이 학교 학생들은 대학생들과 함께 면접기술 연습의 일환으로 각 의회 의원에 대한 면접을 시행하고 그 결과를 슬라이드쇼로 만든다. 이런 과정을 통해서 학생들은 지역사회에 대해 배우며, 그곳에서 행동하는 방법 또한 터득한다. 한번은 시의회 의원들과의 수업 토론이 이루어진 후 공공주택 단지에 이웃한 놀이터 보수공사가 48시간에 걸쳐 이루어진 적도 있었다.

내 무릎 위에 놓인 캔조

한 학생이 직접 체험학습의 힘을 주장한다. "내 눈을 통해서 사물을 볼 수 있어요." 애팔래치안(Appalachian)의 역사와 문화를 조사했을 때 학생들은 유럽 정착민이 이 지역에서 고향의 음악을 연주하기 위해 만든

값싼 악기인 '캔조'에 호기심을 갖게 되었다. 캔조(canjo)는 양철통으로 만든 밴조(banjo)[4]인데 학생들은 직접 자신의 캔조를 만들어 발라드 곡을 연주하였다. 학생들은 자신이 배운 것에 관해 글을 쓰고, 지역 콘서트에서 음악 연주회도 연다. 또한 다른 학급을 위해 공연을 하고, 프로젝트에 대한 파워포인트 발표 자료도 만든다.

교사와 학생은 학교 담장 밖에서 실용적인 수업 적용을 모색하면서 지역사회도 학습실험실이 된다. 5학년 학생들은 학교의 역사에 대해 조사하면서 굴뚝이나 인간의 생활 속에서 여러 가지 공예품들을 발굴했다. 또한 학교가 이전의 '스텀프타운(Stumptown)'이라는 아프리카에서 온 흑인들이 거주한 지역이었다는 것도 알았다. 이 사건은 지역사회의 과거에 대해 장시간에 걸쳐 토론하는 계기가 되기도 했다.

함께 결정하기

폭스파이어 외에도 학교는 전반적인 학교 개선방안인 코머모델(Comer Model)[5]을 이용해 대화를 하고, 의사결정 과정을 통해 의견의 일치를 이끌어 내고, 학생들의 학습에 도움을 줄 수 있는 성인 자원봉사자들을 위촉한다. 우즈 교장은 협조적인 지도력이 학교에서 성공하는 열쇠가 된다고 믿으며, 공동의 의사결정을 통해 임원, 아이, 가족의 활력 있는 결속을 도모한다. 학교 전반적으로 중점 사업을 추진할 때 교사, 학생, 학부모의 협력이 필수적이라고 교장은 말한다.

교사, 부모 및 지역사회 회원으로 이루어진 세 개의 팀에서 학교의 운영을 계획한다. 학교기획관리팀(School Planning and Management Team: SPMT), 학생·교직원

지원팀(Student and Staff Support Team: SSST), 그리고 학부모팀(Parent Team: PT)이 그것이다. 학교기획관리팀(SPMT)은 전반적인 학교교육 계획을 개발하고, 학문적·사회적 지역사회의 목표를 세우며, 교직원 능력 개발 프로그램을 포함한 모든 학교교육 활동을 조정한다. 학생·교직원 지원팀은 학교의 문화나 사회 여건, 개인적 관계에 관심을 두고, 학생과 가족을 위한 지역사회 자원과 재원을 마련하는 후원체로서 협력한다.

학부모팀은 부모들을 학교와 학생들의 일에 참여하게 한다. 부모 참여는 아이작딕슨 초등학교에서 매우 활발하게 이루어진다. 예를 들면, 학부모들은 적당한 자리에 놀이터를 계획하고 설립하는 것과 개별지도, 현장학습에 대한 학급 후원과 같은 일에 참여한다. 학교는 학교에 참석하지 못하는 학부모의 의견도 수용하며, 학부모 모두를 참여시키는 방안을 강구한다. 아이작딕슨 초등학교는 한 달에 한 번씩, 학교와 충분히 의견 교환이 이루어지지 않는 가족들과 이야기를 나누기 위해 '가족의 밤'을 지역의 주택 단지에서 열어 저녁식사를 함께하며 학생들에 관한 정보 교류를 한다.

학생들은 학급 규칙이나 수업에 관한 프로젝트 등 학급 및 학교 전반에 걸쳐 많은 의사결정 과정에 참여한다. 학생 회의시간에 시간 기록 담당자, 중재자, 의장, 회의 기록 담당자의 역할이 명확히 정해지고, 조직화된 규약에 따라 진행된다. 학생들은 자신들이 학교의 결정에 발언권과 영향력이 있다고 믿고 있다.

학생 중심의 교육 이념을 바탕으로 학생들을 학교 의사결정에 참여시키는 일은 학업성취도 향상에 도움이 된다. 2004년에 5학년 학생들이 읽기에서 100%, 수학에서 98% 목표를 달성한 일은 좋은 예다.

지역사회도 학교의 일원

학교는 학생들이 학업에 최선을 다하고, 생

활의 지혜를 배우고, 자신들의 다양성에 자부심을 가질 수 있도록 교내에서나 지역사회에서 다양한 협력관계를 맺고 있다. 학생, 교직원, 그리고 지역사회의 협력자들은 학교와 지역사회 사이에서 가교역할을 한다. 웨스턴캐롤라이나 대학교(University of Western Carolina), 노스캐롤라이나 대학교(UNCA), 워렌윌슨(Warren Wilson) 대학, 마즈힐스(Mars Hills) 대학의 전직 교육자, 부모, 조부모, 양부모, 양조모, 조언자와 지도교사뿐만 아니라 보조기금으로 운영되는 프로젝트의 조력자들까지 모두가 학교의 활동에 기여하고 있다.

봉사학습의 실천

학교는 여러 가지 방법으로 지역공동체에 봉사하고 있다. 미국봉사학습기구 (Learn and Serve America)[6]와 Title I에 의해 일부 지원을 받는 원예 프로그램을 통해서 야외교육 담당자는 학생들이 식품공부뿐만 아니라 학교 정원에서 직접 재배하면서 영양학을 공부할 수 있도록 지원을 해 준다. 학생들은 재배한 음식을 지역의 사회복지사업 단체에 제공한다. 미국봉사학습기구와의 공조를 통해 학교는 전체적으로 재활용운동을 전개한다. 다른 봉사학습 프로젝트로는 지역의 식량은행에서 일하기, 아프리칸미국인재단(African American Heritage)의 공동체 프로젝트와 사진을 통해 글 깨우치기 등이 있다. 전문사진가와의 작업은 봉사학습을 통해 보조금을 지원받고 그 지역 미술박물관과 협력하여 진행된다. 이 프로젝트에 참여한 학생들은 사진가들과 함께 사진촬영에 대해 공부하고, 전자동 카메라 작동법, 사진 분류법을 배우며, 사진을 통해 작문 프로젝트를 발전시키기도 한다. '지역생활개선(Local Quality Forward)'이라는 환경단체와 협력하여 매달 시행하는 거리 청소를 하면서 학내 구성원들이 지역사회에 참여하게 된다. 또한 학생 주도의 독서 및 토론 프로젝트인 'Reed to Feed'를 통해 국제자선단체인 헤퍼 인터내셔널(Heifer International)[7]을 위한 자금을 마련하기도 한다.

학생들은 애슈빌에 있는 만나(MANNA) 식량은행에서 가난한 가정을 위해 식량을 선적하거나 포장하는 일을 담당하기도 한다. 아이작딕슨 초등학교 학생들은 만나에서 처음 자원봉사할 때는 '소심'했지만, 후에는 다른 학교 학생들을 위한 소책자까지 만들어 만나에서 봉사할 때 생각해야 할 것을 알려 줄 정도로 적극적이다.

폭스파이어 철학[8]

학교의 교육과정은 폭스파이어 학습법을 실현하고 있다. 이는 노스캐롤라이나 주 표준학습과정에 기초를 두고 있다. 구체적인 폭스파이어 핵심 실천론으로는 다음과 같다.

- 교사들과 학생들이 함께하는 일은 학습자의 선택, 계획과 수정에서 시작한다.
- 교사는 중재자와 협력자의 역할이다.
- 교사들과 학생들이 함께하는 일의 학문적 정직성은 분명해야 한다.
- 능동적 학습이 특징이다.
- 또래학습, 소규모 집단활동, 팀활동은 모두 학급활동이다.
- 수업과제, 주변 지역사회, 지역사회 밖의 세계와의 관계는 열려 있다.
- 학습자의 학업에 대해 교사 이상의 청중이 존재한다.
- 새로운 활동은 과거의 경험에서 얻은 낡고 구체화된 수업에서, 현재는 더욱 상세하게 설명할 수 있는 기술과 이해력을 쌓아 가는 일이다.
- 학습활동을 완성할 수 있도록 상상력과 창의력을 북돋아 준다.
- 반성은 학업을 하는 동안 발생하는 가장 중요한 활동이다.
- 교사와 학생이 함께하는 학업에 대해 엄격하고 지속적인 사정을 평가한다.

　교사들과 학생들은 어떻게 배울 것인지, 배운 것을 어떻게 평가하고 심사할 것인지, 어떤 방식으로 배운 것을 의미 있게 사용할 것인지 함께 결정한다. 교실에서 학생들은 협동하며 함께 학습하는 방법을 익히고, 자신들이 배워 가는 과정에 대해 책임감을 갖는다. 교사는 학생들의 자발적인 참여를 유도하여 창의적으로 문제를 해결하고, 학급을 떠나서도 배운 것을 응용하는 능동적인 학습 태도를 갖기 원한다. 학교는 교사와 학생이 가능한 여러 분야에 걸쳐 협력하도록 독려한다.

　학교에서 중요한 또 다른 것으로는 발달 경로, 즉 육체, 언어, 정신, 도덕, 사회, 인지에 대한 보완적인 것을 통해 모든 학생을 주목하는 '코머모델(comer model)'이 있다. 한 교사의 설명에 따르면, 한번에 한 학생의 모든 진로를 살펴다. 교사는 학생을 여러 가지 가능성을 가진 인간으로 본다. 한 교사는 "우리는 어떤 학생이든 포기하지 않습니다. 우리는 계획과 방법을 얻기 위해 함께 일하고…… 서로 다른 학습방법에 대해 존중과 지원을 아끼지 않습니다."라고 말한다. 다른 교사는 "폭스파이어 학습법으로 우리는 어떠한 형태의 배움—촉각적, 시각적 등등—이 되었든 이해하려고 합니다."라고 말한다. 교직원들은 학급 학생 수를 줄이려는 노력을 꾸준히 하여 교사들이 학생의 요구에 따라 가르침을 변형시킬 수 있도록 하였다. 이렇게 함으로써 학생들을 개별적으로 이해할 수 있게 된다. 학부모팀과 학교기획관리팀의 연구에 따르면, 계획을 세우는 것은 다양한 연령대가 참여하는 초급 학급부터 순환 및 다연령 복합 학급까지 동원되어 학교의 전반적인 사명과 추진하고 있는 철학에 대한 실마리가 되고 있다.

학습방법의 학습

교사와 학생들이 학교 담장 밖에서 수업 내용을 실제적으로 적용하는 데는 지역사회가 배움의 장이 된다. 우즈 교장은 특히 체험학습 현장을 위한 조경과 학교의 야외교육 프로그램 보조금을 지원받기 위해 노력한다. 교사들은 학생들이 자신들의 현재 생활과 미래 준비에 대해 목적의식을 가지고, 학습하도록 격려한다. 실험적 학습에 초점을 둔 학교에 매료되어 온 어떤 학부모는 "내 딸은 배우는 방법을 익히는 중이고 어떤 것들을 쉽게 간파하는 방법도 알고 있습니다."라고 말하며 자랑스러워 하였다. 웨스턴캐롤라이나 대학교, 노스캐롤라이나 대학교의 협조를 통해, 대학 프로그램을 실제 학교에서 하는 수업 내용과 연계시켜 양방향 과정으로 이끌 수 있는 교육전문가를 활용하고 있다.

개별 지도교사는 모두 자격증을 가진 교사들로 Title I을 통해 자금을 지원받으며, 정규 학급 교사들과 함께 일하면서 소규모 집단의 수업을 담당한다. 이들은 일반 교사들과 업무를 계획하며 주별 학습안을 제출해 학급이 학습 목표를 달성할 수 있게 도와준다. 학급 보조교사는 공동교사로 근무하며 문해교육, 수학, 작문을 가르치도록 훈련받는다. 올해 3~5학년의 모든 수업은 보조교사나 개별 지도교사에게 오전 두 시간을 할애한다. 교사들은 부모와 지속적으로 연락을 주고받으며, 학생들이 숙제를 통해 실습을 하도록 장려한다. "저는 제 딸의 담임선생님과 매일 이야기를 나눕니다."라고 한 부모가 말한다. "매주 편지가 집으로 와서 학생들이 학교에서 무엇을 하는지 알려 주기 때문에 아이에게 학교에서 있었던 일을 물어볼 수 있답니다." 또한 교사들은 학생의 가족을 방문해 부모와 좀 더 쉽게 의사소통을 한다. 어떤 부모는 "공식회의를 기다릴 필요가 없습니다."라고 평한다.

　아이작딕슨 초등학교에서는 학교와 세상 사이의 경계를 쉽게 드나들 수 있다. 즉, 세상은 학교로 들어오며, 학생들과 교사들은 학교를 벗어나 세상으로 나아간다. 자연과 들판에 둘러싸여 있어 지역적 특성에 깊이 뿌리박힌 학교는 이제 세상을 포용하도록 밖을 향하고 있다.

🌏 아이작딕슨 초등학교 주 표준화 학력검사(EOG) 결과(%)[9]

대상 학년	2006				2007			
	읽기	주 평균	수학	주 평균	읽기	주 평균	수학	주 평균
전체(K–5)	83		79					
3	73	83	75	68	87	82	87	71
4	87	83	80	65	87	85	84	68
5	88	88	83	63	93	89	85	67

출처: NCDPI, 2006~2007.

매디슨하이츠 초등학교
(Madison Heights Elementary School, Phoenix, Arizona)

"우리 학교는 매년 똑같은 학습 계획안을 사용하지 않는다. 새로운 학생들이 오면 새로운 교육방법을 개발한다."

"우린 언제나 성장한다. 언제든 또 다른 정상이 있기 마련이다."

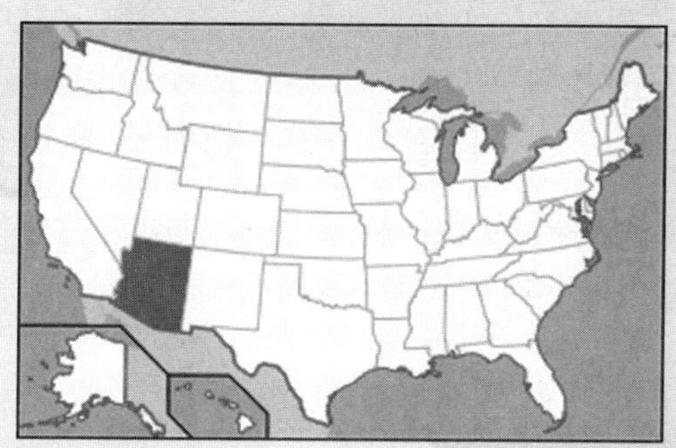

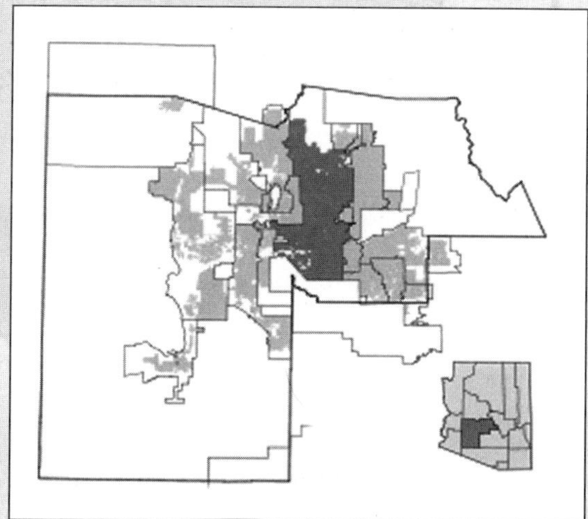

선생님은 매우 특별한 존재다.
선생님의 창의성과
사랑하고 호기심 많은 마음으로,
학생들이 생각하고, 꿈꾸고, 배우고, 시도하여
잠재된 힘이 돋아나도록
진귀한 재능을 개발하는!

−베벌리 콩클린(Beverly Conklin)[1]−

매디슨하이츠 초등학교[2]는 교직원들의 지속적인 전문능력 개발을 지원한다. 교사들이 일과 중에 최고의 수업 사례나 학생 학습활동 및 평가에 대해 토론하고 협의할 수 있는 시간을 주어 효과적인 수업전략을 세울 수 있게 하는 등, 교사들에게 수업을 가장 잘할 수 있게 지속적인 성장과 개발을 위한 현장 밀착형 전문성 개발 기회를 제공한다. 이러한 프로그램으로 교사들이 고도의 지적 능력을 갖추어 학생들의 성취를 향상시키고 있다.

매디슨하이츠 학교는 작은 학교지만, 작은 지역사회를 가지고 있다고 할 수 있다. 교사들은 교실에서 학습공동체를 형성하고, 사친회(Parent Teacher Organization: PTO)는 모든 사람이 함께하고 참여할 수 있는 여러 기회를 제공하여 학습공동체로서 지역 분위기를 조성하는 데 도움을 준다.

매디슨하이츠 초등학교는 모든 교실에 6대의 컴퓨터와 1대의 프린터를 설치하는 중점 시책을 이행 중이다. 또한 컴퓨터 실습실, 시청각장비, 디지털카메라, 오버헤드 프로젝터(OHP), 전자칠판, 노트북, 중앙관리 비디오 송신 시스템, 모

든 교실에 전화, 그리고 교직원들이 사용할 수 있는 수신 가능한 위성장치를 갖추고 있다.

　매디슨하이츠 초등학교는 도시 중심부에 위치하고 있지만, 분주한 피닉스(Phoenix) 시에서 멀리 떨어져 있다. 스쿼피크(Squaw Peak) 산기슭의 조용한 곳에 있어 오히려 작은 공동체의 느낌을 준다. 학교건물 1층에는 교실과 다른 학습공간을 연결하는 길이 있다. 그 길을 따라서 교사들과 학생들은 야외로 나갈 수

🌐 학생 1인당 교육비

구 분	교육구	주 평균
1인당 총비용	7,164 달러	9,465 달러
교수-학습	56%	56%
학생-교직원 지원	11%	6%
행정	14%	14%
기타	18%	23%

출처: NCES, 2005～2006.

🌐 학교 개황

매디슨하이츠 초등학교		주 평균
학생 수(K-5학년)	417	
백인	59%	46%
히스패닉	26%	40%
흑인	9%	5%
인디언	4%	6%
아시안	2%	3%
무료급식/급식보조	43%	51%
영어 학습자	20%	13%
특수교육	13%	
교사당 학생 수	15.7	

출처: AZ Dept. of Education, 2006～2007.

있다. 학생들은 자신의 소속을 나타내는 표시로 빨간색, 하얀색, 파란색의 교복 셔츠를 입는다. 교장인 데니즈 도노반(Denise Donovan)은 모든 학생을 알고 있고 이름을 부르며 인사를 건넨다.

높은 기준 설정

매디슨 교육구는 모든 학교에 '다양한 학생의 노력과 잠재력을 극대화시켜 모든 학생이 학교에서 정한 교육 목표를 달성하거나 능가하게 하여 평생학습을 할 수 있도록' 의무를 부여하고 있다. 학문적 수월성과 높은 기대치를 추구하고, 교육구는 주 정부보다 더 높은 학업성취 수준을 설정하여, 실천을 요구하고, 학업성취도를 세밀히 관리한다. 5년 전에 매디슨하이츠 초등학교 교사들은 새로 취임한 교장과 함께 결과에 대해 좀 더 책임을 지겠다고 결심했다. 오랜 교직 경험이 있는 숙련된 교직원들은 학교 개선을 위한 개혁을 기꺼이 받아들였다.

한때 매디슨하이츠 초등학교는 학생의 절반 정도가 중산층이었으나 현재는 저소득층 가정과 영어를 제2외국어로 배우는 학생들이 대부분이다. 계속해서 높은 성취에 대한 전반적인 강한 헌신으로 매디슨하이츠 초등학교의 3학년 학생 83%가 2003~2004학년도 애리조나 표준화 학력검사(Arizona's Instrument to Measure Standards: AIMS)에서 읽기와 수학 성적이 기준을 상회하였다. 읽기는 기준보다 33%를 초과했고, 수학도 41%를 초과하였다. 전국시험(SAT 9)에서도 읽기와 수학 점수가 시간이 지나면서 유의미하게 향상되고 있다. 이는 학생들이 매디슨하이츠 초등학교를 다니면서 매년 더 많이 배우고 성취한다는 것을 보여 주는 것이다.

매디슨하이츠 초등학교에서 변화는 빨리도, 쉽게도 오지 않았다. 교장은 지도력을 갖춘 수석교사(master teachers)팀과 함께 교육과정을 전략적으로 계획하고, 본격적으로 변화를 주도하며 교사 지원과 동기부여를 시작하였다. 이후 질 높은 강의와 학생 성취에 대한 책무성으로 점차 발전하였다. 중요한 첫 단계는 오히려 수업보다 평가에 초점을 맞추는 일이었다. 일부 교사들은 처음에는 수긍하지 않기도 했었다.

모든 출발의 시작은 자료

매년 학기를 시작할 때, 전 교직원은 '자료의 날(Data Day)'을 위해 노력한다. 교직원은 처음에 전국시험(SAT 9)과 주 표준화 학력검사(AIMS), 교육구 평균 성적분포를 조사한다. 학년별 팀에서, 교사들은 교수법 전략이 효과적인지 아닌지에 대한 증거를 확인하고, 학생별로 읽기·쓰기·수학 과목의 연도별 성취도를 도표로 정리한 자료를 분석한다. 학교 용도에 맞게 설정된 스프레드시트(spreadsheet)를 사용해 해마다 성적이 최소 5% 오른 학생들, 올해의 발전상을 받을 학생들, 작년보다 성적이 떨어진 학생들을 확인한다. 교사들은 이러한 정보를 바탕으로 학년 수준별, 학급별, 수업 집단별, 학생 개인별 성적 목표를 달성한다. 교사는 "우리 학교는 매년 똑같은 학습 계획안을 사용하지 않아요. 새로운 학생들이 오면 새로운 교육방법을 개발하죠. 틀에 박힌 수업에 의존할 수 없다는 것을 자료를 보면 알 수 있어요."라고 설명한다.

소리내어 읽기(oral reading), 유창성의 정도, 이해도 면에서 각 학생들의 성장을 짚어 나가기 위해서 독서개발평가(Developmental Reading Assessment: DRA)를 사용하여 분기마다 평가를 한다. K-3은 독서개발평가(DRA)를, 4학년 수준은 '독서량 목록(Quantitative Reading Inventory: QRI)'을 사용한다. 교사들은 듣는 시간을 마련하고 각 학생들의 읽기를 비교 분석해서 기록하는 데 고심하지만, 학생들을 개별적으로 알게 됨으로써 정확한 교육을 할 수 있게 된다. 비슷한 방법으로 교사들은 학생의 수학 과목의 발달 과정을 학기별로 평가하여 학생들이 기본적인 셈에 얼마나 능숙한지뿐만 아니라 문제 해결과 상위 사고기술 수준을 알게 된다. 교사들은 컴퓨터 성적추적 시스템으로 학기별 사정 자료를 도표와 그래프로 옮겨 분석할 수 있다. 매 학기마다 자료를 분석하고 새로운 수업 전문성 개발 목표를 세워 특정 학생의 요구를 충족시키는 데 총력을 기울인다.

능력 개발 중시

자료분석이 학생평가의 열쇠인 것처럼 능력 개발 과정 역시 신임교사의 태도, 지식, 언행을 바꿀 수 있는 비결이다. 이 교육구는 모든 학교에서 수학과 문해교육 수석교사들의 노력으로 직무를 포함한 교사들의 능력 개발을 지원한다. 매디슨하이츠 초등학교 교사들은 전문성 개발과 교사 간 협동작업을 하는 데 한 주에 세 시간가량을 보낸다. 교사들의 말에 따르면, 개별수업 준비 시간이 줄어들기는 하지만, 이 시간은 학생의 학습성취를 평가하는 시간으로 생산적이며, 체계화할 수 있고 집중할 수 있는 시간이다.

그 밖의 학교의 큰 이득은 밀켄패밀리재단(Milken Family Foundation)[3]에서 인가를 받아 5년째 운영하는 '교사발전 프로그램(Teacher Advancement Program: TAP)' 있다. 이 프로그램은 교사의 교과지식과 교수전략에 대한 투자를 확대하고 있다. 매디슨하이츠 초등학교는 이 프로그램의 지원을 받은 첫 번째 학교 중 하나다. 매디슨하이츠 초등학교는 교육구의 재원과 함께 이 프로그램을 사용하여 부가적인 코칭시간과 교사 재량시간을 주어 교사들이 새로운 기술을 재정립하도록 했다.

또한 능력 개발에서 개별적인 코치가 이루어지는데, 그 빈도는 학생의 학업성취 자료에 의해 결

정된다. 수석교사들은 일반 교사를 관찰하고, 모델을 제공하고, 조언하면서 교사 능력 개발이 이루어지도록 한다. 수업코치로서 수석교사들은 교육과정 계획안과 평가방법에 대해 다른 교사들에게 조언을 해 주고, 교수법을 제공하며 평가를 수행한다. 수석교사들은 자신들을 잘 가르치는 교사의 사례로 생각하지 않는다. 이들은 동료에게서 아이디어와 방법에 대해 피드백받는 것을 긍정적으로 생각한다. 한 수석교사는 잠시나마 수업코치의 역할을 하는 것이 지도자교사로서 신뢰도를 높이는 계기가 된다고 한다. "제가 날마다 가르치기 때문에 '우리와 그들'이 아니라 우리 모두는 교사들이며, 우리는 함께 배우고 있는 셈이죠."라고 말한다.

주간 전체회의에서, 수석교사들은 일반 교사가 학생의 과제 분석, 평가 규정 검토, 항목 개선, 읽기와 수학 교재 확인, 혹은 최선의 수업 프로그램 방법에 대해서 토론을 할 수 있게 도와준다. 회의가 끝날 때 참석자들은 아이디어를 어떻게 실천에 옮길 것인지, 다음 회의에 관심을 두고 싶은 것이 무엇인지를 결정한다. 분위기는 협동적이면서 많은 것을 서로 주고받는 기회가 된다. 한 달에 두 번 전체 교직원들이 참석하여 진행되는 교직원회의는 읽기, 쓰기 평가 같은 학교 전반의 능력 개발에 관해서 논의한다.

교사들의 책무성

학생들만 평가 대상이 되는 것은 아니다. 매디슨하이츠 초등학교에서 교사들은 교장과 지도자 교사에 의해서 한 해에 4~6회 실시하는 엄격한 평가를 받는다. 평가 규정은 최선의 교육 실천에 대한 상세한 항목으로 능력 개발에 필요한 것들로 구성되어 있다. 지도자 교사들은 교사평가를 능력 개발과 연결시키는 것이 새로운 실천을 유도하는 것이라고 한다. 교사들은 밀켄패밀리재단에서 설계한 모델에 기초해서 개인의 전문성 신장 계획을 가지고 있다.

교사평가는 교사들의 주별 교과 계획이 기준에 잘 맞는지, 학습활동이 학습 목표와 일치하는지, 학생들의 학습이 어떻게 평가되는지로 점수가 매겨진다. 또한 영어를 배워야 하는 학생이나 장애아동과 같이 서로 다른 학습방식이나 예외적인 요구가 있는 학생을 위한 편의가 이루어지는지도 점수를 매긴다. 교사들은 이러한 학생 성취도와 개별적인 전문성 발달에 의거해, 재단 후원금으로 재정적인 성과 보너스를 받게 된다.

진단평가와 수업은 교육과정 내에서 함께 조화를 이룬다. 교사들은 학기가 지나면서 학생들 각각의 읽기 솜씨를 확인한다. 그리고 도서관에 소장된 3만 권 이상의 '수준이 매겨진' 책 중에서 점진적이거나 초보자 입장뿐만 아니라 유창한 독자들도 고려해서 꼼꼼하게 교재를 고른다. 모든 교사는 독서개발평가(DRA)를 사용해서 독서 유창성을 평가한다. 이것으로 읽기를 하는 학생들이 다음 단계에서 필요한 기술과 개념이 무엇인지를 알게 된다.

학생들은 목표에 맞는 소규모 독서모임 수업에 배정된다. 이들은 매일 독창적인 글쓰기 과제를 소화한다. 저학년은 '총체적 작문 항목(Holistic Writing Rubric)'으로, 고학년은 '6＋1 특성 항목(Six Plus One Trait Rubric)'으로 평가받는다. 읽기와 관련한 평가 구성 요소는 진단평가, 계획, 교육, 평가라는 '교육학습주기(Teaching Learning Cycle: TLC)'로 이루어진다.

주 정부와 교육구의 기준을 준수하며, 매디슨하이츠 초등학교는 수학 교과에는 '수치, 자료 및 공간에 대한 조사(TERC)'를, 과학 교과에는 탐구기반의 '최대 선택과목 지식 시스템(FOSS)'을 활용한다. 체육 과목이나 미술, 음악, 도서관, 컴퓨터 수업도 학교가 설정한 독서와 수학에서의 목표를 달성하도록 지원하고 구체적인 내용의 기준에 초점을 맞춘다.

한 교사는 일관성이 하나의 강점이 된다고 언급한다. "우리 학교의 교육과정은 수평적으로든 수직적으로든 매우 일관적입니다. 교사들은 똑같은 진단평가 도구를 사용하고, 같은 수업일과(routines)를 사용하고 있습니다. 유치원에서부터 단

계적으로 만들어진 동일한 학습전략으로 학생을 가르치게 됩니다." 매디슨하이츠 초등학교 학생들은 그들이 배워 왔던 전략에 관해 이야기하는 것에 열의를 갖고 있다. "학습전략은 중요한 것이기 때문에 기억을 하고, 그래서 항상 그런 것들을 품고 있게 되는 것이죠."라고 한 학생이 설명한다. "예를 들면, 수학에서 단어 때문에 골치가 아프다면 그 문제를 다시 읽고, 질문에 밑줄을 그어요. 그러면 그 질문이 곱셈이나 덧셈, 나눗셈처럼 무슨 의미인지 판단이 서게 되는 거예요. 그리고 숫자문제로 넘어가게 되면 그 문제를 풀기 위해 또 다른 전략이 필요하게 되죠. 문제를 푸는 데는 한 가지 방법만 있는 건 아니에요. 아주 많은 전략이 있어요!" 학생들은 이미 알고 있는 것 때문만이 아니라 모든 과목에 유용한 많은 전략을 알고 있기 때문에 중학교에 진학해서도 잘할 것으로 기대한다.

유치원 초기에는 교실에서의 일상적인 일과와 규칙은 학생들 스스로 학습에 대해 책임감을 갖는 데 도움을 준다. 한 교사는 "집단 내의 무질서와 소통의 어려움을 가지고 있는 상태에서는 소집단을 구성할 수 없다. 매년 초에, 충분한 시간과 에너지를 학급 일과를 준비하는 데 투자해야 한다. 이렇게 해서 학생들이 교실에서 어떤 역할을 할지에 대해 알고, 학생다운 것이 무엇인지, 학생들이 우리에게 바라는 것이 무엇인지를 알 수 있다."라고 말한다. 매디슨하이츠 초등학교는 품행관리에 대해서는 STAR 시스템을 채택하고 있다. 이 시스템의 다섯 가지 방침인 '참여하자, 자신에 책임감을 갖자, 즉각적이자, 준비된 사람이 되자, 공손한 사람이 되자.'라는 바른 행동에 대한 적절한 기준을 제시한다. 모든 학생은 매주 같은 수의 별 스티커를 가지고 시작한다. 그들은 부적절한 행동을 했을 때만 별 스티커를 잃게 된다. 별 스티커를 많이 가진 학생과 학급은 매주 특별한 활동으로 보상을 받는다.

소집단별 개별화된 수업

교사들은 교실환경을 정돈해 학생들이 또래와 함께 소규모 집단을 이루어 공부할 수 있게 한다. "학생들을 소집단으로 나누어 가르치는 것은 아주 중요합니다. 전체 집단에 묶여 있다면 맞춤식 교육을 할 수 없습니다."라고 한 교사가 말한다. 교사들은 모든 학생이 배운 것에 대해 책임을 느낄 수 있도록 친절하게 인도하며 개별적인 도움을 준다. 집단 구성은 항상 더 많은 후원이 필요한 학생들과 우등생들이 자주 어울릴 수 있게 짜인다. 학생들은 교사의 수업 집단을 '신성불가침'으로 보고, 소집단 시간을 방해하기보다는 서로를 의지할 수 있는 친구로 여긴다. 한 학생은 "우리는 정말로 나쁜 위급한 상황이 있을 때만 중단할 수 있지 질문을 해야 할 때는 절대 그러지 않아요. 대신 세 명의 친구들에게 도움을 요청할 수는 있죠."라고 말한다.

많은 특수교육팀은 교실 내의 모든 학생을 책임지는 담임교사를 신뢰한다. 담임교사는 "우리는 지원을 받고 있다. 현재 우리는 학기를 보내면서, 매우 구체적인 것에서부터 추상적인 것까지 배워 가는 과정을 살피고 있다. 자료를 통해서 학생들의 수준을 본다고 하면, 그것은 아이가 낮은 성취인지 혹은 높은 성취

인지를 알고자 하는 것이 아니다. 우리가 알고자 하는 것은 이 학생이 현재 어디쯤에 있고, 다음 단계는 어떠한 것이며, 그 아이의 발달 과정을 내가 어떻게 평가할 수 있을까에 대한 것이다. 우리는 높은 기대감을 설정하고, 그 결과를 지켜보고 있다.”라고 말한다.

학기가 시작하는 시점에 팀은 의사소통장애와 자폐증을 가진 학생을 위한 수업의 기초를 설정한다. 특수교육 학생들은 하루에 60%까지는 수업(classes)과 소집단 수업(instruction)에 참가한다. 교사들은 학생들이 목표를 세우고 그들이 독서나 수학에서 왜 특별한 도움을 받는지에 대해 이해시킨다. 마찬가지로 영어 학습자들은 수업을 듣는 교실이 꽉 찰 정도로 언어 과목에서 실력을 키우기 위해 파트타임 수업을 놓치지 않는다. 영어를 제2외국어로 가르치는 교사는 “교사들은 강력한 시각정보나 언어의 단순화를 통해 과제를 단축시켜 학생들의 편의를 도모합니다.”라고 말한다.

매디슨하이츠 학교에는 활발한 학부모 모임이 있다. 정규 학교신문은 가족들이 지속적으로 소식을 알 수 있게 해 준다. 교사들은 학부모 회의를 이용해 진단평가 결과를 설명하고, 학생의 독서, 작문, 수학 포트폴리오를 보면서 학부모들로 하여금 자녀들의 진보 과정을 이해할 수 있게 한다. 매디슨하이츠 초등학교에 자리 잡은 교육구 조정 자원봉사실은 학생과 한번에 한 시간가량 일대일로 개별수업을 하게 될 45명의 독서 개별지도교사를 선발하여 교육시킨다. 교육구에서는 여름 심화학습과 병행하여 영어를 배워야 하는 사람과 학습 목표를 채우기 위해 별도의 시간이 필요한 학생을 대상으로 3시간의 수업시간을 마련하고 있다.

항상 새로운 정상

강력하면서도 공유된 지도력은 교사들을 단계적으로 이끈다. 도노반 교장은 K-4 교육과정과 교육학에 대한 전문적인 지식을 제시한다. 교사들은 교장의 비전과 끈기, 에너지, 그리고 높은 기대에 대한 신뢰를 표시한다. 교장이 교육계의 선도자로서 제일 앞서 있다는 것을 알고 있다. 전략적인 계획자로서 교장은 변화에는 반드시 강력하지만 점진적일 필요가 있다는 것을 이해하고 있다. 도노반 교장은 교사들이 자신들의 굳건한 가치기준을 지킴으로써 교육과정에 동참하도록 한다.

도노반 교장은 성공한 이유를 리더십 팀과 교직원의 노력 덕분이라며 공을 돌린다. 한 수석교사는 "우린 언제나 성장한다. 언제든 또 다른 정상이 있게 마련이다."라고 말한다. 다른 교사는 "처음에는 바꿀 것들이 정말 많았다. 지금은 자료분석이 가장 먼저 할 일이라고 말할 수 있다. 소집단 교육, 학급관리, 진단평가, 학기별 예상, 세심한 수업은 그 다음 일이다. 이제 우리는 각 학급에서의 개선이나 아주 작은 변화를 만들어야 한다. 우리는 계속해서 높이 더 높이 올라가야 합니다. 어떠한 혁신이든 그것을 지탱하는 힘만큼 좋은 건 없다."라고 덧붙인다.

　매디슨하이츠의 교장과 교직원들은 그들 스스로 성공하는 요소를 갖고 있다. '리더십, 높은 기대치, 질적인 능력 개발, 실제적인 팀워크를 위한 충분한 시간, 그리고 결과물에 대한 책임감' 등이 그것이다. 봄철의 사막과 같이 매디슨하이츠 초등학교는 여러 가지 조건이 무르익었을 때 좋은 결실을 맺는다.

🌐 매디슨하이츠 초등학교 주 표준화 학력검사(AIMS)[4] 결과(%)[5]

대상 학년	2007				2008			
	읽기	주 평균	수학	주 평균	읽기	주 평균	수학	주 평균
전체(K-4)	77		84					
3	82	72	83	74	79	69	81	71
4	71	67	86	76	75	69	95	74

출처: AZ Dept. of Education, 2007~2008.

우드로윌슨 초등학교

(Woodrow Wilson Elementary School, Weehawken, New Jersey)

"날마다 다르다."

"우리는 '학생들이 알아야 할 것이 무엇인가?' 라는 질문에서 시작한다."

"우리는 정말이지 여기서 가치를 인정받고, 근무하는 것이 행복하다."

"선생님들은 학교에서 우리가 꿈을 펼칠 수 있도록 해 줍니다."

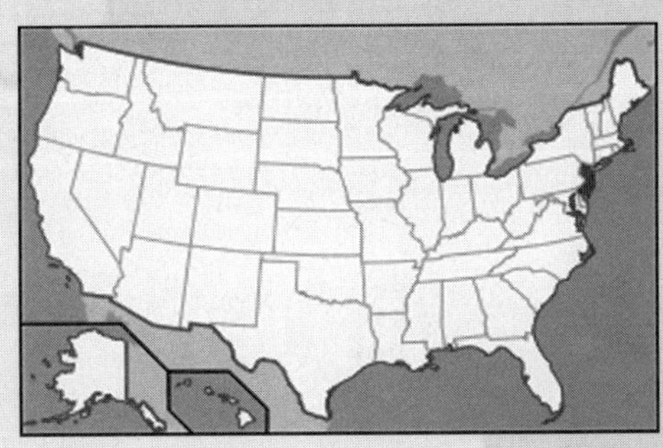

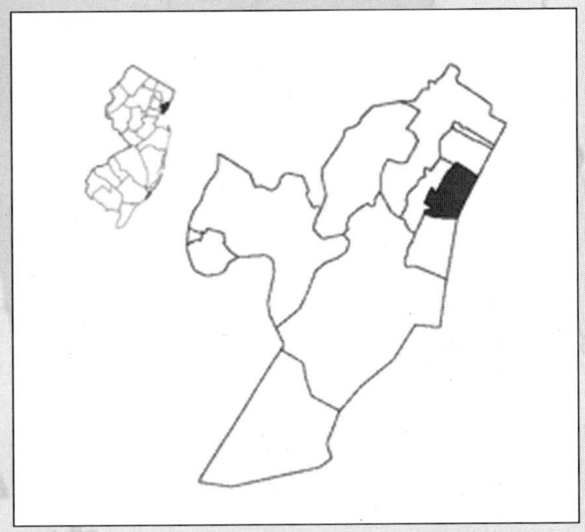

　　우드로월슨 초등학교[1]는 학부모평가에서 최고점을 받고 있는 학교다.[2] 교직원들은 모든 학생이 특별한 재능을 소유하고 있다고 믿는다. 학교는 창조력이 풍부한 환경을 조성하여 학생들의 잠재력을 찾아 개발시키고 신장시킬 수 있게 하는 책임을 지니고 있다고 여긴다. 교사들과 예능지도자들의 과제는 학생들이 폭넓은 학문적 목표에 부합해야 하는 상황에서도 상상력과 창의력을 극대화하여 연마할 수 있는 방법을 찾는 것이다. 예술 수업과 예술이 통합된 학습 프로젝트는 학생들의 자아, 상상력, 예술 형태 및 새로운 문제 등을 발견할 수 있게 한다. 학생들은 예술 수업에 적극적으로 참여하여 아이디어를 표현하는 새로운 방법을 배우며, 의사소통기술을 연마한다.

🌐 학생 1인당 교육비

구 분	교육구	주 평균
1인당 총비용	16,193 달러	14,603 달러
교수-학습	53%	60%
학생-교직원 지원	21%	11%
행정	8%	10%
기타	18%	19%

출처: NCES, 2005~2006.

🌐 학교 개황

우드로윌슨 초등학교		주 평균
학생 수(1~8학년)	316	
히스패닉	90%	19%
백인	5%	56%
아시안	3%	8%
흑인	2%	17%
무료급식/급식보조	76%	27%
개별화 특수교육 프로그램(IEPs)[3]	9%	12%
영어 학습자	8%	4%
학급당 학생 수	18	19

출처: NJ Dept. of Education, 2006~2007.

　우드로윌슨 초등학교의 교육과정에서 새로운 것 가운데 하나는 명확한 선택과정 프로그램을 이수할 수 있다는 점이다. 선택과정은 학생의 입장에서 탐구할 대상이라고 할 수 있다. 이러한 선택과정은 학생들의 관심을 더욱 분명하게 하여, 장차 심화과정으로 공부하게 될 전문학원과 미술 및 공연예술 분야와 연계시켜 준다. 학기 중 계속 제공되는 선택과정은 교육 프로그램에 기초한 다양하고 폭넓은 예능과 기술을 짧은 시간 내에 익힐 수 있게 한다. 이러한 과정은 우드로윌슨의 정신을 잘 나타낸다.

　우드로윌슨 초등학교는 유니언시티 (Union City) 교육구의 일부지만 뉴저지 주 위호켄(Weehawken)의 한 고등학교였던 곳에 자리하고 있다. 위호켄의 학생 수는 약 1,000명 수준에서 유지되고 있지만, 유니언시티는 한 해 12,000명에 가까운 학생이 늘어나고 있어서 우드로윌슨 초등학교를 받아들였다. 유니언시티는

인구 밀도가 높은 도시 가운데 하나로서 67,000여 명이 2km² 내에 거주하고 있다. 유니언시티의 교육구는 뉴저지 주의 가장 가난한 곳 중 하나다.

유니언시티보다 부유한 위호켄 거주자들은 처음에 도심 학생들이 그들의 이웃이 되는 것을 경계하였다. 우드로윌슨 초등학교 학생들은 '도심 학생'들로 90%가 히스패닉 출신이고, 약 75%가 저소득층이다. 하지만 우드로윌슨 초등학교 학생들은 동기 부여도가 높고, 부분적으로 학교의 강력한 학생 중심의 교육 이념 덕분에 높은 성취도를 보이고 있다. 학교의 개방적 특색에 따라 학교장은 기회가 있을 때마다 위호켄 주민을 학교로 초청하였고, 십 년이 지난 지금 마을 사람들은 이 학교를 자랑스러워 한다.

유니언시티는 예술 고취식 교육과정을 적용하는 뉴저지 주의 첫 교육구 중 하나였다. 1995년에 지역지도자들은 영재 프로그램에 기초한 새로운 학교를 창설하기 위해 그 당시 영재 담당교사인 론 트리너(Ron Treanor)를 영입하였다. 교장으로서 트리너는 '자기이해력과 소질을 개발하는 교육을 받은 균형 잡힌 학생들'이라는 비전을 펼쳤다. 예술 기반의 교육은 주 당국의 폭넓은 지원을 토대로 진행되었다. 교장에게 교직원을 개인적으로 신중하게 선택할 수 있는 자유가 주어졌기에 트리너 교장은 일에 대한 열정이 있고 공식적이든 비공식적이든 예술 경험이 있는 교사들을 선택하였다.

교육과정 담당교사인 앤서니 버체티(Anthony Buschetti)와 전체 학교개혁 촉진자인 미미 베어(Mimi Bair)와 함께 근무하면서, 트리너 교장은 엄격하고 창의적이며 효율적인 학생 중심의 학습 프로그램을 개발하기 위해 하워드 가드너(Howard Gardner)의 다중지능이론과 예술 경험을 교육에 활용하였다. 학생들은 지원서를 통해 입학하고, 학문과 예술 분야에 두각을 나타내는 정도와 관심에 따라 선발된다.

다중지능 존중

학교 로비에 두드러지게 전시된 것은 학생이 만든 가드너의 여덟 가지 지능에 대한 포스터다.

- 언어적 지능
- 논리–수학적 지능
- 음악적 지능
- 시각적–공간적 지능
- 신체상의 운동감각적 지능
- 대인관계적 지능
- 개인의 내적 지능
- 자연주의자 지능

가드너는 우리가 세상과 교섭하기 위해 통상적으로 언어적·수학적인 것 외에도 다른 '지능'을 사용하며, 우리 각자는 고유한 특징으로 인지적 강점과 결점을 가지고 있다고 하였다. 우드로윌슨 초등학교에서 이 말은 각 학생들이 개인적인 학습자로서 이해된다는 것을 의미한다. 교사들은 다양한 접근법을 사용해 모든 학생이 학습 주제를 파악하고 그들의 학습을 실제로 설명하는 방법을 구체적으로 찾을 수 있도록 하고 있다.

우드로윌슨 초등학교의 교육철학은 트리너 교장이 강조한 예술통합적 교육과정을 구현하기 위해 다중지능이라는 아이디어를 예술에 대한 체험과 감상에 결합시키고 있다. 대부분의 학교에서 예술은 개인적이거나 가끔 선택할 수 있는 수업에 지나지 않는다. 우드로윌슨 초등학교 교사들은 학생들을 참여시키고, 새로운 지식과 기술을 습득하도록

학생들의 다중지능을 조사하여, 학생들이 복잡한 아이디어를 발표하게 하고 체계화하도록 동기를 유발시킨다. 이러한 수업은 각광을 받고 있다.

다중지능 예술 영역(Multiple Intelligences Arts Domain: MIAD)[4]은 이런 접근을 구체화한다. 다중지능 예술 영역은 화요일과 수요일 오후의 정기적인 시간에 교사와 학생이 정해진 교실을 떠나, 교내 다른 학년의 학생 및 다른 교사늘과 섞여 선택한 예술활동을 배우거나 실습하게 된다. 최근 다중지능 예술 영역 개설 과목에는 사교댄스, 재즈, 기타, 탐정·공상과학소설 쓰기, 오페라, 발레, 무대 디자인, 도자기 제작, 현대무용, 토론, 수영, 골프, 대중음악, 해리포터, 미국 수화와 셰익스피어 등이 포함되어 있다. 특색 있는 한 과목으로 토론과 논쟁의 기술인 '변론술(토론연습)'이 있는데, 학생들은 다른 학교의 팀과 경쟁하며, 참신한 연설과 다른 작품에 대한 해석을 준비해서 발표한다. 허드슨카운티(Hudson County)의 공립학교가 변론술을 개설하고 있지만, 우드로윌슨 초등학교 학생들이 주 선수권 대회의 타이틀을 지난 3년간 보유하고 있다.

교사들은 매년 그해의 다중지능 예술 영역방식 수업에 대해 학생들이 함께 곰곰이 생각해 보는 '집회'를 열고 있다. 교사들과 행정가들은 다중지능 예술 영역을 학생들의 관심사와 선택에 포상을 연계시켜 주고 사고기술을 세련되게 연습하도록 개개인이 적극 참여하는 다차원적인 방식을 제공한다.

전문 예술가의 심화교육

우드로윌슨 초등학교의 예술에 대한 적용 중 눈에 띄는 특징 한 가지는, 이 학교가 주요 문화단체와 오랫동안 관계를 맺고 행사를 진행해 오고 있다는 점이다. 맨해튼(Manhattan) 중간 지역에서 허드슨 강 건너편에 이르기까지, 우드로윌슨 초등학교는 시립오페라단,

뉴욕시 오페라단, 뉴욕시 발레단, 그리고 미국무도장협회, 뉴저지 예술협의회, 뉴저지 공연예술센터와 뉴저지 청소년관객(Young Audiences of New Jersey)과 협력하고 있다.

전문 예술가들도 학생들과 긴밀하게 작업을 한다. 4학년 학생들은 몸짓의 '표현법'을 뉴욕시 발레단의 한 전문가와 함께 공부한다. 매년 1, 2학년 학생들은 대본에서 조명과 홍보에 이르는 과정을 시립오페라단의 전문가에게 지도받으며 스스로 오페라를 창작한다.

"우리는 '학생들이 알아야 할 것이 무엇인가?'라는 질문에서 시작합니다."라고 트리너 교장은 설명한다. "또한 우리는 질문 목록을 만들고 교육과정과 예술을 교차시키죠." 교사들은 뉴저지 주 학업성취 기준에서 학생들이 반드시 습득해야 하는 기술과 내용을 나눈다. 그 후에 가드너의 다중지능뿐만 아니라 블룸(Bloom)의 고등사고에 대한 분류법, '필수적인 학교의 기본원리 연합'을 통합시켜, 학생들에게 가르칠 내용을 계획한다. 교사들은 수업 개요를 만들어 개별 학생들의 가장 우수한 재능을 존중해 주면서, 여타의 재능을 개발하는 데 도움을 주고 있다. 트리너 교장은 모든 수업 계획안을 살펴서 교육학적으로, 학문적으로 적합한지를 확인한다.

각 학년 교사들은 컴퓨터, 기술, 언어, 그리고 음악 교사들과 함께 주마다 협동해서 계획하는 시간을 갖는다. 여기에 트리너 교장과 학교개혁 촉진자인 베어가 모두 참석한다. 한 교사는 트리너 교장의 태도를 일컬어 '긍정/긍정, 승/승'으로 묘사하며, "교장의 주문은 우리에게 좋은 결실을 가져다 줍니다."라고 말한다. 또 다른 교사는 "그분의 격려는 힘이 됩니다. 최선을 다하고 싶어집니다."라고 말한다. 한 교사는 "내가 32년간 보아 왔던 것 중에 최상의 행정팀입니다. 우리는 정말이지 여기서 가치를 인정받

고, 근무하는 것이 행복합니다."라고 전한다. 교사들 사이의 분위기는 정말 화기애애하고 협력적이다.

학생들은 학교가 안전한 안식처라고 여긴다. 7, 8학년 학생들은 1, 2학년 학생들에게 조언과 상담으로 학교 문화에 쉽게 익숙해지도록 하며, 좀 더 높은 학년의 학생들과도 관계를 지속한다. 우드로윌슨 초등학교는 '어디에나 통하게 되는 큰문'과 같다고 한 학생이 말한다. 또 다른 학생은 학교를 '수많은 도로를 달리지만 길을 잃지 않는 큰 차'에 비유한다. 한 6학년 학생은 "선생님들은 학교에서 우리가 꿈을 펼칠 수 있도록 해 줍니다."라고 말한다. 한 교사는 "우리는 학생들에게 학습방법을 익힐 수 있도록 많은 배려를 하고 있습니다." 그리고 "위험을 감수하면서도 위압적이지 않은 분위기 속에서 평범한 학생들이 굉장한 것들을 시도해 볼 기회를 줍니다. 사실, 같은 또래들이 그런 위험을 감수하는 학생들의 태도를 존중합니다."라고 설명한다.

나날이 새로운 일과 생활

교사들은 아침에 학교로 근무하러 가는 것이 무척이나 기다려진다고 말한다. 한 교사의 설명에 따르면, 대부분은 '날마다 다르다'고 여기기 때문이다. 학교에서는 학생들을 한 개인으로서 가르치기 때문에, 어느 과목을 학습하는 데 공

식처럼 똑같은 방법은 없다. 교사들은 항상 수업자료를 새롭게 만들어 사용하면서 모든 학생이 수업자료를 파악할 수 있게 돕는다. "우리는 모든 학생이 무엇인가를 어떤 방식으로든 배우게 된다는 것을 알고 있습니다." 독특한 것을 요구하는 학생들은 주로 체험학습을 통해 잘할 수 있게 되는 것

같다고 담당교사가 언급한다.

교사들은 능력 개발 기회를 통해 예술에 대한 흥미를 추구하고, 그 내용에 대한 지식을 심화시키거나 교수 능력을 풍부하게 한다. 뉴저지 주의 대학과 함께 공동작업을 하면서, 능력 개발을 계획하기도 한다. 신임교사들은 교육과정에 예술 분야를 흡수시키는 작업에 집중적인 보조를 받는다. 모든 교사는 자신들의 교실을 기획할 수 있는 자유가 있고, 통상적인 교실 예산을 보충할 수 있는 개별 다중지능 예술 영역 예산이 주어진다. 교사들은 근무하는 것이 활기차긴 하지만, 그들이 수업을 계획할 때 예술과 다중지능, 블룸의 분류법, 주 정부와 교육구의 기준 외에도 본질적인 학교 철학을 따르는 것은 어려운 일이다. 이에 상당수의 교사가 이런 정책에 질려 학교를 떠났지만 남아 있는 교사들은 강한 책임감과 헌신을 보여 준다.

학부모의 참여도 활발하며 종종 학생작품을 돕는 데 자원하기도 한다. 활발한 과학기술 프로그램 덕택에 대부분의 교실과 많은 학생의 집에서 인터넷 접속이 가능하고, 학부모와 교사 간의 소통이 전자우편을 통해 널리 이루어진다. 학교 직원들 거의 대부분은 ESL(English as a Second Language) 자격이 있으며, 2개 국어가 가능하다. 학부모들은 트리너 교장을 학생들이 필요로 하는 일을 기꺼이 하는 사람이라고 평한다. 학교는 지역 의료시설과 공동으로 '어머니의 날'에 학생들의 여성 가족을 위해서 건강검진을 학교에서 할 수 있도록 후원하기도 한다.

학생들은 교육구의 연간 학년별 주제에 맞는 프로젝트로 공부한다. 예를 들면, 어느 해에, 7학년이 맡은 주제는 '남북전쟁'이었다. 우드로윌슨 초등학교에서는 남북전쟁에 관한 헐리우드 영화를 정해 그 영화의 장면에 대한 줄거리를 쓰고, 영화의 일부를 연기하기도 했다. 또 다른 남북전쟁 프로

젝트는 학생들의 견해를 일지에 쓰도록 했다. 학생들은 남부의 남자 노예나 북부의 자유로운 여자 노예의 관점에서, 혹은 노예 주인인 백인의 관점에서 글을 썼고, 그 일지에 담긴 장면을 연기하고 등장인물에 대해 파워포인트 발표를 진행하기도 했다. 모든 학생이 파워포인트로 발표하는 법을 배우고 있다.

각각의 학급에는 컴퓨터와 인터넷이 연결되어 있고, 많은 컴퓨터가 배치된 컴퓨터실은 매일 개방된다. 우드로윌슨 초등학교는 유니언시티의 다른 모든 학교와 연결되어 있고, 현재는 새로운 'thin client' [5] 기술을 통해 학생들이 전 세계 어느 곳에서든 그들의 작업에 접근할 수 있다. 7학년과 8학년 전체 학생은 전자 포트폴리오를 창작한다. 여기에는 각각의 작품에 대한 학생의 감상으로 구성된 디지털 수집물도 포함된다. 전자 포트폴리오는 학생들이 졸업할 때 돌려받게 되며, 졸업 후에 어딘가에 지원을 할 때 사용할 수 있다. 또한 저출력 라디오 방송실이 있어, 학생들은 라디오 프로그램을 제작, 방송하는 방법을 배운다.

발표는 학생의 학습에서 중요한 부분이다. 한해 동안 학생들은 비공식 다중지능 예술 영역 집회와 오페라, 뮤지컬, 연극 등의 완성된 작품 양쪽 모두에 참가한다. 공연은 우드로윌슨 초등학교 교사들이 주최하고, 학생들에게 이러한 공연은 훗날의 삶에서 대중 강연을 할 때 유용한 자산이 될 것이다. 학생들은 관객 앞에서 침착함과 마음의 안정을 가질 수 있도록 연습할 수 있다. 또한 학생들이 예행연습과 그에 대한 감상을 통해 연기력을 연마하는 데 도움을 준다. '2001년 우드로윌슨의 자화상'이라는 작품에서 만난 캐럴 파인버그(Carol Fineberg)는 "학생들은 공연 준비를 마무리하는 것이 아이디어를 생각해 내는 것만큼 중요하다는 것을 배웁니다."라고 말한다. 학생들은 노력을 통해 자신들이 설정한 높은 기대치를 달성할 수 있다는 것을 깨닫는다.

주 정부의 표준화된 종합검사 및 각 학습 프로젝트와 학생별로 교사가 설계한 평가기준에 의해 평가가 이루어진다. 이 교육구는 각 핵심 주제에 관련한 20개의 기준을 정했다. 즉, 교사들은 매 8주마다 학생들의 진도를 벤치마킹 한다. 교사들은 학생 진도 사정과 평가서 제작을 위해 학급과 학생의 포트폴리오를 유지한다. 학교는 1월에서 3월까지 주의 표준화 학력검사를 준비하는 7, 8학년 학생들을 위해 방과후 프로그램을 지원한다.

모든 학생에게 도움이 되는 예술

학생들은 지원서와 면접을 거쳐 입학하지만, 일부 학생들은 이전 학교의 정원 초과를 덜기 위해 마련한 6학년에 편입되기도 한다. 이렇게 입학한 6학년들은 예술 통합적 학교에서 공부하는, 소위 '비예술을 지향하는 평범한' 학생들에게 유용한 사례를 제공한다. 이 학생들은 우드로윌슨 초등학교에 순응하는 데 굉장히 많은 시간을 보낸다. "그들은 일과를 계획하고 결정을 내리는 방법을 배워야 하며, 대체로 평소에 기대하는 것보다 더 독자적으로 행동하는 법도 익혀야 합니다."라고 한 교사가 설명한다. 하지만 이들 학생 중에서 가장 냉소적인 아이들조차도 결국에는 학교 생활에 익숙해지는 법과 기존 생활에서 벗어나는 방법을 찾게 된다.

이런 학생들은 트리너 교장이 내세우는 학교 모델이 다른 곳에서도 가능하다는 주장을 뒷받침하는 것이다. 교장과 교사들은 우드로윌슨 초등학교에서 설계된 학교 시스템이 예능적 성향에 관계없이 어떤 저학년 초등학교 학생에게도 성공적일 수 있다는 점을 내세우고 있다. 그들의 경험으로는 모든 학생이 예술에 기초를 둔 교육에서 이득을 얻을 수 있다는 것이다.

대부분의 우드로윌슨 초등학교 학생들은 교육구별 평가에서 평균 이상의 좋은 성적을 받는다. 인지력검사에서는 수리력 부문에서 의미 있는 성장을 보인다. 또한 저소득이라는 가정환경에도 불구하고, 학생들은 사회적 기술, 능력, 감정적 균형과 신체적 · 학문적 재능 같은 자아에 대한 척도에서도 높은 점수를 받고 있다. 교육구 내 SAT 시험에서 1,000점 이상을 받는 학생 중 우드로윌슨 초등학교 졸업생들이 가장 많고, 한 고등학교에서는 우등생의 수가 가장 많을 정도로 우수하다. 비록 많은 수가 필립스엑세터(Phillips Exeter)와 앤도버아카데미즈(Andover Academies) 같은 사립고등학교로 진학하지만, 예술지향적인 유니언힐 고등학교(Union Hill High School)나 기술지향적인 에머슨 고등학교(Emerson High School)에도 입학한다. 주 정부 프로그램인 SEEDS[6]는 저소득층 학생들이 이러한 사립 상급 학교에 다닐 수 있게 도움을 주고 있다.

한 교사는 "우리 동창들이 학교로 와서 우드로윌슨 초등학교에서 배워 익힌 책임감 때문에 자신들이 또래보다 대학에 진학하기 위한 준비가 잘 되어 있다고 합니다."라고 말한다. 트리너 교장은 "충분한 실력이 있는 학생은 기여할 것이 많고, '우리 학교'를 졸업하는 학생들은 자신과 세상에 봉사해야 할 것들에 대한 판단력이 있습니다."라고 주장한다.

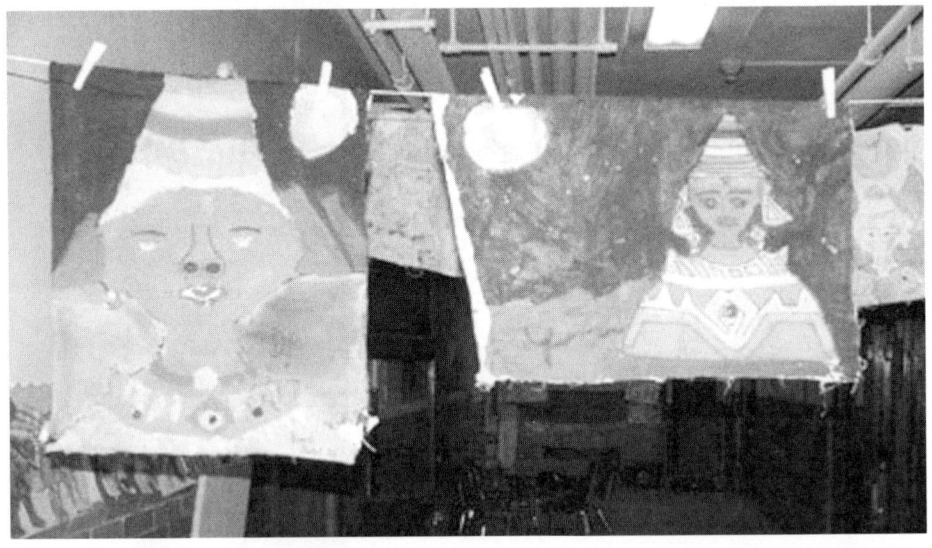

🌐 우드로윌슨 초등학교 2007년 주 표준화 학력검사(NJASK)[7] 결과(%)[8]

대상 학년	영어	주 평균	수학	주 평균
전체(1~8)	92		93	
3	90	83	95	87
4	91	81	97	85
5	97	89	92	84
6	90	76	95	79
7	90	80	86	66
8	96	74	93	68

출처: NJ Dept. of Education, 2006~2007.

로저스 초등학교
(T. H. Rogers Elementary School, Houston, Texas)

"성공이라는 항구로 안전하게 들어올 수 있도록 모든 학생을 안내해 주는 등대 역할을 하는 학교"

"우리는 학생 중심적이다."

"그 누구도 세상의 모든 것을 다할 수 있는 사람은 없지만, 모든 사람은 무엇인가를 할 수는 있다."

"학생들은 우리를 감동시키고, 우리는 학생들을 감동시킨다."

"희망적인 것은 학생들이 조용한 관찰자에서 활동적인 참여자로 바뀌게 된다는 것이다."

"저는 장애를 가진 학습자들을 돕고, 그들에게서 배웁니다."

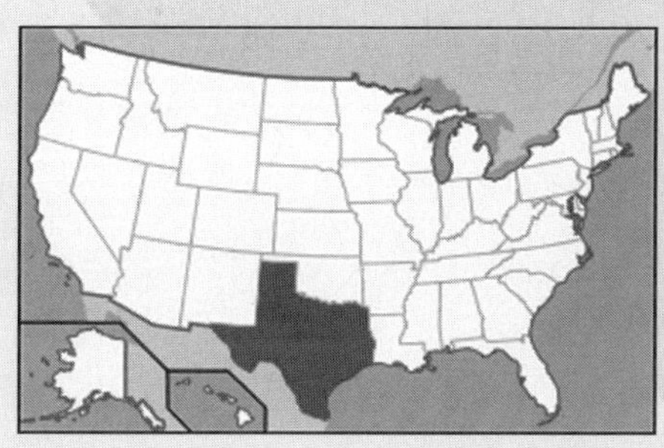

로저스 초등학교[1]의 사명은 모든 학생에게 그들이 최대한의 잠재력을 계발할 수 있는 교육기회를 제공하는 것이다. 이 학교는 지원적인 학습환경을 조성하여 특별한 인적 구성원들을 통합하고, 학생들에게 더 나은 학습기회를 제공하며, 우수한 결과를 얻기 위해 지속적으로 헌신한다.

로저스 초등학교의 목표 가운데 하나는 자신과 다른 사람에 대한 이해심과 수용력을 길러 주는 것이다. 이 학교는 모든 학생이 문화, 인종, 경제적 또는 신체적 차이에 관계없이 서로를 존중하도록 교육한다. 궁극적인 목표는 학생 모두가 균형 잡히고 다재다능한 사람이 되어 자신이 살고 있는 세상을 위해 자신이 가진 최대한의 잠재력을 발휘할 수 있게 하는 것이다.

세상의 모든 사람을 존중하는 헌신적인, 휴스턴 갤러리아(Huston Galleria) 지역의 로저스 초등학교는 크게 세 부류의 특수학생 계층으로 구성된 독특한 혼합형 학교다. 교내 영재 프로그램을 통해, K-5학년에 속한 영재 및 재능 있는 아동들, 청각장애인들을 위한 '지역 기념일 학교'로서 유치원에서 5학년까지 청각장애를 가진 아동들, 그리고 신생아부터 5학년까지 복합장애를 가진 아동들을 동시에 지도한다.

🌐 학생 1인당 교육비

구 분	교육구	주 평균
1인당 총비용	7,472 달러	8,818 달러
교수-학습	59%	60%
학생-교직원 지원	10%	7%
학교 지도자	10%	12%
기타	21%	21%

출처: NCES, 2005~2006.

🌐 학교 개황

로저스 초등학교		주 평균
학생 수(preK-5학년)	290	
아시안/태평양 섬	32%	3%
히스패닉	29%	46%
백인	24%	36%
흑인	15%	14%
인디언	<1%	<1%
무료급식/급식보조	39%	47%
특수교육	45%	11%
영재교육	62%	8%
영어 학습자	2%	16%
학생 이동률	6%	
학급 당 학생	22	20

출처: TX Education Agency, 2006~2007.

로저스 초등학교의 뱅가드(Vanguard)[2] 학생들은 로저스 공동체의 일원으로 수화(sign language)를 배우고, 중복장애 학급에서는 수화가 사용된다. 이 학교는 뱅가드 영재, 중복장애 학생, 그리고 청각장애 학생으로 구성되어 있다. 다양한 학교 인적 구성의 특징을 살려 혼합된 교육 프로그램을 특성화하여 운영하고 있다. 또한 학생들이 생활하는 데 전혀 불편이 없도록 학교시설을 재정비하여, 장애학생들이 스스로 학교 생활을 할 수 있을 정도로 최대한의 노력을 한다. 학교 전체적으로 교실관리를 특별히 하며, 이 학교의 영재학생들과 통합교육을 받는 데 필요한 교실 운용에 탄력성을 발휘한다.

혼합된 학생 구성

학교의 임무는 '성공이라는 항구로 안전하게 들어올 수 있도록 모든 학생을 안내해 주는 등대 역할을 하는 것'이다. 낸시 맨리(Nancy Manley) 교장은 "학생들은 모든 사람에게서 가치를 발견하고, 매우 어린 나이에 가치의 중요성을 인식하면서, 자신들과는 다른 사람도 있음을 알게 된다."라고 믿고 있다. 도서관 사서는 "그 누구도 세상의 모든 것을 다 할 수 있는 사람은 없지만, 모든 사람은 무엇인가를 할 수는 있다."라고 말한다.

학생들이 지닌 감수성 때문에 영재, 복합장애 학생, 청각장애 학생들로 구성된 혼합형 교육이 이루어지고 있다. 일부 영재학생들 역시 어떤 특별한 교육이 필요할 수도 있다. "영재학생들은 감성이 매우 예민해서 다른 사람들에 대해 매우 방어적이다."라고 한 교사는 설명한다. 모든 교직원은 "학생들은 우리를 감동시키고, 우리는 학생들을 감동시킨다."라고 하면서 이 학교를 '가족적인 분위기'로 묘사한다.

로저스 초등학교 교직원들 역시 소수인종별, 성별 그리고 의사소통 방법에 따라 다양한 형태를 띠고 있다. 많은 교직원이 수화를 할 줄 알고, 청각장애 학생들과 함께 수업하는 몇몇 교사들도 청각장애인들이다. 학급교사나 보조교사와 마찬가지로 정규직 간호사나 전문 물리치료사들도 교직원으로 구성되어 있다.

로저스 초등학교는 두 가지 문제를 집중적으로 해결하려고 하였다. 1970년대의 학교 중에서 특히 중학교는 정원의 변화와 등록 학생 수가 감소되는 문제에 직면하게 되었다. 같은 시기 연방정부에서는 학교 통합을 지시하기 시작했다. 당시 교육감이었던 빌리 레이건(Billy Reagan)은 텍사스 갤버스턴(Texas

Galveston)에 있는 해변을 방문해 굽이치는 해안의 파도를 지켜보면서 궁금해하였다. "복합장애를 가지고 있는 학생들이 가장 가고 싶은 곳이 어디인가?" 그에게 새로운 학교 비전이 생기게 되었다. 그는 이 계층에서 대부분 흔쾌히 받아들일 법한 복합장애 학생들을 영재학생들과 함께 모집하는 계획을 세웠다. 이렇게 해서 고도의 자격을 갖춘 교사들이 이들 다양한 계층을 가르칠 한 장소에 모일 수 있었다. 몇 년 후 휴스턴 교육구는 로저스 초등학교에서 모든 청각장애 학생들을 교육하여, 청각장애인을 위한 공인자격증을 가진 교사 부족에 대처하기로 결정하였다.

관찰에서 참여로

학습장애가 있는 많은 학생은 정규 학습 경험이 없거나 아주 조금 있는 정도로 학교에 온다. 교사들은 이러한 장애를 수용하고, 학습에 필요한 진로를 찾는다. 한 교사는 "희망적인 것은 학생들이 조용한 관찰자에서 활동적인 참여자로 바뀌게 된다는 것이다."라고 말한다. '다중지각의 방(Multi-sensory Room)'은 심각하거나 고질적인 장애를 가진 학생들에게 안락하고 편안한 환경을 제공하며, 다양한 자극제로 소리, 영상, 촉감과 운동신경을 체험할 수 있도록 설계되었다. 이러한 환경에서 활동하는 것이 언어와 소통의 방법을 발전시키는 첫걸음이 되기도 한다. 학생들은 원인과 결과에 대한 경험을 가져다줄 환경 조절 스위치를 사용해 눈과 손의 대등관계를 확립하게 된다. 교사와 보조교사는 학생들이 그들의 모든 감각을 체험할 수 있도록 격려한다.

복합장애 학생들이나 청각장애 학생들은 얼굴을 마주 대하고 의사소통을 하는 데 어려움이 있다. 신체장

애와 운동장애 또한 의사소통을 어렵게 하거나 불가능하게 할 수 있다. 이러한 학생들의 의사소통을 지원하고 증대시킬 수 있는 방법에는 수화와 몸짓으로 표현하는 개인적인 방법과 일반적인 신호나 상징체계, 그리고 전자장비를 이용하는 것들이 있다. 학생들의 의사소통 증대를 위해 가장 적합한 기술을 선택해야 한다. 거기에는 '노텍(no-tech)' '로우텍(low tech)' 혹은 '하이텍(high tech)' 등이 있다.

'노텍'은 몸짓, 눈 응시, 기호 언어 등 자연적인 소통을 이용하는 것이며, '로우텍'은 선 긋기, 그림 가리키기, 디지털화된 음색 출력 시스템, 글쓰기, 사람이나 사물에 관한 친숙한 사진들을 이용한 대화판, 그림 부호, 문자, 숫자, 혹은 그 위에 단어를 붙이거나 인쇄하는 방법 등을 이용하는 것을 의미한다. 즉, 손가락을 이용해 그림을 만지는 것이나 눈으로 가리키거나 몸의 어떤 부분을 이용해 몸짓을 함으로써, 학생들은 소리 시스템을 켜서 '이야기'할 수 있다. 이것은 학생들이 원인과 결과를 배우는 것을 도와줄 뿐만 아니라 다른 사람들과 함께 상호 작용하며, 주변환경을 조절할 수 있는 방법으로 적합하다.

'하이텍'은 패스파인더(Pathfinder)와 같이 컴퓨터에 기초한 장비들을 사용한다. 코드나 단어 그리고 문장을 들을 수 있는, 디지털화된 목소리를 낼 수 있도록 조작된 독특한 아이콘이나 문자 및 숫자로 구성된 시스템을 갖춘 복잡한 키보드다. 우리는 한 학생의 패스파인더를 관찰하였는데, 패스파인더는 보행기를

정비해 주고, 다른 사람들과 의사소통을 가능하게 해 주었다.

시각적 음성학은 단어를 크게 읽어 청각장애 학생들이 단어를 해독하고, 쓰고, 자신들의 목소리를 이용하는 방법을 익히게 하는 데 특별한 효과가 있다. 발음능력의 결핍은 청각장애인이 읽기를 배울 때 직면하는 가장 결정적인 문제다. 알파벳 문자를 소리와 연결하는 과

정이 필요하기 때문이다. 발음법은 신체가 소리를 또렷하게 발음하는 방법과 긴밀한 연관이 있다. 시각 발음법을 이용하는 청각장애 학생들을 위해, 2학년 수업에서는 활자를 보여 주고 학생들로 하여금 손짓을 통해 그 소리를 발음할 때 입이 어떻게 움직여야 하는지 흉내 내도록 한다. 동시에, 그들은 입 모양을 바르게 흉내 내어 소리를 만들고, 이와 같은 방법으로 간단한 단어를 소리 낸다.

모든 학생의 시야를 넓히기

장애학생들을 위한 특별한 학습방법에도 불구하고, 세 집단의 학생들은 몇 가지 단계를 함께 성취해 나간다. 여러 가지 활동에서 선두적인 학생들과 청각장애인들이 함께 공유하는 프로그램에는 보충수업, 체육 수업, 모임, 점심, 야외견학, 클럽과 조직 편제 그리고 과외활동 등이 있다. 학년 수준별로 짝을 지어서 두 집단은 같은 공간을 함께 이용한다. 청각장애 학생, 영재학생, 그리고 복합장애 학생 모두는 항공우주산업과 풍력장치를 강조하는 '연 날리기의 날', 전통적인 '운동회 날', 원주민들의 부락을 재현하는 'Rogersburg', 원예 및 토종식물 프로그램, 그리고 학교 전반에 걸친 다양한 활동에 하나가 되어 움직인다. 모든 영재학생은 장애학생과 융화하기 위해 수화를 배우고, 중학교에 진학해서도 1학년에 있는 여러 장애학생을 계속해서 돕는다.

복합장애 학생들과 청각장애 학생들에 대한 혜택은 당연한 것이었다. 영재학생들은 그들 스스로 어떻게 도움이 되는지에 대해 감명 깊게 연설을 한다. 그들은 학교와 학생들을 자랑스럽게 생각하는 듯했다. 그들의 장애보다는 그들이 가진 재능과 자신들과는 다른 또 다른 사람들에 관해 배우는 것에 대해 이야기한다. 한 학생은 "저는 장애를 가진 학습자들을 돕고,

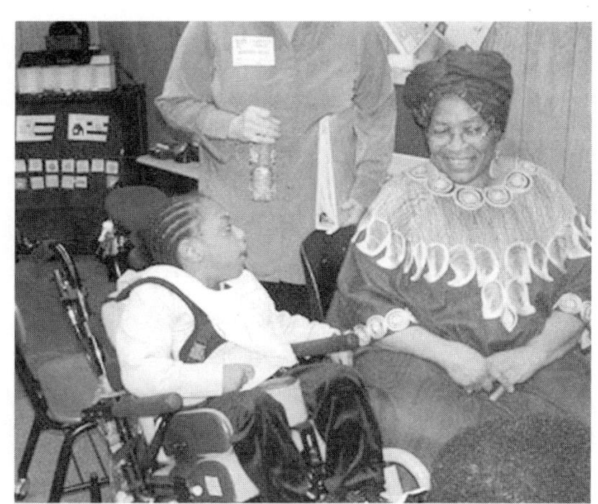

그들에게서 배웁니다."라고 말한다. 2학년 학생은 "수화로 청각장애 학생들과 이야기하는 것은 아주 특별한 일이에요."라고 말한다. 어떤 학생들은 다른 사람들이 얼마나 '정상적'이고 어떻게 그렇게 많은 일을 할 수 있는지를 배우는 것에 대해서도 이야기한다. 모든 학생은 누군가를 이상하게 보거나 비웃지 않도록 배운다고 말한다. 그들은 이러한 경험에 감사해하며, 또한 다른 곳에서는 그들이 얻을 수 있는 혜택을 누릴 수 없다는 것을 알고 있다.

또한 영재학생들은 다른 학교에서는 얻지 못할 기회를 통해 혜택을 받고 있다. 한 4학년 학생은 예전에 다니던 학교에서는 꾸준히 배울 필요가 없었지만, 로저스 초등학교에서는 "선생님들이 항상 우리에게 최고가 되라고 강조하시죠."라고 말한다. 학생들은 수화 같은 새로운 언어를 배우기를 좋아한다. 또한 체스, 운동, 음악, 미술, 상상력이 풍부한 작문 같은 방과후 활동을 즐긴다.

교사들에게는 '학생에게 최선인 것을 한다.'는 단 하나의 목표만이 존재한다. 한 교사는 "우리는 학생 중심적이다."라고 말한다. 한 교사는 영재학생들인 경우에도 수준에 따른 차이가 있다고 설명한다. 2학년 수업을 받는 학생들은 3학년에서 8학년까지 능력별 수준에 따라 움직인다. 다양하고 세분화된 교육전략은 모든 교실에 필수적이다. 다시 말하면, 교사들 스스로 각각의 학생들을 가르칠 수 있는 방법을 찾아낼 수 있다고 믿는다.

교사들은 유능하고 박식한 행정팀이 학교의 성공에 중요한 요소라고 말한다.

학교행정당국은 학교의 철학에 협력할 능력을 갖춘 교사들을 채용한다. 교사를 임용하는 일은 분산되어 있다. 즉, 잠재력을 가진 교사들은 교사, 학부모, 학교행정가로 구성된 위원회에서 면접을 보고, 위원회는 후보 교사들에게 포트폴리오를 요구하거나 모의수업 진행을 요청할 수 있다. 교직원들은 높은 기대치를 갖고 면접에 임한다. 행정가들은 주기적으로 교육활동을 직접 살피고, 단계별 과정을 설명하는 등의 지원을 해 준다. 교사들은 함께 대화하고, 연구하고, 연수할 기회를 갖는다. 각각의 교사들은 노트북을 가지고 있어, 온라인으로 학생들에 관련된 모든 자료뿐만 아니라 교육구 교육과정, 교과 진도 및 교과 학습 등에 접속할 수 있다. 교사들은 교내에서 현장 기반의 관리팀인 상비위원회를 통해 발언권을 갖는다. 학교에서 내리는 결정은 자료를 근거로 하며, 분기별로 '적시성적평가(snapshot assessments)'를 통해 교사들을 위한 진단 계획이 이루어진다.

영재학생을 위한 교과목은 수직적으로 '텍사스 필수지식 및 기술'과 '휴스턴 교육구의 성취도 향상을 위한 교육과정'과 연계되었다. 그리고 교과내용의 깊이, 다양성, 진도의 정도에 따라 개별화되어 있다. 또래 학생들과 서로 협동하여 공부하는 교육과정 환경에서 학생들은 지적 능력과 비판적 사고능력, 지도자 능력을 개발한다. 청각장애인을 위한 독서 교과과정은 '독서력 숙달 및 독서 교정'이라고 부르는 활자화된 프로그램을 이용해서 진행되고 있다. '시각적 음성학'은 학생들이 소리를 이해할 수 있도록 지원해 주어 읽기코드를 푸는 데 도움을 준다.

학교의 전문성 개발은 다섯 가지에 집중되어 있다. 즉, 최고의 교사 실천, 대인관계 능력, 공학기술, 최신 교육 동향, 그리고 신규 교사 연수다. 전문성 개발 프로그램은 다양한 전문지식과 경험을 갖춘 교직원들의 욕구를 충족시키기 위해 가능한 한 교사들에게 선택의 기회를 제공한다. 한 교사는 자신이 교수와 공동연구를 통해 학습단원을 저술했던 휴스턴 교사협회에 참여할 기회에 대해 이야기한다. 교사들은 개별화된 전문성 개발은 자신들에게 다양한 학생을 성공으로 이끌 능력을 준다고 느끼고 있다.

로저스 초등학교는 가장 좋은 의사소통기술을 사용하고 있다. 이 기술은 모든 학생에게 접근할 수 있도록 가능한 수단과 목소리 등을 총동원하여 전체 학생들에게 세상을 열어 주고 연락하기 위한 약속으로 강화된 기술이다.

🌐 로저스 초등학교 주 표준화 학력검사(TAKS) 결과(%)[3]

대상 학년	2007				2008			
	읽기	주 평균	수학	주 평균	읽기	주 평균	수학	주 평균
전체(1~8)	99		100		100		100	
3	100	93	100	81	100	88	100	83
4	98	84	100	86	100	83	100	84
5	100	89	100	91	100	83	100	83

출처: TX Education Agency, 2007~2008.

제3부

최우수 중·고등학교

더 많이, 더 빨리 가르치기보다
적더라도 더 깊이 더 잘 가르쳐라. (Sizer,[1] 1984)

힐프리드먼 중학교

(Hill Freedman Middle School, Philadelphia, Pennsylvania)

"할 수 있다."

"해낼 수 없다고 말하는 사람들은 하고 있는 이들을 방해해서는 안 된다."

"높은 기대를 설정하면, 학생들은 대개 그 기준을 충족하게 된다."

"확실히 우리는 이 교육구에서 최고를 지향하는 학교다."

"어느 누구도 '껴안고' 싶지 않은 아이가 없다. 그러나 껴안지 않고 '성장할 수 있게' 한다."

"나의 아이들을 보낼 만큼 충분히 훌륭한 학교 만들기"

"학생들이 여기를 떠날 때, 그들은 세상을 살아갈 준비가 되어 있다."

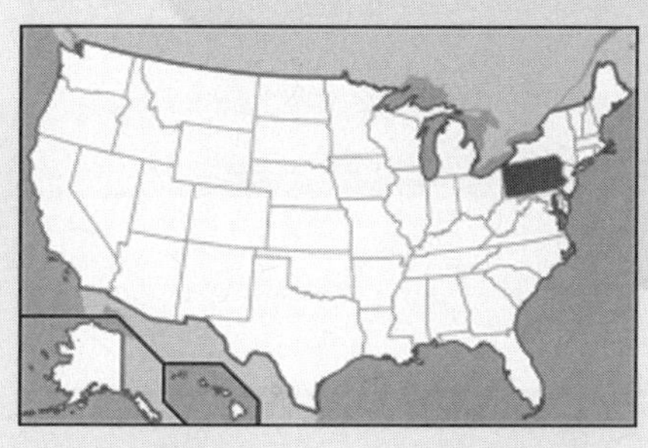

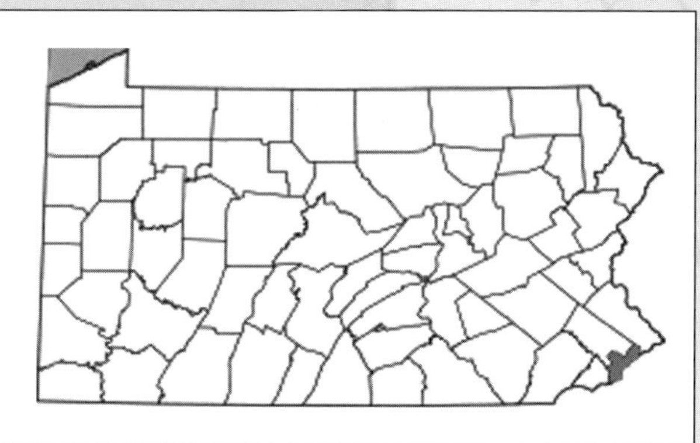

　힐프리드먼 중학교는 학생들이 자신을 발견하도록 촉진한다. 인지적 사고력과 협동학습을 강화하는 다양하고 실험적인 교육과정을 창조하고 실천한다. 또한 평생학습자로서 지구촌 사회에 공헌할 수 있는 사람으로 육성하고자 한다.

　힐프리드먼 중학교 해서웨이(Hathaway) 교장실 문에는, "해낼 수 없다고 말하는 사람들은 하고 있는 이들을 방해해서는 안 된다."라는 중국 속담이 걸려 있다. 이것은 힐프리드먼 중학교에 퍼져 있는 '할 수 있다'의 정신을 잘 나타내는 말이다.

　필라델피아의 독일인 마을(Germantown)에 자리 잡고 있는 힐프리드먼 중학교는 이 도시의 북서부 지역에 있는 20개 초등학교에서 250명 이상의 학생을 유

🌐 학생 1인당 교육비

구 분	교육구	주 평균
1인당 총비용	8,958 달러	9,675 달러
교수-학습	55%	62%
학생-교직원 지원	9%	8%
행정	13%	10%
기타	24%	21%

출처: NCES, 2005~2006.

🌐 학교 개황

힐프리드먼 중학교		주 평균
학생 수(6~8학년)	284	
흑인	96%	16%
백인	2%	75%
히스패닉	1%	6%
인디언/알래스카	<1%	<1%
아시안/태평양 섬	<1%	2%
무료급식/급식보조	31%	31%
교사당 학생 수	12	15

출처: NCES, 2005~2006.

치하고 있다. 14년 전에 이 중학교는 단순한 특수교육 과정만 운영하였으나, 현재는 높은 학업성취도를 보이는 6~8학년 학생들을 위한 마그넷학교, 특별한 교육이 필요한 학생들을 위한 교육과정, 학습장애를 가진 유치원생으로 이루어진 2개 학급을 위한 가정 같은 학교로 새롭게 변모하였다.

이 학교의 보통 중학교 과정에 다니는 모든 학생은 적어도 6학년 읽기시험에

응시하여 해당하는 학업능력을 보여 주어야 한다. 7학년 후에는 전입생을 받지 않는데, 해서웨이 교장은 그 이유를 "그들은 힐프리드먼 중학교의 철저한 교육 과정을 따라 잡기에는 너무 뒤처져 있을 수 있다."라고 설명한다. 이 학교는 학습지원을 받는 2학급, 자폐아동을 지원하는 2학급, 실생활과 관련하여 능력을 개발하는 1학급, 중복장애 교육을 받는 2학급이 있다. 학습지원(learning support)[1]이 필요한 학생들은 모든 학생과 마찬가지로 강력한 교직윤리 과정을 거친 후에 일반 교육 학생들과 함께 아침 자율활동 학급(advisories homeroom)[2]에 들어간다.

교직원들과 학부모들은 한결같이 힐프리드먼 중학교를 필라델피아에서 '비밀을 간직한 최고의 학교'라고 말한다. 교장과 진로상담 교사는 이 학교에 지원할 학생들이 다니는 모든 초등학교에 입학지원 관련 서류를 보낸다. 하지만 힐프리드먼 중학교는 학생들을 유치하기 위해 홍보할 필요가 없다. 이 학교의 평판은 이 지역에서 대단하다. 이 학교에 들어오기 위한 대기자 명단이 있고, 이 학교 학부모들은 계속해서 그들의 자녀를 이 학교에 보내고 싶어 한다.

"우리 학교는 어떤 점에서 이 지역에서 소외되어 있다."라고 해서웨이 교장은 말한다. 이것이 그녀를 더욱 열성적으로 일할 수 있게 하였고, 인성교육이 녹아든 교육과정을 도입할 수 있는 계기가 되었다. 핵심 교과과정에 이용할 수 있는 매우 많은 컴퓨터 외에도, 힐프리드먼 중학교 음악실에는 작곡 공부를 하는 학생을 위한 전자키보드가 있다. 학생들은 밴드 혹은 오케스트라에 들어갈 기회가

있고, 모든 학생은 7학년 때 댄스를 배우며, 8학년 때에는 드라마를 배운다. 교직원들은 이러한 예술적 기회를 통해서 학생들이 자신감과 자신에 대한 신뢰를 형성하여 삶 전반에 독립심을 형성한다고 믿는다.

이 학교의 규모는 작으며, 블록타임제를 실시한다. 힐프리드먼 중학교 학생들은 대부분의 중학교에서 하는 것처럼 학급 이동을 할 필요가 없다. 대신에 모든 학년 교사들은 복수자격을 가지고 있다. 각 학년마다 한 명의 영어(English-language arts: ELA)–사회 교사와 한 명의 수학–과학 교사가 있다. 현재 가장 많은 학생들이 있는 7학년에 한 명의 영어–사회 교사와 한 명의 수학–과학 교사가 추가되어 반나절은 가르치고 또 반나절은 코칭 혹은 학급 내에서 학생들을 선별하여 학생을 지원하는 역할을 한다.

한편, 예체능 교사들과 전문교과 교사들은 미술, 음악, 체육, 드라마와 생활기술이 필요한 학생들을 위해 직업기술교육 수업을 한다. 11명의 특수교육 전문가들은 특수교육 반에서 함께 일을 하는데, 그들 가운데 일부는 중증장애 학생을 위해 일대일 서비스를 제공한다.

일 년 앞선 교육과정

수년 동안, 필라델피아 교육구는 개별 학교가 알아서 해당 학교에 맞는 문해교육을 실시할 수 있게 했다. 하지만 4년 전에 교육구는 중핵 교육과정을 요구하

기 시작했다. 다행스럽게도 힐프리드먼 중학교는 이미 이 프로그램을 운영하고 있었고, 교육구의 요구 기준보다도 한 학년 앞서 있었다. 해서웨이 교장은 힐프리드먼 중학교가 학교의 전통을 존중하여 기존의 교육과정을 지속해야 한다고 주장한다. 오늘날 힐프리드먼 중학교의 학생들은 다른 학교에 다니는 그들의 또래 친구들보다 한 학년 높은 수준의 공부를 한다.

해서웨이 교장이 일 년 앞서 가르치는 이유는, 몇몇 학생들이 고등학교에 들어가서 성적의 두각을 나타내게 하려는 것이 아니라, 학생들이 교과내용에 친숙하여 잘할 수 있다는 자신감을 갖게 하기 위해서다. 이러한 자신감이 그들의 성취를 지속할 수 있는 동기를 부여할 것이기 때문이다. 그리고 이 자신감은 고등학교 입학으로 이어진다.

문해교육 교육과정을 일 년 앞서 가르치는 일은 다른 이점도 가진다. 교육구 전반의 교육과정은 학생들이 펜실베이니아 주 표준화 학력검사에서 '숙달(proficient)' 수준에 도달할 수 있도록 구안되었다. 교육과정을 일 년 앞서 학생을 가르침으로써 힐프리드먼 중학교에서 그들이 배우는 내용을 어려워하는 학생들이라 할지라도 주 표준화 학력검사에서는 '숙달'의 점수를 얻는다. 해서웨이 교장은 "우리는 최악 가운데 최고였을 뿐이다. 이제 교직원들은 학생들을 밀고 끌면 학생들이 성취할 수 있다는 것을 알고 있다."라고 말한다. 또 다른 교직원은 "높은 기대를 설정하면, 학생들은 대개 그 기준을 충족하게 된다."라고 덧붙인다.

힐프리드먼 중학교에 입학하는 학생들은 학교에서 제시하는 진도에 맞추기 위해 높은 수준에서 공부할 수 있는 준비가 되어 있어야 한다. 예를 들면, 응시하는 학생들은 6학년 수준의 읽기가 가능해야 한다. 왜냐하면 학교에서는 7학년 수준에서 시작하기 때문이다. 그렇기 때문에 힐프리드먼 중학교는 많은 중학교가 당면한 문해교육 문제를 가지고 있지 않다. 다만, 집중적인 수업이 필요한 학생들만이 선별되어 소집단에서 문해교육 교사의 집중지도를 받는다.

스페인어 교육과정에서도 문해교육 개념, 문법과 작문이 강조되고 있다. 모든 학생은 매일 한 시간씩 스페인어 수업을 받는다. 학생들 가운데 일부는 고등학교에 입학하여 처음부터 두각을 나타내기도 한다. 나머지 모든 학생도 나중에 외국어를 접할 때 한층 더 자신감을 갖는다.

수학에서는 결합 교육과정을 사용한다. 이것은 학급 대 학급, 학교 대 학교끼리 서로 경쟁하는 프로그램이다. 이 프로그램은 국가와 주의 기준을 따른다. 힐프리드먼 중학교의 수학과 과학 교사들은 매달 연속해서 받은 학급의 트로피들을 자랑스러워 한다. "확실히 우리는 이 교육구에서 최고를 지향하는 학교다."라고 해서웨이 교장은 말한다. 경쟁은 학생들과 교직원들에게 아주 큰 동기를 부여한다고 덧붙인다.

언어[3], 수학, 과학, 사회, 스페인어와 같은 핵심교과 외에도, 학생들은 예능과목 정규 수업에서 많은 것을 배운다. 모든 학생은 밴드 혹은 오케스트라를 선택하여 가입할 수 있다. 한 6학년 학생은 "음악 프로그램이 대단해요. 음악은 결단력과 용기를 심어 주고, 선생님은 우리를 뒤처지게 내버려 두지 않아요."라고 말한다. 7학년 학생들은 공연예술을 가르치는 대학 교수에게 체육 대신 무용교습을 받는다. 이 프로그램은 12년 동안 실시되고 있다. 모든 8학년은 드라마에 참여하여 대본을 창작하고 선택하는 일부터 시작하여 의상과 역사를 조사하고 연말 학예회를 연출하고 공연하는 일을 한다.

높은 기대

힐프리드먼 중학교에 있는 모든 구성원에게 주어지는 요구에 따라, 교사들은 학생들에 대한 높은 기대를 가지고, 교장은 교직원에 대한 높은 기대를 가진다. 교사들에게는 매년 더 높은 수준의 교수-학습 지도능력이 기대된다. 이미 얻은 결과에 만족하여 더 이상 노력하지 않는 일은 허용되지 않는다. "항상 의문을 가져야 한다."라고 영어-사회 교사는 말한다. "매번 수업을 하고, 항상 다음 시간을 위해 계획을 세우고, 어떻게 하면 더 잘할 수 있을까 하는 생각을 한다." 교사들은 '나는 학생들에게 내가 가지고 있는 모든 것을 준다. 그리고 역시 모든 것을 보답으로 기대한다.'는 마음을 나타낸다.

모든 학생은 그들 학년과 평가 결과를 담은 포트폴리오를 가지고 있다. 학생들이 포트폴리오를 작성할 때, 교사들은 학생들을 관찰한 내용을 바탕으로 매년 세심하게 검토하면서 학생들이 새로운 목표를 설정할 수 있게 한다. "프로젝트와 과제가 아주 많아요."라고 6학년 학생이 말한다. "어렵지만 재미있어요."라고 7학년 학생이 말하는 것에서 학습에 대한 흥미를 엿볼 수 있다.

특별히 수학 과목에서 학생들에게 자아가치감을 줄 수 있도록 '단짝수업'[4]이 이루어진다. 교사들은 학생들에게 협력하여 문제를 해결하도록 하고 학생들이 서로 경쟁하며 정보를 얻도록 학생들의 자리를 전략적으로 배치한다.

이 학교는 유아기에서 미성년기로의 이동에 초점을 맞추고 있다. "어느 누구도 '껴안고' 싶지 않은 아이가 없다. 그러나 껴안지 않고 '성장할 수 있게' 한다." 이 방법이 때때로 어렵게 보일 수 있지만, 나중에 학생들이 고맙게 여길 것이라고 교장은 믿고 있다. 이미 감사를 표시하는 학생들도 있다. 8학년 학생은 "아주 힘들지만 우리가 할 수 없을 정도는 아니에요. 내가 고등학교에 들어가면 고등학교 생활을 위한 준비가 잘 되어 있으리라는 것을 알고 있습니다."라고 말한다.

몸소 실천하는 지도력

수학과 과학 겸임 교사는 교장이 비전을 가지고 있다고 말한다. 교장의 통솔력은 교직원들에게 의욕을 심어 주고, 학교가 나아갈 방향을 설정한다. 한 보조 교사는 실천하게 하는 동기가 위에서부터 나온다는 데 동의한다. 그러나 교사들은 변명과 허튼 행동을 용납하지 않는 해서웨이 교장의 지도력을 항상 받아들일 준비가 되어 있는 것은 아니다. 교장은 "초기에 나는 꼭대기에서 사람들을 끌고 있는 기분이 들었다."라고 말한다. 비록, 교장은 자신과 같은 믿음을 지닌 교사들을 채용하려고 노력했지만, 교육구는 교장이 전적으로, 교사들을 알아서 채용하도록 허락하지 않았다. 그래서 교장은 '재임용 탈락'이라는 방법의 전문가가 되었다. 교장은 자신의 목표가 "내 아이들을 보낼 만큼 충분히 훌륭한 학교 만들기"라고 말한다. 교장은 교사들을 평가할 때 이 말을 마음에 새긴다.

초기에, 해서웨이 교장은 필라델피아 주에서 얼마나 뒤처져 있는지를 깨닫고서 창의적으로 학교기금을 이용하여 컴퓨터를 구입했다. 1994년에 힐프리드먼 중학교는 이 교육구에서 인터넷과 전자우편을 이용할 수 있는 첫 번째 학교가 되었다. "정보 분야 기술을 가진 분이 학교에 없었다. 그래서 내가 그 일을 했다."라고 교장은 설명한다. 문제가 생길 때마다 여 교장은 앞치마에 공구를 가득 넣고 사용 안내서를 가지고 학교 이곳저곳을 다니면서 문제를 해결했다. 교육구는 결국 해서웨이 교장을 교육구의 컴퓨터 역량 강화를 돕는 기술위원회 위원으로 임명하였다.

오늘날 힐프리드먼 중학교 컴퓨터 수는 학생 수보

다 더 많다. 모든 교실에 컴퓨터가 있고, 모든 교사는 노트북을 가지고 있다. 컴퓨터 실습실이 있어서 음악 작곡에도 컴퓨터가 활용되고, 교실에서 컴퓨터를 이용하여 수업을 할 수 있게 모든 학생은 컴퓨터 교육을 받는다. 첨단 정보통신기술을 이용하여 수업이 가능하도록 교실에는 학생들의 컴퓨터와 상호 작용이 가능한 전자칠판이 설치되어 있다. 교육구 IT 부서는 교육구 전역에 새로운 정보통신기술을 보급하기 전에 아이디어를 구하기 위해 힐프리드먼 중학교에 자문을 구한다.[5]

지난 14년 동안 힐프리드먼 중학교는 명성을 쌓아 왔고, 지속적으로 강력한 교직원으로 구성하였다. 해서웨이 교장은 교사의 자질보다는 학생들이 성공할 수 있도록 돕고자 하는 교사의 마음자세에 더 관심을 갖는다. 특수교사 가운데 한 명을 제외하고는 초창기 중학교 교직원으로 남아 있는 교사는 아무도 없다. 새롭게 채용된 교사들은 모든 학생이 높은 수준에 도달할 수 있다고 믿는 해서웨이 교장과 같은 원칙을 공유하고 이해하는 사람들이다. 스스로 열심히 노력하지 않고 이 학교의 가치체계에 헌신하지 않는 사람들은 누구라도 이곳에 오래 머무를 수 없다.

해서웨이 교장은 학생, 교직원, 그리고 학부모에 대한 열린 학교 정책을 고수한다. "교장은 매우 훌륭한 지도자다. 교장은 결과 위주고, 부모에게는 부모의 역할을 요구한다. 지도력은 위에서 흘러내리는 물과 같다."라고 한 학부모가 말한다. 또 다른 학부모는 "교장은 엄마와 같다. 그녀는 아이들이 성장할 수 있게 해 주고, 그래서 학부모들은 마음 놓고 맡길 수 있다."라고 말한다.

힐프리드먼 중학교 공동체에서 학부모들은 매우 중요하다. 그들은 전자우편과 휴대전화를 통해서 직장에서도 교직원들과 연락이 가능하다. 가정에서 자녀들의 공부를 도우며 '할 수 있다'는 정신을 자녀들에게 심어 주기 때문에, 해서웨이 교장은 학부모들이 힐프리드먼 중학교의 바퀴를 굴러가게 하는 존재라고 말한다.

힐 학교는 프리드먼과 합쳐지기 전에는 흑인계 중학교였다. 해서웨이 교장은 흑인 학생들이 성공할 수 있다는 것을 세상에 보여 줄 책임이 힐프리드먼 중학교에 있다고 믿고 있으며 교직원들도 뜻을 같이한다. "나는 교장을 따라 불타는 건물 속으로도 들어갈 수도 있다. 그녀는 이해심이 많고 빈틈이 없다."라고 직업기술 교사는 말한다.

학생을 위한 기회

한 부모는 아동의 재능이 공부, 미술, 운동 혹은 그 무엇이든, 아동이 가지고 있는 자신의 재능을 찾게 될 것이라고 말한다. 규모는 작지만 힐프리드먼 중학교는 다양한 특별활동이 가능한 교육과정을 운영한다. 교직원들은 특별활동 교육과정을 통해서 학생들을 학교에 머물게 하고, 학습을 촉진하고 개인적인 성장을 유도한다고 믿고 있다.

정규 수업 시간에 배우는 음악, 무용과 드라마 외에도 모든 학생은 매년 두 차례 공연에 참여한다. 한 번은 휴일공연이고, 또 다른 한 번은 연말공연이다. 학생들은 또한 특수교육 학급과 예비유치원(preK) 학급에서의 자원봉사, 예비유

치원 학급을 위한 공연, 그리고 학교 건물과 운동장을 청결하게 하는 등의 봉사 학습에 참여한다. 10월 초에는 하루 동안 특별히 학교 건물을 보수하고 페인트 칠을 한다. 학생들은 그들의 교실과 복도를 무슨 색깔로 칠할지 선택하게 되는데, 이것은 학생들에게 학교에 대한 더 큰 주인의식을 심어 준다.

지난 수년간, 힐프리드먼 중학교의 특별활동 교육과정은 스포츠를 상소하고 있다. 한 교사의 열정 덕택에 여느 다른 시내 학교에서는 볼 수 없는 다양한 기회를 학생들에게 제공할 수 있게 되었다. 최근에 이 학교는 16가지 스포츠를 제공하고 있는데, 흔히 할 수 있는 농구, 육상과 축구뿐만 아니라, 테니스, 골프, 라크로스(lacrosse)[6], 그리고 필드하키 등이 있다. 가장 최근에는 조정(crew)[7]이 추가되었는데, 필라델피아에서는 힐프리드먼 중학교가 처음으로 시작하였다. 그리고 곧 수영도 포함시키려고 한다. 교직원들은 이러한 것들을 폭넓은 맥락에

서 이해한다. 직업기술 교사는 골프, 라크로스와 조정으로 진로를 선택한 학생들이 대학에서 학위를 받을 수 있을 것이라고 설명한다.

힐프리드먼 중학교의 독특한 특징은 학교 운동부는 대개 다른 마그넷학교 혹은 사립학교들과 경쟁해야 한다는 것을 의미한다. 경기 일정은 직업기술 교사와 무용 교사들이 정한다. 스포츠 경비는 창조적으로 모금되는 데, 교직원들은 가능한 모든 기회를 이용한다. 중고품 가게를 찾고, 다른 학교와 교환하고, 때로는 한 푼이라도 싼 곳을 찾아 먼 길을 가고, 그리고 학생들의 도움을 받아 새것처럼 수리하기도 한다. 학생들은 한 가지 이상의 스포츠에 참

여하려면 최소 평균 B를 유지해야 하며, 교사들은 성적이 떨어지면 스포츠에 참여할 권리를 빼앗는다.

힐프리드먼 중학교는 개발되지 않았지만 잠재력을 보이는 학생을 위해 Outward Bound[8]에 참여할 기회를 제공한다. 매 대회마다 교직원들이 판단하여 이 프로그램을 통해 유익한 경험을 얻을 수 있는 11~15명의 학생들을 선발한다. 일반 중학교 학생들에게 급격한 향상을 기대하기는 쉽지 않지만, 최근에 참가한 자폐아 학생은 큰 향상을 보였다. 교직원들은 그의 성장에 놀라움을 감출 수 없었다. Outward Bound 장학금을 받을 수 있지만, 대부분의 가정은 참가비를 부담할 능력이 있다. 만일 형편이 안 된다면, 학교는 학생이 참가비 25달러를 낼 수 있는 방법을 찾는다.

학생 지원

예비 6학년을 위한 학교의 오픈하우스 때 교직원들과 학부모가 함께 차를 마시며, 학교의 프로그램, 기대, 학생의 자격 요건에 대해 이야기한다. 6학년에 입학하여 8학년에 마치게 되는 힐프리드먼 중학교는 학생을 위해 다양한 지원체계를 마련해 놓고 있다.

8월에 입학하는 모든 학생을 위해 일주일 동안 학교문화에 익숙하도록 오리엔테이션을 실시한다. 학생들은 학교의 사명에 부합하는 학교 생활, 학교 규칙, 학생들에게 거는 학교의 기대, 학습방법에 관한 안내를 받는다. 그리고 공동체의식을 함양시키는

활동에 참여하여 학교와 친밀감을 형성한다. 또한 6학년 학생들에게 스티븐 코비(Steven Covey)의 '성공하는 청소년의 7가지 습관'을 소개하고, 이 프로그램에서 발췌한 생활방침을 전달한다. 일 년 동안 상담교사는 매달 코비의 아이디어에 관한 발표를 한다. 학부모들은 자녀들이 고등학교 생활을 준비하는 데 크게 도움이 되어 아주 좋아한다고 말한다. 이 생활방침이 학생들로 하여금 학교생활에 집중하게 하고 짜임새 있게 할 수 있는지는 '미루는 버릇에는 변명의 여지가 없다.'는 말에서 알 수 있다.

아침 자율활동 학급 시간에 교직원들과 학생들은 규칙을 지키는 방법과 어른이 될 때 실제 생활에 규칙을 적용하는 방법을 익힌다. 교직원들은 학생들에게 힐프리드먼 중학교는 특별한 변화를 창조하는 곳이라고 강조한다. 전에는 학생들의 생활이 많이 느슨했다면, 이제는 그렇지 않다. 보건교사와 교사들 그리고 교장에 이르기까지 모든 교직원은 방심하지 않고 학생들을 철저히 관리한다. 가끔씩 해서웨이 교장은 일부 학생들에게 너무 엄격하게 하는 것은 아닌지, 그들이 인근 다른 학교에서라면 더 자유스럽게 할 수 있지는 않을까 하는 의문을 갖는다고 한다. 하지만 해서웨이 교장이 힐프리드먼 중학교에 재직하고 있는 14년 동안, 단 한 학생만이 8학년에서 유급을 하였다. 교사들은 학교의 결속을 다지는 메시지를 학생들에게 전달해서, 학생들이 집중하여 공부할 수 있도록 도움을 준다.

10월부터 3월까지 표준화 학력검사에서 '숙달'을 성취하지 못할 위기에 처한 학생들은 월요일부터 목요일까지

하루에 한 시간씩 개인지도를 받아야 한다. 이 시간에 과제를 하는 데 도움을 받기도 한다. 다른 학생들도 원하면 등록해서 이 시간에 참여할 수 있다. 힐프리드먼 중학교는 이 프로그램을 운영하기 위해 Title I[9]과 다른 기금을 함께 활용한다. 교사들은 또한 일과 중에도 도움을 필요로 하는 학생들을 알려 주기 위해 적극적이다. "선생님들은 인내심이 많고, 기꺼이 도와주려고 해요. 선생님들은 천재예요. 그리고 점심식사를 하면서도 얘기할 수 있어요."라고 7학년 학생은 말한다. 교사들은 학생들이 성공하는 것을 보기를 원하지만 "선생님들이 일일이 방법을 알려 주는 것이 아니라 학생들이 스스로 해결할 수 있는 방법을 찾도록 해 줘요."라고 8학년 학생이 덧붙인다.

상담교사는 가을에 졸업을 앞둔 8학년 학생들과 함께 학생들이 선택한 가고 싶어 하는 5개 고등학교를 확인한다. 더불어 학생들의 7, 8학년 성적표와 모든 평가자료를 포함한 포트폴리오를 준비한다. 학생들은 교사들에게 추천서를 요청하고, 자기소개서를 작성한다. 3월에 학생들은 여러 고등학교에서 입학허가서를 받는다.

범죄 발생률이 비교적 높은 지역에 자리 잡고 있지만, 힐프리드먼 중학교는 폭력에 휘말리는 경우는 없다. 한 가지 이유는 학생들이 이 학교에 머물고 싶어 하고, 그들이 머무는 장소를 위험에 빠뜨리고 싶어 하지 않기 때문이라고 한 교사가 말한다. 교직원들은 또한 일주일 동안의 여름 오리엔테이션에서 모든 학생이 배워야 하는 기본적인 생활 규칙 덕택이라고 믿는다. 이 학교는 낮은 출석률과 비행문제에 대해서는 일체의 정상 참작없이 엄격하게 규칙을 적용하고 있다.

특수교육

　힐프리드먼 중학교의 특수교육 학급은 가능한 언제든지 일반 중학교와 통합되어 운영된다. 그러나 통합은 학생들의 요구를 고려하여 결정한다. 일반적으로 특수교육 학생들은 조회, 점심 그리고 가끔씩 있는 현장체험에 일반 학생들과 함께한다.

　힐프리드먼 중학교에서 학습지원을 받는 특수교육 학생들은 정규 교육 친구들과 함께 조회에 참석한다. 학습 보조교사는 정규 교육 학급을 모델로 하여 학급을 이끈다. 학습지원을 받는 학생들도 일반 학생들과 똑같은 연구 프로젝트를 이행하고, 학교 과학전람회에도 참여한다. "그들을 부추겨서 할 수 있게 하고, 그 성과를 보게 되면 놀랄 것이다."라고 특수교육 교사가 말한다. 다른 특수교육 교사와 다르게, 한 교사는 모든 학년협의회와 교과협의회에 참여하여 특수교육이 필요한 학생들의 현재 요구를 바탕으로 어느 팀이 적합한지를 배정한다.

　기초생활능력 지원 학급은 다양한 학생들로 구성된다. 그들 가운데 일부는 학력이 초등학교 저학년 수준인 학생들도 있다. 그들은 의사소통, 가정살림, 자기관리 및 레크리에이션과 여가를 배운다. 기초생활능력 지원 학생들과 자폐지원

학생들 및 중복장애 기초생활능력 지원 학생들은 그들의 능력 수준에 맞게 변형한 표준화 학력검사를 받는다. 힐프리드먼 중학교에서 3년을 지낸 후, 그들은 진학하여 21세가 될 때까지 고등학교에 머문다. "우리가 할 일은 이 학생들이 스스로 선택할 수 있게 이끄는 것이고, 이들에게 사회의 생산적인 일원이 되는 데 필요한 것을 가르치는 것입니다."라고 직업기술 교사는 말한다.

팀 활동 접근

교직원들의 책임은 교실에서 또는 교무실에서 끝나지

않는다. 해서웨이 교장은 모든 교사가 모든 학생에 대한 책임이 있다는 생각을 스스로 갖게 한다. 그래서 상담교사는 "우리 모두는 서로서로 돕는다."라고 말한다. 학생들도 한 명의 교사에게만 잘하는 것이 소용 없다는 것을 알고 있다. "교사들의 친밀한 문화는 학생들이 숨을 수 없고, 이것은 그만큼 교직원들이 서로 의사소통을 잘하고 있다는 것을 의미한다. 모든 교사는 다른 학생들을 알 수 있는 자신만의 능력이 있다. 그래서 이것들을 종합하면 큰 힘을 발휘할 수 있다."라고 한 교사는 말한다.

힐프리드먼 중학교는 자체에 지도자팀이 있는 것은 아니지만 교장, 코치(coach)[10], 보건교사, 상담교사 그리고 학습지원교사가 정기적으로 만난다. 학년 협의회는 방향을 설정하고, 학교운영체제는 모든 이를 위해 잘 짜여 있는 듯 보인다. 교사들은 자유롭게 아이디어를 생각하고, 계획을 실행한다. 교사들은 해서웨이 교장과 함께 일할 수 있어 기쁘다고 말한다. 그리고 늘 변함없이 완벽하게 지원을 받을 수 있어서 감사하다고 덧붙인다. "우리 학교는 최적의 곳이다. 우리는 자유롭게 연구하고 뜻을 펼칠 수 있다."라고 드라마와 체육 겸임 교사가 자신 있게 말한다.

해서웨이 교장은 교사들에게 오히려 감사하고 있다. 교장은 교사들이 아이디어를 개발하고, 확실한 자료로 아이디어를 뒷받침하고, 아이디어를 이행할 방법을 계획하고, 실제로 프로젝트를 주도하는 데 교장이 별로 신경 쓰지 않도록 해준다고 말한다. "코치들이 나의 역할을 축소했다."라고 교장은 자랑스럽게 말한다. 교장은 자신이 퇴임하고, 신임교사가 임용되더라도 계획대로 진행되리라고 믿는다.

대개 학년에는 교과당 한 명의 교사가 있기 때문에 같은 교육과정을 운영하는

다른 교사들과 가르치면서 겪는 문제에 관해 이야기할 기회가 없다. 그래서 교사들은 다른 학교 교사들과 교류하고, 전문성 개발 기회를 이용하여 이 문제를 해결하려고 한다. 교사들은 또한 협력하여 서로의 수업을 관찰하고 교수-학습 방법과 전략을 공유한다. 그리고 두 명의 코치가 교육과정 전반에서 문해교육이 일관성 있게 통합될 수 있도록 도와준다. 학교의 성공이 개개인에게 달려 있다는 것을 모두 알고 있다.

학부모들과 학생들이 학교운영 과정에서 소외되는 일은 없다. 정기적으로 마을회관에서 열리는 모임을 통해 교직원, 학생, 학부모들이 현안문제를 토의하고 해결한다. 교직원들은 또한 학부모 교육을 위해 워크숍을 개최하여 학부모들이 연구보고서, 과학전람회 등 자녀가 무엇을 해야 하는지를 이해하도록 돕고, 학생들의 성적을 어떻게 해석하고, 고등학교 지원 과정이 어떻게 되는지를 설명한다. 학부모상담회(Parent-Teacher Conference: PTC)는 일 년에 세 차례 열린다.

학부모들은 열린 학교 정책을 칭찬한다. 특히, 과정이나 문제에 관해 의논하려는 교장의 의지를 환영한다. 교육구가 교복착용을 요구하였을 때, 학부모들은 학교담당자들과 긴밀하게 협의한다. 그리고 교복 모양에서 색상에 이르기까지 학교의 생활 규칙을 강화시킬 수 있는 가장 좋은 방법을 찾아 결정한다.

교직원들은 학교의 규모가 작아 이런 일이 비교적 용이하다고 말한다. "교직원 수가 적어서 모두가 서로를 더 잘 이해할 수 있다. 왜냐하면 우리는 더 자주 만날 수 있기 때문이다."라고 학습지원교사가 말한다. 이것은 또한 업무 분담에도 해당되어 모든 교직원은 여러 업무를 수행하고, 대부분 복수 과목을 담당한다.

다른 과목보다 자신의 과목이 더 중요하다고 생각하는 교사는 한 명도 없다. 이러한 생각은 학생들이 공부에 대해 생각하는 방식에도 영향을 미친다. 모두 무엇을 가르쳐야 하는지를 알고 수행한다. 교장은 "우리는 항상 일치하지 않지만 전문성 차원에서 서로를 존중하고, 학생들도 이것을 인지하고 있다."라고 말한다.

세상을 준비하기

예전에 교육구에서 소홀히 취급되던 학교가 최근에 블루리본 학교로 선정되자, 힐프리드먼 학교는 떠오르는 학교로 변모하였다. 그들만의 방식으로 필라델피아에서 최고의 학교가 되었지만, 그 비책이 공개된 지금 그들은 무엇을 해야 할지를 확실하게 알고 있다. 하지만 힐프리드먼 중학교에서 '할 수 있다' 는 정신, 독립심 그리고 지도력은 사라지지 않을 것이다. "우리는 학생들이 자신의 생활에 책임을 지도록 가르치고 있다. 학생들이 그들의 인지능력과 이용할 수 있는 도구를 활용함으로써 경험을 향상시킬 수 있게 장려한다."라고 상담교사가 말한다.

힐프리드먼 중학교에서 여러 명의 자녀를 졸업시킨 한 학부모는 "그들이 여기를 떠날 때, 그들은 세상을 살아갈 준비가 되어 있습니다."라고 말한다.

🌏 힐프리드먼 중학교 표준화 학력검사(PSSA)[11] 결과(%)[12]

8학년 영어 독해	2002	2003	2004	2005	2006	2007
전체	70	76	90	85	94	92
저소득층		61	91	80	79	100
주 평균	58	63	69	64	71	75
8학년 수학	2002	2003	2004	2005	2006	2007
전체	63	44	85	89	89	92
저소득층		17	86	95	74	92
주 평균	51	51	58	63	62	68

출처: PA Dept. of eduation, 2002~2007.

하워드허버 중학교

(Howard T. Herber Middle School, Malverne, New York)

"아이들이 미래다. 아이들을 잘 가르치자."

"언제라도……."

"할 일이 너무 많아요. 대신에 우리의 성공은 보장되어 있어요."

"거북은 목이 나와야 앞으로 나아갈 수 있다."

"이 학교 성공의 열쇠는 모든 사람의 자기반성과 실천에 있다."

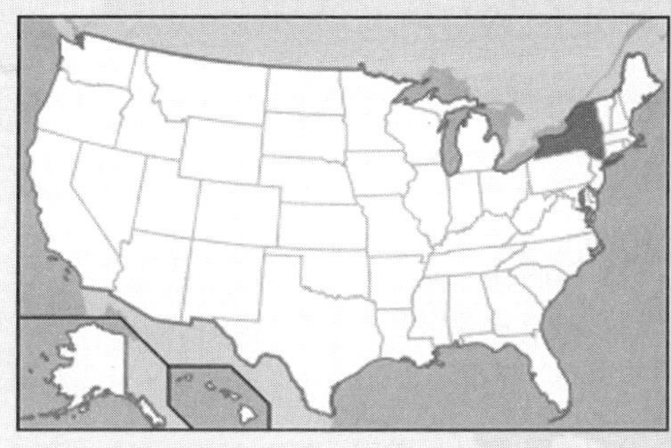

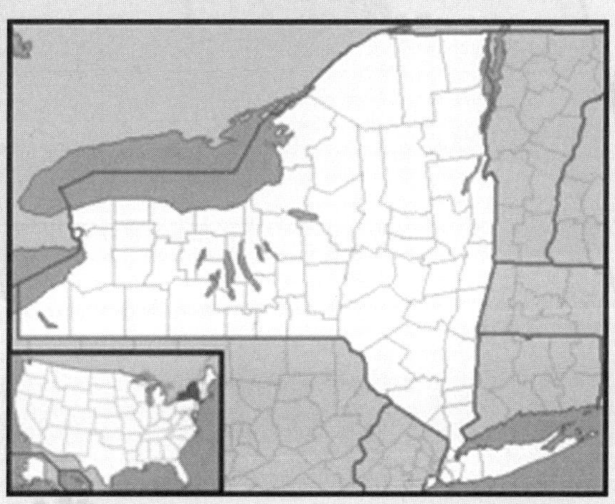

하워드허버 중학교는 모든 학생이 뛰어난 성취와 결과를 얻을 수 있도록 노력, 헌신하고, 학생활동을 위한 다양한 특별 교육과정을 갖추고 있다. 하워드허버 중학교 교직원들은 중학교 학생들이 초등학교 환경에서 벗어나 더 많은 개인적 책임과 감정의 성숙, 그리고 독립적인 의사결정을 요구하는 고등학교 환경으로 옮겨가는 과정에 있기 때문에 이런 특성에 맞추어 중학교의 역할을 다해야 한다고 말한다.

하워드허버 중학교는 일관적이며 지원적인 교육환경에서 안전하게 모험을 시도하는 분위기와 기회를 제공한다. 그러면서 학생들이 책임감 있게 선택하고, 배려 깊고, 능력 있고, 윤리적인 청년으로 성장할 수 있도록 지도한다.

하워드허버 중학교는 뉴욕 시에서 불과 20분 거리에 있는 학교지만 1932년에 지은 고전풍의 낡은 학교며, 거의 모든 학생이 도보로 등하교를 한다. 이 학교가 속한 교육구는 각각 275명 정도의 재학생이 있는 초등학교 두 곳과 약 550명의 재학생이 있는 고등학교 한 곳으로 구성되어 있어서 "학생, 가족, 가정 상황, 쟁점 등 서로 모르는 일이 없다."라고 교장은 말한다.

🌏 학생 1인당 교육비

구분	교육구	주 평균
1인당 총비용	21,489 달러	15,815 달러
교수-학습	62%	65%
학생-교직원 지원	12%	8%
행정	10%	10%
기타	15%	17%

출처: NCES, 2005~2006.

⊕ 학교 개황

하워드허버 중학교		주 평균
학생 수(5~8학년)	543	
흑인	62%	20%
백인	21%	53%
히스패닉	14%	20%
아시안/태평양 섬	3%	7%
인디언/알래스카	<1%	<1%
무료급식/급식보조	33%	44%
교사당 학생 수	11	13

출처: NCES, 2005~2006.

자기반성

"이 학교 성공의 열쇠는 모든 사람의 자기반성과 실천에 있다."라고 교육구 관계자는 말한다. 학교의 자기반성 실천의 핵심은 연 2회 부장(department heads) 교사가 예고하지 않고 실시하는 수업 관찰과 최소 연 1회 이상 교장이 하는 수업 관찰에 있다. 비정년보장 교사의 경우 연 6~7회 수업 관찰을 받게 되고, 다른 교사들도 상호 동료관찰과 코치를 한다. 교사의 전문능력 개발과 수업 관찰은 평가를 위한 것이 아니라 분석을 위한 것이고, 학생 학습에 중요한 영향을 미치는 증거를 찾기 위한 것이다. 관찰 후 갖는 반성, 질문의 협의회에서 교사들은 '모두가 코치다.' 교육구 관계자와 교장은 수업 관찰법과 피드백협의회, 지원적 장학과 능력 개발을 위해서 협동한다.

수업을 관찰하는 동안, 교장은 관찰

사항과 협의해야 할 사항을 기록한다. 그리고 교사로 하여금 최고의 교사가 되도록 돕는 방법을 찾는다. 교장의 수업 관찰은 교사들에게 자양분을 제공한다. 한 교사는 "나는 항상 전문적 대화를 필요로 한다. 교장과 동료교사들의 지원과 도움으로 오늘의 내가 되었다."라고 말한다. 교장은 일주일에 대략 두 수업을 관찰하고, 구체적이고 특별한 사실을 발견하기 위해 잠깐씩 순회 방문한다. 전직 교사로서 교장은 수업에 대한 열정을 버리지 않고 있을 뿐만 아니라 결근 교사의 수업을 맡기도 한다. 적어도 격주에 한 번은 수업을 하는데, 교사들도 이를 존중한다.

치밀하게 구성한 수업 계획과 학생에 대한 높은 기대

모든 학급에서 수업을 할 때, 교사들은 당일의 수업 목표와 과제를 칠판에 써 놓는다. 가능한 목표를 구체적인 행동 용어로 진술하고 확인할 수 있도록 하기 위해서다. 그리고 키워드 동사와 명사에 주의하도록 표시한다. 이제는 모든 학

생에 대한 높은 기대가 이 학교에서는 하나의 기준이 되었다. 그래서 많은 학생이 상급 학교나 대학의 학점으로 인정받는 AP[1] 수업을 선택하여 마친다고 한다. 이제는 이 시골풍 학교에서 모든 학생이 대학에 가고 장학금을 받으려고 노력한다.

언제라도

이 학교에 있는 사람은 '언제라도'라는 말에 익숙하다. 언제라도 할말이 있으면 교장이나 교감에게 오라는 뜻이다. 학생들과 교장 및 교감은 만나면 인사와 함께 축하의 말을 한다. 학생들은 교장, 교감에게 향상된 성적에 대한 축하를 받는다. 교장, 교감은 학생들의 과목별 성적을 다 파악하고 있다. 그들이 전교생의 이름을 알고 있는 것은 말할 필요도 없다. 학생들의 모자와 코트를 교장, 교감이 다 알고 챙겨 줄 정도다. 학생들은 이 학교에서 소속감과 존재감을 느낀다. 지금 어느 학생이 어디서 무슨 수업을 받고 있어야 하는지를 교장은 다 알고 있다.

교장은 학생뿐만 아니라 비서, 교사, 안전요원에게까지 세심한 관심을 보인다. 교사들로 하여금 행정가 자격증을 취득하도록 격려하고, 상담사에게도 더 성장하도록 돕는다. 쓰레기를 줍는 것은 말할 것도 없고 농구팀의 시합에도 관심을 기울인다. 청소부들까지 이런 교장을 만나 행복하다고 말한다.

교장과 교감은 자주 마을을 걸어다닌다. 학부모와 이웃, 학생들과 접촉하기 위해서다. 마을 사람들은 이런 교장과 교감은 처음 보았다고 한다. 학생이 학교에 오지 않으면 교장이나 교감이 가정을 방문하여 학생을 깨우고, 학생이 샤워를 하는 동안 수건을 들고 기다린다. 그들은 "네가 없이 학교를 운영할 수 없다."라고 말한다.

새로운 행정가 지도력

1998년부터 2004년까지 다섯 명의 교장이 거쳐 갔다. 지역사회의 학교에 대한 신뢰는 극히 낮았고, 교사와 학부모들은 교육구가 하는 일에 염증을 느끼고 있었다. 이 학교가 속한 교육구의 새 교육장은 취임 후 오랫동안 숙고한 끝에 "우리 교육구는 우수한 교사를 가지고 있다. 필요한 것은 단지 새로운 지도력일 뿐이다."라고 결론을 내리고, 새로운 교장과 교감, 과장, 특수교육 과장을 뽑아 하워드허버 중학교에 변화의 시동을 걸었다.

새로운 지도자들은 여름 동안 공동의 터전을 마련하기 위하여 행정가, 과장, 교사, 직원을 불러모아 '조찬 대화(Bagels & Conversation)'라는 모임을 가졌다. 그리고 '고향 학교로 돌아가자!' 라는 슬로건을 내걸고 지역사회의 참여를 이끌어 냈으며, 학기마다 부동산업자들을 아침식사에 초대하고, 그들의 고객을 학교에 초대하도록 했다. 그리고 학부모를 초대하여 자녀들을 입학시키도록 권유하여 유치원 한 학급을 늘리는 성과를 거두었다.

이런 열정어린 모임이 새로운 하워드허버 중학교의 출발점이 되었다. 새 교육장이 교육구 관내 모든 사람을 한 덩어리로 묶는 작업을 하자 점차 고립에서 벗어나 학교 발전을 위한 아이디어가 폭발하기 시작했다. 새로운 중학교 행정가들은 이웃과 친해지기 위하여 7마일 걷기운동을 벌였으며, 지역사회 걷기, 사친회 참석, 학생들과의 운동을 통하여 서로 접촉하게 되었다. 오늘날 학부모와 교사의 소프트볼 게임은 정기행사가 되었고, 학부모를 위한 학부모 아카데미, 영어회화, 주 교육부 평가, 청소년 부모교육, 컴퓨터 교실은 성공적인 프로그램이 되었다.

"믿을 수 없는 팀이다. 확신의 용기가 해낸 것이다. 학생을 위해서 한 일이다. 블루리본은 새 팀이 첫해에 이루어 낸 시작일 뿐이다."라고 말한다. 교육구는 이 학교 교장에게 '거북 상(像)'을 새겨 주었다. 교장이 "거북은 목이 나와야 앞으로 나아갈 수 있다."[2]라고 가르치고 있기 때문이다.

강점 만들어 내기

교육구와 학교의 새로운 행정팀은 학교가 현재 잘하고 있는 강점을 찾아내는 일에 착수했다. 학교지도자들은 행동 지향이라는 강점을 발견했다. 수학과 과장은 지난 3년에 걸쳐 주 교육부 평가기준 통과율이 48%에서 80%로 향상된 것을 알게 되었다. 교육구에서는 이 수학과 과장의 방법을 교육구 내 모든 학교에 적용하여 필요한 수학 실력을 갖추어 저학년에서 고학년으로 올라갈 수 있게 하고, 수학 교육에 관한 넓은 관점을 가지도록 했다.

이 중학교 수학과 과장은 초등학교 교사들과 함께 초등수학 교육과정을 다시 쓰고, 5학년 교사들의 수학 지도방법을 도와주어 모든 교사가 수학 교육에 자신감을 갖게 하였다. 교사들이 학생들의 수학점수 막대그래프를 조금씩 높여 이제는 이 교육구 내 모든 8학년 학생들이 9학년 실력을 갖게 되었다.

하워드허버 중학교의 성공 이유를 물으면 교사들은 한결같이 '우리는 팀으로 일했기 때문에'라고 대답한다. 월례 간부회의(cabinet meeting) 때마다 수학과 과장이 참석하여 교육과정의 한 영역씩 설명하도록 하고, 교수전략과 교수자료를 다른 교사들과 공유하도록 격려한다. 다행히 학교 규모가 작아 개인적으로 접촉할 수 있고, 서로의 문을 노크하고 직접 만나서 얘기할 수 있어서 친밀감이 높다.

학교의 지원체제는 완벽하다. 학생들에게 학습방법과 교과목에 대해 도움을 주고, 수업 시작 전과 방과후에도 추가지도를 한다. 만일 학생이 일찍 등교해서 식사를 걸렀다면 아침식사를 제공한다. 학교 시작 전과 후의 과외지원이 학교를 달라지게 하였다. 학교 여기저기에 과외 보충지도 과목과 시간을 붙여 놓고 학생들이 필요에 따라 참석하게 한다. "여기서는 모두가 팀의 일원입니다. 교사들은 교원단체와 맺은 계약 그 이상으로 기꺼이 일을 합니다."라고 교감은 말한다.

교사의 과외지도 외에 매일 아침 지역사회 선배에 의한 지도 프로그램이 있다. 적어도 10명 이상의 학

생들이 이 지도로 과외지도를 받지 않게 되었다. 이 프로그램은 학생들의 일정을 정기적으로 검토하고 그 일정대로 공부하고 생활하도록 지도한다.

'모든 학생이 읽을 수 있도록'

'모든 학생이 읽을 수 있도록(No more kids who could not read)'이라는 슬로건 아래 교육구 독서위원회는 세 가지 독서 프로그램을 개발하여 학교에서 선택하여 지도하도록 한다. 개별적으로 또는 소집단으로 지도하여 학생들로 하여금 자기평가를 하게 한다. 이것은 다른 교육구 관내 학교에서 전학 오는 학생들에게 큰 도움이 된다고 한다. 2, 3학년 정도 뒤처진 상태로 전학을 온 학생들이 6개월 후에는 또래 학년 수준으로 돌아온다.

이 학교 교장은 성공 비결의 일부를 주간보고제도로 돌린다. "학생들은 자신의 학습을 자기 책임으로 돌리고 애착을 갖는다." 학부모들은 자녀의 독서능력 향상에 놀라면서 주간보고통지표 받아보기를 즐거워한다. 이제 ELA 교사와 특수교육 교사가 협동하여 짓기, 쓰기 지도 계획을 세운다.

모든 학생의 성공

하워드허버 중학교는 학생 기강 문제를 다루는 방식을 바꾸었다. '나쁜 학생의 추방'이라는 방침에서 한 명의 학생도 포기하지 않는다는 방침으로 전환하였다. 학생의 문제행동에만 초점을 맞추는 것이 아니라 조언과 부모교육을 연계하여 학생을 쫓아내는 대신 저녁학교(twilight school)와 토요일 오전 8~11시에 열리는 토요학교를 통하여 실력을 길러 주고, 졸업할 수 있도록 한 것이다.[3] 이 시간에 과제를 하도록 도와주기도 한다. 많은 스포츠클럽을 운영하고 운동 코치들도 학생의 학습을 돕는다. 운동을 잘하고 재미를 붙인 학생은 공부도 잘할 수 있기 때문에 운동 코치도 항상 학생의 성적을 체크한다.

한 학생도 포기하지 않는다

학업성적 위기의 학생들은 동료 학생이나 교사들에게 개인지도를 받는다. 교사는 매주 2, 3명의 학생을 체크한다. 매주 목요일 오후에는 성적 위기의 학생과 농구시합을 갖는다. 학생들은 교사팀을 이길 생각을 하며 매주를 기다린다. 고학년 학생들은 과학실험실 기구를 챙기고 준비해 주는 등 저학년 학생들의 수업을 도와준다.

수업지원팀 교사들은 정기적으로 만나 성적으로 고민하는 학생들의 성적을 검토한다. 팀은 교사와 상담사, 학교 내 사회사업자, 심리학자, 교장으로 구성하고 첫 회합에는 학부모와 해당 교사도 참석한다. 이 팀은 학생들의 명단을 작성하고 성적의 패턴을 밝혀내고 문제점과 해결 방안을 찾아낸다.

사회 과목에서 거듭 실패하였는데, 여름 학습 후에 통과했다면 학교 수업에 문제가 있다고 생각한다. 교장은 학부모를 만나기도 하고 어떤 학생을 명예학급에서 배우도록 배치하기도 한다. 필요한 학생은 가정방문으로 학부모를 만나기도 한다. 그리고 교장은 전적으로 학생들을 믿는다고 한다.

학생의 의견 경청하기

이 학교에서는 학생들의 목소리를 환영한다. 교장은 정기적으로 학생들과 대화하고 방과후에 45분씩 학생들과 같이 시간을 보낸다. 학생들은 건강한 식단을 요구하기도 하고, 안락한 의자를 원하기도 하고, 재활용 기구의 교체를 원하기도 한다. 학생들이 아이디어를 내어 사전 연구를 한 뒤 실현 가능성을 점검하

기도 하고, 건전한 학교를 만들기 위하여 많은 아이디어를 내기도 한다. 이때마다 교장은 기록을 하고 개선하는 데 게으르지 않다. 교사들도 문제 해결에 나선다. "이 학교는 학생들의 학교고 학생들의 건물이다."라고 교장은 말한다.

8학년 학생들이 고등학교 진학준비를 위하여 집에 가는 대신 학교에 머물기를 원하면, 그럴 수 있도록 도와준다. "할 일이 너무 많아요. 대신에 우리의 성공은 보장되어 있어요."라고 학생들은 말한다. 학생들은 그들의 문제를 해결하는 데 지금의 교사들이 학생들을 위해서 해 준 것처럼 새로 만나는 교사도 그럴 것이라 믿는다. 학교는 결코 문제를 방치하지 않는다. 학부모들도 교사들이 학생들을 최고의 자리에 올려놓을 것이라 믿고 있다. 이 학교는 학생들로 하여금 좋은 행동에는 반드시 보상이 따른다는 것을 믿을 수 있게 한다.

학교의 모든 사람이 학교를 빛나게 하고 아름답게 한다. 학교의 비서도 매일 학교의 마스코트인 바이킹을 반짝반짝 빛나게 닦고, 교장은 전교생의 사진을 벽에 걸어 놓고 자랑스럽게 여기고 있다. 졸업반인 8학년 복도에는 이들의 손자국을 장식해 놓았다.

평가와 자료

이 교육구 내 모든 학교는 뉴욕 주 표준 교육과정을 따른다. 교사들은 뉴욕 주 표준 교육과정에 따라 교육과정 진도표를 작성한다. 모든 교사가 뉴욕 주 표준 교육과정 지침서와 보충자료를 가지고 있다. 학과장은 모든 수업 계획서를 검토한다. "교사들이 우리가 원하는 교육과정을 이해하면 최고의 교사가 되고, 그들이 하는 일을 훌륭하게 해낼 것이다."라고 학과장은 말한다.

　학생들은 첫날부터 시험을 보며 지속적으로 시험을 보는데, 이는 시험에 대한 두려움을 없애기 위해서다. 학기가 끝날 때 800문제를 받고 수업마다 평가문제를 게시한다. 시험에 대한 정보는 전문기관에 의뢰하여 분석한다. 시험 자료는 학생을 위한 것일 뿐만 아니라 교사들 자신을 위한 것이라고 말한다. 교수방법을 바꾸려면 자료에 근거해야 하기 때문이다. 또한 분석기관과의 온라인 의사소통도 가능하다. 분석기관은 시험에 관한 상세한 정보를 학과장에게 제시하고 있다. 문항별 오답과 정답률 등을 분석하여 학과회의에서 교육과정과 교수방법을 수정·보완한다. 학생들이 왜 오답을 하게 되었는지 원인을 밝히고 대책을 세우면서 교사들은 한 덩어리가 되어 일한다.

잘 가르치자

　현관에 있는 '아이들이 미래다. 아이들을 잘 가르치자.' 라는 문구가 이 학교의 방문자, 학부모, 교사, 학생 모두를 인사로서 맞는다. 학생들에 대한 높은 기대를 갖고 있을 때 우리는 "그들의 앞날을 이끌어가게 할 것이다." 하워드허버 중학교는 이 약속을 꼭 지킬 것이다.

🌐 하워드허버 중학교 표준화 학력검사(NYSA) 결과(%)[4]

8학년 영어	2002	2003	2004	2005	2006	2007	2008
전체	68	74	85	88	71	73	60
주 평균					49		56
8학년 수학	2002	2003	2004	2005	2006	2007	2008
전체	47	51	62	75	88	82	93
주 평균					54		70

출처: NYSED, 2002~2008.

벨아일엔터프라이즈 중학교

(Belle Isle Enterprise Middle School, Oklahoma City, Oklahoma)

"이 학교는 서로가 서로를 격려하는 가족과 같은 곳이다."

"만일 당신도 이 학교에 온다면, 이곳에 있고 싶어 할 것이다."

"우리 모두는 지도자이며, 저학년 학생들에게 모델이 되길 원한다."

"학생들 모두가 서로를 자랑스럽게 생각하기를 바란다."

"교장은 매우 협조적이며, 공정하고 훌륭한 조언자다."

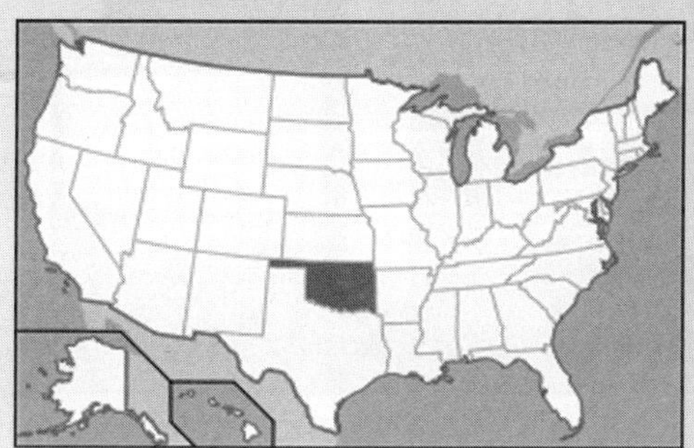

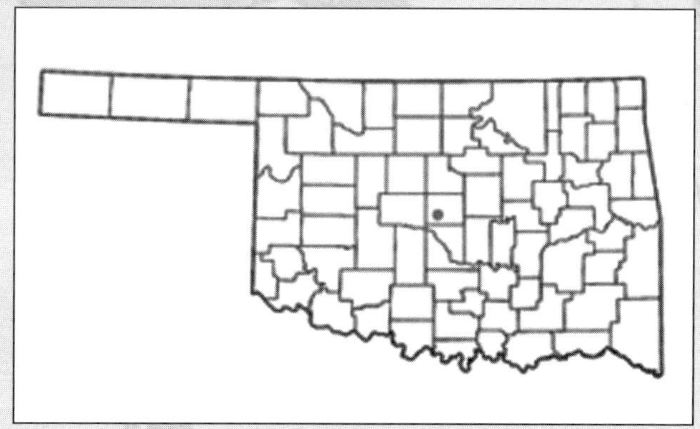

벨아일엔터프라이즈 중학교는 뛰어난 학업성취와 학교 개선을 이루어 오클라호마(Oklahoma) 교육구에서, '내셔널 블루리본상'을 받은 네 개 학교 가운데 한 곳이다. 이 학교는 주에서 주관하는 평가에서 상위 10% 안에 들어가는 뛰어난 성과를 거두었다.

학업성취지수(Academic Performance Index: API)는 낙제학생방지법(NCSL)에 대한 학교의 책무성을 다하기 위해 오클라호마 주에서 사용하는 시스템이다. 오클라호마 주의 모든 공립학교는 수학과 읽기, 그리고 출석률에서 학생평가 수행에 근거하여 1500점까지 평가를 받는다. 벨아일엔터프라이즈 중학교는 2006~2007학년도 API 1440점을 획득하였다. 이 점수는 소속 교육구의 동일 학교급 가운데 가장 높은 점수다.

🌏 학생 1인당 교육비

구 분	교육구	주 평균
1인당 총비용	6,988 달러	7,919 달러
교수-학습	56%	56%
학생-교직원 지원	14%	9%
행정	12%	13%
기타	19%	23%

출처: NCES, 2005~2006.

🌏학교 개황

벨아일엔터프라이즈 중학교		주 평균
학생 수(6~8학년)	426	
백인	55%	60%
흑인	20%	11%
히스패닉	16%	9%
아시안/태평양 섬	6%	2%
인디언/알래스카	3%	19%
무료급식/급식보조	52%	55%
특수교육	19%	
교사당 학생 수	19	15

출처: NCES, 2005~2006.

벨아일엔터프라이즈 중학교는 7학년을 마칠 때까지 매우 지원적인 환경에서 엄격한 프로그램을 학생들에게 제공한다. 교육구에 있는 대부분의 학교보다 훨씬 앞서 있으며, 특히 독서와 수학 부문에서는 주에서 정한 2014년 목표에 근접한 성취를 보이고 있다.

오클라호마 시의 공립학교 벨아일엔터프라이즈 중학교는 이 지역에서 학생들을 모집하고 있지만, 인접 지역이나 다른 지역 학생들에게도 선택권을 부여한다. 지원자들은 독서, 언어 및 수학에서 60% 이상의 좋은 성적을 얻어야 하며, 3학년에서 5학년까지 B학점을 유지해야 입학하게 된다.

강력한 학교-지역사회의 유대관계

학부모와 지역주민들로 구성된 단체는 학교 선택의 확대와 교육개혁을 목적으로 오클라호마 시 공립학교(Oklahoma City Public School: OCPS) 사업정책의 일환으로 벨아일엔터프라이즈 중학교를 설립하였다. 오클라호마 시 공립학교와 계약되어 운영되는 학교는 예산 책정, 학생 모집, 교사의 모집과 임용, 학문적 프로그램과 교사 개발에 대한 권한을 가지고 있으며, 다른 지역의 학교와 동일한 자격요건을 충족시키며, 같은 평가기준을 적용해야 함을 원칙으로 하고 있다.

비영리기관과 오클라호마 시 공립학교(OCPS)의 두 단체가 학교를 관리하며, 린 켈러트(Lynn Kellert) 교장은 OCPS로부터 학교의 자율성과 비영리기관의 지원에 감사하고 있다. 교사들의 말에 따르면, 비영리기관의 15명의 회원 중 13명이 현재 벨아일엔터프라이즈 중학교의 학부모들이어서 매우 협조적이며, 후원을 아끼지 않는다고 한다. 비영리기관은 학교와 도시 내의 주민을 연결하기 위해 필요한 여러 가지 일과 그에 필요한 물품들을 교사들이 해결할 수 있도록 해준다. 최근에는 학교가 주민이 학교를 이용할 수 있도록 개방한 학교 주변 걷기 운동을 공동으로 진행하고 있다.

켈러트 교장은 벨아일엔터프라이즈 중학교가 성공할 수 있었던 매우 중요한 요인은 학생과 주민에게 개방적인 경영을 한 점을 들었다. 그녀는 특히 교직원을 고용하는 데 신중을 기하며, 부모 역시 그 부분에 대해서 동의하고 있다. 재정에 대한 권한을 가진 켈러트 교장은 학교의 목표와 우선순위를 달성하기 위한 예산을 편성하며 5년 동안 이 임무를 수행해 왔다. 교직원은 한 명의 교감, 22명의 담임교사, 3~5명의 전문가들과 2~5명의 지원팀들로 구성되어 있다.

교육과정에서 핵심지식 강조

벨아일엔터프라이즈 중학교의 중요한 학술 프로그램은 핵심 지식 교육과정에 기초한다. 이 교육과정은 스페인어와 라틴어를 포함한 외국어와 아름다운 공연 예술에 역점을 둔 학자인 교육학 박사 허쉬(Hirsch, Jr.)에 의해 개발된 것이다. 핵심지식이란 '학년에 따른 중요한 기초지식'을 배우기 위해서 계획된 '분명하고 구체적이며 공동의 핵심 교육과정'이다. 교사들에 따르면, 핵심지식은 원리를 연결하는 방법으로 나선형의 지식 접근법을 제공한다. "핵심지식의 계열성은 상호관계를 맺으면서 지속되며, 한 반에서 다른 반으로 강화된다."라고 6학년 교사는 설명한다. 교사들은 학년별 수준과 학과목에 관련한 세부적인 회의를 통해 학생들의 학습을 통합하기도 한다.

학교에서 모든 학생의 활동 과정이 모니터되어 학부모에게 전달되고 있으며, 켈러트 교장은 학생들의 자료를 계속적으로 주시한다. 특히, 50% 이하 점수에 해당되는 학생들을 거품 어린이라 부르며, 그들이 수업에 집중하여 학업을 성취해 나갈 수 있도록 도움을 주는 일을 하고 있다. 벨아일엔터프라이즈 중학교의 공연예술 프로그램에는 오케스트라, 밴드, 코러스와 훌륭한 예술 관련 수업 등이 있다.

학교는 교과서에 의존하기보다는 다양한 경험을 토대로 한 자료들에 의존하고 있다. 어떤 부모는 '우리는 대부분 교과서나 시험이 아닌 학습과 성취도에 초점을 둔 프로젝트에 힘쓰고 있다.'고 한다. 왜냐하면 다양한 교육자료를 이용하는 것은 그 자체만으로도 동기 부여로 나타나며, 수업 내용을 문서로 기록하는 학교 자체 시스템을 만들어 신임교사를 위하여 수업 개요와 수업 계획안을 보관한다.

해마다 학교는 수업 내용을 개선시키고 개발하고 있다. 예를 들면, 학교는 수학 수업을 개선하기 위해 비디오테이프 녹화작업과 회의 개최를 위해 이미 남서부교육개발연구소(Southwest

Educational Development Laboratory: SEDL)의 허가를 받았다. 수학 교사들은 국가수학교사협의회에 참석하고 SEDL과 함께 수업 내용을 연구한다. 한 교사는 '우리는 수학 프로그램을 충분히 이해했으며, 교수방법을 위해 좀 더 연구 중에 있다.'고 말한다.

시종일관 학생의 생산성

켈러트 교장은 학생들이 '수업 시작에서 끝날 때까지' 학습에 적극적으로 참여하는 수업을 교사들에게 기대한다고 한다. 교사들은 90분 블록타임제 수업을 선호한다. 이유는 그 강좌의 새로운 개념을 소개하고 활동적인 수업을 통해 개념을 완전히 이해시킬 수 있기 때문이다. 90분 블록타임제 수업은 좀 더 개별화된 교육실습과 평가를 가능하게 한다. 학생들은 좀 더 긴 수업시간과 선택 일정 (A/B schedule)을 선호한다. "만약 우리가 수업시간을 통해 무언가를 성취하지 못한다면, 다음 수업 이전까지 도움을 받을 수 있는 하루의 기회가 있다."라고 학생들은 말한다.

'비누 기하학(soapy geometry)' 수업에서 7학년 기하학반 학생들은 이쑤시개와 마시멜로로 피라미드와 프리즘을 만든다. 각 모둠은 삼각형의 피라미드, 사각형의 피라미드, 삼각형 프리즘, 그리고 정육면체를 만든 다음, 면, 모서리, 꼭지점을 기록하고 각각의 모양의 넓이를 계산한다. 그런 다음 모형들을 비눗물에 담갔을 때 비누막이 어떻게 붙는지에 대한 실험으로 가설을 조사하고 검증한다.

활동수업의 또 다른 예로서 언어 과목을 배우는 8학년 학생들은 의사전달에 관한 항목의 중요성을 조사한다. 2인 1조로 활동하면서 한 학생은 거리나 다른 장면의 검은색과 흰색을 묘사하는 이미지를

설명하고, 다른 학생은 그의 짝이 계속해서 반복을 시도하는 그 그림을 보지 않고서 그림의 이미지를 그려 내는 활동이다. 이렇게 학생들은 친절하게 서로 간의 역할분담을 통해 주어진 과제에 쉽게 집중하며 답을 찾아 나간다.

존경의 분위기와 성취

학생들은 자신의 학업성취도에 대해 긍정적으로 생각하도록 격려받는다. 한 학생은 "학술팀에게도 운동선수팀과 마찬가지로 똑같은 명예와 특권이 부여되지요. 교장 선생님은 학교의 성공에 대해서는 전교생이 잘 알 수 있도록 발표하지만, 학생들이 잘못한 일에 대해서는 발표하지 않아요. 그리고 모든 수업에는 항상 도움을 주는 지도자팀이 있어요. 우리는 앉아서 교사를 기다리지 않아도 되지요."라고 말한다.

벨아일엔터프라이즈 중학교는 질서와 평안하다는 인상을 준다. 그리고 이례적인 학교환경, 존경심에 대한 강조, 학습에 대한 긍정적 태도, 그리고 성취도에서 높은 기대치를 가지고 있다는 데 교사들의 의견은 일치한다. 이 학교에서 1년간 재직한 교사는 "이 학교는 모두가 서로를 격려해 주는 가족과 같은 곳이다."라고 말한다. 그들 모두는 "무엇을 도와줄까요?"라는 질문을 하며, 이 질문에 관한 긍정적인 관계는 먼저 학교당국에서 시작되고, 그 다음 학생들에게 실행된다. 켈러트 교장은 지역사회와 공유된 통일된 비전을 제시하면서 우리 모두는 한 방향으로 가고 있다고 말한다.

학생들은 "선생님들은 훌륭하고 편안한 분들이며, 또한 학생 모두가 환영받는 느낌을 갖도록 해 주고, 모든 학생의 이름을 알고 있어요."라고 이야기한다. 어떤 학생들은 "만일 이 학교에 온다면, 이곳에 있고 싶어 할 것입니다."라고 덧붙

인다. 교사와 학생들 스스로가 "학생들 모두는 배우기를 원하는 샌님(nerd)이다."라는 재미있는 농담도 한다. 한 학생은 "우리는 이 학교에서 준비를 잘하고 있다고 느끼고 있어요. 우리는 고등학교 학점을 받을 수 있지요. 우리는 많은 것을 실제로 하게 되지요. 불어, 대수학(algebra), 미술(fine arts) 부문에서 우리 학교는 유명해요. 우리 학교 학생들이 적극적으로 참여하는 예술의 중요성을 다른 많은 학교는 잃어버렸어요. 학년별 축제에서 우리가 역사 속의 어떤 배역을 맡음으로써 역사를 더 잘 기억하게 되지요. 그것이 역사에 흥미를 느끼게 해 줍니다."라고 말한다.

큰 기대에 충족

교사들과 학교운영 관계자들은 기대모델(Great Expectation Teaching Model)이 이런 분위기를 만들었다고 생각한다. 오클라호마 주의 선도적인 기대모델은 오클라호마 시에 있는 공립학교에 큰 변화와 혁신을 가져오는 데 밑거름이 되었다. 이 학교는 교육을 통해서 사회문제를 해결할 수 있다는 신념을 가지고 1991년에 설립되었다. 이 학교에서 교사들 스스로가 더 많은 능력을 갖추기를 원하며, 학생들 역시 배우기를 원하고 있다.

교육의 기본 이념은 다음과 같다.

- 모든 학생은 배울 수 있음
- 서로 존중하는 풍토
- 자긍심 갖기
- 교사의 태도 및 책임감
- 높은 기대감
- 교사의 지식과 능력

이러한 기대모델은 교사의 모델링,

비판적 사고력, 학생의 책임감 강조, 어휘력 강화, 그리고 학생 작품 전시와 같이 수업 실천에 대한 학습 이론의 근거가 되고 있다. 벨아일엔터프라이즈 중학교 교사들은 기대모델 전문가 개발 프로그램에 참석하고 있으며, 이 프로그램의 목표와 실천이 학교교육에 자연스럽게 스며들고 있다.

　교사, 학생, 학부모 및 학교운영자들은 서로 존중함을 모델로 하는 것에 대단한 가치를 두고 있다. 한 학생은 "학생들 모두가 서로를 자랑스럽게 생각하기를 바란다."라고 말한다. 또 어떤 학생은 "우리 모두는 지도자이며, 저학년 학생들에게 모델이 되길 원하고 있다."라고 덧붙인다. 교사들은 전문적인 학습공동체를 이루고 있다고 느낀다. 국가교사 자격증을 소유한 수학 교사는 "동료 교사들이 나를 많이 도와준다. 이곳은 전문적인 공동체며, 난 그들의 도움이 없었다면 이 자격증을 취득할 수 없었을 것이다."라고 한다. 또 어떤 교사는 "이곳은 많은 기대감과 지지가 있죠. 하지만 평범한 것은 받아들이지 않아요."라고 말한다.

　한 교사는 "켈러트 교장은 매우 협조적이며, 공정하고 훌륭한 조언자다."라고 말한다. 교사들은 교장에 의해 세세하게 통제받고 있다고 느끼지 않으며, 교장을 신뢰하고 있다. "그녀는 우리의 방식에 참견하지 않으며, 우리는 단지 우리 방식대로 가르치고 있어요. 그리고 우리는 다른 학교에서는 규제를 받았지만 이곳에서는 신뢰를 받고 있다. 사람들이 교장에게 몰려와요. 나는 교장을 통해 많은 것을 듣고 배우고 있다. 교장이 어떻게 학부모회의를 운영하는지도 배운다. 그리고 문제를 해결하기 위해 교장은 우리와 면담을 하며 학생들에게 하듯 똑같이 한다."라고 한 교사가 이야기한다. 교장의 기대는, 첫째 학생들을 위해 교사가 이곳에 있다는 것, 둘째 가르칠 과목에 책임감 있는 교사가 될 것 등이다. 교장은 읽고 생각하는 것들을 향상시키기 위해 항상 노력하고 있으며, 항상 더 나아지기 위해 일하고 있다.

🌏 벨아일엔터프라이즈 중학교 2005년 표준화 학력검사(OCCT)[1] 결과(%)[2]

	영어	수학
8학년	95	95
교육구 평균	54	55
주 평균	73	69

출처: OK SDE, 2004~2005.

클락마그넷 고등학교
(Clark Magnet High School, La Crescenta, California)

"할 수 있다."

"당신이 필요한 것을 하는 데 도움을 주기 위해서 내가 무엇을 해야 합니까?"

"우리는 이곳에서 학생답지 않은 행동을 하지 않아요."

"학생들이 이 주위에서 가장 똑똑하다고 생각하게 만든다. 이것은 '자신감' 때문이다."

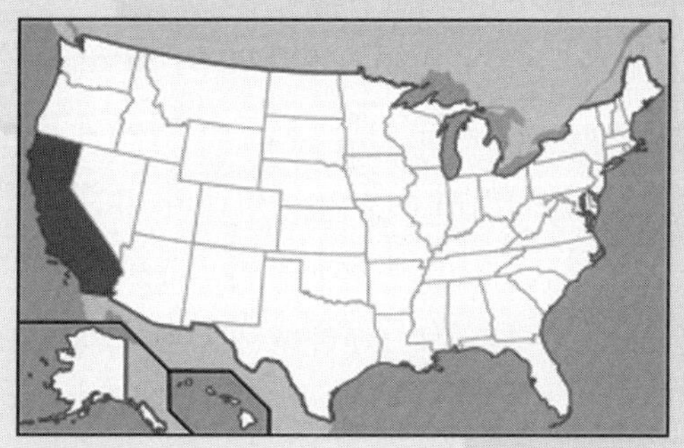

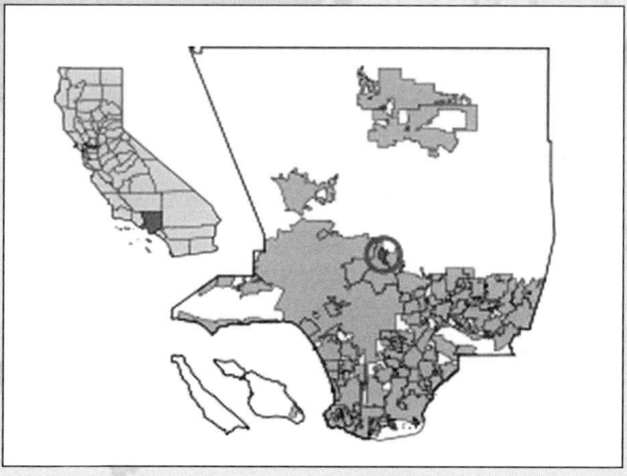

클락마그넷 고등학교는[1] 직업기술교육을 예비대학 교육과정과 확실하게 통합한 전형적인 학교다. 9학년에 입학하면 두 가지 기초 과정을 거쳐 클락마그넷 고등학교만의 독창적인 집중 과정에 들어가게 된다. 대학과 직업예비 과정을 통해 학생들로 하여금 고등학교, 고등교육 그리고 미래 직업진로를 계획할 수 있도록 한다. 기술교육 과정(Technology Literacy Course)은 학생들에게 그들이 선택한 교육과정 틀에서 더 발전된 과정을 경험하게 할 입문 기술을 익히게 한다. 클락마그넷 고등학교의 교육과정은 모든 학생이 대학과 그들의 미래 직업에서 성공하는 데 필요한 준비를 하게 한다. 학생들은 네 가지 교육과정, 즉 수학/과학/엔지니어링, 컴퓨터 응용, 디지털아트 그리고 컴퓨터 수리와 네트워킹과 같

은 컴퓨터 시스템 가운데 하나를 선택한다.

클락마그넷 고등학교는 글렌데일 통합교육구(Glendale Unified School District)에 있는 세 개의 종합고등학교에서 학생 수 증가 문제를 완화시키기 위해 '미래의 비전(Vision of the Future)'이라는 태스크포스 팀에서 추천하여 만들어지게 되었다. '미래의 비전' 태스크포스 팀은 고급기술과 물리, 지구과학에 집중하여 새로운 마그넷학교 설립을 추천하

🌐 학생 1인당 교육비

구 분	교육구	주 평균
1인당 총비용	7,913 달러	10,805 달러
교수-학습	68%	61%
학생-교직원 지원	7%	7%
행정	11%	15%
기타	14%	18%

출처: NCES, 2005~2006.

🌏 학교 개황

클락마그넷 고등학교		주 평균
학생 수(9~12)	1,074	
백인	78%	29%
아시안	10%	8%
필리피노	6%	3%
히스패닉	5%	48%
중복 또는 무응답	<1%	3%
인디언/알래스카	<1%	<1%
무료급식/급식보조	43%	51%
영어/언어 학습자	11%	25%
특수교육	2%	
학생 이동률	1%	
교사당 학생 수	32	28

출처: CA Dept. of Education, 2006~2007.

였다. 클락마그넷 고등학교는 글렌데일 고등학교(Glendale High School), 허버트 후버(Herbert Hoover), 크레센타밸리(Crescenta Valley) 종합고등학교 세 곳에 재학 중이던 학생들을 받아들였다.

과학과 기술을 강조하는 클락마그넷 고등학교 교장은 전선과 계기판, 각종 다이얼이 밀집된 학교 정보통신체제 핵심인 주 정보통신실을 방문하는 일로 시작한다. 돌(Dall) 교장은 "우리가 중학교를 기술고등학교로 바꾼 1998년, 미래를 위해서 정보통신망을 가설했다. 우리는 컴퓨터를 다섯 차례 업그레이드 하였고, 아직도 학교 인프라 구축을 위해 해야 할 일이 많다."라고 말한다. 모든 교실의 배선은 간편하게 접근할 수 있도록 천장 위에 배관을 이용하여 배열하였다. 모든 책상, 캐비닛과 가구에는 바퀴를 달아 교실에 쉽게 재배치할 수 있고, 새로운 활동을 위해 쉽게 변경할 수 있게 하였다. 이 학교는 녹색, 회색, 베이지색으로 꾸며져 단순하지만 모든 것이 조화롭고, 단정하고, 꾸미기 쉽게 되어 있다. 교실은 층과 건물에 따라 논리적으로 숫자가 매겨져 있으며, 이 숫자들은 컴퓨터 주소와 전화 내선에도 이용된다. 클락마그넷 고등학교에 있는 모든 것은 계획과 목적을 가지고 있다.

단정하게 옷을 입은 학생들이 통학버스에서 내린다. 이 학교의 복장 규정은 무늬가 없고, 칼라가 있는 셔츠와 카키색 바지 또는 스커트의 '활동하기 편한 캐쥬얼'이다. 청바지나 코듀로이 소재는 허용하지 않는다. 교직원들에게도 같은 규정이 적용된다. 학생들은 학교에 대한 자부심을 갖고 있으며, 건물을 깨끗하게 유지하고 성숙하게 행동한다. 한 학생은 "우리는 이곳에서 학생답지 않은 행동은 하지 않아요."라고 말하는데, 학생답지 않은 행동이란 욕을 하거나 싸움을 하는 것을 의미한다. 학교행정가들과 교사들은 방문객들이 학교를 일종의 사업체로 착각하게 만든다. 말하자면, 클락마그넷 고등학교의 교육활동은 진지하고, 목표를 향해 주도면밀하게 계획되어 있다. 클락마그넷 고등학교에서 수업의 질과 학사지원의 결과는 상급 학교를 진학하는 것뿐만 아니라, 이곳에서 생활하였던 졸업생들에게서도 엿볼 수 있다.

10여 년 전에, 교육구 연합체와 지역사업체, 고등교육기관에서 자원한 80명의 봉사자들로 구성한 태스크포스팀은 과학과 첨단기술을 활용하여 학문적 성공과 직업준비를 촉진하는 고등학교를 만들기 위해 협력하였다. 그들은 이것을

'우리 미래의 능력(literacy of our future)'이라고 불렀다. 태스크포스팀은 지역사회의 흥미와 필요를 결정하기 위한 조사를 실시하여, 핵심적인 교육과정을 운영하는 작은 중등학교에 관한 '최고, 높은 목표와 서열 파괴(Second to None, Aiming High, and Breaking Ranks)'라는 연구를 이끌어 냈다. 클락마그넷 고등학교는 21세기에 공헌하는 성인이 되려면, 고등학생들은 과학과 기술 방면의 지식을 갖추어야 한다는 전제를

갖고 있다.

클락마그넷 고등학교가 기대하는 학교 전반의 학습 결과, 졸업 후 모든 클락 학생들은,

- 읽기, 쓰기, 말하기에서 능력을 갖춘 효과적인 의사소통자이어야 한다.
- 문제 해결을 할 때, 폭넓고 다양한 정보와 전략을 사용하는 창조적인 사고 자이어야 한다.
- 지속적인 평생학습을 위한 기술과 능력을 소유한 자기주도적 학습자이어 야 한다.
- 자신의 지역사회와 공동체를 유익하게 하기 위해 시간과 재능을 공유할 줄 아는 교양과 책임감이 있는 시민이어야 한다.
- 효과적으로 공동 노력하는 협력적인 공동체 구성원이어야 한다.

오늘날 클락마그넷 고등학교의 관계자들은 학교에서 이루어지는 체험학습 방 법을 학습 내용의 기준과 연결하기 위한 노력의 일환으로 매년 학생들의 학교 생활 자료를 분석하는 모임을 갖는다. 매년 업데이트되는 이 학교의 학교 생활 자료는 교육 계획 개선 목표를 위한 지침이 된다. 현재 클락마그넷 고등학교는 모든 교과 영역에서 이루어지는 작문, 문해교육의 통합, 표준화된 평가에서 '숙 달' 이하의 평가를 받은 학생들의 문제 해결력의 향상을 강조한다. 교직원의 전 문성 개발과 교수–학습의 전문적인 개발 부분은 이러한 해당 연도 목표에 따라 조정된다.

태스크포스팀은 학교를 직업모형으로 간주하는데, 이것은 학교와 직업 간의 관계를 견고하게 한다. 기술지식이라고 부르는 기본 과정에서, 입학하는 모든 9 학년 학생들은 클락마그넷 고등학교의 네 가지 교육과정 요소인 수학/과학/엔 지니어링, 컴퓨터 응용, 디지털아트, 그리고 컴퓨터 시스템을 소개받는다. 대학 진학반 또는 직업 준비반에서, 진로상담사와 학교행정가들은 9학년 학생 개개 인을 위해 신중하게 관리하는 직업설계와 고등학교 교육과정에 대해 전략을 세

우고 계획한다. 돌 교장은 학생들이 매우 어린 나이에 직업을 결정하는 것을 일부 교육자들이 반대한다는 사실을 인정하지만, 자신의 직업에 대해 명확하게 길을 정하는 학생들이 고등학교 생활을 잘 마치고, 대학에서도 성공한다는 것을 연구 자료에서 알 수 있다고 주장한다. 클락마그넷 고등학교의 졸업생들은 종종 학교를 방문하여 교사들에게 자신들이 대학 생활을 하기에 얼마나 준비가 잘 되었는지를 말한다. 몇몇 학생들에게 대학 생활은 고등학교 때의 생활보다 더 쉬워 보인다. 이 학교의 '교류의 날' 전체 일정은 학생들에게 실제로 대학 생활과 같은 경험을 하게 한다.

클락마그넷 고등학교는 최고의 마그넷(Magnet) 학교지만, 재능 있는 학생들만을 위한 학교는 아니다. 교육구[2]에 속한 4개의 중학교와 지역 사립학교들에서 9학년 신입생을 모집하는데, 행정가들은 이들 학교를 방문하여 학생과 학부모와의 모임을 개최하고 관심을 보이는 학생 가족을 학교에서 열리는 토요박람회에 초대한다. 입학하는 9학년 학생들은 대수학 수업을 받을 수 있는 준비가 되어 있어야 하며, 중학교에서 평균 C 이상의 성적이어야 한다. 대개 약 600여 명의 학생이 300명 정원인 9학년에 신청하고 입학허가는 추첨을 통해 이루어진다.

돌 교장은 클락마그넷 고등학교 학생들은 자신의 고등학교를 스스로 선택할 정도로 성숙하다고 생각한다. 돌 교장은 "학생들 스스로 선택하고 선택되었기 때문에 그들이 이 지역에서 가장 똑똑하다고 생각한다."라고 말한다. 또한 모든 학생이 우수한 학업성취자는 아니지만, 클락마그넷 고등학교의 목표는 학생들이 이 주위에서 가장 똑똑하다고 생각하게 만드는 것이라고 교장은 덧붙인다. 그는 이것을 '자신감' 때문이라고 말한다. 학생들은 클락마그넷 고등학교가 컴퓨터와 학습에 관련한 기술적인 방법 때문에 직업기술학교, 컴퓨터 전문학교로 알려져 있다고 말한다. 그러나 일단 클락마그넷 고등학교에서 생활하면 학생들은 자신의 능력을 자극하는 교육과정에 놀란다. 한 토론집단에서, 한 학생은 다른 고등학교에서라면 자신은 다른 안 좋은 쪽으로 빠졌을 것이라고 반성한다. 그는 "이곳에서는 내 뒤를 볼 필요가 없어요."라고 말한다. 다른 학생은 "학교는 재미있을 뿐만 아니라 유용한 것들을 배워요."라고 말한다. 집단토론의 마지막 무렵에 학생들은 학교에 대한 자부심의 표시로 그들의 의자를 도서관 책상 바로 옆에 깔끔하게 정리한다. 또 음식물 쓰레기를 잘 버리고, 도서관을 떠날 때에는 복장을 단정히 한다.

1,100명의 학생들이 재학 중인 우수한 고등학교지만 다양한 학생 구성은 미국의 일반적인 다른 공립학교와 비슷하다. 1998년 개교 당시에 클락마그넷 고등학교는 교육구 내의 다른 고등학교와 학생 구성원의 다양성이 비슷했다. 하지만 오늘날에는 저소득 이주민 가족이 거주하는 지역인 남부 글렌데일 지방에서 더 많은 학생이 입학한다. 일단 교육구에 거주하는 이주민 가족 중 한 사람이 클락마그넷 고등학교가 어떤 학교인지를 알게 되면, 그 지역사회의 다른 학생들이 줄을 잇는다. 2005～2006년 통계에 따르면, 학생들 가운데 절반 이상이 가정에서 영어를 사용하지 않는다. 영어를 못하는 학생들은 학습장애를 가진 학생과 마찬가지로 학교의 지원을 받는다. 클락마그넷 고등학교는 미국에서 가장 성공한 고등학교 가운데 하나로서 국제적·국가적으로 인정을 받고 있고, 또 주에서 주는 많은 상을 받았다. 학교의 성공을 뒷받침하는 주요 전략은 의도적인 목적, 학생 중심의 문화, 학문적인 높은 기대다.

2 더하기 2 더하기 2

학교의 직업교육 원칙에 근거하여, 클락마그넷 고등학교 학생들은 입학 초에는 네 가지 기술 과정인 수학/과학/공학, 컴퓨터 시스템, 컴퓨터 응용, 그리고 디지털아트 가운데 하나를 선택한다. 많은 학생이 산학인증 프로그램을 통해 기초 컴퓨터 네트워킹(CISCO Academy)과 컴퓨터 수리(A+) 인증을 선택한다.[3] 클락마그넷 고등학교 졸업생들은 최소한의 비용으로 일반 학위 과정과 함께 취득할 수 있는 2년간의 심화 시스코(Cisco) 컴퓨터 네트워킹 자격을 위해서 글렌데일 지역대학(Glendale Community College)에 진학한다. 그런 다음 경영정보 시스템, 컴퓨터 과학 또는 또 다른 그들의 관심 분야에서 학사학위를 마치기 위해 4년제 대학에 진학한다. 그들의 이러한 이력을 '2(년의 고등학교) 더하기 2(년의 지역대학) 더하기 2(년을 4년제 대학에서 보내기)' 라고 부른다.

　태스크포스팀은 의도적으로 클락마그넷 고등학교의 과학기술과 남부 캘리포니아의 첨단기술 분야를 연결한다. 학교는 기술 프로그램에 지원해 주는 상당액의 기부금을 유치한다. 여러 교직원들은 무역, 과학, 기술 분야의 자격증을 가지고 있다. 이러한 전문성 개발 활동은 캘리포니아 직업 프로그램(California's Regional Occupational Program: ROP) 또는 직업기술 교육 기금(Career Technical Education Funds)에서 지원을 받아 이루어진다.

대학 진학과 직업 준비

　대학 진학과 직업 준비를 하는 9학년 과정은 학생들을 과학과 기술의 길에 단단히 붙잡아 맨다. 한 학기 동안 대학 진학과 직업 준비 과정에서 학생들은 고등

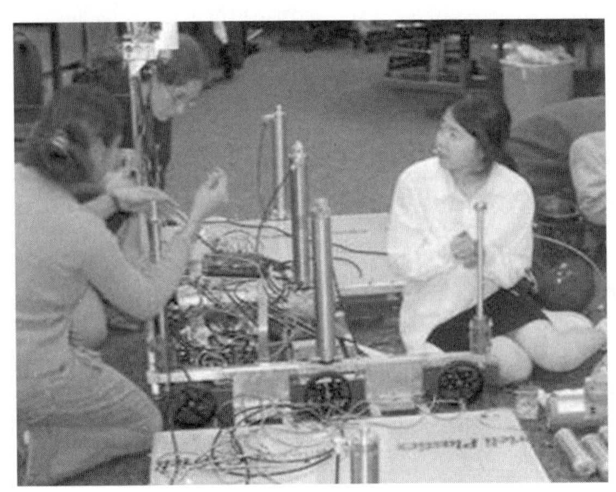

학교 단계와 중등교육 이후의 계획을 설정하는 디지털 포트폴리오를 준비한다. 학생들의 직업 계획을 강화하기 위해 신입생들 역시 최소한 10시간의 지역사회 봉사활동을 해야 한다. 많은 학생이 기준을 초과하여 더 많이 봉사활동을 하고, 사회봉사기관에서 활동을 계속한다. 소프트웨어를 이용하여 학생의 흥미검사와 직업적성검사를 실시

하여 직업탐색을 한다. 그리고 학생들이 선택한 직업을 개척할 수 있는 중등 교육과정 이후의 기관을 찾는다. 학생들은 자신의 직업 계획을 새로이 하고, 중등교육 이후의 교육에 대한 기대와 각오를 새롭게 하기 위해 소집단 또는 일대일로 진로상담교사들과 정기적으로 면담을 한다.

클락마그넷 고등학교 학생들의 가정 형편을 살펴보면, 가족 대부분은 중등교육 이후의 교육 경험이 없고, 자녀를 4년제 대학에 진학시킬 여력이 없다. 이러한 가정의 학생들이 잠재적인 직업의 기회를 위해 학생과 지역기업을 연결해 주는 프로젝트와 인턴십 외에도 학생들은 자신이 익힌 기술을 이용하여 중등교육 이후의 상급 학교 수업에 도움이 되는 곳에서 여름을 보낸다. 클락마그넷 고등학교의 마지막 2년 동안 대학 과목 선이수 과정(Advanced Placement courses: AP)[4]을 이수하면 학생들은 대학 학점을 취득할 수 있다. 상당수의 12학년 학생들이 학교와 인근 글렌데일 지역 대학의 밀접한 관계를 이용하여 '도약(Jump Start)'이라는 프로그램을 통해 대학교육과정에 참여한다. 직업상담 지도부는 대학의 장학제도를 조사, 검토하여 서류를 작성한다. 학교는 학생들이 접수 마감일을 놓치지 않도록 11학년과 12학년의 학생, 학부모와 밀접한 협조관계를 유지한다.

과학과 기술의 길을 위한 토대를 쌓는 9학년의 두 번째 과정은 기술지식(technology literacy)이다. 이는 캘리포니아 주의 기술 기준에 부합하는 것으로서, 해당 과목 분야의 전문가들이 가르친다. 네 부문으로 구성된 이 과정은 학생들에게 전자기술과 컴퓨터 하드웨어, 컴퓨터 비즈니스 응용, 인터넷 사용과 탐색기술, 컴퓨터 그래픽의 원리와 미디어 디자인을 소개한다. 각 부문은 클락마그넷 고등학교의 네 가지 학문적 요소 중 하나에 초점을 맞춘다. 한 학생은 컴퓨터에 관한 한 자신을 '완전한 바보'로 생각했다고 말한다. 기술지식 과정 이후에, 이 학생은 '컴퓨터

가 그다지 나쁘지 않다.'는 것을 깨닫고, AP 컴퓨터 과학 과정을 신청하였다. 현재 캘리포니아 기술과학대학(California Institute of Technology) 1학년인 그녀는 "소득이 높은 직업은 최소한 어느 수준 정도의 컴퓨터 능력을 요구해요. 나는 대학과 미래의 직장에서 컴퓨터를 사용할 수 있도록 준비시켜 준 클락마그넷 고등학교의 교육과정을 이수할 기회를 가졌던 것이 너무 기뻐요."라고 밝힌다. 클락마그넷 고등학교 교직원들은 기술지식을 '훌륭한 평등주의자'로 언급한다. 어떤 학생이 컴퓨터를 안다고 생각하며 클락마그넷 고등학교에 올지라도, 9학년을 끝마치면 모든 학생은 기술 응용에 대해 정말로 더 잘 알게 된다.

블록타임제

클락마그넷 고등학교는 블록타임제를 사용한다. 대부분은 격일로 블록타임제 90분 수업을 한다. 새로 입학한 1학년들은 격일로 이루어지는 블록타임제 수업에서 자신의 시간과 과제를 관리하는 방법을 배운다. 이러한 관리기술은 대학과 직장에서도 쉽게 활용된다. 교사들은 90분 동안의 수업전략에 관해 특별훈련을 받는다. 블록타임제가 강의, 학생 발표, 학생 공동과제 수행 및 학급회의와 같은 다양한 학습기회를 '직소수업(jigsaw)' 할 수 있는 시간을 준다고 교사들은

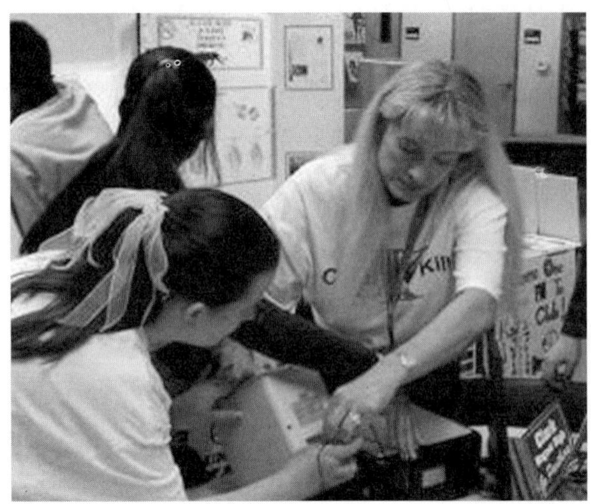

말한다. 돌 교장은 가끔 초등학교 교사자격증 소지자나 경력교사를 모집한다. 캘리포니아 직업 프로그램(ROP) 프로젝트를 수행하기 위해 기업체에서 채용된 교사들은 블록타임제 90분 수업이 현장체험 기술과 과학 프로젝트를 하는 데 비교적 긴 시간이라고 생각하지만, 초등학교 교사 자격을 가지고 있거나 경력이 있는 이들은 90분 블록타임제 수업과

학교의 프로젝트 기반 교수방식 접근에 쉽게 적응한다. 모든 클락마그넷 고등학교 교사들은 그들의 전문 분야에서 공인된 사람들이다.

클락마그넷 고등학교 교사들은 각기 다른 방식으로 블록타임제를 사용한다. 기술지식 수업시간에 학생들은 어휘를 묘사하기 위해 필요할 때는 교사나 친구들과 상의하면서 CD나 인터넷 또는 디지털카메라를 이용해 이미지를 다운로드한다. 소규모 비즈니스 수업시간에 학생들은 레이저 인쇄기가 어떻게 작동하는지를 배우고, 사업 계획을 작성한다. 그리고 사업을 가상하여 생산, 마케팅, 경리, 웹사이트 개발과 판매에 관해 팀을 이루어 일을 한다. 다른 기술지식 시간에는 인터넷에서 흥미 있는 주제에 대해 조사한 후, 학생들이 칼럼이나 사진들을 이용하여 뉴스기사를 만든다. 역사 교사와 영어 교사는 매번 90분을 공유하고, 2개의 반을 합하여 60명이 넘는 학생을 함께 가르친다. 교사들은 영어와 역사에 관한 주의 기준에 모두 충족하기 위해 수업을 10분에서 15분 단위로 묶는다. 매 활동에는 어휘와 구어(oral language), 의미를 추론하는 강의와 장기 프로젝트에 관한 집단 혹은 개인 과업이 포함된다.

계발활동과 네트워킹 시간

두 가지 일상적인 특징이 블록타임제에 들어 있다. 매일 수업 마지막 35분 동안의 계발활동 시간과 일반적인 간식과 점심시간이 그것이다. 계발활동 시간에는 모든 교사에게 특별한 도움을 요청할 수 있다. 일부 학생들은 확인된 자료에 근거하여 무조건 계발활동 시간에 참여해야 한다. 질문이 있는 학생은 허락을 받아 교사를 만나러 갈 수 있다. 계발활동 시간에 도움이 필요 없거나 원하지 않는 학생은 특별활동반, 우수 발표자의 발표회 참여, 또는 교내 스포츠에 참여하거나 다른 계발활동을 하는 데 시간을 이용할 수 있다.

매일 아침 9시 30분부터 9시 45분까지 학생들은 실외에 있는 매점을 방문할 수 있고, 11시 20분부터 11시 50분까지 모든 학생은 똑같이 점심시간을 가진다. 이런 동시적인 식사시간은 클락마그넷 고등학교 학생들에게 수업활동과 프로젝트에 관해 서로 대화하고, 친구들과 함께 어울릴 수 있는 시간을 주기 위해 의도된 것이다. 오후 3시에 통학버스가 집이 먼 학생부터 먼저 태우고 출발하는데, 나중에 출발하는 학생들은 친구와 어울리며 45분 정도의 시간을 학교에서 보낼 수 있다. 클락마그넷 고등학교는 학교의 단체운동팀, 응원단, ROTC[5]나 밴드가 없다. 하지만 학생들은 마지막 블록타임 수업이 끝난 후, 인근에 있는 고등학교에서 이런 활동을 할 수 있다. 현재 약 150명의 학생들이 인근 고등학교에서 활동하고 있다. 교내에서 몇몇 토너먼트 경기가 이루어지는 동안에 단체경기활동에 참여하지 않는 학생을 위한 교내 프로그램도 운영된다.

'할 수 있다'는 문화

　클락마그넷 고등학교는 전공을 구분하지 않는다. 돌 교장은, 교직원들은 캘리포니아 기준에 부합하는 통합 교육과정을 계획하는 데 협력해야 하고, 수행기반 프로젝트를 위해 학생들과 공동의 작업을 해야 하며, 이것들은 클락마그넷 고등학교의 '할 수 있다'는 문화를 위해 필요하다고 말한다. 돌 교장은 캘리포니아 직업 프로그램 재정을 활용하여 산업전문가 외에도 초등학교와 중학교 교사들을 찾는다. 왜냐하면 종종 다중지능으로 가르치는 것을 훈련받은 이들은 매우 열정적이며, 학습을 15분으로 묶어 활동하는 방법을 알고 있기 때문이다. 클락마그넷 고등학교의 경험 많은 교사는 신임교사들이 학생들에게 쉽게 접근하고, 구성원으로서 계획을 세우며, 효과적인 학습 내용을 개발할 수 있게 지도하는 멘토의 역할을 한다.

　교사들과 학생들은 클락마그넷 고등학교를 믿음과 존경 위에 세워진 공동체로 묘사한다. 한 교사는 학교에는 '일체감'이 있다고 말한다. 돌 교장은 '좋은' 사람을 고용한다. "그들은 가장 훌륭한 교사들이 된다. 우리는 그들을 보증할 수 있고, 그들에게 교수-학습 능력을 배양하는 방법을 가르쳐 줄 수 있다. …… 우리는 서로에게 우리가 확실하게 갖고 있는 것을 전파할 수 있다."라고 덧붙인다. "한 교사는 30명의 학생을 위해서 분위기를 조성한다. 그러면 이 30명의 학생들 각각은 다른 30명의 학생들에게 영향을 미친다." 돌 교장은 그의 교사들에게 "당신이 필요한 것을 하는 데 도움을 주기 위해서 내가 무엇을 해야 합니까?"라고 질문함으로써 학생 중심 학습 모형을 제시한다. 교장으로서 가장 중요한 책임은 한 교사가 2년 후에 종신 재직을 할 자격이 있는지 없는지를 결정하는 것이다. 교장은 "나는 정말로 각각의 교사들에 대해 알아야 하고, 그들이 학생들을 어떻게 가르치며, 동료들과 어떻게 지내는지를 알아야 한다."라고 말한다. 교장은 모든 교사가 종신 재직할 자질과 자격을 갖추고 있다고 생각하지 않는다. 평생고용 자격을 위한 구비 조건으로, 모든 교직원은 그들의 전공 분야에서 공인된 교사가 되어야 하고, 교육구가 요구하는 영어 학습자 교육과 관련한 추가 자격인증을 갖추어야 한다.

클락마그넷 고등학교 교직원들은 돌 교장을 항상 '바른 사람'과 '다음 계획'을 찾는 '신성한 행정가'라고 묘사한다. 캠퍼스에서 문제가 발생하면 돌 교장은 실외 강당에서 학교 전체가 '조정(tune-up)' 모임을 가질 것을 요청한다. 이 모임은 약 10분 정도 지속된다. 그는 "우리는 문제를 명확히 하고, 문제 해결을 위한 정보를 찾고, 방안을 결정하고, 시행한다."라고 이야기한다. 교장은 절차와 방식의 투명화를 중시하여 교장실 벽 모두를 유리로 하였다. 교감[6]의 사무실 역시 유리벽이다.

교사와 학생들은 항상 대화를 한다. 전자우편을 이용하여 교직원, 상담사[7], 학생, 학부모, 행정가들은 서로 계속 연락한다. 각 학년 수준의 교직원팀은 교육과정의 통합을 계획하고 학생들에 관해 협의하기 위해 정기적으로 만난다. 교사들은 학생들의 수업 태도에 관한 긍정적인 피드백을 제공하여 학생들의 용기를 북돋아 준다. 교실환경 조성과 교실 수업에서 지속적인 다양한 기술과 기자재의 사용은 학생들이 수업에 적극적으로 참여하여 교과 내용을 배우는 데 동기를 부여한다. 예를 들면, 학생들은 컴퓨터 응용시간과 디지털아트 시간에 배운 것을 과학, 영어, 역사에 관한 프로젝트를 발표할 때 사용한다.

자료를 활용하는 교육

교육구에서 개발한 소프트웨어 프로그램 데이터 담당자는 교사들에게 교육과정 기준과 시험 측정 요소에 근거하여 학생들의 상세한 시험성적 결과를 제공한다. 숙달 수준 이하의 성취를 보인 학생은 개별화된 교실 수업, 단짝 도우미, 진로상담사의 지도, 또는 계발활동 시간 동안의 특별지도 등과 같은 다양한 도움을 받는다. 진로상담사는 학생이 문제를 겪는 듯하면, 학부모에게 바로 연락을 취한다. 모든 학부모는 5주마다 자녀의 학습 진전 상황을 통보받는다. 교감, 진로상담사, 영어능력 개발 전문가와 다른 관련 교직원들로 구성되는 학생 학습지원팀은 추가적인 지원을 필요로 하는 학생들에 관한 자료를 검토하기 위해 1년에 3번 혹은 4번 정도 모임을 갖는다. 학교 행정 당국은 숙달 수준 바로 아래인 '경계지점(tipping point)'에 있는 학생들이 다음 시험에는 숙달 수준에 도달할 수 있도록 지원을 하고 있다.

영어 학습자

부가적인 영어능력 개발(English Language Development: ELD) 수업이 필요하다고 분류된 학생들 역시 클락마그넷 고등학교에서는 너무나도 잘한다. 부분적이기는 하지만 그들이 별다른 학습장애 없이 단지 영어교육 지원만이 필요한 대상이고, 학교가 그들의 영어능력 개발 욕구를 만족시키는 프로그램을 제공하기 때문이다.

해마다 클락마그넷 고등학교 학생들 가운데 약 15% 정도가 영어 학습자(English Learner: EL)로 분류되고, 1년 혹은 2년 동안 학교의 영어능력 개발 수업을 통해 실력을 향상시키고자 노력하고 있다. 대부분의 영어 학습자들은 모국어에서 높은 문해능력을 가지고 있는데, 영어능력 개발 수업을 1년 동안 받으면 영어 실력을 제대로 갖추게 된다.

클락마그넷 고등학교 학생들의 구성은 민족적으로 너무 다양하여 영어 학습자 학생들을 쉽사리 확인할 수가 없다. 교사들은 모든 학생에게 높은 기준을 기대하여, 누가 영어 학습자 학생들인지 그들도 알지 못한다고 한다.

클락마그넷 고등학교의 영어능력 개발 전문가는 학생들의 중학교 시험 성적을 수집하고, 학생, 학부모와 함께 강의 계획을 세운

다. 계획은 쓰기에 중점을 두는 수업과 더불어 읽기 수업도 포함하는데, 이것은 학년 수준의 영어 수업을 대체한다. 영어능력 개발 수준이 다른 학생들은 소집단으로 편성되어 보조교사와 함께 공부한다. 영어 학습자 학생들은 그들 학년에서 기술, 수학, 과학 등 다른 핵심적인 교과 수업에 참여하는 동시에, 그들이 교육 내용을 이해하여 영어능력 개발 프로그램의 테스트를 통과하면 과정을 마치게 된다. 영어능력 개발 전문가들은 심화지도가 필요한 경우를 대비하여 교과 담임 교사들과 지속적인 관계를 유지한다. 학교 생활과 미래 사회 생활을 잘하기 위한 문해교육은 독해력을 향상시키는 데 부가적인 도움을 필요로 하는 학생들과 영어를 잘하고 싶은 영어 학습자 학생 모두에게 똑같이 특별한 수업이다.

클락마그넷 고등학교의 활동적이고, 프로젝트에 기초한 학습지도방법은 비영어 원어민(non-native English speakers) 학생에게 알맞다. 비영어 원어민 학생들과 다른 학생들이 협동적인 환경에서 공부하면서 직업 개발에 도움이 되는 실용기술을 습득할 기회를 가질 수 있기 때문이다. 교실 내의 활동적인 학습 분위기에서 모든 학생은 영어 실력에 관계없이 지식을 받아들이고, 더 높은 단계의 사고와 능력을 자유롭게 펼쳐보인다. 기술, 과학, 수학 수업은 학생들이 언어적 장벽에 구애받지 않게 일반적인 개념과 이론을 중심으로 이루어진다. 그래서 영어 학습자 학생들은 여전히 성공적인 학교 생활을 한다. 클락마그넷 고등학교에서는 발표능력을 강조하는데, 영어 학습자 학생들의 동기를 자극하여 한층 더 많이 영어를 사용하여 연습하도록 한다. 학교의 중견 교사들도 '영어로 진행하는 특별구안수업(specially designed academic instruction in English: SDAIE)' 직무연수를 받는다. 이 연수에서는 다양한 시각자료와 함께 화이트보드, 그래픽 조작기, 삽화, 어휘 포스트 등이 사용된다. 컴퓨터 수리, 웹디자인, 그리고 애니메이션 강의는 특별 구안수업에 사용되는 전략들과 잘 어울린다. 마지막으로 프로젝트 평가는 학생들이 지필시험의 차원을 넘어서 또 다른 방식으로 그들의 능숙함을 증명해 보이도록 한다.

프로젝트 학습

클락마그넷 고등학교의 프로젝트 학습은 학습을 실생활에 적용하고, 직업기술과 연결시키고자 하는 학교의 철학을 반영한다. 교사들은 스스로를 교육자가 아닌 촉진자로 여긴다. 어떤 학생들은 이렇게 설명한다. "우리는 탁자에 앉아 타인들과 함께 일하는 방법을 배운다. 우리 자신의 모둠 발표에 대해 책임감을 느끼면서 타협할 필요가 있다. 우리 학교는 많은 분야에서 앞서 있다." 전쟁난민인 현재 9학년 학생이 〈뉴스위크(Newsweek)〉의 칼럼인 '내 차례(My Turn)'를 모방해 만든 수필이 복도 벽면에 걸려 있다. 이 수필은 매우 진지하게 쓰였으며, 실제 잡지와 거의 구별할 수 없게 꾸며져 있다. 10학년의 역사와 영어 협력수업에서 같은 내용에 관해 다른 과제를 부여받으면서, 우수학생과 보통 수준의 학생들이 통합되어 운영된다. 교사들은 전략적으로 모든 학생을 3, 4주마다 새로운 집단으로 순환시킨다. 학생 과제의 예를 들면, 학생들이 공부하고 있는 역사 교재 안의 수필과 연관시켜 '내 인생의 가장 큰 변화'라는 주제에 관하여 한 노인의 역사를 구술하는 것이다.

클락마그넷 고등학교의 특별한 프로그램에는 환경과 우주기술(Environment and Spatial Technology: EAST), 로봇공학, 상급생 프로젝트(senior project)가 있다. 돌 교장은 3학년 학생들에게 EAST, 지리정보와 위치 시스템, 애니메이션 및 지역사회에 유익한 환경 프로젝트를 설계에 필요한 컴퓨터 보조 디자인 소프트웨어를 가르치기 위하여 젊은 여성 해양생물학자를 고용하였다. 현재, EAST 반은 로스앤젤레스 항구의 중금속 오염에 관해 연구를 하며, 범죄 수사 때에 오염된 물에서 일해야 하는 수사관에게 도움을 준다. "FBI 수중조사반이 우리가 발견한 것을 보고자 전화할 때, 우리 학생들이 중요한 연구를 하

고 있다는 것을 느낀다.”라고 돌 교장이 말한다. EAST 교육활동은 학생들이 발견한 것을 발표하는 시사회 때 최고조에 달한다.

인근의 분사반동추진연구소(Jet Propulsion Laboratory)에서 온 공학자들은 캘리포니아 직업 프로그램 선택과목 수업인 로봇공학을 가르친다. 클락마그넷 고등학교 학생들은 자신의 로봇을 설계하고 조립하여, 매년 지역대회에 출전한다. 올해 로봇공학 시즌의 하이라이트는 샌디에이고 지역에서 열린 퍼스트(For Inspiration and Recognition in Science and Technology: FIRST) 로봇공학 대회에서 수상한 것과 애틀랜타에서 열린 국제로봇공학 결승전 참가다.

‘학습에 흥미를 잃고 졸업만을 생각하는 현상’에 대한 클락마그넷 고등학교의 해결책은 4학년 봄에 완성되는 상급생 프로젝트다. 모든 교직원과 지역사회 인사들이 대거 참여하여 학생들을 지도하고, 발표를 평가하고, 학생들이 쓴 수필을 읽는다. 멘토와 함께하며 개인적인 여러 활동을 통해서 학생들은 직업을 선택하고, 취미나 학문적 관심을 깨닫는다. 학생들은 최소 15시간의 현장실습을 해야 하며, 6~8장의 조사보고서, 프로젝트의 과정을 기록한 포트폴리오, 책, 스스로 제작한 모형을 제출하거나, 웹사이트를 구축하거나 직접 실연을 해야 하고, 최종 발표를 해야 한다. 멘토들은 상급생을 지원하고, 작업 상황을 모의실험하면서 ‘안내하고, 질문에 답하고, 필요한 조언은 하지만, 학생을 위해 대신 일을 해 주지 않겠다.’라는 약속에 서명한다. 많은 상급생은 외부 업무와 제휴하거나 자신의 전공 혹은 진로와 관련하여 기업에서 아르바이트를 하기도 하는데, 이것은 나중에 고용으로 이어지기도 한다.

6월에 상급생들은 지역사회의 평가단 앞에서 그들의 프로젝트를 발표한다. 교직원들과 지역사회 심사위원은 미리 마련된 지침에 따라 학생들의 포트폴리오와 수필, 그리고 학생들의 발표를 평가한

다. 2006년 상급생 프로젝트의 주제는 공인중개사 자격증 취득, 매매 실습과 찻집을 경영하기 위한 업무 계획 개발에서 의료광고 훈련 입문서 작성, 중학생 농구팀 지도와 아이 돌보는 일까지 광범위하다.

철저하고 적절한 교육과정

학생들은 1년마다 7과목 수업을 듣고, 4년 동안 영어, 수학, 과학, 그리고 적어도 2년 동안은 역사와 스페인어 수업을 듣고 졸업해야 한다. 모든 상급생이 필수적으로 수업을 받아야 하는 과목은 한 학기를 받아야 하는 경제학과 정치학, 네 학기 동안 받아야 하는 체육이다. 입학 초부터 대부분의 9학년 학생들은 개념물리학 수업을 받는다. 이는 미래의 과학 수업을 위한 우수 기초 과정으로서 학교 현장연구에서 입증되었다. 캘리포니아 주 학력평가 프로그램(Golden State Exam program: GSE)의 일환으로 실시한 골든스테이트[8] 물리시험에서, 클락마그넷 고등학교 9학년 물리학 점수는 보통의 캘리포니아 주의 다른 고등학교 12학년의 물리학 점수 평균보다 더 높았다. 최근에 공식보다는 개념을 통해 내용을 학습하는 개념화학, 개념 중급 대수학 과정이 수학에 취약한 학생들을 돕기 위해 추가되었다. 학생들은 수학과 과학을 1년 동안 더 배울 수 있게 되어서 더 편하게 다음 단계로 이동한다. 또한 학생들은 철저하고 핵심적인 교육과정과 더불어, 기초 네트워크 디자인, 인터넷 마케팅, 디지털 사진, 컴퓨터 애니메이션과 소상공업 같은 장래 직업 위주로 수업을 듣는다.

클락마그넷 고등학교의 모든 학생은 AP 과정을 수강하도록 권장받는데, 학생들은 AP 과정을 수강하여 부가적인 점수를 받는다. 비록 AP 성적이 높지 않아도 그 과정 속에 실력을 기르면서 경험과 자신감을 얻는다. 클락마그넷 고등학교 AP 프로그램에서 주목할 점은 캘리포니아 주의 어느 다른 고등학교에서 AP에 도전하는 것보다 클락마그넷 고등학교 학생들이 AP 과정에 도전하는 비율이 더 높다는 사실이다. 이러한 분위기는 학교에서 학생들이 더 높은 수준의 수학, 과학 수업에 등록하는 것을 부추기고 있기 때문이다. 예를 들면, 대략 10%의 학생들이 AP 미적분학 수업에 등록하고 있다.

학생 구성

클락마그넷 고등학교는 작고 개별화된 학습환경을 조성하여 더 특별한 교육을 원하는 학생들과 이주민 거주지역 출신의 학생들을 지원한다. 일단 한 마을에서 두 명의 학생이 클락마그넷 고등학교에 진학하여 성공하면, 그들의 형제들과 사촌들이 뒤를 잇는다. 전체 학생집단 가운데 대략 60%를 차지하는 아르메니안[9]을 수용하는 것 외에도, 클락마그넷 고등학교는 더 많은 흑인과 히스패닉, 여학생들을 모집하여 인적 구성 등의 여러 가지 면에서 해당 교육구의 다른 고등학교들과 좀 더 대등하고자 노력한다.

학교행정가, 교사, 학생들은 클락마그넷 고등학교의 교육 목표를 명확히 알리기 위해 중학교를 방문한다. 이는 일반적으로 널리 이해되고 있듯이 교육구의 우수한 중학생들을 유치하려는 것이 아니라, 몰라서 기회를 놓치는 일이 생기지 않도록 하기 위해서다. 클락마그넷 고등학교는 학생이 과학과 기술에 관심이 있지만 다른 데 초점을 두는 학교에 다니고 있는 학생을 위한 일종의 대안학교다. 학교의 지도자들은 클락마그넷 고등학교의 교육방법에서 이점을 취할 수 있는 학생들을 모집하기 위해 중학교 인사들과 함께 협력한다.

교직원 교육

　돌 교장은 지속적인 발전의 핵심으로 견고한 발전의 과정을 '테니스 토너먼트의 출전권(seed)' [10]에 비유하여 젊고 다재다능한 직원을 채용하는 것이라고 말한다. 최고 시드 출전자들이 은퇴할 때 더 젊고 유능한 교직원들이 그들의 자리를 대신할 준비가 반드시 되어 있다. 많은 교사는 클락마그넷 고등학교에서 근무하고 싶어 하지만 클락마그넷 고등학교의 교직원이 되려면 개별화된 교육 프로그램에서 수행기반 교수-학습방법을 익혀야 하며, 블록타임제 수업에서는 통합된 교육과정을 이용하여 가르쳐야 한다. 클락마그넷 고등학교의 행정가들은 방문객들에게 고등학교는 기업체에서 일하는 것과 비슷하다는 것을 상기시킨다. 돌 교장은 확고하게 말한다. "약간의 독창력이 있다면 어떤 것도 가능하다."

임무를 우선시하기

　해마다 열리는 학교축제는 학교와 직업을 연결하는 철저하고 적절한 교육과정에 클락마그넷 고등학교가 얼마나 관심과 노력을 기울이고 있는지를 잘 보여준다. 학생들은 클락마그넷 고등학교 교육 목표의 핵심인 과학과 기술이 학생들 자신이 대학과 장래 직업에서 사용할 원천적인 기술이라고 확신한다. 학교는 교직원들이 교육 목표를 달성하기 위해 학생들과 공동으로 협력하여 일을 계속하는 동안, 이를 지원하기 위해 학교 안팎에서 끊임없는 노력을 경주한다.

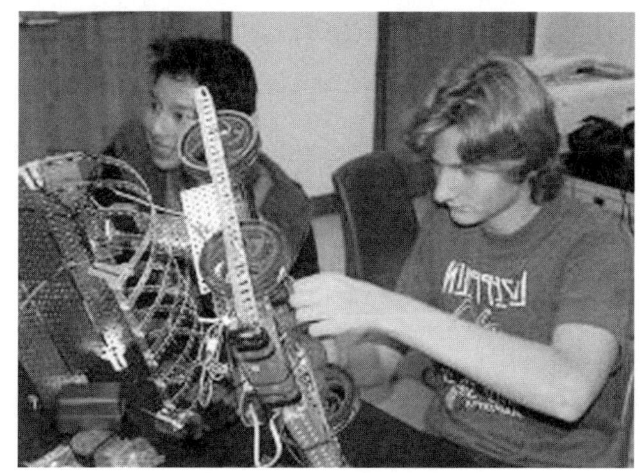

캘리포니아 주 고등학교 졸업시험

캘리포니아 주 고등학교 졸업시험(CAHSEE)은 캘리포니아 주 교육부가 고등학생들, 특히 고등학교 졸업 예정자들의 학업성취 향상을 목적으로 만들었다. 캘리포니아 주에서는 고등학교를 졸업하기 위해서 이 시험이 필수적이다. 이 시험은 읽기, 쓰기 그리고 수학 영역으로 구성되며, 공립학교 학생들은 어떤 다른 자격 조건과 관계없이 졸업 전에 이 시험에 통과해야 한다. 이 시험은 2006년 졸업생에게 처음으로 적용되었고, 대략 90% 학생이 통과한다.

CAHSEE는 영어-언어(English-language arts: ELA)와 수학의 두 가지로 구분된다. 영어 영역은 사지선다형 72문항이며, 2.5쪽 정도의 수필을 즉석에서 작성해야 한다. 수학 영역은 사지선다형 80문항이다. 각 영역별 405점 만점 기준으로 채점된다. 영어 영역은 10학년 수준으로 출제하고, 만점의 60% 이상을 얻으면 합격이다. 수학 영역은 8학년 수준으로 출제하고, 만점의 55% 이상을 얻으면 합격이다. 학생들의 응시 기회는 6번이다. 재학 2년째부터 가능하며, 한 영역씩 응시해도 되고, 불합격 영역만 재응시하면 된다.

캘리포니아 주 의회는 1999년에 CAHSEE를 입법하여 가결하였다. 2001년 10월 2004학년도에 졸업하는 1학년생 중 지원자를 대상으로 첫 시험을 실시하였다. 처음에는 2004학년도 졸업자를 대상으로 졸업자격 시험으로 의도하였으나, 교육부가 2006년 졸업 대상에 초점을 맞추어 시한을 수정하였다. 2006년 시한이 가까워오면서, 이 시험에 대한 정치적 압력이 대두되었다. 법안 입안자로서 당시 상원의원이었던 오코넬(O' Connel)은 이러한 압력을 물리치려 했지만, 주 의회는 학습장애를 가진 학생들에게 1년을 유예하도록 법을 개정하였다. 이 개정은 학생들의 포트폴리오 과제를 근거로 성적을 부여하는 등의 몇 가지 제안을 포함한다. 2005년 10월에 주지사인 아놀드 슈워제네거(Arnold Schwarzenegger)는 선택적 평가는 법안 제정의 근본 취지를 흐리게 한다는 이유로 거부권을 행사하였다. 이 시험을 지지하는 이들은 시험에 실패하는 많은 학생 수 통계에 근거하여 캘리포니아 고등학교 학생들의 학년 진급의 타당성에 대해 의문을 갖지 않을 수 없다고 주장한다.

2006년 6월에 실시한 시험에서 2006학년도 졸업 대상인 41,758명의 캘리포니아 주 고등학생 가운데 10명 중 1명이 CAHSEE에서 불합격하여 졸업이 거부되었다. 이것은 다른 졸업 조건에 부합하지 못한 학생들을 포함하지 않는다. 백인과 아시아계가 라틴과 흑인 학생들보다 더 높은 합격률을 나타냈다. 영어에 미숙하여 영어를 배우는 학생들은 시험에 떨어진 4명 가운데 1명꼴로 가장 낮은 합격률을 보였다. 로스앤젤레스 통합교육구의 로이 로머(Roy Romer) 교육감은 CAHSEE에 떨어진 학생들이 만일 여름 동안에 CAHSEE에 응시할 것에 동의한다면 졸업에 필요한 교육활동에 계속해서 참여할 수 있도록 하였다.

2006년 5월, 앨러미다카운티(Alameda County) 고등법원의 판사가 교육환경이 불리한 학교에 다니는 많은 학생은 인종 혹은 가난의 이유로 CAHSEE에 대비해 적절한 준비를 할 수 없다고 판결했다. 캘리포니아 주 교육부는 이 판결에 대해 주 대법원에 즉각 항소했다. 대법원은 이 시험의 효력을 정지시켰고, 주가 학생들이 졸업학위를 받기 전에 학생들이 CAHSEE에 합격하도록 합법적으로 요구하는지를 판결하도록 명령했다. 항소 법원은 2006년 7월에 청문을 시작하여 CAHSEE를 인정했다.

2007년 2월, 2007학년도 졸업 대상 학생 가운데 91%가 이 시험의 두 영역을 통과하는데, 이는 2006년에 비해 증가한 것이다. 일부 교육구는 시험에서 탈락한 학생이 십여 명 이하이나, 일부 다른 교육구는 탈락자가 수백 명에 달하는 것으로 보고되었다. 2007년 졸업식에서, 많은 학교와 교육구는 이 시험에 탈락은 하였지만, 다른 졸업 자격에는 부합하는 학생들의 졸업식 참석을 허락하였다. 아홉 곳의 교육구는 또한 이러한 학생들이 다른 졸업 기준에 부합하다고 인정하여 이수증을 주었다. 2007년 6월, 2006년 시험에서 탈락한 학생 가운데 4,000명이 2007년 시험에서 통과했다. 주 전체적으로, 시험에 응시한 학생들 가운데 80%가 2007년 첫 번째 응시에서 두 영역 모두를 통과하였다.

🌏 클락마그넷 고등학교 캘리포니아 주 졸업시험 결과(CAHSEE)

10학년 영어 숙달 이상(%)						
	2003	2004	2005	2006	2007	2008
전체	81	86	87	84	98	99
저소득층	77	77	80	68		98
영어 학습자	73	82	76	64		97
교육구 평균					86	
주 평균					77	79
10학년 수학 숙달 이상(%)						
전체	82	89	87	90	100	99
저소득층	75	83	84	78		99
영어 학습자	74	82	76	81		100
교육구 평균					88	
주 평균					76	78

출처: CA Dept. pf Education, 2002~2008.

다이어스버그 고등학교

(Dyersburg High School, Dyersburg, Tennessee)

"작은 학교, 풍부한 기회"

"옳은 일을 하라. 다른 이의 명예를 소중히 여기고 존중하라. 뛰어날 수 있게 노력하라."

"중요한 도전은 모든 교사가 하나의 팀으로 함께 일하는 것이다."

"오로지 사람, 사람을 축복하고, 좋은 학교를 원한다."

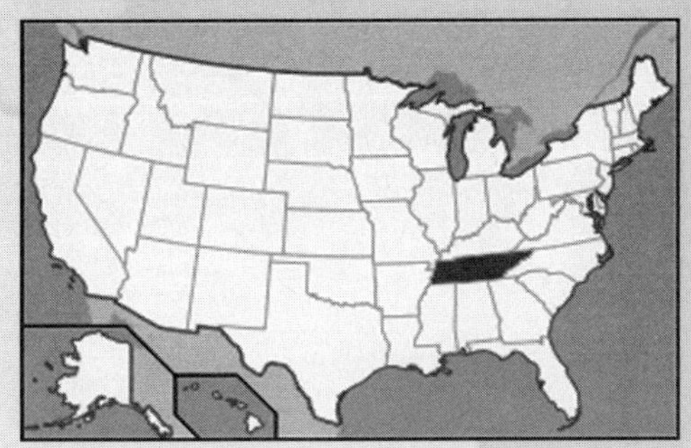

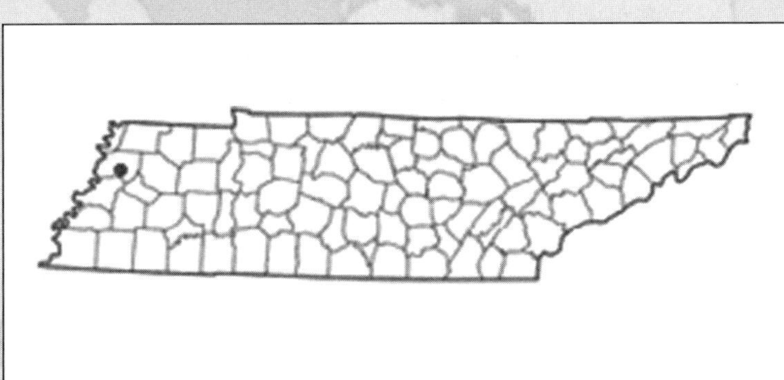

다이어스버그 고등학교[1]는 학교운영위원회, 학교행정가 및 교직원의 책임과 헌신으로 강력한 학사 프로그램을 갖추고 있다. 강력한 핵심적 교과 교육과정 외에도 예술, 직업교육, 그리고 공통 교육과정 프로그램(co-curricular programs)이 지역사회와 테네시 주에서 우수성을 인정받고 있다.

다이어스버그 고등학교는 미주리, 켄터키, 알칸사스 주 경계에 가까운 테네시 주 서북쪽에 위치해 있다. 지역사회는 이 학교의 전통과 이 학교가 내세우는 '약속의 우수성'을 자랑스럽게 여긴다. 교육구는 21개의 학교로 구성되어 있는데, 다이어스버그 고등학교는 그 가운데 최고로 인정받고 있다.

🌐 학생 1인당 교육비

구 분	교육구	주 평균
1인당 총비용	7,024 달러	6,618 달러
교수-학습	65%	65%
학생-교직원 지원	9%	8%
행정	8%	9%
기타	18%	17%

출처: NCES, 2005~2006.

🌐 학교 개황

다이어스버그 고등학교		주 평균
학생 수(9~12학년)	924	
백인	70%	69%
흑인	28%	25%
히스패닉	1%	4%
아시안/태평양 섬	<1%	1%
인디언/알래스카	<1%	<1%
무료급식/급식보조	44%	47%
영어/언어 학습자	11%	25%
특수교육	10%	
학생 이동률	11%	
교사 이동률	5%	
교사당 학생 수	20	16

출처: NCES, 2005~2006.

약속의 우수성

　다이어스버그 고등학교는 인구 17,406명 중 백인 3/4, 흑인 1/4의 비중과 비슷한 비율의 학생 990명의 9~12학년 학교다. 학생의 약 45% 정도가 무료급식 지원을 받고 있다. 이 지역에는 과거에 섬유공장이 있었는데, 수년 전에 폐쇄되어 900여 명이 실직했고, 다른 공장들도 많이 문을 닫은 지역이다. 이렇게 인구 감소와 경제 변화에도 다이어스버그 고등학교는 계속해서 우수한 성취를 보이고 있다. 다이어스버그 고등학교는 이미 1991년에도 국가 블루리본 학교로 인정받은 적이 있다.

　다이어스버그 고등학교는 미시시피 강 가까이 있어서 토네이도의 피해를 자주 입는 지역이다. 2006년 4월 2일에도 토네이도가 이 지역을 휩쓸어 많은 집과 건물을 파괴하고 9명의 생명을 앗아갔으며, 2003년에는 학교도 엄청난 피해를 입었다.

　　다이어스버그 고등학교[2]의 높은 성취는 이 학교와 관련 있는 모든 사람, 학생, 교직원, 학부모, 지역사회에 적용되는 '약속의 우수성(Excellence through Commitment)'이라는 학교의 비전과 모토를 특징으로 할 수 있다. 학교행정가들이 학생의 기강문제를 모두 해결하고 처리하기 때문에 교사들은 수업에만 집중할 수 있고, 모든 학생이 같은 교사에 똑같은 급우로 4년간 함께하는 것 또한 특징이라고 할 수 있다.

　　이 교육구의 교육장은 이 지역이 좋은 교육구이고 교육위원들이 협조적이라고 한다. 모든 학년의 모든 과목 성적이 주 교육부 평가에서 높은 성적을 나타내고 있다. 교육위원회는 '오로지 사람, 사람을 축복하고, 좋은 학교를 원한다.'는 비전을 설정하고, 이를 실현하고 있다고 말한다.

교육과정의 구성과 배치: 언제나 진보

　　주 교육부의 기준에 따라 학교의 교육과정을 구성하는데, 이는 ① 이것이 학교 지도력의 최우선 순위에 해당하고, ② '교수-학습촉진자(Teaching and Learning

Facilitator: TLF)'로서 강력한 권한을 가진 사람이 이끌고, ③ 전문능력 개발을 포함하여 교육과정의 내용과 교수법(pedagogy)을 모두 지원하고, ④ 교사로 하여금 핵심기술을 위한 범학문적 접근을 하도록 격려하는 구조를 제공하고, ⑤ 학생들이 달성해야 할 목표에 책무를 다하도록 평가에 활용되고, ⑥ 교사들로 하여금 평가자료를 수업에 활용하도록 도와주기 때문에 이 프로그램은 아주 성공적이라고 교장은 설명한다.

이 학교의 교수-학습촉진자(TLF)는 두 개의 수학 과정을 가르치고 세 시간은 다른 교사 수업을 도와주는 역할을 한다. 교수-학습촉진자의 주 역할은 다른 교사의 교육과정 구성을 돕는 일이다. 각 교과별 교육과정 구성은 주 교육부의 표준과 평가에 따라 매월, 주제별, 주요 질문, 내용별 목적 및 기술을 중심으로 조직된다. 이 학교 교수-학습촉진자는 "교육과정의 구성과 배치는 우리 학교문화의 일부가 되었고, 이에 따라 학교가 운영되고, 이것은 끝이 없다. 중요한 도전은 모든 교사가 하나의 팀으로 함께 일하는 것이다."라고 말한다. 학생들의 평가 결과에 따라 교육과정의 구성은 매일, 매주, 매 9주마다 조정된다.

지난 9년 동안 영어, 수학, 과학, 사회, 직업교육, 미술, 외국어, 체육의 교육

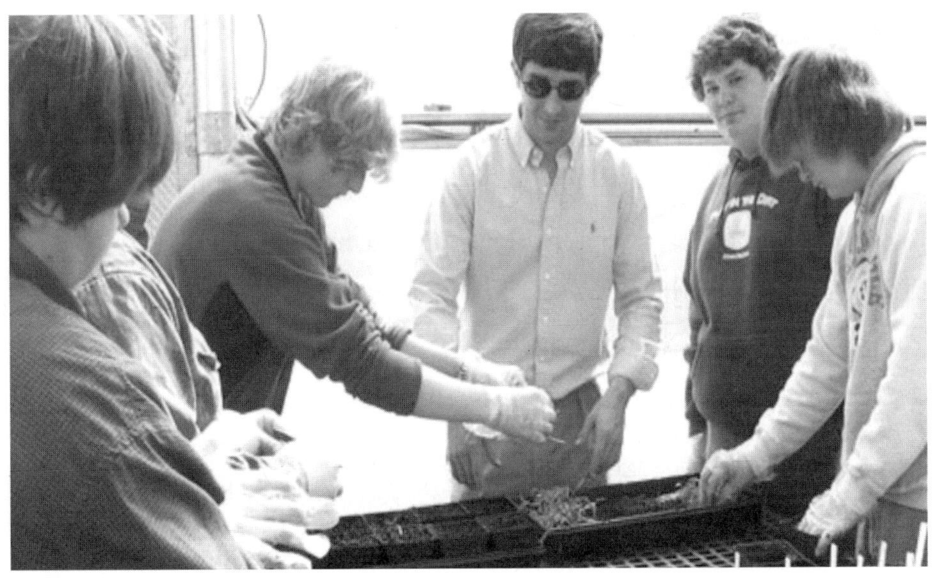

과정을 미국 국가표준과 주 교육부 기준에 맞추어 재구성하고 있다. 교육과정은 핵심 질문, 평가 유형, 기술, 목표에 의하여 계속 조정한다. 교사들은 평가에 성공적인 부분과 우려 영역에 따라 자료를 수집하고 설계하는 연습을 한다. 학교의 모든 활동은 교육과정에 초점을 맞추었다.

학습지원을 위한 학사일정 확대 제공

2000년도부터 다이어스버그 시 교육구에서는 모든 학생에게 학습기회를 극대화하기 위하여 학사일정을 확대하여 매학기(4학기)를 9주로 하고, 2주를 방학이나 중간학습 기간으로 정하여 학생 개인에 따라 보충학습이나 심화학습을 할 수 있게 하였다. 교사들은 목표 평가에 의하여 중간학습 기간 참여 가능자를 선정해서 학습에 참여하도록 한다. 봄학기 중간학습 기간에 영어와 수학에 100여 명이 참여하고 또 역사와 과학의 중간학습 기간도 개설하고 있다. 이 교육구에 부임한 지 3년 이내의 교사는 중간학습 과정 중 하나를 담당한다. 이 중간학습 기간에 우수 학생들은 심화학습을 하거나 높은 과정을 이수한다. 이 기간에는 두 명의 상담사가 협동하여 학생들을 돕는다.

교사와 학부모, 지역사회도 이 확대된 학사일정과 중간학습 기간을 강력히 지원하고, 학생들도 이 기간을 즐기고 있다. 학교 스포츠와 시합도 원래의 일정대로 진행된다. 월요일에서 목요일까지 매일 아침 7:00~7:55과 오후 3:10~4:00에 모든 학생에게 지도교사의 개인지도 시간이 주어지고, 전국명예협회 (National Honor Society: NHS)[3] 회원으로 선발된 학생은 필요한 학생들에게 개인지도를 해 주는 자원봉사를 한다.

'모든 학생에게 대수학을' 프로그램

다이어스버그 고등학교[4] 성공의 주춧돌은 몇 년 전에 '모든 학생에게 대수학 (Algebra for All)'이라는 능력 중심(competency-based), 나선형 교육과정의 프로그램을 한 수학 교사가 배워와 이를 채택하여 수학의 기초를 다진 데 있다. 이 프로그램은 학생의 책임을 강조하고, 학생들이 80% 이상을 통과해야 다음 단계의 수업에 들어갈 수 있게 하였다. 이 프로그램에서는 한 명의 학생도 실패할 수 없게 되어 있다. 가장 좋은 교수방법은 학생의 학습에 주의를 기울이는 것이다. 이 학교 성공의 비결은 학생들을 위해 교직원들이 열심히 노력하는 것이다.

수학의 성공을 반영한 영어 프로그램 개발

수학에서의 성공과 마찬가지로 영어에서도 이와 비슷한 프로그램을 개발하여 성공을 거두었다. 이 두 프로그램의 성공 요인은 계속적인 발전 정도의 평가와 확인에 있다. 교수-평가, 재교수-재평가의 과정을 거치면서 계속 평가하고 분석하고, 확인한다. 결국 모든 학생으로 하여금 테네시 주의 기준을 넘도록 한 것이다.

높은 기대와 강력한 지역사회의 지원

학교와 학생에 대한 오랫동안의 높은 기대 문화와 학부모와 지역사회의 강력한 지원이 잘 어울려 하나의 작품을 만들어 냈다. 지역사회는 학교의 일부가 되고, 학교와 특별한 관계를 형성하였다. 교직원이 지속적으로 역사적인 우수성 창조에 헌신하고 있는 것을 지역사회와 학부모는 잘 알고 있다.

학생들은 문제가 있으면 언제나 교사를 만날 수 있고 보살핌을 받고 있다는 것을 느끼고 있다. 과제를 하다 어려움이 있으면 밤중이라도 교사에게 전화를 걸 수 있고, 교사들은 학생들이 교과목을 좋아하고 사랑하도록 격려한다. 그리고 교사들이 수업 시작 전, 방과후 활동에 적극 참여하고 있다. 어떤 학생은 학교 규모가 매우 적당하다고 말한다. '작은 학교, 풍부한 기회' '교과만 챙기는 것이 아니라 모든 학생을 보살피는 교사' '다른 학교와 비교가 안 되는 어려운 공부, 학생들의 최선을 기대하는 교사'가 자신들의 학교의 특징이라고 말한다.

여러 가지로 지역사회는 지원적이다. 예를 들면, 학부모들은 기부금을 모으고, 무료 졸업파티를 열어 준다. 학교행정가들도 방과후 활동에 적극 참여하고 있으며, 학부모 자문위원회도 학교와 지역사회 양쪽이 항상 접촉하기 편하게 해 준다.

다이어스버그 고등학교는 여러 형태의 의사소통 통로를 열어 놓고 있다. 개인 접촉은 물론 전자우편, 편지, 전화 회의, 중간시험통지, 학교 웹사이트, 지방 케이블 TV방송 등의 채널이 그 예다. 학기 초에는 학부모 오리엔테이션의 밤을 열어 학교의 학습 강조점, 변경된 학교 규칙, 학생 행동에 대한 학교의 기대, 장학금과 재정지원, 교사의 학생평가방법, 각 학생의 성취도 수준과 학교의 성취도 등을 모두 안내하고 있다.

강력한 예술, 체육, 공통 교육과정에의 참여와 자부심

학생과 교직원, 학부모들은 다이어스버그 고등학교의 과외 프로그램의 성공에 자부심을 가지고 높은 참여를 보이고 있는데, 이것이 학업성취의 촉진제와 활력소가 된다. 드라마, 미술, 합창, 밴드부도 유명하다. 드라마부에서는 연 3회 연극을 하는데, 모든 학생에게 개방되어 있다. 학생들이 기획, 감독, 디자인, 의상, 무대 등 모든 것을 맡아서 하기 때문에 이를 통하여 팀워크 기술, 지도자 능력이 자연스럽게 길러진다. 이것도 지역사회와 행정가의 강력한 지원으로 이루어지는 것이다. 스포츠 또한 활발하여 지역사회와 학교를 한 덩어리로 묶는 역할을 한다. 그래서 학업과 스포츠, 사회적 활동이 모두 활발하게 조화를 이루어 성공적인 다이어스버그 고등학교를 만들어 낸다.

성공의 축하의식

매년 봄 어느 날 저녁에 600~700명의 학생과 학부모를 초청하는 거대한 파티를 열어 10년 전 졸업한 선배의 강연을 듣고, 학교의 성취를 축하하는 자리를

교직원이 준비한다. 이 축하의식에서 학업 우수자, 스포츠 우수자, 모범행동자 등 모든 우수 학생이 상과 표창을 받는다. 이 축하의식에서 상담사가 많은 준비를 하게 된다.

능력 개발을 위한 센터 운영

3년 전 다이어스버그 교육구에서는 교사와 학생의 능력 개발을 위한 센터를 개설하였다. 이 센터는 학교와 교육구의 성공에 중요한 역할을 한다. 교사의 능력을 개발하는 이 센터는 전국적으로 유명하다. 이 센터에서 배출된 교사들은 각 교과에서 높은 자질을 갖춘 교사로 인정받고 있다.

강력한 전통과 효과적인 혁신의 조화

다이어스버그 시는 조그만 시골로 모두가 예의바르고 성공의 기대를 받고 있는 곳이다. 여기서 다이어스버그 고등학교는 강력한 전통과 여러 가지 효과적인 혁신에 의한 높은 기대가 결혼을 하듯 성공적으로 결합하여 만들어 낸 학교다. 학교행정가와 교사는 학생들에 대하여 높은 기대를 하고 자기 학생들이 이 기대를 충족시킬 수 있도록 도와준다. 질서 정연한 장면, 예절 바른 학생들, 매우 세심하게 보살펴 주는 교직원 등이 이 학교의 이미지를 그리는 학교의 정경이다. 학생들은 완벽하게 성취하기 위하여 최선을 다하고 있다.

🌐 다이어스버그 고등학교 2007년 주 표준화 학력검사(Gateway/EOC)[5] 결과(%)[6]

학년	영어	주 평균	수학	주 평균
9학년	95	83	95	86
10학년	95	95	91	72
11학년	90	79	83	58
12학년	87	71	74	53

출처: TN Dept. of Education, 2006~2007.

사우스텍사스 과학고등학교
(The Science Academy of South Texas, Mercedes, Texas)

"책을 뛰어넘어 생각하라."

"우리 학생들을 둘째로 만들 수는 없다."

"학생들도 실패하고 또 생각할 자유가 필요하다. 그게 바로 학생들이 배워야 할 점이다."

"학생들은 자신의 학습에 대하여 책임을 져야 한다. 그러나 학생들이 학습할 수 있도록 가르치는 것은 우리의 책임이다."

"교사들이 학생에게 무엇을 기대하는지 학생들이 직접 교사에게 말해 보도록 하시오."

"우리는 학생이 필요로 하는 것이 무엇인지에 대하여 대학에 먼저 묻는다. 대학은 우리의 소비자다."

"우리는 학생들이 곤란해하는 점을 이해하고 이를 설득하고 처리하기 위하여 '부드럽게 그러나 철저하게' 하려고 노력한다."

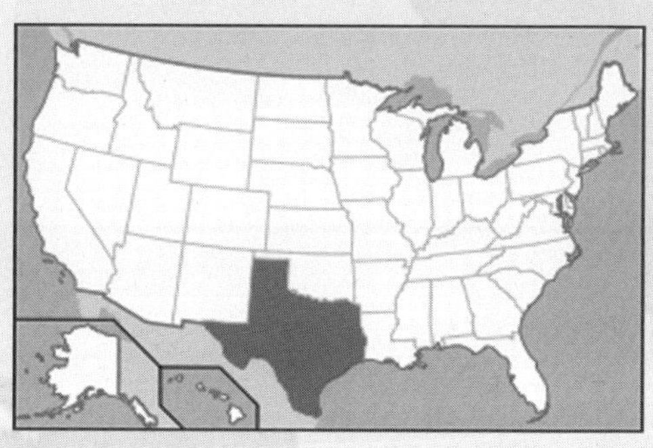

미국과 멕시코의 국경에서 11Km 정도 떨어진 곳에 위치한 사우스텍사스 과학고등학교는 사우스텍사스 교육구(South Texas Independent School District: STISD)에 있는 4개의 종합 마그넷 중등학교 가운데 하나다. 사우스텍사스 과학고등학교는 메르세데스(Mercedes)에 위치해 있는데, 주로 히스패닉 그랜드밸리(Hispanic Rio Grande Valley)에 속하는 28개 구역에서 오는 학생들을 수용한다.

이 학교 학생의 약 41%가 무료급식이나 급식보조를 받고, 어떤 학생은 매일 1시간 정도 차를 타고 통학하기도 한다. 주 교육부는 이 학교를 지난 13년간 12개의 모범학교 중 한 곳으로 평가인정하고 있다. 약 90%의 학생이 독서와 언어,

🌐 학생 1인당 교육비

구 분	교육구	주 평균
1인당 총비용	11,515 달러	8,818 달러
교수-학습	51%	60%
학생-교직원 지원	11%	7%
학교 지도자	12%	12%
기타	26%	21%

출처: TX Education Agency, 2006~2007.

🌐 학교 개황

사우스텍사스 과학고등학교		주 평균
학생 수(9~12)	691	
히스패닉	64%	46%
백인	24%	36%
아시안/태평양 섬	11%	3%
흑인	<1%	14%
인디언	<1%	<1%
무료급식/급식보조	49%	47%
영어/언어 학습자	<1%	16%
특수교육	<1%	11%
영재교육	39%	8%
학생 이동률	7%	
교사당 학생 수	13	

출처: TX Education Agency, 2006~2007.

그리고 수학 표준화 학력검사에 합격하였고, 지난해에는 98%의 학생이 4년제 대학에 진학했다. 대학에 진학한 학생 중 반 이상이 자기 가족 중에서 처음으로 대학에 진학한 경우다.

　사우스텍사스 과학고등학교는 현재 691명의 학생이 등록되어 있다. 선착순 원칙에 따라 등록을 받는 이 학교의 학생 대 교사의 비율은 13:1이다. 8학년을 마치고, 수학과 과학에 강한 흥미를 가지고 있으며 영어를 잘한다면, 누구나 이 학교에 들어올 수 있다. 이 학교에 지원하고자 하는 학생과 학부모는 반드시 아르게타(Edward Argueta) 교장의 면접을 거쳐야 하는데, 학교에서 요구하는 교육 과정을 확실히 이해하는지 확인하기 위해서다. 학생들은 9학년이나 10학년에만 입학이 허용된다. 그 이후의 학년에 들어오게 되면 다른 학생들을 따라가기 어렵고, 또 학교가 요구하는 필수코스를 이수하기 어렵다고 생각하기 때문이다.

　이 지역에서는 최고라는 인정을 받고 있음에도 불구하고, 이 학교는 동기 유발이 잘된 학생을 유치하기 위해서 열심히 노력하고 있다. 사우스텍사스 과학고등학교는 모든 학생이 지원할 수 있도록 개방되어 있지만, 각 교육구에서 최고의 학생들을 보내기 때문에 학교행정가들이 중학교에서 학생을 데려오려는 노력은 필요 없다. 대신 3개의 카운티에 사는 모든 8학년 학생들은 우편으로 학생모집 안내 책자를 받으며, 교육구에서는 통학버스 광고와 지방 비행장 광고, 디스커버리 TV채널에 이르기까지 다양한 방법으로 광고를 한다. 이 학교의 수학과 과학 과목을 여학생보다는 남학생이 더 좋아하는 경향이 있기 때문에 학교에서는 여학생의 등록률을 높이기 위하여 노력하고 있다.

교육구의 모토가 '책을 뛰어넘어 생각하라(Think Outside the Book).'인 것처럼 이 학교는 현장과 밀접한 과학과 기술을 학생들에게 준비시키기 위하여 노력

한다는 것을 알 수 있다. 뿐만 아니라 로체스터 공과대학(Rochester Institute of Technology)과 국가 선이수 공과학점 취득 프로그램(national pre-engineering program)인 '리드더웨이' 프로젝트(Project Lead the Way)와의 협동 프로그램에 따라 학생들은 고등학교에서 사전에 공과와 건축과 학점을 취득하고, 고등학교 1학년부터 대학 학점을 이수하기 시작한다.

이 교육구는 인근 다른 교육구로부터도 세금을 통한 재정지원을 받고, 또 주 정부와 연방 정부의 재정지원도 받는다. 이 학교는 주 정부 지원보다 학생당 3,000달러 이상을 더 지출하고 있는데, 행정가들은 아주 적극적으로 자원을 확보하기 위하여 노력하고 있다. 그들은 이런 자원이 학생들의 학습에 혜택을 주고 있다고 믿는다. "우리 학생들을 둘째로 만들 수는 없다."라고 한 행정가

는 말한다. 이 학교 디지털 디자인 시설은 최고의 선진기술을 자랑하는 하나의
예다.

지도력과 인간관계성

성공하고자 하는 의지와 자발성은 교육구로부터 교사에 이르기까지 메아리쳐
나갔다. "우리는 최고 지향의 학교이지, 최저 수준 유지의 학교가 아니다."라고
아르궤타 교장은 말한다. 학생들이 주 표준화 학력검사에 합격하는 것만으로는
충분하지 않다. 단지 표준화 학력검사에 합격하는 것이 학생들이 그들의 잠재력
을 모두 발휘하였다고 볼 수는 없다고 교장은 말한다.

사우스텍사스 독립교육구(South Texas Independent School District: STISD)는 협동적이고 상부에서 하부에 이르기까지 모든 수준에 초점을 맞춘다. "우리 모두는 분명한 목표, 타협의 여지가 없는 확고한 목표를 가져야 한다. 모두는 이 목표를 달성하기 위하여 협동하지 않으면 안 된다."라고 교감은 말한다. 또한 아르케타 교장은 궁극적인 목표는 "모든 학생이 목표를 달성하여 대학을 선택하여 갈 수 있어야 한다."라고 이야기한다. 행정가들은 학생들이 대학에 입학허가를 받을 뿐만 아니라, 대학 졸업을 성공적으로 마치는 데까지 준비시키기를 원한다.

행정가들과 교사들은 어떻게 하면 교육 우선, 학생 우선을 위한 현명한 의사결정을 할 것이냐에 대하여 진지하게 토론한다. 한 행정가는 교육이 가장 중요하다는 메시지를 전달해야 한다고 말한다. 학생들이 이런 메시지를 눈으로 확인하고 또 믿을 수 있도록 모범을 보여 주는 것이 한 방법이 될 것이다. 그래서 행정가와 교사들이 자신의 학교가 기술공학을 이용하는 수업이 시대에 뒤처졌다는 것을 알고는 교사 연수와 교육과정 개발, 새로운 시설에 50만 달러가 들어감에도 불구하고 리드더웨이 프로젝트를 채택하였던 것이다. 돈을 마련하기 위해서 협동하고 노력하는 일에 모두 기꺼이 동참했다.

또한 학생들과의 인간관계 형성에 노력하면서 교직원들은 학생들의 교육을 전폭적으로 지원하고 있다는 메시지를 전한다. 수업 시작 전 30분은 학생들과의 비공식적인 개인지도를 위하여 교사들은 기꺼이 그들의 방문을 열어 두었다. 그리고 학생들은 매년 같은 상담사의 상담을 받을 수 있도록 되어 있다. 사우스텍사스 과학고등학교는 200 : 1의 학생과 상담사의 비율을 유지하고 있는데, 대개 미국에서는 500 : 1이 일반적이다. 그러므로 이 학교 상담사는 담당학생 전체를 잘 파악해 개인적 조언을 해 줄 수 있다. 한 상담사는 "버릇 없는 학생도 없고 만나기 어려운 일도 없다."라고 말한다. 학생들은 교사와 카운슬러, 행정가들이 자신들을 잘 알고 있고 언제나 만나 얘기할 수 있는 학교의 여건을 좋아한다.

교직원들도 학생들로부터 많은 보람을 얻는다고 한다. 어떤 학교에서는 학생들이 소수민족이거나 저소득층 자녀라는 이유로 단지 수용하고 보호만을 하고 도전하도록 격려하지 않는 경향이 있다. 그런데 이 과학고등학교에서는 학생들의 출신 배경에 상관없이 누구나 성취할 수 있다고 교사와 행정가들은 믿고 있다. "우리는 '예외 없이' 가르칠 수 있다."

1등급 최고의 교사진

교직원들이 학생들에 대하여 높은 기대를 갖는 것과 마찬가지로 학생들도 교사들에 대하여 많은 기대를 한다. "나는 전문가다. 내가 긴장하지 않는 것은 나의 실책이다."라고 한 교사는 말한다. 한 과학 교사는 "학생들은 아주 어려운 질문을 한다. 여러분은 정말 여러분이 배우는 교과목에 대하여 알아야만 한다."라고 덧붙인다.

"우리 학교는 아주 우수한 핵심 교사들을 모시고 있다. 그들은 학생들이 어떻게 도전해야 하는지 그 방법을 알고 있고, 자신이 맡은 교과목에 대하여 정통하며, 또 교육 내용에 대하여도 잘 알고 있다."라고 아르케타 교장은 말한다. 열쇠는 학생들 자신이 교사들에게 아주 귀중한 존재라는 것을 확신시켜 주는 것이라고 교감은 설명한다. "예를 들면, 개인지도를 받지 않는 학생을 발견하면 한편으로는 달래고, 다른 한편으로는 도전할 수 있게 밀어부치는 것이다."

이 학교 교직원의 보수 수준은 주 전체에서 상위 10% 안에 든다. 그런데도 이 과학고등학교는 학교의 요구에 헌신하는 수준이 높은 신임교사를 발굴하여 채용하는 데 어려움을 겪는다. 어떤 교사들은 학생 교육을 책임지는 것을 거절하는데, 이들을 설득하는 것이 문제라고 한 행정가는 설명한다. 지난해 교사의 전출률이 11%에서 0%로 떨어졌지만 모든 교사가 다 만족하는 것은 아니라고 교장은 말한다.

사우스텍사스 과학고등학교는 작은 학교이기 때문에 교직원들이 서로 잘 알고 비공식적으로 자주 만난다. 신임교사들은 전공 영역의 멘토와 짝을 이루고, 학교에 잘 적응할 수 있도록 '캠퍼스 짝꿍'의 도움을 받는다. 학교에는 동료 간의 압력이 보이지 않게 작용한다. "다른 사람들이 학생들을 자주 만나고 우수하게 발전시키는 것을 보면 자연히 나도 그렇게 하게 된다."라고 한 교사는 설명한다. 행정가들은 매우 후원적인 자세를 가지고 있다. 행정가들은 "뭐 필요한 것 없어요?"라고 항상 교사들에게 묻는다.

전문능력 개발

이 과학고등학교에서는 베테랑 교사일지라도 행정가들이 더욱 성장할 수 있게 밀어준다. 만일 어떤 학생이 자기 코스에서 합격하지 못하면 학습 향상의 여지를 남겨 놓는다. 한 학년도에 5, 6회는 행정가들이 수업시간의 스냅사진을 찍어 놓는데, 이것은 다나센터(Dana Center)에서 배운 수업 관찰기법이다. 수업의 표집 장면과 간단한 수업 사례는 행정가들이 교사의 강점과 약점을 평가하는 기본 자료다. 수업 중에 촬영한 스냅사진은 미니 전문능력개발협의회에서 활용하게 되는데, 여기서 해당 교사와 함께 사진과 기록을 검토한다. 교사들도 1년에 네 차례 연수에 참여하는데, 모든 공업기술 교사는 매년 여름에 교육을 받아야 한다. 이 학교 6명의 공업기술 교사 중 4명이 석사과정에 있다.

아르케타 교장은 때때로 교사들과 학부모, 지역사회 인사들과 함께 사우스텍사스 과학고등학교의 비전과 프로그램에 대하여 설명할 필요를 느낀다고 말한다. 왜 학교의 초점이 그렇게 중요하냐면서 학교를 비방하는 일이 있다는 것을 상기시키며, 학생들이 충분한 준비 없이 대학에 입학하여 공부를 시작하는 경우에 생기는 문제에 대하여 교장은 연구논문을 활용하여 이해시킨다. 그래서 많은 학부모는 과학고등학교의 철학에 따르고자 하고 학교의 든든한 후원자가 된다. 3년 전에 교육구는 학부모를 한자리에 모아 여름학기 장학금과 학생들을 위한 보조금을 모금하는 재단을 설립했다.

높은 기대와 초점을 맞춘 교육과정

사우스텍사스 과학고등학교를 선택했다는 자체가 학생들의 동기 유발에 지대한 영향을 준다고 교사들은 말한다. 그렇지만 이 과학고등학교에 등록하기 전에 학교의 학술적 높은 기대에 대하여 학생들을 한 번 더 확실히 이해시킬 수 있는 시간이 필요하다고 아르케타 교장은 말한다. "교사들이 학생들에게 무엇을 기대하는지 학생들이 직접 교사에게 말해 보도록 하시오."라고 교장은 강조한다. 이 과학고는 매우 높은 기대를 한다. 텍사스 주의 기준은 단지 출발점일 뿐이라고 이 학교 행정가들은 말한다. 이 학교의 진정한 목표는 모든 학생이 4년제 대학에 입학하여 성공적으로 대학을 마칠 수 있도록 준비하는 것이다.

이 학교에서 영어와 수학, 사회, 과학 과정은 매년 필수과목이다. 학생들은 1학년과 2학년의 두 개 학년에 걸쳐 두 개의 과학 과정을 이수해야 하는데, 결과적으로 4년에 마쳐야 할 고등학교 과학을 절반의 시간에 마치게 되는 셈이다. 또 많은 학생이 마지막에 '계산 II (Calculus II)'로 끝나는 이 학교의 수학 단계에 맞춰 여름방학 학기에 수학 과정을 택하여 마친다. 뿐만 아니라, 3학년에 SAT/ACT 과정을 택해야 하고 이에 더하여 4년에 컴퓨터 사이언스, 스페인어, 미술, 작문(technical writing) 그리고 체육을 이수해야 한다.

'리드더웨이 프로젝트의 필수선택에는 5개의 선이수 공학교육과정이 포함된다. 사우스텍사스 과학고등학교는 리드더웨이 프로젝트의 선이수 공학교육과정을 완전히 이수하고 적용하는 텍사스 주 유일의 고등학교다. 또 분석학 분야에서는 아주 우수한 여학생이 있는 자랑스러운 학교다. 4학년에서는 공학디자인과 개발(Engineering Design and Development: EDD) 과목과 4학년 연구 프로젝트 과정을 이수한다. 이 연구 과정에서는 학생들 스스로가 연구문제를 찾아 해결방안을 설계하고, 그 결과를 학교에 발표해야만 한다. 지난 몇 년 동안 학생들이 추진한 프로젝트는 해양경찰대로부터 표창도 받았고, 특허도 받고, 상품화되어 팔기도 했다. "우리 학생들이 이루어 낸 것을 보면 아마 놀랄 것이다."라고 한 교사는 말한다. 대학에 지원할 때 실제 프로젝트 산물을 대학에 보여 줄 수 있기 때문에 "EDD 과정은 정말 좋아요."라고 한 4학년 학생은 말한다. 대부분의 이 과학고등학교 학생들은 고등학교에서 대학 학점을 미리 이수하여 대학 1학년 상급 과정으로 들어가게 된다.

　교육과정의 통합운영에 대하여 교사들에게 물어보면 학생들이 수학과 물리를 공학이나 발명 과목과 관련짓고, 또 영어가 각 과목 리포트 작성에 활용되기 때문에 교과목 간에 연계가 유용하다고 말한다. 교사들은 수업에서 활동학습법을 활용한다. 예를 들면, 학생들은 상급 영어(AP English) 에세이 작성 연습을 하고, 화학 문제 해결을 위해 협동적 노력을 하며, 물리 과목에서 개념을 시범으로 보여 주고, 기술 과정에서 실제로 로봇을 제작한다.

엄격한 높은 기준

　모든 A, B, C, D와 같은 성적 등급은 나름대로 의미를 갖고 있지만 A 등급은 그리 쉽게 주지 않는다고 교사들은 강조한다. "다른 학교들과 달리 우리는 우리의 기준을 낮춰 평가해야 할 어떤 압력도 받지 않고 있다."라고 한 수학 교사는

말한다. 한 기술 교사도 "학생들도 실패하고 또 생각할 자유가 필요하다. 그게 바로 학생들이 배워야 할 점이다."라고 동의한다. AP 과정과 예비 AP 과정에 비중을 두고 있지만 사우스텍사스 과학고등학교 졸업식에서 고별사를 하는 최우수 학생조차 전통적으로 한번도 4.0 평점으로 졸업하지 못했다. "학생들은 자신의 학습에 대하여 책임을 져야 한다. 그러나 학생들이 학습할 수 있도록 가르치는 것은 우리의 책임이다."라고 교감은 설명한다.

사우스텍사스 과학고등학교 학생들은 A와 B 블록의 일정으로 나누어 한 학년도에 8개의 과정을 택해야 한다. 학생들은 매일 1시간 30분짜리 4개로 구성된 A 블록이나 B 블록을 택해야 한다. 그리고 수업시간 사이의 쉬는 시간은 7분이고, 점심시간은 50분이다. 교사들에게는 핵심코스에 한하여 과제를 부과하도록 제한하고 있는데, 그것도 하루에 2시간이 넘지 않도록 한다. 학생들은 그런 정도의 집중적인 분량의 과제량은 아직 그리 어렵지 않고, 오히려 어떻게 시간을 관리하고 조직해야 하는지에 대하여 가르쳐 주기 때문에 좋다고 말한다. 이런 시간관리 기술은 대학에 들어갔을 때 많은 도움이 된다고 고마워한다. "시간관리는 학생의 책임이다. 네 활동은 네가 조직해야 하고 네가 성공해야 하는 것이다."라는 것이 교사들의 방침이다. 각 과정은 예비, 예비 AP, AP의 3등급으로 배정된다. 사우스텍사스 과학고등학교에서는 인문 과목에서 맨 앞 단계인 '예비' 과정을 없애 가고 있다. 이 과학고등학교에서 교육과정 내용을 결정할 때 항상 텍사스 주의 기준 이상으로 상향 조정하고 대학에서 필요로 하고 요구하는 것이 무엇인가를 먼저 보게 된다. "우리는 학생이 필요로 하는 것이 무엇인지에 대하여 대학에 먼저 묻고자 한다. 대학은 우리의 소비자다."

소규모 학교와 소규모 학급은 교사와 학생들에게 도움이 되지만, 중요한 것은 교육 내용에 얼마나 초점을 맞추느냐에 달려 있다고 아르케타 교장은 강조한다. 이 과학고등학교에는 음악 프로그램이나 스포츠팀은 없지만 학생들은 교내 대항 시합을 조직하기도 하고 밴드 경연대회를 개최하기도 한다. 학교의 모든 클럽에는 지도교사의 지원이 있고 인성 형성에 초점을 맞춰야 한다.

사우스텍사스 과학고등학교 학생들은 열정을 가지고 도전하지만 중학교 때 A급 학생이 이 학교에 와서 C급 학생이 될까 봐 학생과 학부모는 걱정이라고 한다. "사우스텍사스 과학고등학교에서 어떻게 도전해야 할지 아직 모르겠어요. 그러나 좋은 대학에 가기 위해서는 수학과 영어에서 높은 점수를 받아야 하는 것은 분명해요. 이게 교육과정이고 내가 원하는 바입니다."라고 한 4학년 학생은 말한다. "우리가 겨우 시험에 합격했지만 요구되는 학습은 학교에서 쫓겨나지 않고 남아 있는 것 그 이상이에요."라고 한 1학년 학생은 말한다. "이건 완전히 다른 삶의 방식이에요. 다른 고등학교에서는 상상도 할 수 없는 생활이에요." 라고 다른 학생이 덧붙인다. "아마 우리 교육구 관내 다른 고등학교에서는 즐기는 생활을 하고 있지 우리처럼 계속 도전하는 생활을 하고 있지는 않을 거예요. 나의 옛 친구들보다 훨씬 더 똑똑해진 기분이에요."라고 한 학생은 말한다.

학생을 위한 지원

생활지도 상담사(Guidance Counsellor)

사우스텍사스 과학고등학교는 3명의 전임 상담사(counsellor)를 두고 있다. 각 상담사는 학년이 바뀌더라도 학생을 잘 파악할 수 있도록 하기 위해 학생들을 분담하여 지도한다. 사전등록 기간에는 각 과정과 졸업에 필요한 정보를 학생들에게 제공한다. 상담사는 학생들로 하여금 현재의 학급과 학년에 기초하여 일정을 짤 수 있도록 일대일로 상담을 하고 학점을 관리할 수 있도록 도와준다.

상담사는 사우스텍사스 과학고등학교에 들어오는 첫날부터 학생들과 대학에 대하여 상의하기 시작하며, 고등학교의 모든 단계에서 도움을 주고 참여한다. 3학년이 되는 매년 4월에 카운슬러는 '2년제 전문대학의 밤'을 개최한다. 3학년생과 학부모를 초대하여 입학 지원과 장학금 지원에 관한 안내를 한다. 3학년생들은 '4학년 서바이벌 키트(Senior Survival Kit)'를 선물받는다. 여기에는 대학과 입학허가 과정에 관한 안내 책자가 들어 있다. 3학년이 일단 4학년에 올라오면 상담사는 다시 대학 지원과 재정보조제도, 장학금에 관한 좀 더 자세한 정보를 제공하는 오리엔테이션을 실시한다. 또한 학생들이 지원서를 완성하도록 도와주고 재정보조 지원서, 장학금 지원서 양식을 체크해 주며, 입학허가 에세이를 검토하고, 최종 지원서류의 완성도와 정확성을 확인해 준다.

개인지도

학교의 정규 과정에 개인지도 시간을 확보하기 위하여 학교행정가들은 협동적인 노력을 한다. 9시까지 수업은 시작되지 않지만 실제 대부분의 학생들은 8시

30분에 일과를 시작하고 있는 셈이다. 교사들은 매일 아침 8시 30분까지 교실에 들어가 30분 동안 학생들의 질문과 관심거리에 답할 수 있도록 해야 한다. 학생들은 이 시간에 문제가 있는 개념에 대하여 추가 도움을 받을 수 있고, 또 교사의 지도하에 숙제를 하는 데 이 시간을 활용할 수 있다.

사우스텍사스 과학고등학교에서 아침 개인지도 시간은 선택 사항이지만, 오후 개인지도 시간은 의무 사항에 해당된다. 각 학기 6주마다 행정가들은 학생들의 발전 정도를 검토하고 실패의 위험이 있는 학생을 추려 내는 일을 한다. 상담사들은 3학년과 4학년 학생들을 상담하고, 교장과 교감은 1학년과 2학년 학생들을 만난다. 만일 9주째에도 수업에서 실패할 가능성이 있는 것으로 보이면 이 학생들은 공식적인 오후 개인지도 시간에 반드시 참석해야 한다. 이런 학생을

위하여 학교는 늦게까지 버스 운행을 제공하고, 학교에 남아서 행정가들과 함께 문제를 해결한다. 추가 시간과 개인지도 시간을 낼 수 있는 교사들은 자발적으로 자신의 시간을 할애한다.

과정에 대한 개인지도 외에 이 학교에서는 텍사스 표준화 학력검사(Texas Assessment of Knowledge and Skills: TAKS)에서 기준 이하 점수를 받은 학생을 위해서 개인지도를 필수로 하고 있다. TAKS의 언어 분야에 대한 개인지도는 2월에 실시하고 수학과 과학에 초점을 맞춘다. 학생들의 취득 점수와 목표 점수에 근거하여 지도교사를 배정하고 개인지도는 자료를 바탕으로 지도가 이루어진다. 언어 분야에 있어서는 다음 학년도 계획을 위하여 공식적인 TAKS 점수를 검토한다.

추가적인 지원

사우스텍사스 과학고등학교에서는 아주 광범위한 지역에 걸쳐 학생들을 뽑기 때문에 학부모와 직접 만나 의사소통하기는 대단히 어렵다고 아르케타 교장은 말한다. 지역적으로 원거리이기 때문에 학부모들이 학교를 방문하기는 매우 어렵다. 이러한 어려움을 극복하기 위하여 사우스텍사스 과학고등학교에서는 학생들의 진보에 관한 정보를 학부모와 학생들에게 알리기 위한 몇 가지 방법을 강구하고 있다. 학교에서는 3주마다 학생 진보통지표를 가정으로 배달하고, 학교 소식지를 보낸다. 학생과 학부모는 K-12 웹사이트에 접속할 수 있는데, 이 웹사이트에서 시험과 검사, 퀴즈, 과제의 평가 결과를 알 수 있다. 학생들과 학부모들이 항상 최근의 정보를 확인할 수 있도록 교사들은 K-12 웹사이트에 자기 학급과 과목의 정보를 정기적으로 업데이트 하고 있다. 학부모들은 언제나 필요할 때는 상담을 요구할 수 있고, 학생이 시험에 실패하였을 때는 반드시 교사들이 상담을 하도록 행정가들이 이를 의무화한다.

교사들은 특히 1학년과 2학년 학생들을 철저히 관찰한다. 개인지도와는 별도로 사우스텍사스 과학고등학교에 적응하지 못하고 방황하는 학생과 상담하기 위하여 교사들은 자주 상담회를 소집하고, 행정가들은 쟁점이 되는 문제를 다루기 위하여 학생들을 만난다. "우리는 학생들이 곤란해하는 점을 이해하고 이를 설득하고 처리하기 위하여 '부드럽게, 그러나 철저하게' 하려고 노력한다."라고 한 행정가는 말한다. 저학년 학생들은 옛날 학교에서 사우스텍사스 과학고등학교로 옮겨 오는 과정에서 흔히 어려움을 겪는다. 예를 들면, 교과과정이나 학습에 필요한 조직력이나 관리기술에서 부족할 수도 있고 무거운 학습량에 기가 죽을 수도 있다. 사우스텍사스 과학고등학교가 모든 학생에게 적합하지 않다는 것을 아르궤타 교장도 인정한다. 2005학년도 가을 신학기에 입학한 1학년 학생들은 263명이었지만 41명이 탈락하여 2006년 3월에는 222명으로 줄어들었다. 학생들이 탈락한 이유는 '잃어버린 밴드와 스포츠, 친구' '엄격한 교육과정' '학부모의 과학고로의 밀어붙이기'로 생각할 수 있다.

사우스텍사스 과학고등학교가 신입생의 성공을 위하여 사용하는 하나의 방법은 학기가 시작하기 전에 1일 '신입생 캠프'를 개최하는 것이다. 1일 캠프에서 교사들과 행정가들은 신입생과 학부모에게 과학고 정신을 '주입'하고, 질문에 답하는 시간을 갖는다. 물론 고학년 선배 학생들도 참석하여 신입생들의 적응을 도와주고, 또 여러 다른 지역에서 온 학생들이 서로 알고 사귈 수 있는 기회로 삼는다.

사우스텍사스 과학고등학교 학생들은 도서관 표창제도, 도서관 프로그램인 재고도서전(Biblioteca Las Americas[1]: BLA), 남부텍사스 고등학교 보건전문 (South Texas High School Health Professions: STID's) 프로그램을 활용한다. 도서관에서는 4만 권의 도서와 150종의 정기간행물과 4천 종의 비디오, 7종의 신문에 접근할 수 있었다. 무엇보다도 미국에서도 유명한 라이스 대학교(Rice University)와 텍사스 브라운스빌(Brownsville)에 있는 텍사스 대학교(University of Texas) 도서관과 도서관끼리의 대출을 할 수 있도록 이 대학교들과 연결되어 있다. 앞에서 말한 BLA에는 강의실, 미술전시실, 여러 종의 컴퓨터 워크스테이션, 회의실, 디지털 비디오 편집실 등이 있는데, 이것들을 모두 활용할 수 있다. 학생들과 교사들은 스터디그룹 활동을 위하여 이들 방을 예약할 수 있고, 노트북과 디지털카메라를 빌려 쓸 수 있다. 3명의 전임사서가 학생과 교사의 연구와 교과과정 준비를 도와주고 있으며, 방과후 연구를 위해서 오후 7시까지 개방한다.

사우스텍사스 과학고등학교 학생들은 수학이나 과학, 공학 분야에 흥미가 있어서 입학하였을 뿐만 아니라 학교의 안전성, 환영하는 분위기, 가족 같은 소규모의 학교라는 이유 때문에 이 학교를 선택한 것이다. 이 학교에는 훈육이나 기강은 문제가 되지 않고 행동문제나 학습문제도 거의 없다. 사우스텍사스 과학고등학교는 학생들에게 많은 클럽과 활동을 제공하며, 대부분의 학생은 적어도 하나 이상에 참여한다. 지역사회 봉사가 인기를 끄는데, 사우스텍사스 과학고등학교 학생들은 사우스텍사스 교육구(STISD) 학생들과 팀을 만들어 활동한다. 졸업과 동시에 일정시간 이상 특별봉사를 한 학생들에게는 표창을 한다.

광범위한 지역에서 학생들이 사우스텍사스 과학고등학교에 입학하기 때문에 학교 밖에서 친구들을 만나기는 쉽지 않을 것이다. 그렇지만 학교 안에서의 분위기는 아주 친밀하게 연결되어 있다. "수년 동안 우리 학교는 우리를 키워 왔다."라고 한 4학년 학생은 말하고, "우리 학교 학생은 매우 좋아요."라고 한 1학년 학생도 말한다. 학생들은 학교를 편안하고 수용적인 가정이라고 묘사한다. "너는 네가 되고 싶은 대로 될 수 있다. 아무도 너를 판단할 수 없다."라는 한 학생의 논평이 여러 학년의 다른 학생들에게 호응을 얻고 있다. 통학버스를 타는 학생들은 서로를 '버스 가족'이라고 부르는데, 이들은 그 시간에 학교 과제를 함께 풀기도 한다.

특별한 지원 요구나 개별화 특수교육 프로그램(Individual Education Plans: IEP)을 필요로 하는 학생이 사우스텍사스 과학고등학교에 지원하고자 할 때 학교는 필요한 IEP 서비스를 제공한다. 만일 특별지원 요구를 한 학생이 사우스텍사스 과학고등학교의 내용을 소화하기 어려울 것이라고 행정가와 학부모가 동의하면, 특별지원 요구 학생에게 교육구 전체에 적용되는 대안적인 반나절 과학 프로그램을 제공한다.

가족적인 분위기는 학생관계에만 적용되는 것이 아니고 그 이상으로 확대된다. 학생들은 교사들과 사적인 관계를 갖고, 또 교사들이 학생들을 도와주고 격려하기 위해 기꺼이 시간을 내어 주는 데 대하여 감사하는 마음을 갖는다. 한 영어 교사는 어린 시절에 관한 시를 더 잘 이해할 수 있도록 학생들과 숨바꼭질 놀이를 한다. "이렇게 하는 것이 학생들에게 다가갈 수 있는 제일 좋은 방법이다."라고 그는 말한다. 학생들에게 다가가는 방법은 학교 담장을 넘어 밖으로까지 확대된다. 한 수학 교사는 계산 학습을 도와주기 위하여 토요일에 커피숍에서 학생들을 만나기도 한다.

성적과 등수에 대한 경쟁은 아주 심각하지만 우호적인 관계에서 이루어진다. 학생들은 공통의 목표를 가지고 있다. 모든 학생이 대학에 합격하고자 하는 것이다. "경쟁 때문에 열심히 공부하게 되지만 또한 동시에 협동하여 공부하게 된다."라고 한 4학년 학생은 말한다.

사우스텍사스 과학고등학교 학생들은 아주 체계적이다. 대학 같은 맛을 느끼게 하고, 경쟁적이면서도 학생들의 다양성을 존중한다. 사우스텍사스 과학고등학교를 졸업할 때 학생들의 지식은 절정에 달하게 될 것이다.

🌐 사우스텍사스 과학고등학교 표준화 학력검사(TAKS) 결과(%)[2]

대상 학년	2007				2008			
	영어	주 평균	수학	주 평균	영어	주 평균	수학	주 평균
9학년	99	86	90	60	99	84	89	60
10학년	98	84	96	63	100	88	94	63
11학년	98	90	99	80	99	90	97	79

출처: TX Education Agency, 2007~2008.

캠스 고등학교

(California Academy of Mathematics and Science, Los Angeles, California)

"가능성 있는 일에 도전하는 것"

"학생들이 우리를 가르치고 있다."

"언제든지 제 선생님께 갈 수 있다."

"캠스의 교사진들은 학생이 낙오하지 않게 해 줄 것이다. 모든 문이 열려 있다."

"인간관계의 결속을 만들 수 있다면, 그 학생들 모두가 그들이 원하는 것을 이룰 수 있다."

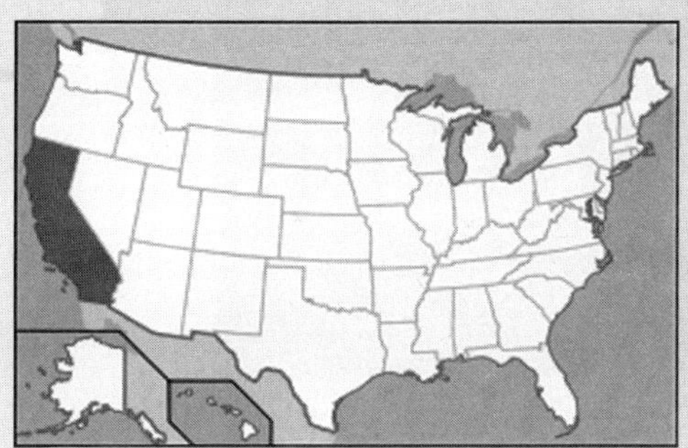

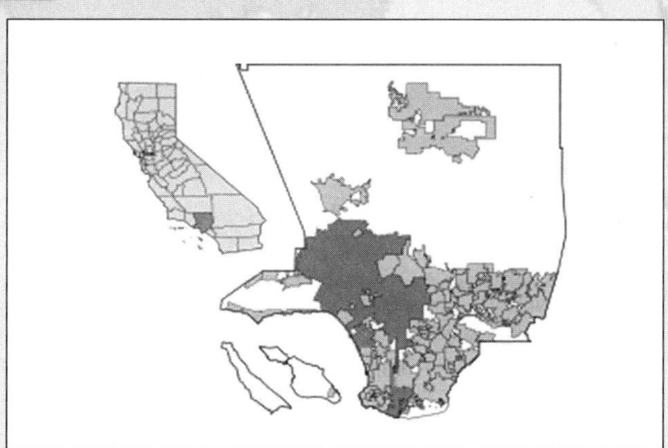

캠스 고등학교는 4년제 공립 종합고등학교로 수학과 과학에서 국가 인재들을 양성하고자 설립되었다. 캠스는 세계적으로 증대되는 기술공학시대에 학생들이 사려 깊고, 사회에 공헌할 수 있는 인재가 될 수 있도록 학생들에게 동기를 부여하여 재능을 개발하게 한다. 캠스 고등학교는 확실하고 혁신적인 예비대학(college-preparatory) 교육과정을 운영한다.

캠스 고등학교의 교직원들은 학생들이 책임감 있고, 사려 깊고, 정직한 시민으로 성장하기를 갈망한다. 이 목표를 달성하기 위해 조지프슨 윤리연구소(Josephson Institute of Ethics)가 개발한 '중요인성 프로그램(CHARACTER COUNTS Program)'을 채택하고, 주변 생활을 통해서 '신뢰, 존중, 책임, 공정, 배려, 시민

🌏 학생 1인당 교육비

구 분	교육구	주 평균
1인당 총비용	8,103 달러	10,805 달러
교수-학습	61%	61%
학생-교직원 지원	10%	7%
학교 지도자	11%	15%
기타	18%	18%

출처: NCES, 2005~2006.

🌐 학교 개황

캠스 고등학교		주 평균
학생 수(9~12)	618	
백인	15%	29%
흑인	16%	8%
아시안	15%	8%
필리핀계	16%	3%
히스패닉	29%	48%
영어 학습자/무응답	8%	3%
인디언/알래스카	<1%	<1%
태평양 섬	<1%	<1%
무료급식/급식보조	39%	51%
교사당 학생 수	32	28

출처: CA Dept. of Education, 2006~2007.

의식'의 여섯 가지 중요 인성 특성(Six Pillars of Character: Trustworthiness, Respect, Responsibility, Fairness, Caring and Citizenship)으로 발전시켰다.

미래를 위한 계획

캘리포니아 주의 미래 계획은 과학과 수학에 뛰어난 능력을 가진 인재를 양성하는 데 있다. 고등학교 학생의 중도 탈락률, 수학과 과학을 멀리하는 대다수의 여학생들과 소수인종 학생들이 늘어나는 상황에서 교육, 사업, 지역사회의 지도자들이 문제를 직접 해결하기 시작했다. 그들은 풍부한 지원과 기회를 제공하여 여학생과 소수인종 학생들이 과학과 수학에서 뛰어난 능력을 발휘할 수 있도록 한다는 의지를 가지고 새로운 고등학교를 설립했는데, 이 학교가 바로 캠스 고등학교다.

캠스 고등학교는 1990년 캘리포니아 주립대학교(California State University)의

도미니크즈힐(Dominquez Hills) 캠퍼스에 설립되었다. CSUDH[1] 간의 제휴와 캘리포니아 주립대학교의 총장, 11개 지역교육구의 컨소시엄, 그리고 첨단기술 및 항공우주산업과의 협력으로 개교하였다. 롱 비치(Long Beach) 통합교육구(Unified School District)는 교육구 재무대행을 관리하는 일을 하고 있다. 수학과 과학 중심의 집중적인 대학 예비교육을 성취 동기를 가진 학생들에게 제공함으로써 캠스 고등학교는 학교 설립의 이념을 입증하고 있다. 현재 낙제아동방지를 위한 '학업성취지수(API)'로 산출하면, 캠스 고등학교는 캘리포니아에서 상위 10위 안에 들어간다. 캠스 고등학교 학생들의 수학과 대학진학시험(SAT) 점수는 국립학교 평균점수를 능가한다. 학생들의 평균 출석률은 2003~2004학년도에 매일 98%를 보였다. 몇몇 지역 고등학교에 나타나는 50%의 중퇴율과는 대조적이었으며, 학교 정원의 감소 정도도 5% 이내였다. 캠스 고등학교 학생의 95%가 4년제 대학교로 진학한다. 여기에는 전국에서 가장 엄선되고 명성이 있는 학교들도 포함되어 있다. 약 5%는 지역 전문대학에 진학한다.

이 학교의 입학은 신청으로 이루어진다. 캠스 고등학교 교사들과 학생들은 모든 지역 내의 중학교를 상세히 조사하며, 학생과 학부모에게 상의하고, 면접 후보자들과 그 가족을 학교로 초대한다. 지원자는 영어 과목에서는 낮은 점수를 받을지라도, 수학과 과학에서는 65% 이상의 점수를 얻어야 한다. 합격한 지원자들은 학부모 면접을 포함한 면접과 교사 추천서, 학생 프로젝트에서 증명이 된 것처럼 수학과 과학에서 세심한 흥미를 보인다.

매년 캠스 고등학교가 대략 850명의 9학년 지원자 중에서 165명의 학생들을 선발하는데, 입학 지원자들의 등수를 매기지 않으면서도 도시 내의 우수한 중학교를 포함한 75개의 각 학교에서 학생들을 받아들이고 있다. 학교의 사명은 '가능성 있는 일에 도전하는

것'이다. 특히, 학업을 하기에는 풍족하지 못한 환경에서 자란 학생들은 통합된 교과과정, 공동작업, 그리고 현실세계에 학습을 적용할 수 있게 짜인 통합교육과정을 받음으로써 수학과 과학에서 탁월한 능력을 드러내고 있다. 그래서 교사들은 캠스를 '재능개발 프로그램'이라고 부른다.

어떤 사람들은 캠스는 작은 고등학교이고, 학교 자체에서 학생을 선발하는 일, 대학교와 함께 존재하는 등의 이점을 제기하며 캠스를 특별한 사례로 생각하기도 한다. 한 반의 정원이 30~35명으로 학급 규모는 상대적으로 크다. 학교는 주의 다른 고등학교와 동일하게 학생 1인당 연간 약 5,500달러의 교육비가 소요되지만, 캠스 고등학교의 기본 재정은 학생당 4,400달러다. 차액은 민간인들의 기부금과 특별법 자금으로 충당하고 있다. 이런 면에서 독지가와 현재의 학교행정가들이 학교 성공에 중요한 존재라는 것을 확실하게 말할 수 있다.

여학생과 소수 학생을 위한 새로운 비전

개교 이후로, 캠스 고등학교의 교장으로 있는 캐슬린 클락(Kathleen Clark) 박사 덕택에 성공한 이 학교는 하나의 비전을 가지고 있다. 캠스 고등학교의 비전은 지역 성장의 핵심인 과학과 공학 분야에서 모두 과소평가를 받았던 소수인종 학생들과 여학생들이 과학과 수학에서 그들의 능력을 확대하는 일이다. 교육자와 사업가 실무 팀이 캘리포니아의 특별 중등학교 프로그램(California Specialized Secondary Schools Program)과 민간재단에서 자금을 지원받아 교육과정의 틀을 분명하게 하고 있다. 그들은 학생과 교수의 팀워크 철학을 분명하게 하고, 수학과 과학 공립 고등학교에 맞는 입학정책을 개발하였다. 직원임용과 재정지원을 위해 지역교육구와 협약을 체결하여, 여러 교육구와

고등교육 및 사립학교에서 선출된 대표자들이 캠스 고등학교를 운영한다. 법인 자문팀은 위원회에 과학기술의 쟁점과 업계 동향, 불우학생들을 위한 인도적 지원 등에 대해 조언을 한다. 공공단체 및 민간단체, 독지가들의 지원으로 2001년에 캠스 고등학교의 새로운 건물들이 CSUDH 캠퍼스에 완공되었고, 다른 공사들도 순차적으로 이루어질 예정이다.

학생들에게는 과목이기보다는 생각하는 방법으로서 과학과 수학을 표현하도록 유도한다. 캠스 고등학교의 교과과정은 4년 동안의 수학 교과과정과 6년의 과학 교과과정으로 설계되어 있다. 여기에는 9학년 공학개론이 포함되어 있다. 물론 여학생들도 공학 공부를 계속할 수 있도록 동기를 부여하고 있다. 모든 학생은 미적분학을 12학년 말까지 이수해야 하는데, 이 과목은 대학 수준의 수학과 과학 과정을 공부하고 싶어 하는 소수인종의 학생들과 여학생들에게는 부담이 된다. 여기에 속성 과정의 영어 수업, 사회 과학, 컴퓨터 과학, 2년 동안의 필수 어학으로 핵심적인 교육과정을 이수해야 한다. 3, 4학년에게 어학은 권장 과

목이다. 학생들은 야간에 서너 시간의 과제를 완성하는 일과 편도 한 시간 이상씩 걸리는 등굣길에도 각오를 해야 한다.

　학제적 연구와 현실세계의 적용에 뿌리를 두는 교육과정은 교육구의 기대치를 능가하며, 주와 지역 그리고 국제협회기준에 근거를 두고 있다. 학생들은 수학문제 풀이를 필기와 구두로 친구들 앞에서 증명해 보인다. 또한 종종 자동차 시스템을 인체의 체계와 비교해 보는 것과 같이, 동일한 현상을 다양한 관점에서 공부하기도 한다. 과학 수업은 로봇공학과 건축 프로젝트를 이용해 이론을 탐색한다. 영어와 사회과 교사들은 수업을 시작하면서 학생들이 그날의 내용을 읽고 토론하면서 곰곰이 생각할 수 있는 질문을 던진다. 10학년 영어 수업에서 학생들은 조셉 캠벨이 쓴 『영웅의 여행』이라는 책을 바탕으로 각자 100쪽가량의 소설을 만들어 낸다.

학생들과 교사들의 대학 접근

　캠스 고등학교는 CSUDH 교정에 있기 때문에 고등학교 3, 4학년 학생은 대학교 과정에 등록할 수도 있으며, 일부 캠스 고등학교 교사들도 CSUDH에서 가르치고 있다. 캠스 고등학교 학생들은 취득한 20학점으로 졸업도 가능하다. 학생들이 특수대학에 지원할 수 있고, 조기 대학 졸업을 앞당길 수 있는 유리한 점이 있다. 이런 학생들 중에 상당수가 많은 장학금을 받아서 비싼 등록금을 감당하고 있다.

　학교는 사업 파트너와 함께 학생이 선택한 기업에서 온 전문가들과 학생들을 서로 어울리게 하면서, 수많은 연수생들과 여름 프로그램을 관리한다. 지역 산업체에서 온 후원자들이 교실과 실제 사회의 간격을 이어 주는 역할을 하고 있다. 이는 학생들로 하여금 학교 이외의 어떤 세상에 대해 생각할 수 있도록 하기 위한 것이다. 몇 해 동안 후원했던 학생들과 연락을 주고받고 있는 한 후원자는 "나는 시간관리가 가장 어렵다. 시간관리는 학생들이 공부하는 데 성공할 수 있도록 도움을 줄 수 있는 중요한 일이라고 생각한다." 라고 말한다.

강력한 유대감 형성하기

교사들은 팀을 이루어 근무를 하고 있다. 4, 5명의 교사들은 학년별 수준에 맞춰 모든 핵심 과목을 가르친다. 상담자 또한 각 학년 수준에 적정하게 배정되어 있다. 교사들은 적어도 매주 한 시간 반 동안 학년별 수준 팀으로 모여서 학제 수업을 계획하고 학생 발달 사항에 대한 토론을 해야 한다. 학기 중간의 경과보고서와 학기시험을 통해 어려움을 겪는 학생들을 확인하고, 성적관리위원회(Academic Review Committee)에서는 학생의 점수가 C 이하로 떨어지면 학부모 및 학생과 상담을 한다. 학습에 어려움을 겪는 학생들은 친구를 개인교사로 요구할 수 있으며, 자율적으로 기간을 선택하여 성적 지원 수업에 배정할 수 있다. 상위 5~10%에 해당되는 학생들은 특히 작문과 구술시험의 선택권을 가질 수 있다. 학생, 학부모, 교직원 모두는 "어느 누구도 탈락할 수 없다."라고 말한다.

캠스 고등학교 교사들은 팀을 이루어 일을 할 수 있는 능력과 교과과정 분야에 관한 배경지식, 혁신적이며 학제적인 교과과정에 대한 관심에 따라 선발, 배

치된다. "'동료와의 공동연구 과정'은 신임교사들을 도와주며, 이미 뛰어난 능력을 갖춘 교사들의 능력을 공유할 수 있도록 한다. 교사들은 '동료와의 공동연구 과정'을 통해 '이전에 경험해 보지 못했던 대화를 터놓고 할 수 있다."라고 설명한다. 캠스 고등학교 교사들은 그들의 집에서부터 '파견근무휴가'에 이르기까지 자유롭게 연구할 수 있는 분위기를 누린다.

학생들은 약 35개국의 소수인종 학생들, 지리학적으로 다양한 학생과 함께한 집단에 속해 있다. 그리고 전 학기 과정의 중요 수업은 소속집단의 학생들과 함께 받는다. 교사들은 집단별 프로젝트를 할당하고, 집단 내에서 학생들을 조심스럽게 이동시켜 강점과 필요 부분이 적절한 균형을 이루도록 한다. 교실 수업을 참관한 사람들은 많은 대화와 소집단 활동이 진행되는 것에 주목한다. 한 포커스 집단에 속해 있는 한 학생은 "우리는 결코 무너질 수 없는 인간관계를 쌓고 있으며, 서로 도우면서 친구들을 실망시키고 싶지 않아요. 저는 지방고등학교에서는 가질 수 없는 문화적인 차이가 있는 집단을 초월한 개인관계를 가지고 있어요."라고 한다. 다른 학생은 그의 교사들을 신뢰한다고 말한다. "저는 언제든지 제 선생님께 갈 수 있어요. 선생님은 질문을 원하는 학생들이 편안한 마음을 갖도록 해 주죠. 다시 말하면 선생님은 질문을 하도록 용기를 줘요." 한 학부모는 학생들 간의 유대관계를 다음과 같이 이야기했다. "인간관계의 결속을 만들 수 있다면, 그 아이들 모두가 그들이 원하는 것을 이룰 수 있다."

캠스 고등학교의 교사들은 몇 가지 전통적인 경쟁을 무시하는 '상대평가'로 학점을 주지 않는다고 교장은 언급하였다. 신입생은 캠스 고등학교에 입학하기 전에, 여름에 시행되는 4일 동안의 필수 오리엔테이션에 참석하여 학생들 간의 유대관계를 경험한다. 학부모들은 자녀들이 캠스에서 열심히 공부할 수 있도록 지원을 해 주어야 한다. 캠스에서 가르치는 방법은 대부분의 가족에게는 생소할 수 있다. 하지만 한 학부모는 "캠스의 교수진들은 아이가 낙오하지 않게 해 준다. 모든 문이 열려 있다."라고 상황을 설명한다.

정규 교육과정과는 별개로, 1학년과 2학년 학생들은 한 주에 200분 동안 체육교육과 선택과목 수업을 하게 된다. 예를 들면, 팀별 스포츠, 미술, 코러스, 오케스트라, 로봇공학, 엔지니어링, 회원제 클럽, 연극 같은 수업 등이 있다. 문화 클럽이나 댄스 앙상블, 영어 학습자 전시회와 같은 과외활동의 기회를 학생이 기획하고 교직원들이 후원하고 있다. 최근에 한 캠스 고등학교의 학생이 학교 뮤지컬을 쓰고 감독하기도 했다. 작은 학습공동체의 일원으로, 학생들은 자신이 '어떤 것이든 할 수 있다.'는 것을 느끼고 지도력을 발휘한다.

체험학습

"재판장님, 존경하는 판사님, 교사, 학생, 가족 그리고 친구 여러분, SMART 법률사무소를 운영하는 우리는 다음과 같은……. 관련된 사건으로 여러분의 주의를 환기하고 싶습니다." 캘리포니아 주를 대표하는 4명의 SMART 법률사무소 직원과 4명의 학생들은 모두 캠스 10학년 학생들이다. 이들은 그들이 만든 '정의의 전당'이라는 학제 프로젝트(Interdisciplinary Project: IDP)의 정점이라고 할 수 있는 법리 논쟁을 벌인다. 이 학제 프로젝트는 학생 팀이 모든 핵심 과목

에서 실제 사회에 적용함과 더불어 문서나 멀티미디어에 이르기까지의 내용과 기술을 하나로 통합할 수 있도록 하고 있다. 예를 들면, '정의의 전당'이라는 프로젝트처럼 10학년을 책임지는 교직원은 인간복제, 배아줄기세포의 사용, 우주의 소유권, 수리권과 같은 30여 개의 과학·수학 등의 논쟁거리가 될 만한 것들을 목록으로 만들고, 학생들은 가장 논쟁이 될 만한 상위 3개를 골라 8명으로 구성된 팀에 할당한다. 즉, 그중 반은 원고를 대표하고, 반은 피고를 대표한다. 각 팀은 디지털 파일을 통해서 개요나 문서를 공유하는 방법으로 심리를 꾸미고, 조사를 벌이고, 논거를 체계화한다.

각 교사는 각각의 핵심 과목에서 학생들의 작업에 필요한 사항을 기술하면서 3, 4개의 학생팀을 감독한다. 예를 들면, 과학 과목에서는 '그 논쟁의 기계적·물리적·화학적 구성 요소는 반드시 실제에 입각하여 정확한 기술적인 용어를 사용하고, 청중을 고려해야 한다.'는 점이다. 역사 과목에서 학생들은 현재를 과거와 비교하며, 적어도 네 가지의 과거사건에 대한 중요성을 평가할 수 있다. 각 학생팀은 전례 법규를 받게 되며, 그들은 어떻게 등급이 매겨지게 될 것인지를 이미 알고 있다. 각 팀은 프로젝트가 마무리될 즈음에 근무 계약서와 '동료평가' 지침으로 제공할 팀 도표를 디자인한다. 학생팀은 예산 설정, 업무 윤곽 및 정밀한 시각표 개발 등의 역할을 담당할 대표자를 임명하며, 작업은 교통편을 고려해서 저녁이나 주말 시간을 활용한다. 학부모들은 학생 참여에 대한 동의를 위해 서명을 하며, 각 학생들은 그들의 '법정출두일'에 구두 논거에 대한 한 가지 견해를 제출하게 된다.

학제 프로젝트(IDP)는 학생들이나 교사, 공동체 일원에게 교육적 경험을 풍부하게 쌓을 수 있도록 하고 있다. 많은 교사는 '학생들이 우리를 가르치고 있다.'는 것을 알게 된다. 학제 프로젝트는 학생들이 인정받을 수 있는 모든 능력인 협력, 평가, 조합 및 의견 형성능력을 강화시켜 주며, 이런 모든 기술은 대개 실제 사회에서 인정받고 있다. 현재의 학년 수준별 프로젝트는 1학년 입학 후 두 달 내에 수행하는 '타임머신 만들기', 3학년 방학에 이루어지는 '로스앤젤레스 분지의 변화 탐사하기', 그리고 4학년 2학기 때 하는 '사업 계획 만들기'다.

캠스 고등학교가 지닌 많은 장점은 '국립중등학교 교장단협회'의 '순위 파괴 II: 앞서 가는 고등학교 재편에 대한 전략(2004)'에 나타나 있듯이, 캠스의 학업 중심, 협력관계, 팀, 통합된 내용, 긍정적인 교내 분위기 형성, 실제 사회로의 적용 등이 다른 학교에서도 똑같이 실행될 수 있다는 믿음을 교육당국이 갖는 것이 중요하다. 캠스 고등학교를 찾아온 많은 방문자는 핵심 교사들이 공유하는 시간 계획은 캠스의 학업 프로그램에서 중요한 부분으로 다른 학교에서도 이와 같이 운영될 수 있다는 믿음을 갖게 된다. 교과과정에 대한 초점과 협력관계 역시 다른 학교에서 이용할 수 있다.

🌐 캠스 고등학교 10학년 주 졸업시험(CAHSEE) 통과 비율(%)[2]

	2007		2008	
	영어	수학	영어	수학
학교	100	100	100	100
주	–	–	79	78

출처: CA Dept. of Education, 2007~2008.

미 주

제1부 미국의 학교교육

▨ 성공한 학교의 성장: 블루리본 학교

1) 블루리본 기의 이미지 출처: www.up.hpisd.org

2) 출처: http://en.wikipedia.org/wiki/No_Child_Left_Behind_Act

3) '유치원에서 12학년까지'라는 의미의 K-12(Kindergarten through 12 grade)는 미국의 초등학교와 중등학교 교육의 총칭이다. 이 용어는 일반적으로 미국에서 무상교육을 받는 5~6세에 해당하는 유치원(kindergarten)에서 17~18세에 해당하는 12학년까지의 학년을 축약한 표현이다. 우리나라의 유아원에 해당하는 예비유치원은 'preK' 또는 'PK'로 축약하여 표현한다.

4) http://www.keepeanesinformed.com/news.htm

5) 저학년 때 우선적으로 모국어를 위주로 교과 내용을 가르쳐서 학생들의 수준이 정상 이상에 도달하면, 대개 고학년 때 이중언어, 즉 영어와 모국어 혹은 영어만을 사용하는 학급으로 이동하여 교과 내용을 공부하게 된다.

6) 미국의 학교에서 이 과목 시간을 통해 언어(특히, 미국의 국어인 영어) 사용 능력을 신장시키기 위해 읽기, 쓰기, 듣기, 말하기 등을 가르친다.

7) 읽고, 쓸 줄 알게 교육하는 수업

8) Sheltered instruction은 언어와 교과 내용을 통합하여 영어를 공부하는 학생들을 가르치는 교수방법으로 두 가지 목표가 있다. 하나는 학년 수준의 교과 내용을 보통 학급에서 접근할 수 있게 하는 것이고, 다른 하나는 영어 사용 능력을 촉진하는 것이다.

9) 언어 습득과 문해교육 영역의 전문성 개발 모델이다. 이 전략과 모델은 영어 습득, 학업 성취, 문화 간 이해능력을 촉진한다. GLAD는 분명하고, 실제 적용 가능한 전략으로 학생들 간, 또는 학생들과 교사들 간에 긍정적이며, 효과적인 상호 작용을 촉진하는 수업 모델이다. GLAD 연수를 통해 교사들은 모든 학생에 대한 높은 기대와 기준 달성을 위해 전문성과 각오를 다지며 노력한다(www.gladproject.com).

10) 눈으로 보자마자 발음을 할 수 있고 뜻을 알 정도로, 우리가 일상생활에서 자주 접하는 사용 빈도가 높은 단어를 sight words라고 한다. 빈도수가 많은 단어(high frequency words) 혹은 E. W. Dolch가 이 개념을 처음 사용하고 분류하여 Dolch words라고도 한다. 그림과 함께 학습하면 효과가 더 높다.

11) 다중 언어 사용에 의한 미국의 특수한 경우에 해당한다.

12) 초인지 전략은 학습 목표에 도달하기 위한 전반적인 접근 방식을 계획하여, 학습 목표 달성의 문제 해결 과정에서 계속적인 자기점검을 통해, 문제에 직면할 때 계획하여 시행 중인 전략과 인지 과정을 교정하는 전략이다. 초인지 개발은 초인지 전략을 효과적

으로 사용할 수 있는 능력을 개발하는 것이다.

13) '폭스파이어(Foxfire)'는 교실 수업 방법의 일종으로 단계별 체크리스트가 아닌 건너뛰기 식의 방법이다. 이 방법은 학생들이 속한 지역사회를 학습 보조 자원으로 이용한다.

14) 예술 연계 교육과정(Arts Infused Curriculum)은 무용, 연극 및 시각 예술을 통해 학생들이 수학, 독서, 작문 등에 나오는 핵심개념을 이해할 수 있게 한다.

▨ 미국 학교교육의 최근 동향

1) 특수교육 대상자, 소수인종, 경제적 빈곤층 등의 학생들에 초점을 맞추어 실시하는 정부의 학교평가제도다. 매년 이들 교육 대상자들이 적정한 진보를 보이지 못하면, 학교는 재정 삭감 등의 제재를 받는다. 3년 연속해서 연간적정진보(AYP) 기준을 충족하지 못하면 모든 교사가 해고될 수 있고, 학교는 주 정부나 다른 교육 관련 단체의 통제를 받게 된다.

2) 낙제학생방지법(NCLB) 산출기반교육(outcome-based education)이라고 알려진 기준기반 교육개혁(standard-based education reform)에 대한 이론을 실현 가능하게 한다. 높은 기대(high expectation)와 측정할 수 있는 목표를 설정하면, 개인의 교육적 성취를 향상시킬 수 있다는 믿음에 기초한다.

제2부 최우수 초등학교

▨ 벨샤세 초등학교

1) parish는 루이지애나 주의 행정 단위다. 다른 지역의 카운티(county)에 해당한다.

2) 학교공동체의 개념에서 학생과 교직원뿐만 아니라 그들의 가족도 학교의 구성원으로 간주한다.

3) 루이지애나 주의 표준화 학력검사 프로그램(Louisiana Education Assessment Program)

4) 교장, 교감뿐만 아니라 모든 학생의 성공을 위해 솔선수범하는 역할을 하는 학교공동체 구성원들을 학교지도자로 일컫는다.

5) 새로이 받아들인 학생들을 이미 그들의 학생이라고 간주한다.

6) 우리나라는 좌측통행을 하지만 미국은 우측통행을 한다.

7) 자율 배식하는 식당. 여러 가지 음식을 손님이 직접 골라서 가져다 먹는 식당이다.

8) 'It's better to be safe than sorry.'의 축약이다. '당장은 불편하더라도 참아서 안전한 것이 낫다.'는 뜻이다.

9) 임시교실로써 이동하여 재배치가 가능한 교실. 긴급한 상황으로 교실이 추가적으로 필

요한 경우에 종종 사용된다.

10) Parent-Teacher Organization

11) 미국에서는 음악, 미술, 체육 등의 계발활동을 지도하는 교사를 'enrichment teacher'라고 하고, 이러한 활동을 'enrichment activities' 라고 한다.

12) 그림자 연구(job shadow)는 일종의 직업 체험이다. 원래 그림자 연구는 미국의 고등학생을 위한 프로그램인데, 특정 직업이 무슨 일을 하는지를 알아보는 현장학습 프로그램이다. 이 프로그램은 대학의 전공을 선택하는 데 도움이 되고, 장래의 직업 선택에도 아주 유용하다.

13) 교장, 교감 등 초·중등학교 지도자들이 혁신과 우수성을 추구하는 선도학교를 방문하여 서로의 자기 성찰을 장려하고 상호 교류관계를 증진시키는 기회를 제공하는 워크숍의 일종이다. 학교 간 상호 교류하며 학교 전반의 실무에 대해 모니터와 감사를 하고, 훌륭한 사례를 공유하고, 서로의 관심을 증진시키고, 학습을 위해 시각 보조자료가 효과적으로 제작되어 사용되고, 효과적으로 배치되는지 개선의 정도를 확인하고, 전문성에 관한 활발한 토론을 유도하여 자기성찰의 시간을 갖게 하는 워크숍이라고 할 수 있다. 우리나라의 수업 등에 관한 장학협의회와 유사하다.

14) 예비유치원, 1학년과 2학년을 의미한다. 미국의 초등학교 학제는 다양하다. 초등학교 1, 2학년만 있는 학교도 있고, 심지어는 6학년 학생만을 수용하는 초등학교도 있다.

15) 특별한 도움을 필요로 하는 학생들이 어려움을 극복할 수 있게 지도하는 자격을 갖춘 전문가로서, 학습장애, 언어장애, 지적장애, 정서장애, 시각·청각장애, 자폐증 및 외상증후군 등을 가진 학생들을 도와준다.

16) 미국은 자유로운 학년 구성체제를 허용한다. 예를 들면, 초등학교 1, 2학년 두 개 학년으로만 운영되는 초등학교도 있고, 초등학교 5학년과 6학년만을 위한 초등학교도 있다.

17) 2006~2007년 루이지애나 주는 루이지애나 표준화 학력검사 프로그램 21(Louisiana Educational Assessment Program for the 21st Century: LEAP 21)을 사용하여 4학년에서 8학년까지 수학, 영어, 과학, 사회 과목 평가를 실시하였다. LEAP 21은 루이지애나 주가 설정한 각 학년별 세부 능력을 측정하기 위한 표준기반평가다.

18) 숙달 이상 통과 비율(%)

▨ 아이라하비슨 초등학교

1) 학교 전경 사진은 학교 홈페이지에서 옮겼다.

2) 미 의회에서 2002년에 제정된 낙제학생방지법(No child left behind: NCLB) 정책 실현을 위해 Title I에 의해 지방 교육구에게 권한을 부여하고 있다. 사회경제적으로 가장 어

려움을 겪는 아이들에게 양질의 교육을 받을 공정, 공평하고 현저한 기회를 주어 주의 학업성취도 기준과 평가에서 우수한 성과를 거둘 수 있도록 하고 있다. 미국 의회에서는 Title I의 이행에 관한 국가평가제 법을 제정하여 시행하고 있다.

3) 문화 간 언어와 학업능력 개발(Crossculture Language and Academic Development)

4) 학생들이 독립적으로 성취할 수 없는 경우에, 학생이 스스로 성취할 수 있을 때까지 교사는 학생들의 성공을 경험할 수 있도록 지원체제를 갖추어야 한다는 수업방법

5) 예비수업 단계 혹은 본수업 단계에서 본격적인 수업에 들어가기 전에 학생들의 참여와 성취의 기초를 다지기 위한 수업으로 학습 요소를 연습할 기회를 제공하고, 본수업 내용과 관련한 스키마를 형성하며, 읽기 수업 전에 관련 어휘와 친숙하게 한다.

6) 특수교육 대상자, 소수인종, 경제적 빈곤층 등의 학생에 초점을 맞추어 실시하는 정부의 학교평가제도다. 매년 이들 교육 대상자가 적정한 진보 상태를 보이지 않으면, 학교는 재정 삭감 등의 제재를 받는다. 3년 연속해서 연간적정진보(Adequate Yearly Progress: AYP) 기준을 충족시키지 못하면 모든 교사가 해고될 수 있고, 학교는 주 정부나 다른 교육 관련 단체의 통제를 받게 된다.

7) 정교사로 임명되기 전에 거쳐야 하는 일종의 수습교사라고 할 수 있다.

8) 미국 캘리포니아 주 서남부에 위치한 샌디에이고(San Diego) 부근의 도시

9) 연간 35만 명 안팎이 방문하는 샌디에이고 북쪽에 위치한 수족관

10) 샌디에이고에 있는 종합 자연체험 공원

11) 샌디에이고에서 가장 오래되고 잘 알려진 캠핑장. 울창한 산에 에워싸여 있고 호수도 있다. 모든 연령층을 대상으로 연중무휴로 운영된다.

12) 샌디에이고에 있는 미국 최대 규모의 사막에서 이루어지는 환경체험 캠프

13) 2006 ~ 2007년에 캘리포니아는 캘리포니아 표준화 학력검사(California Standards Test: CST)를 사용하여, 영어와 수학은 2학년부터 11학년까지, 과학은 5, 8, 10학년, 역사–사회는 8, 10, 11학년을 평가하였다. 중학교와 고등학교는 과목별로 세분화된 CST를 이용하여 수학과 과학을 수강하는 학생을 대상으로 평가하였다. CST 평가는 표준기반평가다. 이 시험의 목적은 모든 학생이 이 시험에서 숙달 수준 이상의 점수를 취득하게 하는 것이다.

14) 숙달 이상 통과 비율(%)

▨ 로렐힐 초등학교

1) 교과목의 특성과 필요에 따라 수업 시간을 연속해서 묶어 수업하는 방식

2) 미국이나 영국의 지방행정 단위

3) 양발을 번갈아 짚으며 한쪽 발로 뛰는 듯 추는 춤

4) 우리가 흔히 알고 있는 알파벳 음을 익히게 하는 노래. 예를 들어, Alphabet Song이 대표적이다.

5) 두 사람이 ○, × 표시로 나누어 가로 세 칸, 세로 세 칸의 표에 게임을 하며 맞추는 사람이 서로 번갈아 상대방이 나란하게 잇는 것을 방해한다. 자신의 표시를 가로, 세로, 대각선으로 나란하게 먼저 잇는 사람이 이기는 게임이다.

6) what do we Know? what do we Want to know? how do we Find out? and what did we Learn?에 대한 대답을 적는 바둑판 눈금 같은 가로, 세로 격자표

7) 미국 속담으로 원문은 "It takes a village."

8) 2006~2007년에 노스캐롤라이나 주는 3학년부터 8학년 학생까지 영어와 수학에서 학생의 성취 정도를 평가하기 위해 학년 말(End-of-Grade: EOG) 시험을 실시하였다. 이 시험은 노스캐롤라이나 주가 설정한 각 학년의 세부 능력을 잘 익혔는지 측정하는 표준기반평가다. 이 시험의 목적은 모든 학생이 이 시험에서 숙달 수준 이상의 점수를 취득하게 하는 것이다.

9) 숙달 이상 통과 비율(%)

▨ 링컨 초등학교

1) www.nystart.gov/publicweb/School.do;jsessionid=E756066A0BFD12179E56158856C97ACD? county=WESTCHES TER&district=660900010000&school=660900010006

2) English Language Arts

3) 미국은 9월에 학년을 시작하여 이듬해 8월에 학년을 마친다.

4) K-5학년의 모든 학생을 위한 학습 계획을 세울 때, 담임교사와 계발활동 교사가 서로 협력한다. 보통의 교육과정 이외에도 학습 단원은 PEP 교사에 의해 학생들의 학교 생활 경험을 심화시킬 수 있는 창의적 생각과 자료를 제공하여 촉진된다.

5) 'Office of Civil Rights' 는 미국 교육부 산하 기구다. 미국 교육체제에서 시민의 권리를 강화하고 평등한 교육 기회를 보장하는 책임을 지닌다.

6) 소집단 자유조직 프로그램(small-group pull-out and push-in programs)

7) 2006~2007년에 뉴욕 주는 뉴욕주평가(New York State Assessments: NYSA)를 실시하여 3학년부터 8학년까지는 영어와 수학, 4학년과 8학년은 과학, 5학년과 8학년은 사회 과목을 평가하였다. 이 시험은 뉴욕 주가 설정한 각 학년의 세부 능력을 잘 익혔는지 측정하는 표준기반평가다. 이 시험의 목적은 90%의 학생이 학년별 평가기준에 도달하

거나 상회하는 것이다.
8) 숙달 이상 통과 비율(%)

▨ 메이플 초등학교

1) 학교 전경 사진은 학교 홈페이지에서 옮겼다.
2) 중국 광동성 지방에서 사용하는 말
3) 필리핀 루손 섬 중부 원주민이 사용하는 말
4) 인도네시아어 계파에 속하는 타칼로그어와 비슷한 말
5) 인도의 옛 주이며, 현재는 인도와 파키스탄으로 나누어진 곳에서 사용하는 말
6) 중국 방언의 일종
7) 쿠시어파에 속하는 말
8) 언어 습득과 문해교육 영역의 전문성 개발 모델이다. 이 전략과 모델은 영어 습득, 학업 성취, 문화 간 이해능력을 촉진한다. GLAD는 분명하고, 실제 적용 가능한 전략으로 학생 간, 또는 학생과 교사 간에 긍정적이며, 효과적인 상호 작용을 촉진하는 수업모델이다. GLAD 연수를 통해 교사들은 모든 학생에 대한 높은 기대와 기준 달성을 위해 전문성과 각오를 다지며 노력한다(www.gladproject. com).
9) WASL은 워싱턴 주에서 고등학교 졸업시험으로 개발하여 사용되는 표준화 교육평가 시스템이다. WASL은 영어(독해), 수학, 과학, 작문의 네 과목으로 구성되며, 사지선다형, 단답형, 에세이형, 문제 해결형의 네 가지 문제 유형으로 치른다. 이 시험은 2학년은 의무가 아니며 3학년에서 10학년까지 치른다. 3, 6학년은 영어(독해)와 수학, 4, 7학년은 수학, 영어(독해), 작문, 5, 8학년은 영어(독해)와 과학을 치른다.
10) https://www.emgames.com/kids/kids_login_once.html
11) 교수방법의 조사기반 접근법(inquiry-based approach to instruction)
12) 미국과 캐나다에서 1다임은 10센트, 1쿼터는 25센트다.
13) 단순 사고기술은 사실과 기억을 배우는 반면에, 고등기능 사고기술은 비판적 사고, 분석 및 문제 해결을 포함한다.
14) NUA의 사명은 도시지역 공립학교에서 지속적으로 변화하는 지구촌 세계화 시대에 요구되는 최고 수준의 학습력과 사고력 수준에 모든 학생이 도달할 수 있는 능력을 지니고 있다는 믿음을 구현하는 것이다. 교수-학습에 초점을 맞추어 학생들의 문화, 언어, 인지능력을 통해 높은 지적 성취를 형성하고자 한다. NUA 멘토는 교육구와 협의하여 교실 수업을 개선하고 학교공동체가 지속적인 성취를 이루도록 조직화하기 위한 개선점을 찾기 위해 교사들과 행정가들을 위한 전문성 계발활동을 전개한다. NUA 멘토는

학교를 방문하여 학교의 풍토와 각각의 학생들에게 맞춤식 수업을 제공하기 위해 자료가 어떻게 이용되는지를 살펴 학교의 교수-학습 조직을 평가한다.

15) 장애아동교육법(Individual with Disabilities Education Act: IDEA)은 미국 전역에서 장애를 가진 아이들에게 교육 등의 서비스를 보장하는 법이다. IDEA는 주와 공공기관이 어떻게 6,500만여 명의 장애를 가진 해당 영유아들에게 조기치료, 특수교육과 관련 서비스 등을 제공하고 있는지를 통괄한다. 신생아에서 두 살까지를 대상으로 하는 프로그램과 세 살에서 스물한 살까지를 대상으로 하는 프로그램으로 구분된다.

16) 2006년에 워싱턴 주는 워싱턴학력평가(Washington Assessment of Student Learning: WASL)를 실시하여 3학년에서 8학년까지와 10학년 학생을 대상으로 영어(독해)와 수학 과목을 평가하였다. 4, 7, 10학년은 작문시험을, 5, 8, 10학년은 과학 과목을 평가하였다. 이 시험은 워싱턴 주가 설정한 각 학년의 세부 능력을 잘 익혔는지 측정하는 표준기반평가다. 2008년부터 고등학교 졸업을 위해서는 이 시험을 통과해야 한다. 이 시험의 목적은 모든 학생이 학년별 평가기준에 도달하거나 상회하는 것이다.

17) 숙달 이상 통과 비율(%)

▨ 루스로치 초등학교

1) 미국 교육부(United States Department of Education)

2) 성장 과정에서 뒤늦게 언어를 이중으로 배워야 하는 학생들을 위한 교수방법의 일종이다.

3) 'Additive, late-exit-bilingual'을 학습하는 프로그램의 일종. 다문화 사회인 미국에서 처음에는 학생의 모국어로 가르치고, 학생의 학업능력이 일정 수준에 도달하면 이중언어로 교육한다.

4) 영어 비원어민 학생이 자신의 모국어로 일정 기간 공부를 마치고 일정 수준에 도달한 후에 참여하는 영어로 진행하는 영어 교과 혹은 일반 교과 수업

5) 미국에서는 언어 과목을 language arts라고 한다. 다양한 언어가 쓰이는 미국에서 language arts는 흔히 해당 언어의 원어(native language)를 뜻한다. 이 시간에는 언어 사용 능력 향상을 위해 읽기, 쓰기, 듣기, 말하기, 감상하기, 발표하기 등의 요소를 배운다.

6) 그날 배운 것을 완전하게 하는 학습활동의 일종

7) English as a Second Language

8) 2006~2007년 텍사스 주는 텍사스 학력평가(Texas Assessmet of Knowledge and Skills: TAKS)를 실시하였다. 3~9학년까지는 영어 독해, 4~7학년까지는 작문, 10 · 11학년은 고급영어(English language arts), 3~11학년까지는 수학, 5 · 8 · 10 · 11학년은 과학,

8 · 10 · 11학년은 사회 과목을 평가하였다. TAKS는 표준기반평가다. 이 시험은 텍사스 주가 각 학년에 맞게 제시한 특정한 능력을 학생들이 얼마나 잘 습득하고 있는가를 평가한다. 시험의 목적은 모든 학생이 주에서 제시한 기준 이상의 점수를 취득하게 하는 것이다. 11학년 학생들은 이 평가를 통해 졸업자격 취득 여부가 결정된다.

9) 숙달 이상 통과 비율(%)

▨ 왓슨윌림엄스 초등학교

1) 학교 전경 사진은 교육구 홈페이지(www.uticaschools.org)에서 옮겼다.

2) 마그넷 학교(Magnet School)는 뛰어난 설비를 갖추고 특화된 교육과정을 운영하는 미국의 공립학교다. 영국의 특별학교(Specialist School)와 유사하다. Magnet School이라는 용어는 자석(magnet)에서 유래하였다. 학군에 관계없이 학생을 끌어당겨 유치한다는 의미인데, 인종문제와 같은 심각한 사회 불균형을 해결하기 위한 하나의 방안으로 시작되었다. 우수한 학교 시설과 교육과정을 갖춰 흑인과 저소득층뿐만 아니라 백인과 가정 형편이 괜찮은 학생을 함께 유치하고자 하며, 학생들과 학부모들에게 학교 선택권을 확대하는 차원이기도 하다. 마그넷 학교는 대부분 수학, 과학, 예술 분야 등 특정 분야에 뛰어난 학생들을 유치하려고 한다. 마그넷 학교는 교육구에서 지정하거나 학교에서 자원하여 전환 신청하기도 한다.

3) 미국에서는 대체로 도심에 있는 학교보다는 근교에 있는 학교가 시설, 환경, 성적 등 제반 교육 여건이 좋다.

4) 눈으로 보자마자 발음이 되고 뜻을 알 정도로, 우리가 일상생활 속에서 자주 접하게 되는 사용 빈도가 높은 단어를 sight words라고 한다. 빈도수가 많은 단어(High frequency words) 혹은 E. W. Dolch가 이 개념을 처음 사용하고 분류하여 Dolch words라고도 한다. 그림과 함께 가르치면 효과가 더 높다. 단어의 예를 들면, am, three, very, write, come, people 등이다.

5) 우리나라의 수석교사와 유사 개념이다.

6) 우리나라의 유치원에서 초등학교 2학년

7) 숙달 이상 통과 비율(%)

▨ 체이스시티 초등학교

1) 사진은 학교 홈페이지에서 옮겼다.

2) 한 번에 한 학생씩이라는 생각으로 각자에게 적용할 수 있는 교수-학습 해결책을 가지

고 preK에서 6학년까지 평가를 통해 성취를 향상시키고자 하는 목적을 갖고 있다.

3) 2006~2007년 버지니아(Virginia) 주는 학력기준평가(Standards of Learning: SOL)를 실시하여 3학년부터 8학년까지 학생을 대상으로 영어(읽기)와 수학을, 5학년과 8학년은 작문을, 3, 5, 8학년은 과학을, 3학년과 8학년은 영어(읽기)와 수학을 평가하였다.

4) 숙달 이상 통과 비율(%)

▨ 제시헤이든 초등학교

1) 미국은 교육구 또는 학교 홈페이지에 학교보고서를 탑재하고 있다. 제시헤이든 초등학교의 학교보고서는 다음의 사이트에서 확인할 수 있다.

　　http://www.axiomadvisors.net/LiveSARC/Presentation/MainPortal.aspx?CDS=306
　　67466030829&LanguageID=1&Preview=False

2) 숙달 이상 통과 비율(%)

▨ 샘핏 초등학교

1) 블루리본 학교 선정 축하 학교 전경과 현수막 장면 사진은 학교 홈페이지에서 옮겼다.
2) 미국에서는 주에 따라 학년별 자격증제를 적용하는 경우가 많다.
3) 숙달 이상 통과 비율(%)

▨ 선라이즈 초등학교

1) 블루리본 학교 선정을 위한 학교방문 관찰 때에는 교감이었으나, 현재는 교장의 직무를 수행하고 있다.
2) 숙달 이상 통과 비율(%)

▨ 아이작딕슨 초등학교

1) Nothing is more important to success in schools than the quality of relationships between and among students, staff and parents." said Dr. James P. Comer
2) 학교 표지석 사진은 학교 홈페이지에서 옮겼다.
3) 야외활동 사진은 학교 홈페이지에서 옮겼다.
4) 밴조는 흑인 노예들이 미국에 전파한 현악기로 아프리카의 여러 악기를 이용하였다. 미국에서 민속음악과 재즈 합주에도 이용된다.
5) 코머모델(Comer Model)은 제임스 코머(James P. Comer)가 사회적으로 열악한 환경에

있는 학생들의 요구에 부응하기 위해 학교개선 프로그램으로 개발한 것이다. 이 프로그램은 위기에 처한 소수인종 학생들의 학업성취를 증진하는 데 효과가 있음이 증명되었다. 총체적 방법(holistic approach), 아동 중심의 초점과 학교의 모든 이해 당사자 집단이 포함된 관리, 운영 조직을 구축하여 이민자 교육을 하는 교육방법 및 체계의 일종이다. 코머 프로그램(Comer Program)은 아이와 성인의 성장, 발달, 관계의 정신건강 원리를 이용하여 학교 체제를 관리 및 유지하는 방법이다. 코머 과정(Comer Process)은 학교의 학문적, 사회적 풍토에 영향을 미치는 정책, 절차, 프로그램을 개발하기 위해 협동적 의사결정자로서 학부모와 교직원의 재능과 관심을 사용한다. 이 과정은 세 구조를 갖는다. 학교기획관리팀(School Planning and Management Team), 학생·교직원지원팀(Student Staff Services Team) 및 학부모조직(Parent Organization)이다. 3운영(operations)은 학교종합계획개발(Developing a Comprehensive School Plan), 교직원능력개발(Staff Development) 및 평가와 수정(Assessment and Modification)이며, 3원칙(guiding principles)은 불문책(no-fault), 합의의사결정(consensus decision making) 그리고 협력(collaboration)이다.

6) 미국학습봉사기구(Learn and Serve America)는 미국 전역의 봉사학습(service-learning)을 지원하고 장려하며, 백만 명 이상의 학생들이 그들의 학문적이며 시민으로서의 기술(skills)을 연마하면서 지역사회에 의미 있는 공헌을 할 수 있게 한다. 이 기구는 직·간접적으로 봉사학습을 촉진하는 K-12 학교들과 지역사회단체, 고등교육기관을 지원한다.

7) 헤퍼 인터내셔널(Heifer International)은 세계적으로 기아와 가난을 덜어 주고자 하는 비영리 자선기구다. 이 단체는 전 세계에서 경제적으로 어려움을 겪는 사람들에게 지속적인 농업교육뿐만 아니라 가축과 묘목과 묘종을 기증한다.

8) http://www.foxfire.org/teachi.html Accessed June 15, 2005

9) 숙달 이상 통과 비율(%).

▨ 매디슨하이츠 초등학교

1) 베벌리 콩글린은 1991년 펜실베이니아 주에서 연주자로 데뷔하였는데, 매우 뛰어난 블루스 연주자이자 가수로 칭송받는다.

2) 학교 전경 사진은 학교 홈페이지에서 옮겼다.

3) 1982년 로웰 밀켄(Lowell Milken)과 마이클 밀켄(Michael Milken)이 설립한 재단으로 교육과 의료연구에 목적을 두고 있다. 더 나은 세상을 위해 평생 지도자 양성을 추구한다.

4) 2006~2007년에 애리조나 주는 학력평가(Arizona's Instrument to Measure Standards: AIMS)를 실시했다. 3~8학년까지, 그리고 10학년은 읽기, 직문, 수학 과목평가를 실시했다. AIMS는 표준기반평가다. 이 시험은 애리조나 주가 제시한 학습기준을 학생들이 얼마나 잘 습득하였는가를 측정한다. 학생들이 졸업하기 위해서는 10학년 AIMS를 통과해야 한다.

5) 숙달 이상 통과 비율(%)

▨ 우드로윌슨 초등학교

1) 학교 전경 사진은 학교 홈페이지에서 옮겼다.

2) www.greatschools.net에서는 학부모들에게 자녀들이 재학하는 학교를 평가하도록 하여 결과를 공개한다.

3) 개별화 특수교육 프로그램(Individualized Education Program: IEPs)은 'Individualized Education Plan'이라고도 한다. IEP의 개별화(Individualized)라는 말에서 이 계획이 교사, 학교 또는 교육구의 필요가 아니라 아이의 특별한 요구에 맞추어져야 한다는 의미를 지니고 있다는 것을 알 수 있다. IEP는 IEP 회의에서 계획된다. http://special children.about.com/od/specialeducation

4) 학생작품 사진은 학교 홈페이지에서 옮겼다.

5) 네트워크 서버에서 프로그램을 다운로드, 필요한 데이터 수집·확보, 변경 사항을 저장하는 기술

6) 뉴저지 주의 SEEDS 프로그램은 특별한 성장 잠재력을 가지고 있지만 경제적으로 어려움을 겪는 학생들이 높은 목표를 달성할 수 있는 확실한 교육기회를 제공한다(www.njseeds.org).

7) 2006~2007년에 뉴저지 주는 학력평가(New Jersey Assessmen of Skills and Knowledge: NJASK)를 실시했다. 3~7학년까지는 영어(독해)와 수학을, 4학년은 과학과목을 평가하였다.

8) 숙달 이상 통과 비율(%)

▨ 로저스 초등학교

1) 사진은 학교 홈페이지에서 옮겼다.

2) 뱅가드 프로그램(Vanguard Program)은 유치원 원아부터 8학년까지를 대상으로 한다. 휴스턴 독립교육구(Huston Independent School Districts: HISDs)의 뱅가드 프로그램은 지적 잠재력, 창의성, 지도력이 특별하다고 판단되는 학생을 위해 제공된다. 뱅가드

프로그램은 속진과 재능계발이 가능한 차별화된 교육과정을 제공한다. 학생들은 고등사고기술, 문제 해결, 창의성이 강조되는 두 교과목 이상이 제휴(interdisciplinary)된 학점을 이수한다. 뱅가드 프로그램에 참여하기 위해서는 검사에 통과해야 한다.
3) 숙달 이상 통과 비율(%)

제3부 최우수 중·고등학교

1) 사이저(Theodore R. Sizer)는 미국의 교육개혁 선도자다. 1970년대 말부터 고등학교 수백 곳을 대상으로 미국 교육체제 발전과 구조를 연구했다. 1984년에 그는 핵심학교연합(Coalition of Essential Schools: CES)을 창설하였다. CES는 출범 당시에는 12개 학교였으나 지금은 60여 학교가 정규회원으로 가입되어 있다. 사이저는 현재 이 단체의 명예의장이다.

▨ 힐프리드먼 중학교

1) 학습지원(learning support)은 정신적·신체적 혹은 학습결손으로 인한 학습부진 등의 이유로 학교의 일반적인 교육과정을 이수하는 데 어려움을 겪는 학생들을 위해 학습적인 측면에서 하는 지원이다.
2) 미국에서는 거의 매일 자율활동시간(advisory time)을 갖는다. 이 시간에 학생들은 서로의 관계를 형성하는 활동을 한다. 이러한 활동은 서로의 특성과 재능을 더 잘 이해할 수 있게 구성되어 있다. 담임교사가 있기는 하지만 출석 확인, 성적표 발송, 생활지도 등을 하지 않는 경우도 많으며, 학생들이 자유롭게 과제도 할 수 있는 자유시간에 가깝다.
3) language arts
4) 단짝수업(peer teaching)은 학생들 간에 서로 서로 가르쳐 주는 학습방법이다. 단짝 친구들 간에 자신이 아는 것을 서로 가르쳐 주면서 자아가치(self-worth)를 느낄 수 있다.
5) 컴퓨터 학습 장면은 학교 홈페이지에서 옮겼다.
6) 미국의 원주민인 인디언의 전통 경기를 현대적으로 변형시켜 만든 하키와 비슷한 경기
7) 미국과 캐나다에서 고등학교와 대학의 조정경기(rowing)를 crew라고 일컫기도 한다.
8) Outward Bound(OB)는 독립적인 국제 비영리교육기구에서 운영하는 프로그램이다. 미국에서는 매년 이 프로그램에 6만여 명 이상이 참여한다. 이 프로그램의 목적은 야외 원정경기에 도전하게 하여 참가자의 개인적인 성장과 사회적 능력을 강화하는 데 있다.
9) 미 의회에서 2002년에 제정된 낙제아동방지(NCLB) 정책 실현을 위해 Title I에 의해 지방

교육구에게 권한을 부여하고 있다. 사회경제적으로 가장 어려움을 겪는 학생들이 양질의 교육을 받을 공정, 공평하고 현저한 기회를 가져 주의 학업성취도 기준과 평가에서 우수한 성과를 거둘 수 있도록 하고 있다. 미국 의회에서는 Title I의 이행에 관한 국가평가제에 관한 법을 제정하여 시행하고 있다.

10) 미국에서 일반적으로 운동경기부의 지도자를 코치(coach)라고 한다. 우리나라와 달리 미국의 코치는 학교에서 위상이 높다. 학교지도자회의를 할 때 코치도 참여한다. 여기에서는 교수-학습, 교육과정 운영과 관련하여 우리나라 학교 상황의 수석교사와 비슷한 역할을 하는 교사라고 생각할 수 있다.

11) 2006~2007년에 펜실베이니아 주(Pennsylvania)는 펜실베이니아 표준화 학력검사(Pennsylvania System of State Assessment: PSSA)를 실시하였다. 3학년에서 8학년까지는 수학, 영어(읽기) 과목을, 5, 8, 11학년은 작문시험을 보았다. PSSA는 당해년도 정규과정 등록학생의 학업성취를 확인하기 위해서 실시한다. PSSA는 펜실베이니아 주가 설정한 각 학년별 세부 능력을 측정하기 위한 표준기반평가다. 이 시험의 목적은 모든 학생이 이 시험에서 숙달 수준 이상의 점수를 취득하게 하는 것이다.

12) 숙달 이상 통과 비율(%)

▨ 하워드하버 중학교

1) 대학과목 선이수제도(Advanced Placement: AP)다. 고등학교와 대학 간 협약에 의해 대학이 인정하는 고등학교 교육과정의 과목에 한해 대학에 입학할 경우 학점으로 인정하는 경우와 고등학생이 대학에서 개설한 과목을 미리 수강하고 대학에 입학할 경우 학점으로 인정하는 제도다. 대부분 우수한 고등학생이 이 제도의 수혜자가 된다.

2) Turtles move forward by sticking their necks out!

3) 미국에서는 대개의 경우 주 교육부가 시행하는 고등학교 졸업시험에 통과하지 못하면 졸업을 못한다.

4) 숙달 이상 통과 비율(%)

▨ 벨아일엔터프라이즈 중학교

1) 2005~2006년에, 오클라호마(Oklahoma) 주는 중핵교육과정평가(Oklahoma Core Curriculum Tests: OCCT)라는 표준화 학력검사를 실시하였다. 3학년에서 8학년까지를 대상으로 여러 과목의 시험을 보았다. OCCT 평가는 표준기반평가다.

2) 숙달 이상 통과 비율(%)

▨ 클락마그넷 고등학교

1) 학교 전경 사진은 학교 홈페이지에서 옮겼다.

2) 우리나라에서는 '학군'이라고 하며, 우리와 유사한 개념으로 미국에서는 '교육구(school district)'라고 한다.

3) 시스코(CISCO)와 에이플러스(A+)는 미국의 컴퓨터 정보통신 업체다.

4) 우수한 학생이 고등학교에서 대학 과정을 선이수 하는 제도

5) 학생군사훈련단(Reserve Officers Training Corps: ROTC)

6) 미국에서는 'vice principal' 'assistant principal' 또는 'deputy principal'이라고 하며, 우리말로 번역하면 '부교장'으로 부를 수 있으나 '교감'으로 칭한다. 학생 수에 따라 학교마다 교감의 정원이 다를 수 있다. 교장의 직무를 도와 학교행정 전반에 관여한다. 교감이 하는 일은 학교 일과 계획, 학생 생활지도, 학부모회의, 학교 자산관리, 학교 발전 계획, 버스통학지도, 중식지도, 그리고 교직원 장학 등이다. 결정권은 없으나 교장 부재중에는 교장의 역할을 한다.

7) 우리나라에서는 상담교사라고 부르나, 미국에서는 상담사(counselor)라고 한다. 또한 우리나라에서는 보건교사라고 부르나, 미국에서는 간호사(nurse)라고 한다. 미국에서 직업을 표현할 때, 우리보다 좀 더 전문적 성격을 강조한다.

8) 캘리포니아(California) 주의 속칭

9) 아르메니안(Armenian)은 터키 내의 소수인종이다. 인종 갈등으로 인한 대학살을 피해 유엔에서 난민 자격을 인정받은 많은 아르메니안들이 미국으로 이주한다.

10) 시드(seed)는 성적이 우수한 선수에게 주는 차기 대회 본선 출전권이다.

▨ 다이어스버그 고등학교

1) 학교 전경 사진은 학교 홈페이지에서 옮겼다.

2) 표지석 사진은 학교 홈페이지에서 옮겼다.

3) 학업, 리더십, 봉사활동 및 품성이 우수한 중학교, 고등학교 학생들을 표창하기 위해 1921년 설립된 단체. 회원들은 보통 지역사회와 학교를 위한 봉사활동을 한다.

4) 학교 입구 전경 사진은 학교 홈페이지에서 옮겼다.

5) 2006~2007년에, 테네시(Tennessee) 주는 게이트웨이/최종과정(Gateway/End-of-Course: EOC) 평가를 시행했다. 고등학생이 관련 교과과정을 마칠 수 있도록 영어(문학), 수학, 과학 그리고 사회 과목에 대한 평가를 하였다. 학생들은 졸업 관문이라는 의미로 게이트웨이 시험이라고 불리는 대수학 I, 영어 II 및 생물학 I 시험을 보았다. Gateway/EOC

평가는 표준기반평가다. 이 시험의 목적은 모든 학생이 이 시험에서 숙달 수준 이상의 점수를 취득하게 하는 것이다.
6) 숙달 이상 통과 비율(%)

▨ 사우스텍사스 과학고등학교

1) http://bla.stisd.net
2) 숙달 이상 통과 비율(%)

▨ 캠스 고등학교

1) California State University in Dominquez Hills의 약칭이다.
2) 숙달 이상 비율(%)

부 록

1. 영국의 학교경영 우수 사례 : 포트필드 통합학교
2. 내셔널 블루리본 최우수 학교 주소

학습자에게 맞지 않는 모든 교수 목록을 버려라.

1　영국의 학교경영 우수 사례:
포트필드 통합학교

　영국 기준청(ofsted)의 장학보고서(inspection report, www.ofsted.gov.uk/reports/131/131718.pdf)에 따라 우수학교로 선정된 학교를 소개한다. 학교는 포트필드 통합학교(Newport Pagnell, Buckinghamshire, UK MK16 8PS: Milton Keynes LEA 소속이고 장학기간은 2002. 3. 11~14)다. 이 학교는 4~12세의 학생을 수용하는 초등학교와 중학교에 해당한다.

　먼저 학교 홈페이지(www.portfield.org)에 들어가 이 학교의 대강을 살펴보면, 포트필드 통합학교는 25년 전에 병(통)합학교로 설립되었는데, 14년 전에 두 학교로 나뉘었다가 다시 3년 전에 합쳐졌다. 남자 327명, 여자 297명 총 624명의 학생이 있으며, 영국의 평균 학교 크기보다 큰 편에 속한다. 23개 학급으로 편성되어 있는데, 4세가 될 때 시간제로 학교에 다니다가 다음 해 5세가 되는 9월에 전일제 학생이 된다. 1년 입학생은 105명 정도다. 기초집단(foundation group)부터 시작하여 1학년 집단에서 7학년 집단으로 구분하여 교육한다. 유치원에 해당하는 기초집단에는 놀이 중심의 기초 영역에 문해와 수 개념이 도입된다. 무료급식 학생은 단 2명이며, 영어를 제2외국어로 하는 ESL 학생은 33명이고, 78명의 학생이 특수교육을 필요로 한다. 학교의 건물은 매력적이다.

　이 학교는 ① 현재 우수학교(Beacon School)이며, 1998년 6월 영국 교육부 장관이 수여한 첫 75개 우수학교 가운데 하나며, ② 2000/2001학년도 학업성취상을 수상하였다. 또한 ③ 교사교육 우수학교(Teacher Training Agency Partnership Promotion School)로 인정받았다. ④ 초등학교 네트워크회원 학교(Primary

Schools Learning Network)이며, ⑤ 영국국립교장연수원(National College for School Leadership: NCSL)의 국가교장자격(National Professional Qualification for Headship: NPQH) 후보자 교육 프로그램 학교다. 이 학교는 ⑥ 학교 자체 책임으로 운영하는 기초(Foundation) 학교임을 자랑으로 내세우고 있으며, 아름다운 건물과 넓은 교정도 자랑거리다.

　학교의 비전을 학교운영위원장의 이름으로 밝히고 있는 것이 우리나라의 경우와 다르다. 학교의 비전은 '개개 학생으로 하여금 계속적인 학습과 자기존중, 타인에 대한 보살핌과 관용의 가치를 간직하여 변화하는 환경에서 최선의 삶의 준비를 할 수 있도록 한다.'는 것이다.

　이 비전을 달성하기 위하여 다음의 원리를 적용한다.

- 성, 신분, 인종, 배경, 문화, 신념, 능력에 차별 없이 모든 학생에게 평등한 교육 기회를 제공한다.
- 학교경영과 자원배분에 관한 결정을 할 때, 항상 학생의 욕구를 가장 중요하게 여긴다.
- 가장 우수한 교직원을 채용할 것이며, 채용 이후에도 계속적인 전문능력 개발을 위한 연수 기회를 제공할 것이다.
- 학생 교육은 학교와 학부모의 공동책임이다. 학부모가 이 공동의 책임을 다 할 수 있게 북돋우고 지원할 것이며, 학교에 접근하기 편하게 하고 상담과 자문을 개방할 것이다.
- 교육과정은 사회의 태도와 가치에 맞춰 발전하고 미리 예비할 수 있도록 균형을 맞추고, 광범하게 구성하고 정기적으로 심의하여 개정할 것이다.
- 활동적이고 적극적인 학습을 할 수 있는 자극적이고 도전적인 환경을 마련할 것이다.
- 학생의 건강과 안전과 보안을 가장 중요시할 것이다.
- 학생 기강은 공정하게 다룰 것이며, 우리 학교 사회 내에서 약자 괴롭힘 문제는 일관되게, 그리고 엄격하게 처벌할 것이다.

- 학교 관련 모든 집단이 제기하는 관심과 걱정에 민감하게 반응할 것이며, 불편한 일이 있을 때 관련 모든 집단이 편안하게 말할 수 있는 환경을 만들 것이다.
- 지속적인 확인과 평가를 통하여 모든 학생의 욕구를 파악하여 수용하고 학생들이 가지고 있는 잠재력을 극대화할 수 있는 지평을 펼칠 수 있도록 할 것이다.

교육과정은 ① 미술, ② 디자인, ③ 기초 단위(foundation unit), ④ 프랑스어, ⑤ 지리, ⑥ 역사, ⑦ 정보통신기술(ICT), ⑧ 언어(Literacy Statement), ⑨ 수학, ⑩ 음악, ⑪ 체육, ⑫ 독서와 도서관, ⑬ 종교교육, ⑭ 과학으로 되어 있으며, 각각에 대하여 주요 내용이 소개되고 있다.

학급은 국가교육과정에 해당하는 학년집단(year group)으로 비슷한 경험이 이루어진다. 교사들은 학습 계획과 교수방법을 협동적으로 계획하고 일대일 지도, 소집단 지도, 전체 학급 지도방법을 상황에 맞게 적용한다. 그래서 학생과 성인 사이에 긍정적인 인간관계를 갖도록 한다. 즐거운 학교, 도전적이고 자극적인 학교를 만들기 위해 전 교직원이 헌신한다.

장학팀은 7명으로 구성되어 있고, 106개의 수업을 관찰하고 19명의 직원과 학교운영위원, 기타 다른 성인, 학생을 만나 면접하고 협의한 결과를 바탕으로 장학보고서를 작성하였다고 밝히고 있다. 이 장학보고서는 ① 요약 부분, ② 논평 부문, ③ 학교 자료와 지표 부분, ④ 교육과정과 교과목과 코스 영역의 표준과 교수의 질 부분의 네 영역으로 구성되어 있고, 분량이 44쪽에 달한다. 여기서는 주로 요약 부분의 내용을 정리하여 소개한다.

무엇이 좋은 학교인가

포트필드 통합학교는 행복하고 자극적인 학습환경을 제공하는 아주 우수한 학교다. 매우 긍정적 기풍이 있고 교직원과 학생 모두 열심히 일하고 공부하는 학교다. 학생들은 문해와 산수, 그리고 다른 교과에서도 좋은 모범을 보이고 있다. 교수의 질이 매우 좋고 학생들은 도전적이고 매우 훌륭한 진보를 보이고 있다. 학교는 특별히 폭넓은 교육과정을 제공함으로써 학생들의 인성 및 문화적 발전을 돕는다. 교장의 기여가 높고 원로교사들이 학교를 잘 이끌며 직원과 학교운영위원회의 지원이 매우 뛰어나다.

학교가 잘하고 있는 것

- 전교를 통하여 학생들은 영어, 수학, 과학의 핵심 교과에서 높은 기준을 성취하고 있다. 학생들은 모든 교과에서 훌륭히 진보하고 있고, 7년 후에 이 학교를 떠날 때 기대 이상의 성취를 할 것으로 보인다.
- 학생들은 졸업 때까지 음악과 정보와 의사소통기술에 높은 기준을 달성한다.
- 학교가 학생들의 정신적·도덕적·사회적·문화적 발달을 위하여 제공하는 정도가 매우 좋다. 그 결과 학생들의 행위와 인성 발달이 매우 바람직하고, 학교를 졸업할 때까지 자신들의 능력에 대하여 더욱 자신감을 갖게 된다. 학생들은 예의바르고 정중하며 매우 열정적이다. 학생들은 매우 협동적이고, 타인을 생각하며, 학생들 서로 사귀는 능력이 매우 우수하다.
- 교사의 질이 매우 좋다.
- 교장과 교감, 다른 주요 교직원들이 학교를 매우 잘 이끌고 관리하고 있다. 학교운영위원회가 대단히 효과적이고 학교 성공에 중요한 기여를 한다.
- 특별히 폭넓은 교육과정과 매우 광범한 부가 활동 프로그램을 통하여 교직원들이 매우 좋은 학교 학습 기풍을 증진하고 있다.
- 교직원이 학생들의 성취도를 정확하게 평가하고, 학생들이 최고도로 발전하도록 이 평가 정보를 효과적으로 활용한다.
- 학교와 학부모의 유대관계가 매우 좋다.

개선되어야 할 것

학교가 고려해야 할 어떤 중요한 쟁점은 없다. 관찰된 사소한 개선이 필요한 사항은 이미 학교의 개선 계획에 들어 있고, 현재 추진 중에 있는 것으로 장학의 증거에 나타나 있다.

지난 장학 이후 학교가 개선해 온 것

1996년 초등학교, 1997년 중학교의 장학 이후 두 학교는 다시 통합되었다. 이 중요한 변화는 포트필드 통합학교가 근본적으로 새로운 다른 학교가 되고, 과거의 학교와 비교가 안 될 정도로 우수한 학교가 될 수 있게 하였다. 두 학교의 통합을 매우 효과적으로 관리하고, 모든 면에서 매우 비약적인 성취를 나타내는 것으로 교직원과 학부모, 학교운영위원들은 생각하고 있다. 모든 연령의 학생 집단이 향상을 이루어 낼 수 있는 학교가 되도록 학교는 매우 인상적인 변화를 위해 노력하고 필요한 부가적인 변화를 해 왔다.

기 준

학생들이 입학 후 6학년 말, 국가교육과정 평가 평균 점수를 전국 기준과 비슷한 수준 지역의 학교와 비교한 표는 다음과 같다.

이 학교는 국가교육과정 평가에서 2001년 11세 영어시험 결과는 평균이고, 수학과 과학에서는 평균 이상이었다. 이 결과는 비슷한 수준의 학교들과 비교하였을 때도 마찬가지로 향상 목표를 성공적으로 달성했음을 알 수 있다. 더 구체적으로 학년별 또는 연령별, 교과목별로 살펴보아도 읽기, 쓰기, 수학, 과학 등 주요 과목에서 평균 이상이고 향상 목표를 달성하고 있다.

이 학교에 입학하여 7년 후 졸업할 때 도달해야 할 목표는 학생들의 성적이 계속 상승하고 있어 기대 이상으로 달성할 것으로 보인다. 11세까지 영어, 수학, 과학에서 평균 이상을 충분히 달성할 것으로 장학을 통하여 확인하였다. 음악, 역사, 종교교육도 주요 단계에서 해당 연령에서 기대하는 이상을 달성하고, ICT와 미술과 디자인도 11세까지 연령에서 기대하는 이상을 달성할 것으로 예상한다. 디자

🌐 포트필드 통합학교의 국가교육과정 평가 평균 점수

과목	비교 학교				범례
	전국 학교			비슷한 수준의 학교	A: 아주 평균 이상
	1999	2000	2001	2001	B: 평균 이상
영어	A	C	C	C	C: 평균
수학	B	C	A	A	D: 평균 이하
과학	A	C	A	A	E: 아주 평균 이하

🌐 포트필드 통합학교 학생의 태도와 가치 요약

측 면	평 가
학교에 대한 태도	학생의 학교에 대한 태도는 매우 좋다. 학습에 대한 태도도 일관되게 매우 좋다. 동기 유발에 열성적으로 반응하고 잘 계획된 학습을 보인다. 학생들이 잘 집중하고 열심히 공부한다.
교실 내외 행위	학생들의 행위는 교실과 학교 주변에서 모두 전반적으로 매우 좋다. 따돌림이나 공격적이고 압력적인 행위는 발견하지 못했다. 학생들의 점심시간의 행위는 특히 인상적이다.
인성 발달과 관계성	학생들은 학교에 출석하여 화목한 분위기에서 협동적으로 즐겁게 공부한다. 학생들은 학생들 및 교사들과 아주 우수한 관계를 형성하고 있다. 학생들은 다른 사람의 감정과 안녕을 배려한다.
출석	전체적으로 만족스럽다. 학교 시정과 일정은 정확하게 지켜지고 있다.

인과 기술, 지리, 체육도 기대에 맞추고 있으며, 특수교육 학생도 설정된 목표를 잘 달성하고 있다. 영어를 외국어로 하는 학생들도 좋은 발전을 보이고 있다.

학생의 태도와 가치

앞의 요약표에서 보는 것처럼 학생들의 학교에 대한 매우 좋은 태도와 훌륭한 행위, 우수한 관계성은 학생들의 학업성취와 인성 발달 양 측면에 매우 긍정적인 영향을 주고 있다. 학생들은 아주 총명한 정신으로 학교에 오고, 학교에서 행복해하고, 자신들의 활동에 대하여 열정을 가지고 친밀하게 이야기하고 있었다. 학교가 제공하는 매우 폭넓은 여러 클럽활동에 대해서도 대단한 열정을 보여 주고 있는데, 특히 음악과 스포츠에서 향상된 성취를 보이고, 또 즐기고 있었다.

교수-학습

학생에 대한 교수-학습의 질은 학교관리의 모든 면에서 '우수(excellent)'로 평가되었다. 이것은 건설적인 학습 기풍을 조성하는 데 도움이 된다. 학교의 모든 부분에서 교사들은 학교의 주요 과업에 대해 날카로운 초점과 함께 세심하고 지원적인 관리를 결합하고 있다. 교사들은 학습의 성공과 향상에 대한 결정 요인에 관해 공유의식을 가지고 성공적으로 의사소통하고 있다. 이는 학생들에게 학습에 대한 매우 좋은 태도를 갖게 하고, 학습 과제에 대해 학생들의 몰두를 이끌어 내고, 좋은 발전을 하도록 격려한다.

교사들은 세심하고 잘 판단하고, 학생들의 노력을 높이 평가하고 칭찬하여 학생들의 동기를 유발시키고 격려한다. 교사들의 이러한 태도로 학생들은 안정감을 느끼고 의견을 제시하는 데 자신감을 갖고, 학습에 대한 만족감을 가진다. 학교 내의 우수한 관계성은 학교의 모든 부분에서 온화함을 가져오고, 학습에 목적의식을 제공한다. 교사의 교육과정에 대한 지식과 이해력은 학교 전체에 걸쳐 매우 좋은 것으로 나타났다. 교사의 기획력은 매우 효과적이다. 학생의 학습에 대한 분명한 목표는 수업 코스를 결정하는 데 도움이 되었다. 교사의 계획은 계

🌏 포트필드 통합학교의 교수-학습 상태 요약[*]

학생에 대한 교수	학생의 수용	입학 1~2학년	3~7학년
질 높은 교수	매우 좋음	매우 좋음	매우 좋음

[*] 장학사들은 우수, 매우 좋음, 좋음, 만족, 불만족, 미흡, 매우 미흡의 7단계로 평가한다. 만족은 교수가 적정하게 이루어지는 것으로 본다.

속적이며 매우 효과적인 평가를 통해 지원을 받는다.

교사와 수업 보조교사는 매우 효과적으로 학생을 지원한다. 이로써 학생의 독해와 수리력을 효과적으로 기를 수 있다. 특수교육을 필요로 하는 학생과 영어를 외국어로 하는 학생들도 잘 발전하고 있다. 교사들은 학생에 대하여 매우 잘 알고 있고, 학생 개인의 교육 계획을 잘 실천할 수 있도록 학습지원 보조자들과 매우 밀접하게 협동하고 있다. 학습지원 보조자들도 학습을 위하여 학생집단과 효과적으로 일하고 있다. 학생에 대한 교사의 기대가 높고 좋은 정보를 가지고 있기 때문에 능력이 있는 학생들은 계속적으로 수업에 도전한다. 결과적으로 학생들이 발전하고 있다.

학교의 다른 측면

학교는 학부모와 매우 좋은 협력 관계를 유지하고 있다. 학교 소식지나 교육과정에 대한 상세한 안내, 학생의 진보와 같은 학교가 제공하는 정보의 질은 매우 좋다. 학부모들은 학교기금 조성 활동과 과외 교육과정 활동에 참여하고 있으며, 이런 활동은 학교에 대한 매우 좋은 지원이 되고 있다. 학교가 제공하는 교육과정은 전반적으로 매우 훌륭하고 잘 계획되었다고 판단된다.

학교의 지도력과 관리: 얼마나 잘 이끌고 관리하는가

학교의 건물과 대지와 운동장은 교육과정의 폭을 넓힐 수 있도록 매우 좋은 상태를 유지하고 있다. 학습자원은 교육과정의 폭과 깊이를 지원하는 데 부족함이 없다. 교수 직원과 비교수 직원의 수준은 교육과정을 효과적으로 운영할 수 있을 정도로 모두 훌륭하다.

표 포트필드 통합학교의 제 측면 요약

측면	평가
교육과정의 질과 범위	매우 좋음. 학교가 광범한 교육과정을 제공하고 있음. 전반적으로 매우 좋은 교육과정을 제공하는 가운데 우수한 과외 교육과정 활동까지 포함하고 있음
학생을 위한 특수교육 마련	매우 좋음. 학생들이 좋은 수업의 지원을 받고, 소집단으로 축소하여 지도함. 개별화 교육계획은 매우 높은 질을 유지하고, 적합성을 유지하고, 성취 가능한 목표를 설정하고, 정기적으로 검토되고 있음.
영어를 외국어로 하는 학생을 위한 준비	영어를 외국어로 배워야 하는 학생들을 위한 프로그램의 준비는 좋음. 학생들은 프로그램 접근을 완전하게 보장받고 있으며, 좋은 발전을 보이고 있음
정신적, 도덕적, 사회적, 문화적 발달을 포함한 인성발달 프로그램	전반적으로 매우 좋은 프로그램을 제공. 교육과정에 많이 스며들어 있는 도덕적 사회적 태도의 발달을 위해 매우 강력한 강조를 하고 있음.
학생에 대한 학교의 보살핌	학생의 복지와 건강과 안전을 보장하기 위한 매우 좋은 절차가 있음. 교사들은 학생들이 보여주는 학업 발전을 확인하기 위한 매우 효과적인 평가 절차를 사용하고 있음.

학교에 대한 학부모와 보호자의 관점

장학팀에서는 학부모가 학교에 대해 대체로 긍정적인 견해를 가지고 있다는 것을 확인하였다. 이 학교에서는 자녀들에게 많은 부가 기회를 제공하고 있으며, 과외 교육과정 활동의 질은 일반적으로 매우 좋다. 학교가 학부모에게 학생들의 발전에 대하여 매우 좋은 정보를 제공하고 있으며, 학부모와 밀접하게 협동하기 위하여 모든 노력을 다하고 있다고 장학사들은 느낀다.

장학평가의 주요 데이터와 지표

수업 관찰의 결과, 우수 7(7%), 매우 좋음 37(35%), 좋음 44(42%), 만족

🌐 포트필드 통합학교의 지도력 요약

측면	평가
교장과 다른 주요 간부의 지도력과 관리	전반적으로 매우 좋음. 교장은 뛰어나고, 학교에 대한 비전을 가지고 모든 사람에게 영감을 불러일으키고 있음. 교감도 모든 영역에서 매우 높은 질의 지원을 해 주고 있으며, 다른 주요 간부 직원들도 아주 열심히 효과적으로 일하고 있음
학교운영위원의 책임수행	학교운영위원들은 매우 성실하게 책임을 수행하고, 학교의 방향 설정에 중요하고 효과적인 역할을 수행하고 있음
학교의 직무수행 평가	전반적으로 우수함. 학교 발전 계획 속에 구체적인 성공기준이 포함되어 있어서 학교 발전에 대한 정기적인 평가를 통하여 학교의 목표가 달성되도록 하고 있음
자원의 전략적 활용	좋음. 모든 자원을 매우 효과적으로 활용하고 있음. 자원을 구입할 때 돈의 가치를 최대한 높일 수 있도록 학교는 좋은 절차를 밟고 있음

🌐 포트필드 통합학교 학부모의 관점 요약

가장 만족하는 것	개선되기를 바라는 것
• 자녀들이 학교를 좋아한다. • 학교의 수업 내용과 질이 좋고 자녀들이 좋은 발전을 보이고 있다. • 학교의 지도력이 좋고 경영을 잘하고 있다. • 학교에서의 학생 행동과 태도가 좋다.	• 교외학습의 활동 범위 • 자녀의 발전에 대하여 학부모가 받는 정보의 질 • 학교가 학부모와 함께 얼마나 밀접하게 협동하느냐의 정도

18(17%)로 나타났고, 부족과 매우 부족은 없는 것으로 나타났다. 허가된 결석 6.1%(전국 비교 5.6%), 무단결석 0.0%(전국 비교 0.5%), 자격교사당 학생 수 25명, 평균 학급당 학생 수 28명, 재정 면에서 2000/2001학년 회계연도 총수입 1,075,565파운드에 총지출 1,001,359파운드, 학생 1인당 교육비 1,548파운드다. 615명의 학부모에게 질문지를 보낸 결과, 241명의 질문지가 회수되었는데, 분석 결과는 다음 표와 같다.

🌐 포트필드 통합학교 학부모의 학교에 대한 반응

질 문	아주 동의	동의	동의하지 않음	아주 동의하지 않음	모름
① 내 자녀는 우리 학교를 좋아한다.	51	44	3	2	0
② 내 자녀는 잘 발전하고 있다.	49	48	2	1	1
③ 우리 학교에서의 행동과 태도가 좋다.	35	57	5	0	2
④ 내 자녀는 적정 양의 숙제를 받아 온다.	31	54	12	1	2
⑤ 잘 가르친다.	54	40	2	0	4
⑥ 내 자녀에 대한 정보를 잘 알려 준다.	24	59	13	3	0
⑦ 의문과 문제에 대하여 알기 위해 우리 학교에 문의하는 데 편안함을 느낀다.	43	42	11	2	2
⑧ 우리 학교는 내 자녀가 열심히 공부하고 최선의 성취를 할 것으로 기대하고 있다.	63	34	1	0	1
⑨ 우리 학교는 학부모와 밀접하게 함께 일한다.	20	55	19	2	5
⑩ 우리 학교 지도자들이 학교를 잘 이끌고 경영하고 있다.	43	46	5	0	6
⑪ 우리 학교는 내 자녀가 잘 성숙하고 책임 있는 사람이 되도록 도와주고 있다.	42	48	5	1	4
⑫ 우리 학교는 흥미 있는 범위의 야외학습 활동을 제공하고 있다.	20	39	18	7	17

2 미국의 최우수 학교 주소

• 벨샤세 초등학교(Belle Chasse Primary School, Belle Chasse, Louisiana)
  http://www.bcps.ppsb.org/   539 F. Edward Hebert Blvd.
  Belle Chasse, LA 70037   Plaquemines Parish

• 아이라하비슨 초등학교(Ira Harbison Elementary School, National City, California)
  http://www.nsd.us/schools/iraharbison/   3235 East Eighth St.
  National City, CA 91950   San Diego County

• 로렐힐 초등학교(Laurel Hill Elementary School, Scotland County, North Carolina)
  www.scsnc.org/schools/lhp   11340 Old Wire Road
  Laurel Hill, NC 28351   Scotland County

• 링컨 초등학교(Lincoln Elementary School, Mount Vernon, New York)
  http://www.mtvernoncsd.org/education/school/school.php?sectionid=8
  170 E Lincoln Ave   Mount Vernon, NY 10552
  Westchester County

• 메이플 초등학교(Maple Elementary School, Seattle, Washington)
  http://www.seattleschools.org/schools/maple/index.html
  4925 Corson Av S   Seattle, WA 98108
  King County

- 루스로치 초등학교(Routh Roach Elementary School, Garland, Texas)
  www.garlandisdschools.net/page.cfm?p=1235
  1811 Mayfield Ave   Garland, TX 75041
  Dallas County

- 왓슨윌리엄스 초등학교(Watson Williams Elementary School, Utica, New York)
  www.uticaschools.org/watson/
  107 Elmwood Pl   Utica, NY 13501
  Oneida County

- 체이스시티 초등학교(Chase City Elementary School, Chase City, Virginia)
  http://che.mcpsweb.org   5450 Highway Forty-Seven
  Chase City, VA 23924   Mecklenburg County

- 제시헤이든 초등학교(Jessie Hayden Elementary School, Midway City, California)
  http://www.wsd.k12.ca.us/schools/school_information/Hayden/
  14782 Eden St.   Midway City, CA 92655
  Orange County

- 샘핏 초등학교(Sampit Elementary School, Georgetown, South Carolina)
  http://www4.gcsd.k12.sc.us/education/school/school.php?sectionid=20
  69 Woodland Avenue   Georgetown, SC 29440
  Georgetown County

- 선라이즈 초등학교(Sunrise Elementary School, Amarillo, Texas)
  http://blackboard.amaisd.org/webapps/portal/frameset.jsp?tab=courses&url=/bin/co
  mmon/course.pl?course_id=_1127_1
  5123 E 14th   Amarillo, TX 79104
  Potter County

- 아이작딕슨 초등학교(Isaac Dickson Elementary School, Asheville, North Carolina)
  http://www.asheville.k12.nc.us/sites/dic/default.aspx

125 Hill Street　　　　　　　　　　　Asheville, NC 28801

Buncombe County

• 매디슨하이츠 초등학교(Madison Heights Elementary School, Phoenix, Arizona)

http://madison.az.schoolwebpages.com/education/school/school.php?sectionid=8&
sc_id=1187488263

7150 N 22nd Street　　　　　　　　　Phoenix, AZ 85020

Maricopa County

• 우드로윌슨 초등학교(Woodrow Wilson Elementary School, Weehawken, New
Jersey)

http://www.union-city.k12.nj.us/schools/elem/wilson/index.html

Hauxhurst Avenue　　　　　　　　　Weehawken, NJ 07086

Hudson County

• 로저스 초등학교(T. H. Rogers Elementary School, Houston, Texas)

http://ms.houstonisd.org/THRogers/　　5840 San Felipe St

Houston, TX 77057　　　　　　　　　Harris County

• 힐프리드먼 중학교(Hill Freedman Middle School, Philadelphia, Pennsylvania)

http://webgui.phila.k12.pa.us/schools/h/hill-freedman

6200 Crittenden St　　　　　　　　　Philadelphia, PA 19138

Philadelphia County

• 하워드허버 중학교(Howard T. Herber Middle School, Malverne, New York)

http://www.malverne.k12.ny.us/　　　　75 Ocean Ave

Malverne, NY 11565　　　　　　　　　Nassau County

• 벨아일엔터프라이즈 중학교(Belle Isle Enterprise Middle School, Oklahoma
City, Oklahoma)

http://www.okcps.org/ms/belle_isle/　　5904 North Villa Avenue

Oklahoma City, OK 73112　　　　　　　Oklahoma County

- 클락마그넷 고등학교(Clark Magnet High School, La Crescenta, California)
  http://www.gusd.net/cgi-bin/schools/schools.idc?site_code=9
  4747 New York Ave.   La Crescenta, CA 91214
  Los Angeles County

- 다이어스버그 고등학교(Dyersburg High School, Dyersburg, Tennessee)
  http://www.dyersburgcityschools.org/education/school/school.php?sectionid=6
  125 Highway 51 By-Pass West
  Dyersburg, TN 38024   Dyer County

- 사우스텍사스 과학고등학교(The Science Academy of South Texas, Mercedes, Texas)
  http://scitech.stisd.net/   900 Med High Dr
  Mercedes, TX 78570

- 캠스 고등학교(California Academy of Mathematics and Science, Los Angeles, California)
  www.californiaacademy.org   1000 East Victoria St.
  Carson, CA 90747   Los Angeles County
  Cameron County

찾아보기

★저자 소개

주삼환
서울교육대학교 교육학과 졸업
서울대학교 교육대학원 석사(교육행정 전공)
미국 미네소타 대학교 대학원 박사(교육행정 전공)
서울시내 초등교사 약 15년, 한국교육행정학회장, 미국 오하이오 주립대학교 객원교수 역임
현재 충남대학교 명예교수

〈주요 저서 및 역서〉
학지사(www.hakjisa.co.kr)-교육행정 및 교육경영(4판, 공저, 2009), 교육행정철학(2007), 미국의 교장(2005), 장학의 이론과 기법(2003)

태영출판사(www.taeyeongbook.co.kr)-한국 교원행정(2007)

한국학술정보(www.kstudy.com)-주삼환 교육행정 및 장학 시리즈 도서 33권(2006): I. 교육 칼럼 및 비평 시리즈; I-1 우리의 교육, 몸으로 가르치자, I-2 질의 교육과 교육행정, I-3 교육이 바로 서야, I-4 위기의 한국교육, I-5 전환시대의 전환적 교육, II. 장학론 시리즈; II-1 수업분석과 수업연구(공저), II-2 전환적 장학과 학교경영, II-3 장학: 장학자와 교사의 상호작용(역), II-4 임상장학(역), II-5 교육행정 특강, II-6 교장의 리더십과 장학, II-7 교장의 질관리 장학, II-8 교육개혁과 교장의 리더십, II-9 선택적 장학(역), II-10 장학 연구, II-11 인간자원장학(역), III. 교육행정 시리즈; III-1 올바른 교육행정을 지향하여, III-2 한국교육행정강론, III-3, 미국의 교육행정, III-4 지방교육자치와 대학자치, III-5,전환기의 교육행정과 학교경영, III-6 고등교육연구, III-7 교육조직 연구, III-8 교육정책의 방향(역), IV. 교육행정철학 시리즈; IV-1 교육행정철학(역), IV-2 리더십의 철학(역), IV-3 대안적 교육행정학(공역), IV-4 교육행정 사상의 변화, V. 교육행정 관련학문 시리즈; V-1 교양인간관계론(e-book), V-2 입문 비교교육학(역), V-3 사회과학이론입문(공역), V-4 허즈버그의 직무동기이론(역), V-5 미국의 대학평가(역)

시그마프레스(www.sigmapress.co.kr)-리더십 패러독스(공역, 2009), 도덕적 리더십(역, 2008), 한국 대학행정(2007)

이석열

충남대학교 인문대학 교육학과 학사
충남대학교 대학원 석사, 박사(교육행정 전공)
한국대학교육협의회 선임연구원 역임
현재 남서울대학교 교양과정부 교수
　　　남서울대학교 교육개발센터 소장

〈주요 저서 및 역서〉
교육행정 및 교육경영(4판, 공저, 2009)
교육학개론(공저, 태영출판사, 2008)
성공적인 대학생활을 위한 학습전략(공저, 학지사, 2007)
성공적인 대학생활을 위한 학습전략 포트폴리오(공저, 학지사, 2007)
수업분석과 수업연구(공저, 한국학술정보, 2006)
대안적 교육행정학(공역, 한국학술정보, 2005)
교육 어떻게 할 것인가(공저, 학이당, 2001)

정일화

경희대학교 사범대학 영어교육과 학사
충남대학교 대학원 석사, 박사(교육행정 전공)
현재 대전만년고등학교 교사
　　　충남대학교 교육대학원 강사

〈주요 저서 및 논문〉
학교공동체의 공동사회·이익사회 지향성과 조직헌신도의 관계(한국교원교육연구, 2009)
교육행정 및 교육경영(4판, 공저, 2009)
미국과 영국의 교장 직전교육 사례비교 분석(공동, 2009, 교육행정학연구)
교장의 직무기준 개발에 관한 연구(교육학연구, 2008)
교장 자격제도 개선방안연구(공동, 2008, 교육과학기술부)
교장의 직무영역과 직무성향(인문학연구, 2007)
교육행정 사례연구(공저, 학지사, 2007)
교육행정철학(공저, 학지사, 2007)

미국의 최우수 학교
블루리본 스쿨

2009년 4월 30일 1판 1쇄 발행
2010년 9월 27일 1판 3쇄 발행

지은이 • 주삼환 이석열 정일화
펴낸이 • 김 진 환
펴낸곳 • ㈜ **학지사**
　　　　121-837 서울시 마포구 서교동 352-29 마인드월드빌딩 5층
대표전화 • 02) 330-5114　　　팩스 • 02) 324-2345
등록번호 • 제313-2006-000265호

홈페이지 • http://www.hakjisa.co.kr
커뮤니티 • http://cafe.naver.com/hakjisa

ISBN 978-89-6330-071-9 93370

정가 15,000원

저자와의 협약으로 인지는 생략합니다.
파본은 구입처에서 교환하여 드립니다.